Einstellungstest Bundeswehr: Prüfungspaket mit Testsimulation

Lösungsbuch

Kurt Guth   Marcus Mery   Andreas Mohr

Einstellungstest Bundeswehr: Prüfungspaket mit Testsimulation

Lösungsbuch zu den Prüfungen – nur im Paket erhältlich

Kurt Guth / Marcus Mery / Andreas Mohr
Einstellungstest Bundeswehr:
Prüfungspaket mit Testsimulation
Über 1.200 Aufgaben mit Lösungsbuch: Sprache,
Mathe, Wissen, Technik, Logik, Konzentration und
mehr | Eignungstest üben und bestehen

**Lösungsbuch zu den Prüfungen –
nur im Paket erhältlich**

Ausgabe 2026

2. Auflage

Umschlaggestaltung: s.b. design
Illustrationen/Grafiken: bitpublishing, s.b. design
Lektorat: Thorben Pehlemann

Bildnachweis:
Archiv des Verlages
Umschlagfoto: © VK Studio – Adobe.com

Gedruckt auf chlorfrei gebleichtem Papier

© 2026 Ausbildungspark Verlag GmbH
Bettinastraße 69, 63067 Offenbach
Printed in Germany

Satz: bitpublishing, Schwalbach
Druck: mediaprint solutions, Paderborn

ISBN 978-3-95624-155-0

1305 – AP BBU – 5115 – 2L

Inhaltsverzeichnis

Prüfung 1 • Lösungen **9**

Lösungstabelle **10**

Allgemeinwissen **12**

    Staat und Politik 12

    Geschichte und Kulturgeschichte 15

    Interkulturelles Wissen 19

    Geografie und Landeskunde 22

    Geografie: Europakarte 25

    Geografie: Weltkarte 27

    Naturwissenschaften 29

    Medizin und Gesundheit 32

    Abkürzungen 35

Fachbezogenes Wissen **38**

    Bundeswehr 38

    Mechanik 42

    Elektronik 46

    IT-Kenntnisse 49

    Technisches Verständnis: Bildaufgaben 53

    Arbeitssicherheit 57

Prüfung 2 • Lösungen **59**

Lösungstabelle **60**

Sprachbeherrschung **62**

    Diktat 62

    Aufsatz 64

    Welche Schreibweise stimmt? 65

    Sätze vervollständigen 66

    „s", „ss" oder „ß"? 68

    Groß- und Kleinschreibung 70

    Zusammen oder getrennt? 72

    Fehler korrigieren 73

    Kommas setzen 74

    Kommasetzung erkennen 76

    Konjugieren und deklinieren 78

    Ein Wort fällt aus der Reihe 80

    Textverständnis: Inhalte wiedergeben 82

Fremdsprachenkenntnisse **83**

    Englisch: Wortbedeutungen 83

    Englisch: Sätze vervollständigen 84

    Englisch: Sätze übersetzen 88

Prüfung 3 • Lösungen 93

Lösungstabelle 94

Mathematik 96

Grundrechenarten 96
Bruchrechnen 97
Kopfrechnen 100
Maßeinheiten umrechnen 102
Dreisatz 104
Prozentrechnen 107
Zinsrechnen 109
Gemischte Textaufgaben 111
Fläche und Volumen 113
Geometrische Skizzen 116
Gehobene Mathematik 118
Tempo-Rechnen 122

Prüfung 4 • Lösungen 123

Lösungstabelle 124

Logisches und visuelles Denken 125

Wortanalogien 125
Zahlenreihen 127
Zahlenmatrizen 129
Figurenreihen 132
Figurenmatrizen 135
Musterwürfel zuordnen 138
Spielwürfel drehen 141
Räumliches Grundverständnis 144
Perspektive wechseln 148

Prüfung 5 • Lösungen 151

Lösungstabelle 152

Konzentration, Reaktion und Merkfähigkeit 154

Reaktionstest (Pfeiltest) 154
Geknickte Linien 155
Original und Abschrift 157
Symbolrechnen (japanische Zeichen) 158
Route einprägen 159
Geländekarte merken 160
Textinhalte einprägen 161

Prüfung 6 • Lösungen 163

Psychologischer Test 164

Der Persönlichkeitstest 164

Anhang..**167**

Tabelle: Maße und Einheiten 168

Prüfung 1 • Lösungen

Lösungstabelle 10

Allgemeinwissen 12

Staat und Politik...12
Geschichte und Kulturgeschichte 15
Interkulturelles Wissen...19
Geografie und Landeskunde 22
Geografie: Europakarte...25
Geografie: Weltkarte..27
Naturwissenschaften..29
Medizin und Gesundheit 32
Abkürzungen...35

Fachbezogenes Wissen 38

Bundeswehr..38
Mechanik...42
Elektronik 46
IT-Kenntnisse...49
Technisches Verständnis: Bildaufgaben 53
Arbeitssicherheit...57

Lösungstabelle

Allgemeinwissen und fachbezogenes Wissen

1.	D	46.	D	91.	B	136.	C
2.	A	47.	A	92.	A	137.	A
3.	B	48.	A	93.	D	138.	D
4.	B	49.	B	94.	C	139.	D
5.	C	50.	B	95.	C	140.	D
6.	B	51.	D	96.	B	141.	A
7.	A	52.	C	97.	A	142.	C
8.	A	53.	C	98.	C	143.	C
9.	C	54.	D	99.	B	144.	D
10.	B	55.	A	100.	D	145.	D
11.	D	56.	C	101.	D	146.	B
12.	D	57.	D	102.	C	147.	B
13.	A	58.	C	103.	D	148.	A
14.	D	59.	C	104.	C	149.	B
15.	D	60.	D	105.	B	150.	C
16.	C	61.	D	106.	B	151.	D
17.	C	62.	C	107.	B	152.	A
18.	D	63.	B	108.	A	153.	B
19.	C	64.	C	109.	B	154.	A
20.	D	65.	B	110.	D	155.	A
21.	C	66.	A	111.	D	156.	B
22.	B	67.	A	112.	C	157.	B
23.	C	68.	C	113.	A	158.	D
24.	C	69.	A	114.	B	159.	C
25.	B	70.	D	115.	C	160.	C
26.	B	71.	B	116.	C	161.	D
27.	A	72.	C	117.	C	162.	C
28.	B	73.	A	118.	A	163.	C
29.	A	74.	B	119.	A	164.	E
30.	B	75.	C	120.	D	165.	A
31.	B	76.	B	121.	A	166.	D
32.	D	77.	A	122.	B	167.	B
33.	C	78.	D	123.	C	168.	E
34.	A	79.	C	124.	A	169.	A
35.	D	80.	A	125.	B	170.	D
36.	D	81.	B	126.	C	171.	E
37.	C	82.	A	127.	C	172.	E
38.	C	83.	D	128.	C	173.	C
39.	D	84.	D	129.	B	174.	E
40.	C	85.	D	130.	B	175.	A
41.	B	86.	A	131.	C	176.	E
42.	B	87.	C	132.	C	177.	B
43.	B	88.	D	133.	C	178.	C
44.	A	89.	A	134.	A	179.	B
45.	B	90.	C	135.	B	180.	E

181.	B	206.	B	231.	A	256.	B
182.	A	207.	D	232.	D	257.	C
183.	C	208.	B	233.	D	258.	D
184.	C	209.	C	234.	B	259.	B
185.	C	210.	A	235.	C	260.	A
186.	A	211.	B	236.	D	261.	D
187.	B	212.	A	237.	D	262.	B
188.	A	213.	C	238.	B	263.	C
189.	C	214.	B	239.	A	264.	C
190.	C	215.	A	240.	C	265.	D
191.	C	216.	C	241.	A	266.	B
192.	C	217.	C	242.	A	267.	C
193.	D	218.	D	243.	C	268.	A
194.	D	219.	D	244.	A	269.	D
195.	D	220.	B	245.	D	270.	D
196.	D	221.	D	246.	C		
197.	B	222.	C	247.	B		
198.	D	223.	D	248.	B		
199.	B	224.	C	249.	A		
200.	C	225.	C	250.	C		
201.	C	226.	A	251.	C		
202.	D	227.	B	252.	B		
203.	D	228.	B	253.	B		
204.	A	229.	A	254.	B		
205.	C	230.	C	255.	A		

Allgemeinwissen

Staat und Politik

Zu 1.

D. Förderung des Welthandels

Die Vereinen Nationen (engl. „United Nations", kurz UN) sind eine zwischenstaatliche Organisation von über 190 Ländern. Die in der UN-Charta niedergelegten Kernziele bestehen darin, den Weltfrieden zu sichern, das Völkerrecht zu wahren, Menschenrechte zu schützen und die internationale Kooperation zu stärken. Die Förderung des Welthandels gehört nicht dazu, auch wenn eine wirtschaftliche Zusammenarbeit angestrebt wird, etwa hinsichtlich ökonomischer Entwicklung und ökologischer Nachhaltigkeit.

Zu 2.

A. Weißes Haus, Washington, D.C.

Abgebildet ist das Weiße Haus, der Amtssitz des US-Präsidenten in Washington, D.C. Der Grundstein des Bauwerks wurde am 13. Oktober 1792 gelegt, im Jahr 1800 war es bezugsfertig. 1814 brannten britische Truppen das Haus nieder, bis 1818 wurde es im klassizistischen Stil wieder aufgebaut.

Zu 3.

B. Russland.

Im Gebäudeensemble des Moskauer Kreml befindet sich seit 1992 der Amtssitz des russischen Staatspräsidenten. Zuvor residierte dort die Regierung der 1991 aufgelösten Sowjetunion. Der Kreml gehört zum ältesten Teil der historischen Altstadt von Moskau. Er wurde vermutlich im 11. oder 12. Jahrhundert als Burg erbaut und im 15. Jahrhundert als Zitadelle neu errichtet.

Zu 4.

B. 4

Eine reguläre Amtsperiode des Bundeskanzlers dauert vier Jahre, anschließend ist eine Wiederwahl möglich. Der Kanzler kann jedoch auch vorzeitig abgewählt werden – durch ein Misstrauensvotum der Bundestags-Mehrheit.

Zu 5.

C. Der Bundestag

Der Bundeskanzler wird bei der Erstwahl vom Bundespräsidenten vorgeschlagen, vom Bundestag gewählt und danach vom Bundespräsidenten zum Bundeskanzler ernannt.

Zu 6.

B. Volk

Der Deutsche Bundestag, das Parlament der Bundesrepublik Deutschland mit Sitz in Berlin, wird als einziges Verfassungsorgan des Bundes direkt vom Volk gewählt und legitimiert. Die Hälfte der Parlamentssitze besetzen die erfolgreichen Kandidaten aus der Direktwahl in den 299 Wahlkreisen („Direktmandate"). Die andere Hälfte wird so verteilt, wie es dem Anteil einer Partei an der Gesamtzahl der Sitze entspricht, unter Anrechnung der Direktmandate aus den Landeslisten.

Zu 7.

A. Parlamentarische Demokratie

In einer parlamentarischen Demokratie werden die wichtigsten politischen Entscheidungen von einem Parlament getroffen, das aus einer freien Volkswahl hervorgegangen ist und daraus seine Legitimation ableitet. Die parlamentarische Demokratie ist eine repräsentative Demokratie: Die gewählten Abgeordneten sollen das Volk vertreten, von dem als Souverän die Staatsgewalt ausgeht.

Zu 8.

A. Die Unabhängigkeit von Legislative, Exekutive und Judikative

„Gewaltenteilung" bezeichnet das Prinzip, die Staatsgewalt auf mehrere Staatsorgane zu verteilen, um ihre Macht zu begrenzen und dadurch Freiheit und Gerechtigkeit zu sichern. Man unterscheidet drei Gewalten: die Gesetzgebung (Legislative), die ausführende Gewalt (Exekutive) und die Rechtsprechung (Judikative).

Zu 9.

C. Bundespräsident

Der Bundespräsident ist das Staatsoberhaupt der Bundesrepublik Deutschland. Der Bundeskanzler ist zwar faktisch der mächtigste deutsche Politiker, steht jedoch im offiziellen Protokoll erst an dritter Stelle hinter dem Bundespräsidenten und Bundestagspräsidenten.

Zu 10.

B. CDU und CSU

Als „Unionsparteien" bezeichnet man die Schwesterparteien CDU (Christlich Demokratische Union) und CSU (Christlich-Soziale Union). Bei Wahlen tritt in Bayern nur die CSU an, außerhalb des Freistaats nur die CDU. Im Bundestag bilden sie eine Fraktionsgemeinschaft.

Zu 11.

D. Österreich

Griechenland und die Türkei traten dem 1949 gegründeten Militärbündnis bereits 1952 bei, Albanien folgte 2009. Österreich ist niemals Mitglied gewesen.

Zu 12.

D. Irland

Der Langname des Vereinigten Königreichs lautet „Vereinigtes Königreich Großbritannien und Nordirland" („United Kingdom of Great Britain and Northern Ireland"). Dazu zählen alle Teile der britischen Insel – Schottland, Wales, England – und Nordirland, jedoch nicht Irland.

Zu 13.

A. Europäische Union

Der Vertrag von Maastricht heißt offiziell „Vertrag über die Europäische Union". Der Gründungsvertrag der EU wurde 1992 verabschiedet und schuf einen übergeordneten Verbund für die existierenden Vereinbarungen im Rahmen der Europäischen Gemeinschaften. Die EU fußt auf einer gemeinsam koordinierten Agrar-, Wirtschafts-, Bildungs- und Sozialpolitik sowie gemeinsamem Verbraucherschutz, beinhaltet eine gemeinsame Außen- und Sicherheitspolitik und entwickelt die polizeiliche und justizielle Zusammenarbeit ihrer Mitgliedsstaaten.

Zu 14.

D. Norwegen

Norwegen ist kein Mitglied der Europäischen Union, die aktuell (Stand 2025) folgende 27 Staaten umfasst: Belgien, Bulgarien, Dänemark, Deutschland, Estland, Finnland, Frankreich, Griechenland, Irland, Italien, Kroatien, Lettland, Litauen, Luxemburg, Malta, Niederlande, Österreich, Polen, Portugal, Rumänien, Schweden, Slowakei, Slowenien, Spanien, Tschechien, Ungarn und die Republik Zypern.

Zu 15.

D. Südkorea

Die Abbildung zeigt die Nationalflagge Südkoreas. Der weiße Grund steht für Reinheit und Friedfertigkeit. Der Kreis mit den ineinander ragenden Hälften – eine rot, eine blau – ist ein Symbol der „Eum und Yang"-Philosophie und steht für das Universum mit all seinen Gegensätzen. Die vier schwarzen Trigramme verkörpern unter anderem die Elemente Himmel, Wasser, Feuer und Erde.

Zu 16.

C. Genfer Konventionen

Die Genfer Konventionen sind ein elementarer Teil des humanitären Völkerrechts: Sie regeln den Umgang mit Personen, die während bewaffneter Konflikte nicht an Kampfhandlungen teilnehmen (etwa Verwundete oder Zivilisten). Die Konventionen umfassen vier zwischenstaatliche Abkommen, denen rund 200 Länder beigetreten sind, und drei Zusatzprotokolle. Schwerwiegende Verstöße können vom Internationalen Strafgerichtshof in Den Haag verfolgt werden.

Zu 17.

C. Aus Mitgliedern des Bundestages und Vertretern der Länder

Die Bundesversammlung besteht aus den Mitgliedern des Bundestages und Abgesandten der Landesparlamente. Sie wird vom Bundestagspräsidenten einberufen und ihre einzige Aufgabe besteht in der Wahl des Bundespräsidenten.

Zu 18.

D. Central Intelligence Agency (CIA)

CIA steht für „Central Intelligence Agency", den US-amerikanischen Auslandsgeheimdienst. Ein Nachrichtendienst oder auch Geheimdienst ist eine verdeckt und mit nachrichtendienstlichen Mitteln operierende Behörde, die Informationen zur außen-, innen- und sicherheitspolitischen Situation sammelt und auswertet.

Zu 19.

C. Wladimir Putin

Das Foto zeigt den Politiker Wladimir Wladimirowitsch Putin. Putin wurde 1952 in Leningrad (dem heutigen Sankt Petersburg) geboren und ist seit 2012 erneut Präsident der Russischen Föderation, nachdem er das Amt bereits von 2000 bis 2008 bekleidet hatte. Von 1999 bis 2000 sowie von Mai 2008 bis Mai 2012 war Putin russischer Ministerpräsident.

Zu 20.

D. Deutschland

Der Sicherheitsrat ist das mächtigste Gremium der Vereinten Nationen. Er besteht aus fünf ständigen Mitgliedern, die bei der Verabschiedung von Resolutionen ein erweitertes Vetorecht besitzen, und zehn nichtständigen Mitgliedern, die im Zwei-Jahres-Turnus neu gewählt werden. Ständige Mitglieder sind Frankreich, die USA, das Vereinigte Königreich, Russland und China.

Allgemeinwissen

Geschichte und Kulturgeschichte

Zu 21.

C. Iran

Aus ersten Demonstrationen und Streiks erwuchs im Iran 1978 eine revolutionäre Massenbewegung, maßgeblich beeinflusst von der im Exil lebenden Symbolfigur Ayatollah Chomeini. Der Regent Schah Mohammad Reza Pahlavi wurde gestürzt, und mit ihm die Monarchie. Im Februar 1979 kehrte Chomeini in den Iran zurück. Seine Anhänger schalteten die Vertreter der übrigen Oppositionsbewegungen aus, es kam zu zahlreichen Verhaftungen und Hinrichtungen. Die damals ausgerufene Islamische Republik Iran ist eine theokratische Staatsform mit einem „Obersten Rechtsgelehrten" an der Spitze, der Legislative, Exekutive und Judikative kontrolliert und von einem „Expertenrat" auf Lebenszeit gewählt wird.

Zu 22.

B. „Goldene Zwanziger".

Als „Goldene Zwanziger" gelten gemeinhin die Jahre zwischen 1924 und 1929, in denen sich die angeschlagene Wirtschaft erholte und die politischen Verhältnisse sich vorübergehend stabilisierten. Damit einher ging eine Konjunktur von Kunst, Kultur und Wissenschaft. Mit dem Ausbruch der Weltwirtschaftskrise 1929 endete die kurze Phase des Aufschwungs jäh: Die Arbeitslosenzahlen stiegen, die Staatseinkünfte fielen, die Zustimmung zur Weimarer Demokratie erwies sich als überaus trügerisch.

Zu 23.

C. Willy Brandt

Willy Brandt (1913–1992) war von 1969 bis 1974 deutscher Bundeskanzler. Er legte am 7. Dezember 1970 am „Ehrenmal der Helden" zum Gedenken an den Warschauer Ghetto-Aufstand während des Zweiten Weltkriegs einen Kranz nieder und kniete daraufhin vor dem Ehrenmal. Das Ereignis ging als „Kniefall von Warschau" in die Geschichte ein.

Zu 24.

C. 1939–1945

Auslöser des Zweiten Weltkriegs war der Angriff des Deutschen Reiches auf Polen am 1. September 1939 ohne vorherige Kriegserklärung. Großbritannien und Frankreich antworteten mit Kriegserklärungen an das Deutsche Reich. Der Zweite Weltkrieg forderte 55 bis 60 Millionen Menschenleben und endete mit den vollständigen Kapitulationen Deutschlands (8. Mai 1945) und Japans (2. September 1945).

Zu 25.

B. 1914–1918

Der Erste Weltkrieg wurde von 1914 bis 1918 in Europa, dem Nahen Osten, Afrika und Ostasien geführt. Kriegsparteien waren auf der einen Seite die Mittelmächte Deutsches Reich, Österreich-Ungarn, später noch das Osmanische Reich und Bulgarien. Auf der anderen Seite standen zunächst die Entente-Mächte Frankreich, Großbritannien und Russland sowie Serbien. 1917 griffen die USA auf Seiten der Entente entscheidend in den Krieg ein. Im Ersten Weltkrieg starben insgesamt rund 9–10 Millionen Soldaten.

Zu 26.

B. Adolf Hitler

Am 20. Juli 1944 verübte der Wehrmachtsoffizier Claus Schenk Graf von Stauffenberg ein Bombenattentat auf Adolf Hitler im Führerhauptquartier „Wolfsschanze". Der Diktator kam leicht verletzt davon. Der Anschlag sollte der Auftakt des „Unternehmens Walküre" sein, mit dem ein Kreis von Verschwörern aus vielen gesellschaftlichen Schichten das NS-Regime beseitigen wollte. Nach dem Scheitern des Vorhabens wurden rund 200 Beteiligte hingerichtet oder in den Tod getrieben.

Zu 27.

A. Die Machterlangung der Nationalsozialisten

Wirtschaftliche und politische Krisen hatten die Weimarer Republik schon zu Beginn der 1930er-Jahre geschwächt. Das faktische Ende der parlamentarischen Demokratie war im Januar 1933 besiegelt, als Adolf Hitler zum Reichskanzler ernannt wurde und die Nationalsozialisten die Macht erlangten.

Zu 28.

B. Verdun

Im Februar 1916 starteten deutsche Truppen einen Großangriff auf die französische Festungsstadt Verdun. Im Verlauf der zehnmonatigen Kampfhandlungen setzten beide Seiten tausende Geschütze ein, die das Gelände in eine Kraterlandschaft verwandelten. Schätzungen zufolge starben insgesamt über 300.000 Soldaten, ohne dass sich der Frontverlauf wesentlich änderte. Die „Hölle von Verdun" gilt heute als Inbegriff der sinnlosen Materialschlachten des Ersten Weltkriegs.

Zu 29.

A. Deutsche Wiedervereinigung

Am 3. Oktober 1990 trat die DDR dem Geltungsbereich des Grundgesetzes der Bundesrepublik Deutschland bei. Gemäß dem Einigungsvertrag gilt der 3. Oktober seitdem als offizieller Nationalfeiertag („Tag der Deutschen Einheit"). Die Berliner Mauer fiel am 9. November 1989.

Zu 30.

B. Ein wirtschaftliches Wiederaufbauprogramm der USA, das Westeuropa zugute kam

Unter dem Begriff „Marshallplan", benannt nach dem US-Außenminister George C. Marshall, versteht man das wirtschaftliche Aufbauprogramm der USA für Westeuropa nach dem Zweiten Weltkrieg. Diese Hilfe bestand aus Krediten, Rohstoffen und Waren mit einem heutigen Gegenwert von 75 Milliarden Euro.

Zu 31.

B. Theodor Heuss

Willy Brandt (SPD) war Bundeskanzler von 1969 bis 1974, Helmut Kohl (CDU) bekleidete das Amt von 1982 bis 1998, Gerhard Schröder (SPD) regierte von 1998 bis 2005. Der FDP-Politiker Theodor Heuss war von 1949 bis 1959 erster Bundespräsident der Bundesrepublik Deutschland.

Zu 32.

D. die Teilung Europas nach dem Zweiten Weltkrieg.

Als „Eisernen Vorhang" bezeichnet man die ideologische und territoriale Grenze, die Europa nach dem Zweiten Weltkrieg durchzog. Auf westlicher Seite befanden sich marktwirtschaftlich ausgerichtete Demokratien wie Deutschland, Frankreich und Großbritannien, die mit den USA verbündet waren. Ihnen gegenüber standen die sozialistisch-planwirtschaftlich organisierten Diktaturen des Ostblocks, unter Vorherrschaft der Sowjetunion.

Zu 33.

C. Für Massenproteste

Als „Arabischen Frühling" oder „Arabellion" bezeichnet man eine Reihe von Massenprotesten in arabischen und nordafrikanischen Ländern. 2010 stürzte das tunesische Volk den Präsidenten Zine el-Abidine Ben Ali, danach gab es auch in Ägypten, Libyen, Syrien, dem Jemen und weiteren Staaten Aufstände gegen die bisherigen Machthaber. Die erhoffte Demokratisierung blieb jedoch vielerorts aus.

Zu 34.

A. Kuba

Das Verhältnis zwischen den USA und Kuba war seit dem Sieg der kubanischen Revolution 1959 angespannt. 1960 brachen die diplomatischen Beziehungen der Länder ab, als sich Kuba infolge eines Wirtschaftsstreits mit den USA an die Sowjetunion annäherte. 1961 versuchten die USA, die Revolutionsregierung unter Fidel Castro mithilfe einer Einheit von Exilkubanern militärisch zu stürzen („Invasion der Schweinebucht"). Im Jahr darauf wollte die Sowjetunion Mittelstreckenraketen auf Kuba stationieren, und die Supermächte näherten sich einem Atomkrieg („Kubakrise"). Erst 2015 reaktivierte man die diplomatischen Kontakte; die USA eröffneten ihre Botschaft in der kubanischen Hauptstadt Havanna.

Zu 35.

D. des Eichmann-Prozesses.

Hannah Arendt (1906–1975), eine politische Theoretikerin und Publizistin jüdischer Konfession, prägte den Begriff der „Banalität des Bösen" während des Gerichtsprozesses gegen den SS-Obersturmbannführer Adolf Eichmann in Jerusalem 1961. Arendt beschrieb damit die skrupellose Autoritätshörigkeit des „Schreibtischtäters" Eichmann, der im „Dritten Reich" zu den Architekten des Holocausts gehört hatte. Er war nach Kriegsende nach Argentinien geflohen und 1960 vom israelischen Geheimdienst nach Jerusalem entführt worden. Dort wurde er zum Tode verurteilt und 1962 gehängt.

Zu 36.

D. Expansion kommunistischer Einflusssphären

Der US-Präsident Dwight D. Eisenhower formulierte 1957 eine Doktrin, wonach eine vom „internationalen Kommunismus" unterstützte Aggression gegen ein Land im Nahen Osten von den USA überall und mit allen Mitteln bekämpft werden sollte. Die Doktrin wurde 1959 formal zugunsten einer eher verständigungsorientierten Politik der USA mit der Sowjetunion aufgegeben.

Zu 37.

C. Belgien

Der 1990 geschlossene 2+4-Vertrag ist ein Staatsvertrag zwischen der Deutschen Demokratischen Republik, der Bundesrepublik Deutschland und den vier Hauptalliierten des Zweiten Weltkriegs – den USA, Großbritannien, Frankreich und der UdSSR. Er ebnete den Weg zur deutschen Wiedervereinigung: Die Vertragspartner einigten sich unter anderem über die Grenzen des gesamtdeutschen Staates und bestätigten dessen Einbindung in bestehende Bündnissysteme wie die NATO.

Zu 38.

C. Bündnisfall

Nach den Terroranschlägen auf das World Trade Center in New York am 11. September 2001 erklärte die NATO erstmals in ihrer Geschichte den Bündnisfall: Dieser besagt laut den NATO-Statuten, dass ein militärischer Angriff auf ein Bündnismitglied als militärischer Angriff auf alle Mitglieder betrachtet wird und diese daher berechtigt sind, in einen Krieg des Bündnispartners bzw. zum Schutze des Bündnispartners einzutreten.

Zu 39.

D. Ludwig Erhard

Ludwig Erhard war nach Konrad Adenauer der zweite Kanzler der Bundesrepublik Deutschland.

Historie: Konrad Adenauer (1949–1963), Ludwig Erhard (1963–1966), Kurt Georg Kiesinger (1966–1969), Willy Brandt (1969–1974), Helmut Schmidt (1974–1982), Helmut Kohl (1982–1998), Gerhard Schröder (1998–2005), Angela Merkel (2005–2021), Olaf Scholz (seit 2021).

Zu 40.

C. Kalifat

Die sunnitische Terrormiliz „Islamischer Staat" (IS) erklärte im Juni 2014, in den beherrschten Gebieten Syriens und des Irak herrsche künftig das Kalifat. Der IS-Anführer Abu Bakr al-Baghdadi rief sich zum Kalifen aus, das heißt zum „Stellvertreter des Gesandten Gottes", der die geistliche und politische Führerschaft auf sich vereint. Das erste Kalifat entstand nach dem Tode des islamischen Propheten Mohammed im Jahr 632. Seither existierten Kalifate in verschiedenen Ländern und diversen politischen Ausformungen.

Allgemeinwissen

Interkulturelles Wissen

Zu 41.

B. jüdisch.

Die demokratisch-parlamentarische Republik Israel wurde erst 1948 gegründet, beruft sich jedoch auf eine 4.000 Jahre alte jüdische Tradition. Nach den Erfahrungen des Holocausts beschloss die Regierung 1950 das „Rückkehrgesetz", demzufolge jeder Jude, gleich welcher Herkunft, die israelische Staatsbürgerschaft erwerben kann. Gut 75 Prozent der israelischen Bevölkerung sind Juden, 17 Prozent sind Muslime und 2 Prozent Christen.

Zu 42.

B. Asien

Asien (rund 4,5 Mrd. Einwohner) ist richtig – immerhin befinden sich hier mit China (1,4 Mrd.) und Indien (1,3 Mrd.) die bevölkerungsreichsten Länder der Erde. Auf Rang 2 liegt Afrika mit über 1,2 Milliarden Menschen, gefolgt von Europa (740 Mio.), Nordamerika (580 Mio.), Südamerika (420 Mio.) und zu guter Letzt Australien/Ozeanien (40 Mio.).

Zu 43.

B. Ein Ganzkörperschleier muslimischer Frauen

Die Burka ist ein Stofftuch, das den Körper nahezu vollständig verdeckt. Solche Ganzkörperschleier werden von muslimischen Frauen vor allem in Afghanistan, Pakistan und Teilen Indiens getragen. In der hiesigen Öffentlichkeit wird das Tragen der Burka kontrovers diskutiert; Kritiker sehen darin ein Symbol für die Unterdrückung der Frau.

Zu 44.

A. ins Nirwana.

Das Ziel eines Buddhisten ist das Nirwana – ein unbeschreibbarer Zustand nach dem Austritt aus dem Kreislauf von Werden und Vergehen. Im Nirwana sind der religiösen Lehre nach alle mit dem Dasein verbundenen Wünsche und Vorstellungen überwunden (Ich-Sucht, Gier …). Der Himalaya ist das höchste Gebirge der Welt, Sanskrit eine altindische Sprache und Gondwana heißt ein Großkontinent, der vor 250–300 Millionen Jahren einen Großteil der Landmasse der Erde umfasste.

Zu 45.

B. BBC.

Die größte britische Rundfunkanstalt ist die BBC („British Broadcasting Corporation"). Die BBC betreibt mehrere Radio- und Fernsehkanäle, die zum Teil rund um den Globus zu empfangen sind. CNN („Cable News Network") ist ein US-amerikanischer Nachrichtensender, ORF der Österreichische Rundfunk und der RBB („Rundfunk Berlin-Brandenburg") gehört zum deutschen ARD-Senderverbund.

Zu 46.

D. Mustafa Kemal Atatürk

Die Türkei ging nach dem Ersten Weltkrieg aus dem Osmanischen Reich hervor. Der Staatsgründer Mustafa Kemal Atatürk wollte die Türkei durch zahlreiche gesellschaftliche Reformen nach dem Vorbild europäischer Nationalstaaten modernisieren. Zunächst wurde im Jahre 1922 das Sultanat, 1924 dann das Kalifat beseitigt. Im Folgenden schaffte die Türkei die Scharia ab und verbot in einer umfassenden Kleiderreform den Fez – eine männliche Kopfbedeckung – und den

Schleier für die Frau. Zudem wurde die Gemeinschaftserziehung von Jungen und Mädchen eingeführt.

Zu 47.

A. Das islamische Recht

„Scharia" nennt man das islamische Recht, das der religiösen Lehre nach auf die Umsetzung der göttlichen Vorschriften und die Verwirklichung einer göttlichen Ordnung abzielt. Dem religiösen Verständnis zufolge gelten die Gesetze der Scharia bis auf wenige Ausnahmen für alle Menschen, auch für Nichtmuslime. In manchen Ländern ist die Scharia Grundlage der staatlichen Gesetzgebung.

Zu 48.

A. der islamische Fastenmonat.

Der Ramadan ist der islamische Fastenmonat. Während der Fastenzeit essen und trinken gläubige Muslime nur von Sonnenuntergang bis Sonnenaufgang.

Zu 49.

B. Wichtige religiöse Texte des Judentums

Die Tora (auch „Thora") ist der erste Teil der hebräischen Bibel, der wichtigsten religiösen Schrift des Judentums. Sie besteht aus den fünf Büchern Mose. Oft meint man mit dem Begriff auch die Torarolle, eine handgeschriebene Pergamentrolle mit dem Text der Tora, aus der in jüdischen Gottesdiensten gelesen wird.

Zu 50.

B. Sunniten

Schätzungsweise 85–90 % der weltweit rund 1,6 Milliarden Moslems sind Sunniten. Die Schiiten sind die zweitgrößte islamische Konfession; sie stellen unter anderem im Irak, im Iran, im Libanon und in Aserbaidschan die Bevölkerungsmehrheit. Wegen der geografischen Form, die diese Länder bilden, spricht man auch vom „schiitischen Halbmond". Auslöser der Spaltung

in Sunniten und Schiiten war ein Streit um die Nachfolge des Propheten Mohammed im 7. Jahrhundert.

Zu 51.

D. Sari.

Die Rede ist vom Sari, einem traditionellen Frauengewand, das in Indien, Sri Lanka, Bangladesch, Nepal und Teilen Pakistans bis heute alltäglich ist. Saris bestehen aus einer meist fünf bis sechs Meter langen, raffiniert um den Körper gewickelten Stoffbahn. Die Antworten A und C bezeichnen Kopfbedeckungen: Die Kippa wird von männlichen Juden getragen, der Fes war früher vor allem im Orient und auf dem Balkan gängig. Der Kaftan, ein knie- bis knöchellanges Woll- oder Seidenhemd, war einst im Osmanischen Reich und unter osteuropäischen Juden verbreitet. Heute schätzt man ihn noch in Zentralasien.

Zu 52.

C. konstitutionelle Monarchien.

Die konstitutionelle Monarchie ist eine Staats- und Regierungsform, in der die Macht eines Monarchen durch eine Verfassung beschränkt und reguliert wird. Weltweit sind gut ein Dutzend Staaten konstitutionell-monarchisch verfasst – darunter Großbritannien, Schweden, Spanien und Japan. Japan ist kein Mitglied der NATO, und nur Großbritannien hat einen ständigen Sitz im UN-Sicherheitsrat inne.

Zu 53.

C. Frankreichs.

„Freiheit, Gleichheit, Brüderlichkeit" (französisch: „Liberté, Égalité, Fraternité") wurde im Nachhinein zur Parole der Französischen Revolution von 1789 erklärt und nach dem Zweiten Weltkrieg in die Verfassung aufgenommen. Als Teil des nationalen französischen Erbes ist der

Wahlspruch heute auf vielen öffentlichen Gebäuden, auf Münzen und Briefmarken zu finden.

Zu 54.

D. in Nordafrika.

„Maghreb" (arabisch für „Westen") bezeichnet den westlichen Teil des Verbreitungsgebiets des Islam. Der Maghreb umfasst die nordafrikanischen Länder Marokko, Tunesien und Algerien, teilweise auch Libyen und Mauretanien.

Zu 55.

A. „The Star-Spangled Banner".

Die Nationalhymne der USA trägt den Titel „The Star-Spangled Banner" („Das sternenbesetzte Banner"). „God Save the King" („Gott schütze unseren König") ist die Nationalhymne des Vereinigten Königreichs Großbritannien und Nordirland; „Forged From the Love of Liberty" („Geschmiedet aus der Liebe zur Freiheit") ist die Nationalhymne von Trinidad und Tobago und „Isle of Beauty, Isle of Splendour" („Insel der Schönheit, Insel der Pracht") die Hymne des karibischen Inselstaats Dominica.

Zu 56.

C. Mars

In der römischen Mythologie ist Merkur der Götterbote und Apollo der Gott der Poesie und des Lichts. Der Gott des Krieges und der Schlachten heißt bei den alten Römern Mars, bei den antiken Griechen Ares.

Zu 57.

D. Genesis

„Genesis" (altgriech. „Schöpfung", „Entstehung") bezeichnet das 1. Buch Mose, das erste Buch des Alten Testaments und der jüdischen Tora. Es beginnt mit der Schöpfungsgeschichte und erzählt unter anderem von Adam und Eva und ihrer Vertreibung aus dem Paradies, von der Sintflut, dem Turmbau zu Babel und den zwölf Söhnen Jakobs in Ägypten.

Zu 58.

C. Fußball-Nationalelf.

Équipe Tricolore („Trikoloren-Auswahl") ist ein Spitzname der französischen Fußball-Nationalmannschaft, angelehnt an die französische Nationalflagge – die Trikolore („Dreifarbige") mit den Farben blau, weiß und rot.

Zu 59.

C. der Demokratischen Republik Kongo.

Die Demokratische Republik Kongo – der drittgrößte Staat Afrikas – ging 1960 aus der belgischen Kolonie Belgisch-Kongo hervor. Ab 1971 hieß das Land Zaire. Nachdem Laurent-Désiré Kabila 1997 mit seiner Rebellenarmee den seit 1965 regierenden Diktator Mobutu gestürzt hatte, benannte er das Land wieder in Kongo um.

Zu 60.

D. Iran

Die Arabische Liga ist ein internationaler Zusammenschluss arabischer Staaten, gegründet 1945 in Kairo. Ihr gehören mehr als 20 Staaten aus Afrika und Vorderasien an. Nicht dabei ist die Islamische Republik Iran, was einerseits an der machtpolitischen Rivalität mit Saudi-Arabien liegt, andererseits an religiösen und kulturellen Unterschieden: Im Iran leben mehrheitlich Schiiten, die in der sunnitisch dominierten arabischen Welt die Minderheit darstellen. Außerdem bezeichnen sich Iraner als Perser; sie sprechen Fārsī, nicht Arabisch.

Allgemeinwissen

Geografie und Landeskunde

Zu 61.

D. München

München ist die bevölkerungsreichste Stadt (1,5 Millionen Einwohner) und Landeshauptstadt des Freistaats Bayern. Die Metropole ist eines der wichtigsten Wirtschafts-, Verkehrs- und Kulturzentren der Bundesrepublik und wurde 1158 erstmals urkundlich erwähnt. Auch abseits von Oktoberfest und Fußballspielen lassen sich in München viele Sehenswürdigkeiten besichtigen, z. B. der Englische Garten am Westufer der Isar, der Olympiapark, das Neue Rathaus oder verschiedene Galerien.

Zu 62.

C. Ca. 80 Mio.

Die Bundesrepublik Deutschland hat rund 80 Millionen Einwohner.

Zu 63.

B. Elbe

Die Elbe entspringt in Tschechien, fließt durch Deutschland und mündet in die Nordsee. An weiteren Großstädten durchfließt sie Magdeburg und Hamburg.

Zu 64.

C. Hessen

Das Mittelgebirge Taunus, Teil des Rheinischen Schiefergebirges, reicht vom östlichen Rheinland-Pfalz nach Südwesthessen hinein. Der Taunus bedeckt eine Fläche von rund 2.700 Quadratkilometern; höchster Gipfel ist der Große Feldberg mit 879 Metern über Normalnull.

Zu 65.

B. Polen

Frankfurt an der Oder liegt im äußersten Osten Brandenburgs gegenüber der polnischen Kleinstadt Słubice. Beide Städte sind nur durch den deutsch-polnischen Grenzfluss Oder getrennt und über die 251 Meter lange Stadtbrücke miteinander verbunden.

Zu 66.

A. Asien

Afghanistan ist ein Binnenstaat in Asien. Seit dem Abzug der internationalen Truppen 2021 wird das krisengeschüttelte Land erneut von den radikalislamischen Taliban regiert. Ihre erste Herrschaft endete durch einen Krieg unter Führung der USA zu Beginn der 2000er-Jahre.

Zu 67.

A. Krim

Die Krim ist die größte Halbinsel des Schwarzen Meeres und territorial umstritten. Nach dem Zerfall der Sowjetunion 1991 konnte die Ukraine ihren Herrschaftsanspruch über die Krim gegen Autonomieforderungen durchsetzen. Doch in der Krimkrise 2014 kam es zu einem Machtwechsel: Nachdem die ukrainische Regierung infolge der Euromaidan-Proteste abgelöst worden war, bildeten Separatisten – gestützt durch russisches Militär – auf der Halbinsel eine Parallelregierung. Diese erklärte zunächst die Unabhängigkeit der Krim und verkündete später – nach einer international mehrheitlich nicht anerkannten Volksabstimmung – ihren Beitritt zur Russischen Föderation.

Zu 68.

C. Aus der dritten Strophe

Das Deutschlandlied wurde 1922 mit allen drei Strophen die Nationalhymne des Deutschen Reiches. Im nationalsozialistischen „Dritten Reich" wurde nur noch die erste Strophe gesungen, die mit ihrem überschwänglichen „Deutschland, Deutschland über alles" und der überholten Grenzziehung „von der Maas bis an die Memel, von der Etsch bis an den Belt" heute als diskreditiert gilt. 1952 entschied man, das Deutschlandlied als Nationalhymne beizubehalten, aber zu offiziellen Anlässen nur die dritte Strophe zu singen. Nach dem Mauerfall verständigten sich 1991 Bundespräsident Richard von Weizsäcker und Bundeskanzler Helmut Kohl darauf, die dritte Strophe zur Nationalhymne des wiedervereinigten Deutschlands zu erklären.

Zu 69.

A. Müritz

Die Müritz in der Mecklenburgischen Seenplatte belegt eine Fläche von 112 Quadratkilometern und ist damit der größte See, der vollständig auf deutschem Staatsgebiet liegt. Auf Platz 2 folgt der Chiemsee (79 km²). Der Bodensee (536 km²) ist zwar wesentlich größer, liegt aber zum Teil auch in Österreich und der Schweiz.

Zu 70.

D. 16

Die Bundesrepublik Deutschland besteht aus 16 Bundesländern. In alphabetischer Folge: Baden-Württemberg, Bayern, Berlin, Brandenburg, Bremen, Hamburg, Hessen, Mecklenburg-Vorpommern, Niedersachsen, Nordrhein-Westfalen, Rheinland-Pfalz, Saarland, Sachsen, Sachsen-Anhalt, Schleswig-Holstein, Thüringen.

Zu 71.

B. 9

Deutschland hat gemeinsame Grenzen mit neun weiteren Ländern. Im Uhrzeigersinn: Dänemark, Polen, Tschechien, Österreich, Schweiz, Frankreich, Luxemburg, Belgien, Niederlande.

Zu 72.

C. Aachen

Bremen, Hamburg und Rostock führen auch heute noch offiziell den Beinamen „Hansestadt". Historisch waren Hansestädte Städte, die dem mittelalterlichen Kaufmanns- und Städtebund der Hanse angehörten, der von der Mitte des 12. bis zur Mitte des 17. Jahrhunderts bestand. Weitere Hansestädte sind unter anderem Lübeck, Wismar, Stralsund und Lüneburg.

Zu 73.

A. Potsdam

Potsdam, die Landeshauptstadt von Brandenburg mit rund 180.000 Einwohnern, schließt unmittelbar im Südwesten an die deutsche Hauptstadt Berlin an. Als ehemalige preußische Residenzstadt verfügt die Stadt über zahlreiche Kulturdenkmäler wie z. B. das Schloss Sanssouci. Auch das Filmstudio Babelsberg befindet sich hier.

Zu 74.

B. Estland, Lettland, Litauen

Das Baltikum ist ein Gebiet in Nordosteuropa und umfasst die Staaten Estland, Lettland und Litauen. Um das Baltikum herum liegen Polen, Russland, Weißrussland und die Ostsee.

Zu 75.

C. Libyen

Libyen ist mit 1,7 Millionen Quadratkilometern das flächenmäßig viertgrößte Land Afrikas und hat 6,4 Millionen Einwohner. Der nordafrikanische Staat grenzt im Norden ans Mittelmeer, im

Osten an Ägypten, im Südosten an den Sudan, im Süden an den Niger und den Tschad, im Westen an Algerien und Tunesien.

Zu 76.

B. Venezuela

Namibia ist ein südwestafrikanischer Staat am Atlantik, umgeben von Angola, Sambia, Botswana und Südafrika. Guinea befindet sich im äußersten Westen und Somalia im äußersten Osten des Kontinents am Horn von Afrika. Die Republik Venezuela liegt im Norden Südamerikas an der Karibikküste und grenzt an Kolumbien, Brasilien und Guayana.

Zu 77.

A. Bosporus

Der Bosporus, die Meerenge zwischen Europa und Kleinasien, verbindet das Schwarze Meer mit dem Marmarameer, einem Binnenmeer des Mittelmeers. An seinen Ufern erstreckt sich die Stadt Istanbul.

Zu 78.

D. Sydney

Das Foto zeigt das Sydney Opera House, das Wahrzeichen der australischen Millionenstadt Sydney. Entworfen vom dänischen Architekten Jørn Utzon, wurde das Gebäude nach 14-jähriger Bauzeit 1973 offiziell eröffnet. Unverwechselbar ist die Dachkonstruktion aus mehreren gekrümmten, mit weißen Keramikfliesen verkleideten Schalen. Das Opernhaus Sydney wurde 2007 in die Liste des UNESCO-Weltkulturerbes aufgenommen.

Zu 79.

C. Spanien – Madrid

Vorschlag C stimmt, die Hauptstadt Spaniens heißt Madrid. Die italienische Hauptstadt ist Rom, die russische Moskau. Bei Istanbul handelt es sich zwar um die bevölkerungsreichste Stadt der Türkei, die Hauptstadt ist jedoch Ankara.

Zu 80.

A. Afghanistan

Kaschmir ist ein ehemaliger Fürstenstaat in Südasien, umringt von Indien, Pakistan, China und Afghanistan, das als einziger Anrainerstaat keinen territorialen Anspruch auf das Gebiet erhebt. Als 1947 die Indische Union und Pakistan das Erbe des aufgelösten Kolonialreichs Britisch-Indien antraten, blieb Kaschmir zunächst unabhängig, bevor es infolge des Ersten Indisch-Pakistanischen Krieges 1949 zweigeteilt wurde: Es entstanden der indische Bundesstaat Jammu und Kashmir sowie die pakistanisch verwalteten Gebiete Asad Kaschmir und Gilgit-Baltistan.

Allgemeinwissen

Geografie: Europakarte

Zu 81.

B. Deutschland

Das europäische Land zur Zahl 1 heißt Deutschland. Nach der Vereinigung von Bundesrepublik Deutschland und Deutscher Demokratischer Republik 1990 wurde Deutschland mit mehr als 80 Millionen Einwohnern zum bevölkerungsreichsten EU-Mitgliedsstaat. Das Land mit der Hauptstadt Berlin weist darüber hinaus die stärkste Wirtschaftsleistung aller europäischen Staaten auf.

Zu 82.

A. Niederlande

Die Zahl 2 kennzeichnet die Niederlande. Die Hauptstadt des über 17 Millionen Einwohner zählenden EU-Gründungsmitglieds ist Amsterdam, Regierungssitz ist jedoch das 50 Kilometer entfernte Den Haag. Zum Staatsgebiet des „Königreichs der Niederlande" (so der vollständige offizielle Name) gehören neben dem europäischen Territorium auch einige karibische Inseln.

Zu 83.

D. Schweiz

Das europäische Land zur Zahl 3 heißt Schweiz, international oft auch mit CH („confoederatio helvetica") abgekürzt. Für den Alpenstaat mit gut 8 Millionen Einwohnern ist neben dem Maschinenbau, der Pharma-, Chemie- und Nahrungsmittelindustrie sowie dem Bankenwesen vor allem der Tourismus volkswirtschaftlich bedeutend. Außenpolitisch verpflichtet sich die Schweiz konsequent zur Neutralität in Konflikten und Kriegen. Ihre Hauptstadt ist Bern.

Zu 84.

D. Frankreich

Frankreich, das mit der Zahl 4 gekennzeichnete Land, wird zentralistisch von der Hauptstadt Paris aus verwaltet und hat mit über 67 Millionen Einwohnern die zweitgrößte Bevölkerung der EU. Das Land ist landschaftlich vielfältig: Im Süden des Landes liegen die Pyrenäen und das Mittelmeer, im Westen und Nordwesten der Atlantik, im Osten die Alpen.

Zu 85.

D. Italien

Italien, das europäische Land zur Zahl 5, liegt zum Großteil auf einer vom Mittelmeer umschlossenen Halbinsel, durch die sich das Apennin-Gebirge zieht. Zudem gehören einige Mittelmeerinseln – darunter Sizilien und Sardinien – zu Italien. Hauptstadt des EU-Mitgliedsstaats, in dem über 60 Millionen Menschen leben, ist Rom.

Zu 86.

A. Kroatien

Das europäische Land zur Zahl 6 heißt Kroatien. Kroatien ging aus dem ehemaligen Jugoslawien hervor, von dem es 1991 seine Unabhängigkeit erklärte. Seit 2013 ist das Land EU-Mitglied. Es zählt gut 4 Millionen Einwohner, die Hauptstadt ist Zagreb.

Zu 87.

C. Bulgarien

Das mit der Zahl 7 gekennzeichnete europäische Land ist Bulgarien, eine südosteuropäische Republik an der Westküste des Schwarzen Meeres mit gut 7 Millionen Einwohnern. Der ehemalige Ostblockstaat mit der Hauptstadt Sofia ist mittlerweile EU- und NATO-Mitglied.

Zu 88.

D. Österreich

Das mit der Zahl 8 gekennzeichnete Land ist Österreich, ein mitteleuropäischer Binnenstaat mit rund 8,9 Millionen Einwohnern. Er liegt größtenteils in den Ostalpen und wird häufig auch als „Alpenrepublik" bezeichnet. Österreich ist ein wichtiges Transitland für den Verkehr zwischen Nord- und Südosteuropa. Die Hauptstadt des EU-Mitgliedslandes ist Wien.

Zu 89.

A. Tschechien

Das europäische Land zur Zahl 9 heißt Tschechien (10,6 Millionen Einwohner). Die Tschechische Republik entstand 1993 als eine Nachfolgerepublik der Tschechoslowakei, wobei Prag die Hauptstadt blieb. Mittlerweile ist Tschechien EU-Mitglied.

Zu 90.

C. Polen

Die Zahl 10 kennzeichnet das europäische Land Polen. Die Hauptstadt des 38-Millionen-Einwohner-Staates ist Warschau im östlichen Zentrum des Landes. Polen ist seit 2004 EU-Mitglied und hat entlang der Flüsse Oder und Neiße eine 467 Kilometer lange Grenze zu Deutschland.

Allgemeinwissen

Geografie: Weltkarte

Zu 91.

B. Kanada

Das mit der Zahl 1 gekennzeichnete Land heißt Kanada. Flächenmäßig ist es das zweitgrößte Land der Erde, kommt dabei aber nur auf eine Einwohnerzahl von rund 38 Millionen. Kanada war früher britisches und französisches Kolonialgebiet, noch heute sind die Amtssprachen daher englisch und französisch. Die Hauptstadt des Landes ist Ottawa.

Zu 92.

A. USA

Das Land zur Zahl 2 heißt Vereinigte Staaten von Amerika. Die USA sind föderal in 50 Bundesstaaten gegliedert, haben 330 Millionen Einwohner und sind mit einem Bruttoinlandsprodukt von über 21 Billionen Dollar die größte Volkswirtschaft der Welt. Die Hauptstadt ist Washington D.C.

Zu 93.

D. Mexiko

Das Land zur Zahl 3 heißt Mexiko. Mexiko grenzt im Norden an die USA, im Süden an Belize und Guatemala; im Westen wird das 128 Millionen Einwohner zählende Land vom Pazifik, im Osten vom Atlantik umgeben. Der Großteil des Territoriums wird zu Nord-, der kleinere Teil zu Zentralamerika gerechnet. Die mexikanische Hauptstadt ist Mexiko-Stadt. Auf dem heutigen mexikanischen Boden lag früher das Azteken-Reich, das zu Beginn des 16. Jahrhunderts durch die Spanier erobert wurde.

Zu 94.

C. Argentinien

Argentinien, das Land zur Zahl 4, ist der flächenmäßig zweitgrößte Staat Südamerikas und zählt ca. 45 Millionen Einwohner. Der Ballungsraum um die Hauptstadt Buenos Aires ist sehr dicht besiedelt, vor allem in den weitläufigen Grassteppen (Pampas) und den bis zur Südspitze des Kontinents reichenden Regionen ist die Bevölkerungsdichte jedoch sehr gering.

Zu 95.

C. Sudan

Das Land zur Zahl 5 heißt Sudan. Der Sudan ist der flächenmäßig größte Staat Afrikas. Er wird vom Nil durchflossen, zu dem sich in der sudanesischen Hauptstadt Khartum der Weiße und der Blaue Nil vereinigen. Im Nordosten besitzt der Sudan einen wirtschaftlich bedeutenden Zugang zum Roten Meer. 2011 machte sich der Südsudan mit einem eigenen Staat vom Sudan unabhängig.

Zu 96.

B. Ägypten

Die Zahl 6 steht für Ägypten, einen 100-Millionen-Einwohner-Staat mit der Hauptstadt Kairo. An seiner Lebensader, dem Nil, entstanden bereits vor fünf Jahrtausenden frühe Hochkulturen. Wirtschaftlich ist für das Land heute – neben dem Erdölexport und dem Tourismus – vor allem der Sueskanal bedeutend, der das Mittelmeer durch Ägypten hindurch mit dem Roten Meer verbindet.

Zu 97.

A. Indien

Indien, das Land zur Zahl 7, hat mit rund 1,4 Milliarden Einwohnern die zweitgrößte Bevölkerung nach China und ist die einwohnerstärkste Demokratie der Welt. Der Staat nimmt den größten Teil des indischen Subkontinents ein, der sich südlich des Himalaya-Gebirges erstreckt. Die Hauptstadt ist Neu-Delhi.

Zu 98.

C. Kasachstan

Die Zahl 8 kennzeichnet das Land Kasachstan, einen zentralasiatischen Staat mit 19 Millionen Einwohnern und der Hauptstadt Nur-Sultan. 44 Prozent des kasachischen Territoriums werden von Wüste bedeckt, darüber hinaus ist Kasachstan jedoch auch reich an Seen, darunter (noch) der von Austrocknung bedrohte Aralsee.

Zu 99.

B. China

Das Land zur Zahl 9 heißt China, mit einer Einwohnerzahl von 1,4 Milliarden das bevölkerungsreichste Land der Erde. Unter der Ägide einer autoritär regierenden Einheitspartei, der Kommunistischen Partei Chinas, wurden seit dem Beginn der 1980er-Jahre marktwirtschaftliche Reformen durchgeführt, durch die das Land zu einer der wichtigsten Wirtschaftsnationen der Welt aufgestiegen ist. Die chinesische Hauptstadt ist Peking.

Zu 100.

D. Australien

Das mit der Zahl 10 gekennzeichnete Land heißt Australien. Der flächenmäßig sechstgrößte Staat der Erde mit der Hauptstadt Canberra nimmt den größten Teil des gleichnamigen Kontinents in Anspruch. Das ausgedehnte Staatsgebiet umfasst verschiedenste klimatische Bereiche: So gibt es hier tropische, subtropische und gemäßigte Zonen sowie Wüsten und Steppen.

Allgemeinwissen

Naturwissenschaften

Zu 101.

D. Erdöl

Benzin ist ein komplexes Gemisch aus über 100 verschiedenen, vorwiegend leichten Kohlenwasserstoffen. Es wird hauptsächlich als Kraftstoff für Verbrennungsmotoren genutzt und zum Großteil in der Erdölraffination gewonnen. Außerdem kann Benzin auch durch die chemische Verflüssigung von Kohle hergestellt werden; dieses Verfahren ist allerdings sehr kostenintensiv und wird entsprechend selten angewendet.

Zu 102.

C. Metalle können nur fest oder gasförmig sein.

Da Metalle über viele bewegliche Ladungsträger verfügen, eignen sie sich hervorragend als elektrische Leiter. Da auch die thermische Leitfähigkeit – also die Wärmeleitfähigkeit – von Metallen generell gut ist, bestehen beispielsweise Heizkörper meist aus metallischem Material. Durch Pressen, Ziehen, Walzen oder Schmieden sind Metalle darüber hinaus leicht formbar, und werden sie erhitzt, lassen sie sich schmelzen. Dann liegen sie in flüssigem Zustand vor. Eine Ausnahme bildet das Quecksilber, das schon bei Raumtemperatur flüssig ist. Metalle können also nicht nur fest oder gasförmig sein; Antwort C ist falsch.

Zu 103.

D. Nord- und Südpol

Die Pole eines Magneten heißen Nord- und Südpol. In grafischen Darstellungen ist der Nordpol meist rot und der Südpol grün eingefärbt, wobei die Feldlinien – die die Richtung und Stärke des Magnetfelds veranschaulichen – am Nordpol aus- und am Südpol eintreten.

Zu 104.

C. die gegenseitige Anziehung von Massen.

Mit dem Gravitationsgesetz formulierte Isaac Newton (1643–1727) im Jahr 1687 einen grundlegenden Zusammenhang der klassischen Physik: Massen üben aufeinander eine Anziehung aus – bedingt durch die Gravitationskraft (Schwerkraft, Massenanziehung). Diese hat eine unbegrenzte Reichweite, nimmt aber mit steigender Entfernung ab.

Zu 105.

B. Orbit

Der Fachausdruck für „Umlaufbahn" ist „Orbit". „Ekliptik" nennt man die Ebene, in der die Umlaufbahn der Erde um die Sonne liegt, „Zenit" heißt der (gedachte) höchste Punkt am Himmel senkrecht über dem Standort des Beobachters. Der Radius ist eine geometrische Größe und beschreibt eine Kreiseigenschaft.

Zu 106.

B. Zellmembran

Die Zelle ist der Grundbaustein aller Lebewesen. Einzeller bestehen aus einer einzigen Zelle, bei Mehrzellern bilden mehrere Zellen eine funktionelle Einheit. Im menschlichen Körper gibt es rund 220 verschiedene Zell- und Gewebetypen und mehrere Milliarden Zellen. Jede Zelle ist von einer Zellmembran umschlossen, die sie abgrenzt und schützt. Die Membran besteht hauptsächlich aus einer Doppel-Lipidschicht, die den Austausch von Nährstoffen zwischen der Zelle und ihrer Umgebung ermöglicht.

Zu 107.

B. Abwehr von Krankheitserregern

Weiße Blutkörperchen (Leukozyten) sind Teil der Immunabwehr und finden sich im Blut, im Rücken- und Knochenmark und in anderen Gewebeteilen. Ihre Hauptaufgabe liegt in der Abwehr von Krankheitserregern.

Zu 108.

A. Insekten

Das Facettenauge ist ein Augentyp, der sich aus zahlreichen einzelnen Augen zusammensetzt. Facettenaugen kommen bei Gliederfüßlern wie Insekten oder Krebsen vor.

Zu 109.

B. 300.000 km/s

Die Lichtgeschwindigkeit, abgekürzt „c", wird in der Relativitätstheorie als höchstmögliche Geschwindigkeit überhaupt angenommen. Im Vakuum beträgt sie 299.792.458 Meter pro Sekunde, also rund 300.000 Kilometer pro Sekunde. Heutzutage lässt sich die Geschwindigkeit des Lichts mit technischen Geräten genau ermitteln: zum Beispiel, indem man die Laufzeit eines Laserstrahls über eine definierte Distanz misst.

Zu 110.

D. Schall ist bei kaltem Wetter schneller als bei warmem.

Dass Schall in Dezibel gemessen wird und physikalisch als Schwingungsfolge verstanden werden kann, stimmt. Auch ist der Schall um einiges langsamer als das Licht, das sich mit etwa 300.000 Kilometern pro Sekunde ausbreitet. Mit abnehmender Temperatur wird der Schall jedoch nicht etwa schneller – es ist genau umgekehrt: Er pflanzt sich in wärmerer Luft rascher fort. Bei −25 °C beispielsweise erreicht er eine Geschwindigkeit von rund 316 Metern pro Sekunde, bei +35 °C sind es über 350 Meter pro Sekunde.

Zu 111.

D. Chlorophyll

Ihre grüne Farbe verdanken viele Pflanzen dem natürlichen Farbstoff Chlorophyll, auch „Blattgrün" genannt. Chlorophyll wird von Organismen durch Fotosynthese gebildet.

Zu 112.

C. −273,15 Grad Celsius

Der absolute Nullpunkt ist die theoretisch tiefste mögliche Temperatur, die auch als 0 Kelvin definiert ist, was −273,15 °C entspricht. Nach dem dritten Hauptsatz der Thermodynamik kann der absolute Nullpunkt niemals erreicht werden, doch es ist möglich, Temperaturen zu erzeugen, die dem absoluten Nullpunkt beliebig nahe kommen. Wissenschaftlern ist es bereits gelungen, kleine Proben bis auf wenige milliardstel Kelvin über dem absoluten Nullpunkt abzukühlen.

Zu 113.

A. Chitin

Das farb- und geruchslose Kohlenhydrat Chitin ist nach der Zellulose die zweithäufigste organische Substanz auf der Erde. Sie dient als Baumaterial für die Panzerung (das „Exoskelett") von Insekten, Spinnentieren, Tausendfüßlern und Krebstieren. Auch in einigen Pilzen und Weichtieren findet man Chitin.

Zu 114.

B. Kohlendioxid

Wasserstoff (Abkürzung: H), Kohlenstoff (C) und atomarer Sauerstoff (O) sind Elemente. Chemische Verbindungen sind Stoffe aus mindestens zwei Elementen und mit einer eindeutigen chemischen Struktur. Kohlendioxid (CO_2) ist ein solcher Stoff: Seine Moleküle bestehen aus einem Kohlenstoffatom und zwei Sauerstoffatomen.

Zu 115.

C. Wasser und Kohlendioxid in Sauerstoff und Glucose umgewandelt.

Die vereinfachte formale Gleichung der Fotosynthese lautet:

$$6\,CO_2 + 6\,H_2O + Lichtenergie \rightarrow C_6H_{12}O_6 + 6\,O_2$$

Aus Kohlen(stoff)dioxid und Wasser entstehen durch die Einwirkung von Lichtenergie Glucose und Sauerstoff.

Zu 116.

C. Brom

Brom (Ordnungszahl 35) zählt wie auch Fluor, Chlor, Astat und Iod zur Elementgruppe der Halogene.

Zu 117.

C. Ein Metall

Quecksilber ist ein Metall und trägt im Periodensystem der Elemente das Symbol Hg. Wie jedes andere Metall ist es elektrisch leitfähig. Es ist das einzige Metall und neben Brom das einzige Element, das unter Normalbedingungen flüssig ist. Wegen seiner hohen Oberflächenspannung benetzt Quecksilber seine Unterlage nicht, sondern bildet aufgrund einer starken Zusammenhangskraft linsenförmige Tropfen.

Zu 118.

A. Ein Molekül besteht aus mindestens zwei Atomen.

Ein Molekül ist eine Verbindung von mindestens zwei Atomen: egal, ob es sich dabei um Atome des gleichen Elements handelt – wie beim Sauerstoff (O_2) – oder nicht. Häufig sind Moleküle aus Atomen verschiedener Elemente aufgebaut, zum Beispiel aus einem Nichtmetall und einem weiteren Nichtmetall, einem Halbmetall oder einem Metall.

Zu 119.

A. Kraft (F) mal Weg (s)

In der Physik ist Arbeit definiert als das Produkt aus Kraft und Weg:

Arbeit (W) = Kraft (F) × Weg (s)

Die Einheit der Arbeit ist das Joule, nach dem britischen Physiker James Prescott Joule (1818–1889).

Zu 120.

D. einen ruhenden Körper der Masse 1 kg innerhalb 1 Sekunde auf eine Geschwindigkeit von 1 m/s zu beschleunigen.

Ein Newton ist definiert als die Kraft, die benötigt wird, um einen Körper der Masse 1 kg innerhalb 1 Sekunde auf eine Geschwindigkeit von 1 m/s zu beschleunigen:

$$1\,N = 1\,\frac{kg \times m}{s^2}$$

Allgemeinwissen

Medizin und Gesundheit

Zu 121.

A. Tröpfcheninfektion

Bei perkutanen Infektionen verläuft der Ansteckungsweg über die Haut. Kontakt- oder auch Schmierinfektionen setzen die Berührung eines kontaminierten Menschen oder Gegenstands voraus, wogegen eine Gesichtsmaske nur sehr eingeschränkt hilft – sie richtet sich gegen die Tröpfcheninfektion. Nicht nur beim Niesen oder Husten, auch beim Sprechen bilden sich häufig Sekrettröpfchen, in denen Krankheitserreger von einem Wirt zum nächsten wandern können.

Zu 122.

B. Adrenalin

Die Funktion des „Stresshormons" Adrenalin liegt ursprünglich darin, den Körper auf Gefahren- und Kampfsituationen vorzubereiten. Der Körper schüttet es bei körperlicher und seelischer Belastung aus, bei Verletzungen, Infektionen und niedrigem Blutzuckerspiegel. Insulin ist notwendig zum Glucose-Transport und zur Senkung des Blutzuckerspiegels, das „Schlafhormon" Melatonin regelt den Tag-Nacht-Rhythmus des Körpers. Leptin hemmt das Hungergefühl und trägt zur Regulierung des Fettstoffwechsels bei.

Zu 123.

C. Thymusdrüse

Die Mundspeicheldrüse produziert Flüssigkeit, die zum Schlucken der Nahrung wichtig ist. Sie liefert außerdem – ebenso wie die Bauchspeicheldrüse – wichtige Enzyme, die die Nahrung in ihre Bestandteile aufspalten. Die Leber ist die größte Drüse des Menschen und an der Verwertung der Nahrungsbestandteile beteiligt. Die Thymusdrüse dagegen spielt bei der Nahrungsaufnahme und Verdauung keine Rolle, sie ist Bestandteil des menschlichen Immunsystems.

Zu 124.

A. Entzündung der Leber

Unter Hepatitis versteht man eine Entzündung der Leber, die durch verschiedene Ursachen – Prellungen, Blutabflussstörungen, Krankheitserreger, Medikamente, Drogen, Gifte – hervorgerufen werden kann. Die „klassische" Virushepatitis wird je nach Erregerstamm mit Hepatitis A, B, C, D oder E benannt.

Zu 125.

B. Penicillin

Das noch heute wichtige Antibiotikum Penicillin beruht auf einem Wirkstoff des Schimmelpilzes „penicillium notatum". Entdeckt wurde dieser Wirkstoff 1928 von Alexander Fleming, der bemerkte, dass ein zufällig in einer Bakterien-Nährlosung gewachsener Schimmelpilz das Wachstum der Krankheitserreger in seiner Umgebung verhinderte.

Zu 126.

C. Hüftwirbelsäule

Die ersten sieben Wirbel des menschlichen Rückgrats bilden die Halswirbelsäule, an die sich die Brustwirbelsäule mit zwölf Wirbeln anschließt. Die unteren fünf Wirbel zählt man zur Lendenwirbelsäule, die auf Beckenhöhe ins wirbellose, keilförmige Kreuzbein übergeht, das wiederum ins Steißbein ausläuft. Eine „Hüftwirbelsäule" gibt es nicht.

Zu 127.

C. Epidemie.

Die Epidermis ist die Oberhaut, „Apathie" ist ein Synonym für Abgeschlagenheit und „Anämie" ein Fachausdruck für Blutarmut. Wenn sich eine Krankheit in einem engeren Zeitraum in einem bestimmten Gebiet stark häuft, spricht man von einer „Epidemie".

Zu 128.

C. Die Niere

Die beim Menschen paarweise angelegten Nieren sitzen oberhalb des Zwerchfells, links und rechts der Wirbelsäule. Ihre zentrale Funktion besteht in der Entgiftung des Körpers durch die Ausscheidung von Stoffwechsel-Endprodukten über den Harn.

Zu 129.

B. Ungefähr 60–80 Schläge pro Minute

Einen Ruhepuls von 30 erreichen normalerweise höchstens professionelle Ausdauersportler. Das Herz eines durchschnittlichen Erwachsenen schlägt ungefähr 60- bis 80-mal pro Minute. Jugendliche und Senioren haben im Schnitt einen Ruhepuls von ca. 80–90 Schlägen, Kinder liegen noch etwas darüber.

Zu 130.

B. Abwehr von Krankheitserregern

Weiße Blutkörperchen (Leukozyten) sind Teil der Immunabwehr und finden sich im Blut, im Rücken- und Knochenmark und in anderen Gewebeteilen. Ihre Hauptaufgabe liegt in der Abwehr von Krankheitserregern.

Zu 131.

C. 5–7

Im Körper eines erwachsenen Menschen befinden sich etwa fünf bis sieben Liter Blut.

Zu 132.

C. Speicherung des Stuhlinhalts

Der Dünndarm schließt direkt an den Magen an und ist mit ca. vier Metern der längste Teil des Verdauungstrakts. Er neutralisiert den aus dem Magen angeschwemmten sauren Speisebrei und zerlegt ihn in seine Bestandteile, die wiederum von der Darmwand aufgenommen werden. Täglich leitet der Dünndarm etwa neun Liter Flüssigkeit in den Körper zurück, die aus Speisen, Getränken und Sekreten der Speicheldrüsen stammen. Die Speicherung des nicht verwerteten Stuhlinhalts bis zur Entleerung gehört zur Aufgabe des Dickdarms, der sich an den Dünndarm anschließt.

Zu 133.

C. den Brustkorb.

„Thorax" ist der medizinische Fachbegriff für den Brustkorb, der die Brust- und den oberen Teil der Bauchhöhle umschließt. Er besteht aus den Brustwirbeln, den Rippenpaaren und dem Brustbein.

Zu 134.

A. können mit Antibiotika bekämpft werden.

Viren sind im Unterschied zu Bakterien keine Zellen und haben demnach keinen eigenen Stoffwechsel. Sie können nicht durch Antibiotika bekämpft werden. Im Wesentlichen sind Viren Nukleinsäuren, die Informationen zur Steuerung einer Wirtszelle und vor allem zu ihrer eigenen Vermehrung speichern.

Zu 135.

B. Zahnmark

Der innerste Teil des Zahns, umhüllt und geschützt vom härteren Zahnbein („Dentin"), ist das Zahnmark. Es wird von Nerven und Blutgefäßen durchzogen und hat die Funktion, den Zahn mit allen benötigten Nährstoffen zu versorgen.

Zu 136.

C. Kohlenhydratreiche Weichkost

Speichel wirkt karieshemmend, somit entfällt Vorschlag D. Käsekonsum unterstützt die Speichelbildung und liefert wichtige Mineralien, also ist auch B falsch. Und da knusprige, harte Nahrungsmittel meist schnell aus dem Mundraum verschwunden sind, stehen sie den Bakterien kaum als Nährstoffquelle zur Verfügung. Richtig ist C: Kohlenhydratreiche Kost stimuliert die Bakterien zur Produktion von Säuren, die den Zahnschmelz angreifen.

Zu 137.

A. Gewicht in Kilogramm geteilt durch das Quadrat der Körpergröße in Metern

Der Body-Mass-Index (BMI) – eine Maßzahl zur Gewichtsbewertung – berechnet sich durch das Körpergewicht in Kilogramm, geteilt durch das Quadrat der Körpergröße in Metern. Ein 1,80 Meter großer, 80 Kilogramm schwerer Mann hat demnach einen BMI von $80 \div (1,8 \times 1,8) = 24,7$. Bei Werten unterhalb von 18,5 vermutet man Untergewicht, Normalgewichtige haben einen BMI zwischen 18,5 und 25, darüber beginnt das Übergewicht.

Zu 138.

D. Speiche

Patellasehne, Kreuz- und Innenbänder gehören zum Bänderapparat des Knies, der Meniskus ist ein Knorpel im Kniegelenk. Speiche und Elle sind die beiden Knochen des Unterarms.

Zu 139.

D. Er beugt den Unterarm.

Den Bizeps nennt man auch „Armbeuger"; die Funktion dieses prägnanten Oberarmmuskels ist naheliegend: Spannt man den Bizeps an, zerrt die Bizepssehne am Unterarm – der Ellenbogen winkelt sich, und der Unterarm wird gebeugt. Für die Streckung des Arms ist übrigens der Trizeps verantwortlich.

Zu 140.

D. Ohr, Nase, Rachen

Die Eustachische Röhre (auch „Eustachi-Röhre" oder „Ohrtrompete") ist eine schmale Verbindung zwischen dem Mittelohr und dem Nasen-Rachen-Raum. Über diese kann (z. B. beim Tauchen) ein Druckausgleich zwischen Mittelohr und Nasen-Rachen-Raum hergestellt werden. „Automatisch" nutzt der Körper diese Funktion beim Schlucken und Gähnen.

Allgemeinwissen

Abkürzungen

Zu 141.

A. Europäische Union

Das Kürzel „EU" steht für die Europäische Union, einen Zusammenschluss von 27 europäischen Staaten (Stand 2025). Die EU fußt auf einer gemeinsam koordinierten Agrar-, Wirtschafts-, Bildungs- und Sozialpolitik sowie gemeinsamem Verbraucherschutz, beinhaltet eine gemeinsame Außen- und Sicherheitspolitik und entwickelt die polizeiliche und justizielle Zusammenarbeit ihrer Mitgliedsländer.

Zu 142.

C. Bundesnachrichtendienst

„BND" ist das offizielle Kürzel für den Bundesnachrichtendienst, den Auslandsnachrichtendienst der Bundesrepublik Deutschland. Die Bundesbehörde mit Sitzen in Pullach bei München und Berlin beschäftigt rund 6.500 Mitarbeiter.

Zu 143.

C. Internationaler Währungsfonds

Der Internationale Währungsfonds (IWF) ist eine Organisation der Vereinten Nationen, gegründet am 22. Juli 1944 durch eine internationale Übereinkunft. Er ist eine Schwesterorganisation der Weltbank-Gruppe und hat seinen Sitz in Washington D.C., USA. Zu den Aufgaben des IWF gehören: Förderung der internationalen Zusammenarbeit in der Währungspolitik, Ausweitung des Welthandels, Stabilisierung von Wechselkursen, Kreditvergabe, Überwachung der Geldpolitik, technische Hilfe.

Zu 144.

D. Für ein drahtloses lokales Netzwerk

„WLAN" (auch „Wireless LAN" oder „W-LAN") steht für „Wireless Local Area Network", auf Deutsch „drahtloses lokales Netzwerk". Damit bezeichnet man ein Funknetz, das einen schnurlosen Internetzugang über Geräte wie PCs, Laptops und Smartphones ermöglicht. Im Allgemeinen ist dafür eine WLAN-Karte und -Schaltstelle erforderlich. Um WLANs gegen unbefugte Zugriffe abzusichern, verwendet man kryptografische Verschlüsselungen.

Zu 145.

D. Mitteleuropäische Zeit

„MEZ" steht für die Mitteleuropäische Zeit (engl. „Central European Time"/ „CET"). Diese Zeitzone umfasst die meisten europäischen Länder und Teile Afrikas. Im Sommerhalbjahr wird die MEZ in vielen Ländern von der MESZ, der mitteleuropäischen Sommerzeit abgelöst.

Zu 146.

B. gegebenenfalls

Die Abkürzung „ggf." steht für „gegebenenfalls".

Zu 147.

B. zuzüglich

Die Abkürzung „zzgl." bedeutet „zuzüglich".

Zu 148.

A. Straßenverkehrs-Ordnung.

„StVO" steht für die deutsche Straßenverkehrs-Ordnung, die den Verkehr auf Straßen, Wegen und Plätzen regelt. Sie definiert u. a. erlaubte Geschwindigkeiten, Halte- und Parkverbote, Vorfahrten, Abbiege- und Überholvorgänge – und Bußgelder bei Verstößen.

Zu 149.

B. Technischer Überwachungs-Verein

Ein Technischer Überwachungs-Verein (TÜV) führt technische Kontrollen durch, um die Sicherheit u. a. von Kraftfahrzeugen und Maschinen zu prüfen. TÜVs sind privatwirtschaftliche Gesellschaften, die der Staat mit hoheitlichen Aufgaben betraut, beispielsweise der Hauptuntersuchung für Kraftfahrzeuge. Den Namen „TÜV" tragen in Deutschland mehrere eigenständige, konkurrierende Unternehmen: die Holdings TÜV Süd, TÜV Nord und TÜV Rheinland sowie die konzernunabhängigen TÜV Thüringen und TÜV Saarland.

Zu 150.

C. North Atlantic Treaty Organization

Die „North Atlantic Treaty Organization", kurz NATO, ist ein Bündnis zur gemeinsamen Selbstverteidigung, gegründet 1949 durch den Nordatlantikvertrag. Mitglieder sind 32 europäische und nordamerikanische Staaten, darunter die USA, Kanada, Großbritannien, Frankreich und Deutschland. Das NATO-Hauptquartier befindet sich seit 1967 in Brüssel.

Zu 151.

D. Polyvinylchlorid

PVC ist die Abkürzung für Polyvinylchlorid, einen harten, spröden Kunststoff, der durch Zugabe von Weichmachern und Stabilisatoren formbar wird. PVC wird in der Industrie vielfach verwendet, etwa für Fußbodenbeläge, Rohre und Isolierungen oder auch Schallplatten – daher die Bezeichnung „Vinyl".

Zu 152.

A. Deutsches Institut für Normung

Die Abkürzung DIN bedeutete früher „Deutsche Industrie-Norm", seit 1975 steht sie für das Deutsche Institut für Normung e. V.: eine Einrichtung, die verbindliche Standards für Güter und Arbeitsabläufe in Industrie, Handel, Handwerk und Wissenschaft erarbeitet – die sogenannten DIN-Normen. Die Bandbreite dieser Vorgaben reicht vom DIN-Papierformat über Gestaltungsregeln in der Textverarbeitung bis hin zu Qualitätsrichtlinien für Schrauben und Muttern in der Raumfahrt.

Zu 153.

B. Hypertext Markup Language

Das Kürzel „html" steht für „Hypertext Markup Language", auf Deutsch „Hypertext-Auszeichnungssprache": Dabei handelt es sich um eine textbasierte Beschreibungssprache für Dokumente im World Wide Web, die durch einen Webbrowser dargestellt werden können. Die Auszeichnungssprache dient der Strukturierung von Inhalten wie Texten, Bildern und Hyperlinks. Die allermeisten Webseiten im Internet sind mit HTML gestaltet.

Zu 154.

A. im engeren Sinn

Das Kürzel „i. e. S." bedeutet „im engeren Sinn" oder „im eigentlichen Sinn". Manche Aussagen oder Ausdrücke kann man auch auf allgemeinere, größere Zusammenhänge beziehen – die Angabe „i. e. S." macht deutlich, dass dies an der bezeichneten Stelle nicht beabsichtigt ist.

Zu 155.

A. Mitglied des Bundestags

„MdB" ist die Abkürzung von „Mitglied des Bundestages" – so lautet die amtliche Bezeichnung für die Abgeordneten des bundesdeutschen Parlaments.

Zu 156.

B. World Health Organization

Das Kürzel „WHO" trägt die World Health Organization, die Weltgesundheitsorganisation. Als Sonderorganisation der Vereinten Nationen koordiniert die WHO das internationale öffentliche Gesundheitswesen.

Zu 157.

B. Aktenzeichen

„AZ" oder auch „Az." steht für „Aktenzeichen", die Signatur einer Akte. Ein Aktenzeichen muss sich jederzeit eindeutig einer bestimmten Akte zuordnen lassen und darf folgerichtig nur ein einziges Mal vergeben werden. Das Aktenzeichen wird anhand von Aktenplan und Aktenverzeichnis systematisch zugeordnet und ist Bestandteil des Geschäftszeichens.

Zu 158.

D. Strafgesetzbuch

„StGB" ist die Abkürzung von „Strafgesetzbuch". Das Strafgesetzbuch gliedert sich in zwei Hauptabschnitte: Der allgemeine Teil regelt, was überhaupt eine Straftat ist und welche Handlungen mit Strafe bedroht sind. Der besondere Teil behandelt die verschiedenen Deliktformen (Mord, Betrug, Raub ...) und die dafür möglichen Sanktionen.

Zu 159.

C. Central Processing Unit

„CPU" steht für „Central Processing Unit" („zentrale Verarbeitungseinheit"): Gemeint ist der Hauptprozessor des Computers, der den gesamten Rechner steuert und Berechnungen bzw. Programme ausführt. Der Prozessor befindet sich in einem Sockel oder, direkt auf die Leiterplatte gelötet, auf dem Motherboard.

Zu 160.

C. Grundgesetz der Bundesrepublik Deutschland

Das Kürzel „GG" steht für das Grundgesetz der Bundesrepublik Deutschland. Darin sind die Leitlinien des Staatsprinzips niedergelegt: Demokratie, Republik, Sozialstaatlichkeit, Föderalismus (Teilautonomie der Bundesländer), Gewaltenteilung und Gesetzmäßigkeit aller Staatsorgane. Das Grundgesetz wurde am 23. Mai 1949 verabschiedet und ist seitdem die verfassungsmäßige Grundlage der Bundesrepublik Deutschland.

Fachbezogenes Wissen

Bundeswehr

Zu 161.

D. 1955

Die Gründung der Bundeswehr gilt mit der Vereidigung der ersten 101 Soldaten am 12. November 1955 als vollzogen. Vorausgegangen war eine zum Teil heftige Debatte über die Notwendigkeit und moralische Vertretbarkeit einer deutschen Wiederbewaffnung zehn Jahre nach Ende des Zweiten Weltkriegs, wobei die Regierung um Kanzler Konrad Adenauer vor allem die Bedeutung einer deutschen Armee für die Eingliederung in den Block der Westmächte hervorhob.

Zu 162.

C. 1955

Die Bundesrepublik trat einen Tag nach Inkrafttreten der Pariser Verträge – nämlich am 6. Mai 1955 – dem 1949 ins Leben gerufenen Militärpakt NATO („North Atlantic Treaty Organization") bei. Für die Westalliierten war die Aufstellung einer bundesdeutschen Armee eine wesentliche Bedingung für den von Bundeskanzler Konrad Adenauer angestrebten NATO-Beitritt.

Zu 163.

C. Die Reform sollte die Bundeswehr in die zukünftige EU-Armee integrieren.

Anfang 2010 initiierte der damalige Verteidigungsminister Karl-Theodor zu Guttenberg eine breit angelegte Reform, um die Struktur der Bundeswehr an die damals dringendsten Herausforderungen anzupassen: Statt eines personalstarken Massenheers wollte man kleinere und flexiblere Verbände, die Verringerung der Truppenstärke sollte zudem Kosten senken. Nach langen Debatten wurde zum 1. Juli 2011 auch die Wehrpflicht ausgesetzt. Mittlerweile

hat sich die sicherheitspolitische Auffassung jedoch geändert: Die Landesverteidigung gilt nun wieder als Kernaufgabe, die Bundeswehr soll künftig über mehr Soldaten und eine bessere Ausrüstung verfügen.

Zu 164.

E. Heer, Luftwaffe und Marine.

Die Teilstreitkräfte der Bundeswehr – Heer, Marine und Luftwaffe – haben jeweils einen bestimmten Aufgabenbereich zu Lande, zu Wasser und in der Luft. Die Teilstreitkräfte sind drei der sechs militärischen Bundeswehr-Organisationsbereiche, zu denen außerdem noch der Zentrale Sanitätsdienst, der Cyber- und Informationsraum (CIR) und die Streitkräftebasis (SKB) zählen: Letztere übernimmt im Einsatz und im täglichen Dienst zentrale Unterstützungs- und Dienstleistungsaufgaben (u. a. Logistik, Aufklärung, Forschung und Ausbildung).

Zu 165.

A. ein schwarzes Kreuz mit weißer Umrandung.

Das Hoheitszeichen der Bundeswehr ist das stilisierte Eiserne Kreuz, das auf das „Tatzenkreuz" des mittelalterlichen Deutschen Ordens zurückgeht und in deutschen Armeen von 1813 bis 1945 als Kriegsauszeichnung und Verdienstorden vergeben wurde. Als Hoheitszeichen der Bundeswehr fungiert es seit 1956.

Zu 166.

D. Die Laufbahn der Obristen

Die Karrierewege der Bundeswehr setzen unterschiedliche Bildungsqualifikationen voraus und umfassen verschiedene Dienstgrade. Je nach Eignung kann man die Laufbahn der Mannschaften, die Laufbahn der Fachunteroffiziere, die Laufbahn der Feldwebel oder die Laufbahn der Offiziere einschlagen. Eine Obristenlaufbahn gibt es nicht: Ein Oberst ist ein Offizier.

Zu 167.

B. ein Leitbild soldatischen Selbstverständnisses.

Der „Staatsbürger in Uniform" ist ein Leitbild soldatischen Selbstverständnisses. Dahinter steht der Gedanke, die Bundeswehr eng mit der Zivilgesellschaft zu verknüpfen und die Soldaten im demokratischen Staatswesen zu verankern. Der „Staatsbürger in Uniform" soll kein stumpfer Befehlsempfänger sein oder Teil einer elitären Militärkaste – er soll verantwortungsbewusst am politisch-gesellschaftlichen Leben teilnehmen. Anders als etwa die Angehörigen der Reichswehr zu Zeiten der Weimarer Republik haben Bundeswehrsoldaten daher auch das aktive und passive Wahlrecht. Grob gesagt, versucht das Konzept des „Staatsbürgers in Uniform" einen Ausgleich zu schaffen zwischen der Einschränkung vieler bürgerlicher Grundrechte durch militärische Pflichten und staatsbürgerlicher Mündigkeit.

Zu 168.

E. unterstützt die parlamentarische Kontrolle der Bundeswehr.

Das Amt des Wehrbeauftragten des Bundestags wurde 1956 geschaffen. Der Wehrbeauftragte soll die parlamentarische Kontrolle der Armee sicherstellen; bei Verstößen gegen die Rechte der Soldaten oder die Führungsprinzipien der Bundeswehr darf er eigenständig ermitteln. Der Wehrbeauftragte des Bundestags untersteht keiner militärischen Hierarchie, er ist nur gegenüber dem Deutschen Bundestag und dem Verteidigungsausschuss weisungsgebunden.

Zu 169.

A. berät den Verteidigungsminister und die Bundesregierung.

Der Generalinspekteur der Bundeswehr bekleidet als 4 Sterne-General bzw. -Admiral den höchsten militärischen Rang der deutschen Streitkräfte. Er berät die Bundesregierung und den Verteidigungsminister, gegenüber dem er für die Entwicklung und Umsetzung der militärischen Gesamtkonzeption verantwortlich ist.

Zu 170.

D. 1960, nach einem Erdbeben in Marokko

Der erste Auslandseinsatz der Bundeswehr fand 1960 statt, nachdem ein Erdbeben die marokkanische Hafenstadt Agadir verwüstet hatte. Die Bundeswehr beteiligte sich mit Einheiten von Luftwaffe, Sanitätsdienst und ABC-Abwehrtruppe an den Hilfsmaßnahmen vor Ort. Es handelte sich um einen humanitären Hilfseinsatz ohne militärischen Hintergrund.

Zu 171.

E. die Zulässigkeit militärischer Auslandseinsätze der Bundeswehr.

Das Bundesverfassungsgericht urteilte 1994 grundsätzlich darüber, ob sogenannte Out-of-area-Einsätze – militärische Einsätze außerhalb des NATO-Bündnisgebiets – mit dem Grundgesetz vereinbar seien. Der Zweite Senat des Gerichts stellte fest, dass solche Einsätze grundsätzlich nicht unzulässig sind: Entsprechende Verpflichtungen können sich aus der Mitgliedschaft der Bundesrepublik in einem System kollektiver Sicherheit ergeben, wenn eine Resolution der Vereinten Nationen durch NATO-Kräfte umgesetzt wird. Das Verfassungsgericht betonte dabei aber auch die Wichtigkeit des Parlamentsvorbehalts, d. h. der Zustimmung des Bundestags zu dem Einsatz.

Zu 172.

E. Wenn ein NATO-Bündnispartner angegriffen wird

Zur Abschreckung der Sowjetunion im Kalten Krieg wurde in Artikel 5 des Nordatlantikvertrags der sogenannte „Bündnisfall" festgelegt: Ein bewaffneter Angriff auf einen NATO-Staat wird als Angriff auf alle NATO-Staaten betrachtet, die dann von ihrem „Recht der individuellen oder kollektiven Selbstverteidigung" Gebrauch machen dürfen, „einschließlich der Anwendung von Waffengewalt". In der fast 70-jährigen Geschichte der NATO wurde der Bündnisfall erst ein einziges Mal erklärt: nach den Anschlägen auf das World Trade Center am 11. September 2001.

Zu 173.

C. Die Erinnerung an die Nationale Volksarmee der DDR

Für das Verhältnis der Bundeswehr zur belasteten deutschen Militärhistorie gibt es spezielle Vorgaben. Im Zentrum der Traditionskultur steht demnach die eigene Geschichte der Bundeswehr seit ihrer Gründung. Dazu gehört unter anderem die Einbindung in das Militärbündnis NATO oder das Erbe der allgemeinen Wehrpflicht. Ebenfalls traditionswürdig ist der Widerstand einzelner Wehrmachtsangehöriger gegen das NS-Regime. Die Nationale Volksarmee der DDR kann hingegen – wie die Wehrmacht als Institution – laut offizieller Richtlinie „keine Tradition begründen".

Zu 174.

E. in Ausnahmefällen zur Aufrechterhaltung der Ordnung eingesetzt werden.

Wenn die Kräfte der Polizeibehörden nicht ausreichen, darf die Bundeswehr auch zu Friedenszeiten im Inneren eingesetzt werden, „zur Abwehr einer drohenden Gefahr für den Bestand oder die freiheitliche demokratische Grundordnung des Bundes oder eines Landes" (Artikel 87a des Grundgesetzes). Darüber hinaus nennt Artikel 35 des Grundgesetzes die Möglichkeit der Amtshilfe durch die Bundeswehr „bei einer Naturkatastrophe oder bei einem besonders schweren Unglücksfall". Was genau ein „besonders schwerer Unglücksfall" oder eine „Gefahr für die freiheitliche demokratische Grundordnung des Bundes oder eines Landes" ist, ist jedoch nicht näher definiert und daher umstritten.

Zu 175.

A. Theodor Blank

Der erste Verteidigungsminister der Bundesrepublik Deutschland war Theodor Blank, der das Amt unter Bundeskanzler Konrad Adenauer von 1955 bis 1956 bekleidete. Ihm folgten Franz Josef Strauß, der bis 1963 Verteidigungsminister war, und erst mehrere Jahrzehnte später Volker Rühe (1992–1998). Theodor Heuss war niemals Verteidigungsminister, sondern von 1949 bis 1959 erster Bundespräsident, Ludwig Erhard war Wirtschaftsminister (1949–1963) und Bundeskanzler (1963–1966).

Zu 176.

E. Im Kosovo

„KFOR" steht für „Kosovo Force", eine multinationale Truppe unter Führung der NATO. Die KFOR wurde nach dem Ende des Kosovokriegs 1999 aufgestellt, um den Frieden im Kosovo zu stabilisieren. Die völkerrechtliche Grundlage dafür bildete eine Resolution des UN-Sicherheitsrats. Zu Beginn des Einsatzes beteiligten sich über 40 Staaten an der KFOR, mit mehr als 50.000 Soldaten, darunter rund 6.000 Angehörige Soldaten der Bundeswehr. Die KFOR-Mission dauert, mit deutlich geringerer Truppenstärke, bis heute an.

Zu 177.

B. nur zu Gehorsam verpflichtet, wenn der Befehl rechtmäßig ist.

Der Befehlsempfänger ist nicht immer zur Umsetzung des Befehls verpflichtet. Er darf eine Ausführung etwa dann verweigern, wenn die Ausführung seine Menschenwürde verletzen würde, und hat sogar die Pflicht zur Verweigerung, wenn der Befehl eine Straftat oder eine Verletzung des Kriegsvölkerrechts zur Folge hätte.

Zu 178.

C. eine Spezialeinheit der Bundeswehr.

Das KSK – oder Kommando Spezialkräfte – ist eine Spezialeinheit der Bundeswehr, die nach dem Vorbild der „US Special Operations Forces" und des britischen SAS („Special Air Service") im September 1996 aus der Taufe gehoben wurde. Das KSK verfügt über 1.400 Soldaten, untersteht der heereseigenen Division Schnelle Kräfte (DSK) und ist im württembergischen Calw stationiert.

Zu 179.

B. Der Bundeskanzler

Den Oberbefehl über die deutsche Armee hat in Friedenszeiten der Bundesminister für Verteidigung inne, im Verteidigungsfall der Bundeskanzler. Diese und andere Regelungen für den Verteidigungsfall finden sich im Abschnitt Xa des Grundgesetzes, der 1968 in das Grundgesetz eingefügt wurde.

Zu 180.

E. Einen Grundsatz der Wehrpflicht-Zeit, wonach möglichst jeder erwachsene deutsche Mann zum Wehr- oder Ersatzdienst einzuberufen war.

„Wehrgerechtigkeit" bedeutet, dass jeder Deutsche ab 18 Jahren zum Wehrdienst – oder im Verweigerungsfall: dem Ersatzdienst – einberufen wurde, unabhängig von Willkür oder Zufall, es sei denn, es hatten bereits zwei (Halb-)Brüder Wehr- oder Zivildienst geleistet. Seit den 70er-Jahren waren schrittweise immer weniger Angehörige eines Jahrgangs zum Wehrdienst eingezogen worden, sodass die Wehrgerechtigkeit in Deutschland nicht mehr gegeben war. Die Wehrpflicht wurde zum 1. Juli 2011 ausgesetzt.

Fachbezogenes Wissen

Mechanik

Zu 181.

B. Kunststoff

Eisen und Aluminium kommen nicht infrage – als Metalle leiten sie elektrischen Strom sehr gut. Keramik ist zwar isolierend und rostet auch nicht, reagiert aber äußerst empfindlich auf Schlag- und Zugbelastungen und lässt sich daher vergleichsweise schwer bearbeiten. Nur Kunststoffe verfügen über jede genannte Eigenschaft.

Zu 182.

A. Galvanisieren

Es handelt sich um die Galvanisierung: Ein Metall bzw. eine Metallverbindung wird in einer chemischen Lösung per Elektrolyse gelöst und legt sich anschließend als schützender Überzug um einen Gegenstand. Durch Galvanisierung oberflächenveredelte Objekte sind nicht mehr rostanfällig.

Zu 183.

C. Je härter das Werkstück, desto weniger Kraft wird zum Biegen benötigt.

Umformverfahren bezeichnen alle Verfahren, mit denen Werkstoffe plastisch in eine andere Form gebracht werden. Beim Biegeumformen wird das zu formende Teil mechanisch in seine neue Form gebogen. Dabei werden die inneren Werkstofffasern gestaucht und die äußeren gestreckt. Je härter der Werkstoff ist, desto größer muss der Biegeradius sein – und desto mehr Kraft wird benötigt, um das Stück zu biegen. Antwort C ist also falsch.

Zu 184.

C. die Verbindung langfristig stabil bleibt.

Die Nieten sollten möglichst aus dem gleichen Material bestehen wie die zu verbindenden Bauteile, da sich die einzelnen Komponenten bei Erwärmung sonst unterschiedlich stark ausdehnen könnten – die Folge: Die Verbindung lockert sich. Außerdem kann es bei der Verwendung unterschiedlicher Komponenten zur elektrochemischen Korrosion kommen. Dann fließt in Anwesenheit eines Elektrolyten (Wasser, Luftfeuchtigkeit) ein elektrischer Strom zwischen den Komponenten, der das Material angreift und dauerhaft schwächt.

Zu 185.

C. andere Energieformen in mechanische Energie um.

Kraftmaschinen erzeugen aus thermischer oder elektrischer Energie mechanische Energie. Meist dienen sie als Motoren, um Arbeitsgeräte, Werkzeuge oder Fahrzeuge anzutreiben. Das Gegenstück zur Kraftmaschine ist die Arbeitsmaschine: Sie setzt mechanische Energie in (mechanische) Arbeit um.

Zu 186.

A. Er ist besonders spröde.

Ein Werkstoff, der schon bei leichter Verformung bricht, ist spröde – und damit genau das Gegenteil von zäh. Die Elastizität bezieht sich auf die Eigenschaft, nach einer Verformung in den Ausgangszustand zurückzukehren, und die Viskosität beschreibt das Fließverhalten von Fluiden.

Zu 187.

B. Um Muttern oder Schrauben mit einer bestimmten Stärke festzuziehen

Drehmomentschlüssel sind per Hand geführte Mess- und Schraubwerkzeuge, mit denen man festgelegte Anzugsmomente ausüben kann. So lässt sich sicherstellen, dass Muttern, Schrauben oder ähnliche Verbindungselemente weder zu schwach noch zu stark angezogen werden und genau die richtige Klemmkraft wirkt.

Zu 188.

A. Wellen übertragen Energie, Achsen nicht.

Wellen übertragen Drehbewegungen und Drehmomente – also Energie, im Gegensatz zu Achsen, die eine reine Trag- oder Lagerfunktion haben. In einem Kraftfahrzeug beispielsweise wandelt die Kurbelwelle die Auf- und Ab-Bewegungen der Kolben im Motor in eine Drehbewegung um und überträgt diese an das Getriebe. Von dort aus wird die Bewegung wiederum über eine Antriebswelle an die Räder weitergegeben, die schließlich auf Achsen gelagert sind.

Zu 189.

C. Langfedern

Je nach der Art ihrer inneren Belastung lassen sich Federn generell in Biege-, Torsions-, Zug- und Gasfedern unterteilen. Zur Gruppe der Biegefedern zählen beispielsweise Blattfedern, die meist aus einem bogenförmig vorgespannten Metallband bestehen. Schraubenfedern – wie sie zum Beispiel in Kugelschreibern eingesetzt werden – sind gewundene Torsionsfedern, bei denen der Federdraht nicht gebogen, sondern verdreht wird. Unter anderem in den Puffern von Eisenbahnen werden Ringfedern eingebaut, deren Federringe sich unter Belastung ineinander schieben. Eine Einteilung in „Langfedern" ist jedoch nicht üblich.

Zu 190.

C. Die Schlagkraft steigt.

Wird der Stiel des Hammers verlängert, ändern sich die Hebelverhältnisse. Je länger der Hebel (= der Stiel) ist, desto größer ist die Kraft, die beim Schlagen mit dem Hammerkopf ausgeübt werden kann.

Zu 191.

C. behält er seine Geschwindigkeit mit Sicherheit bei.

Beschleunigung bedeutet, die Geschwindigkeit eines Körpers in einem definierten Zeitraum zu verändern – entweder positiv (beschleunigen) oder negativ (bremsen). Wenn ein Körper nicht beschleunigt wird, kann man daher nur eines mit Sicherheit sagen: dass er seine momentane Geschwindigkeit beibehält. Wie hoch diese ist, darüber sagt die Beschleunigung nichts aus.

Zu 192.

C. Legierung

Metallische Stoffe, die aus mindestens zwei Elementen bestehen, heißen Legierungen. Beispielsweise kann man Kupfer und Zinn zu Bronze legieren, und Kupfer und Zink werden zu Messing. Ein Oxid ist eine Sauerstoffverbindung, und beim elektrochemischen Prozess des Galvanisierens wird ein Gegenstand mit einem schützenden metallischen Überzug versehen. Unter „Armierung" versteht man im Bauwesen, wenn ein Baustoff mit zusätzlichen Materialien verstärkt wird.

Zu 193.

D. Sandturbine

Turbinen sind Strömungsmaschinen, die mithilfe rotierender Schaufeln und Wellen die innere Energie von Fluiden (Gasen und Flüssigkeiten) in mechanische Energie umwandeln. Man nutzt sie in Flugzeugen, Schiffen und Kraftwerken. Sandturbinen gibt es nicht – Sand ist kein Fluid.

Zu 194.

D. horizontale Drehungen um dessen Hochachse.

Die Hoch-, Vertikal- oder auch Gierachse ist diejenige Achse, die senkrecht durch den Schwerpunkt eines Land-, Luft-, Wasser- oder Raumfahrzeugs läuft. Horizontale Bewegungen um diese Achse (sogenannte „Gierbewegungen") werden bei den meisten Helikoptern per Heckrotor gesteuert. Ohne Heckrotor wären diese Maschinen fluguntauglich, denn der am Rumpf befestigte Antrieb des Hauptrotors erzeugt ein permanentes, seitwärts gerichtetes Drehmoment.

Zu 195.

D. Extrem dünnflüssiges Öl eignet sich besonders für schmale Zwischenräume.

Wie viskos ein Schmieröl sein soll, hängt ganz von seinem Verwendungszweck ab: Dickflüssige Öle bilden einen stabileren Schmierfilm als dünnflüssigere, können jedoch unter Umständen nicht an engere Schmierstellen vordringen. Die Qualität eines Öls wird nicht von seiner Viskosität bestimmt.

Zu 196.

D. Gewichtssenkung des Endprodukts

Im Vergleich zum Schweißen verbraucht das Nieten weniger Energie, es verändert das Materialgefüge nicht und es gibt keine gesundheitsgefährdende Gas-, Licht- und Wärmeentwicklung. Außerdem kann man dadurch auch unterschiedliche Werkstoffe fügen oder solche mit veredelten (polierten, beschichteten) Oberflächen. Das Endprodukt wird durch das Nieten jedoch nicht leichter, sondern schwerer.

Zu 197.

B. Ja, die Zugkraft halbiert sich.

Fügt man zur ersten noch eine zweite Rolle hinzu, halbiert sich der erforderliche Kraftbetrag, um das Gewicht auf dieselbe Höhe zu ziehen.

Zu 198.

D. Last mal Lastarm.

„Kraft mal Kraftarm gleich Last mal Lastarm", so lautet die Merkformel für das Hebelgesetz. Das bedeutet: Wenn eine Kraft über den Kraftarm eines Hebels angreift, kann damit eine Last bewegt werden, die am Lastarm des Hebels mit einer bestimmten Gewichtskraft anliegt. Dabei werden nur die (Gewichts-)Kräfte berücksichtigt, die in einem 90-Grad-Winkel zum Hebel angreifen. Bei entsprechendem Verhältnis von Kraftarm und Lastarm – langer Kraftarm, kurzer Lastarm – kann man mit geringem Kraftaufwand große Kraftwirkungen erzielen.

Zu 199.

B. Durch grundsätzlich geringeren Platzverbrauch

Da sich bei Riemenführungen der Treibriemen unter Belastung ausdehnt, kommt es zum Schlupf: Der Riemen rutscht leicht über die Riemenscheiben. Kettenführungen gewährleisten eine bessere Kraftübertragung und sind unempfindlicher gegen äußere Einflüsse wie etwa hohe Temperaturen. Sie müssen jedoch nicht unbedingt platzsparender sein als Riemenführungen.

Zu 200.

C. Die Durchflussgeschwindigkeit vervierfacht sich.

Wird der Durchmesser der Rohrleitung von 20 cm auf 10 cm halbiert, verkleinert sich der Rohrquerschnitt um drei Viertel, wie sich anhand der Formel zur Berechnung von Kreisflächen erkennen lässt:

$$A_{Rohr\,1} = \pi \times r^2 = \pi \times \left(\frac{d}{2}\right)^2 = \pi \times \left(\frac{20\,cm}{2}\right)^2$$

$$= \pi \times 100\,cm^2$$

$$A_{Rohr\,2} = \pi \times r^2 = \pi \times \left(\frac{d}{2}\right)^2 = \pi \times \left(\frac{10\,cm}{2}\right)^2$$

$$= \pi \times 25\,cm^2$$

Damit der Wasserdurchsatz (d. h. die in einem Zeitraum durch das Rohr geleitete Wassermenge) gleich bleibt, muss sich die Durchflussgeschwindigkeit des Wassers zum Ausgleich des schmaleren Rohrquerschnitts vervierfachen.

Fachbezogenes Wissen

Elektronik

Zu 201.

C. 230 Volt.

In Europa und vielen afrikanischen und asiatischen Staaten beträgt die gesetzlich festgelegte Netzspannung 230 Volt; leichte Schwankungen von ±10 % sind erlaubt. In Nord-, Mittel- und Teilen Südamerikas ist eine Netzspannung von 120 Volt üblich.

Zu 202.

D. 150 Ω

Die Einheit des elektrischen Widerstands ist das Ohm, abgekürzt durch den griechischen Buchstaben Omega (Ω). „A" steht für „Ampere", die Einheit der Stromstärke, und „V" für „Volt", die Einheit der Spannung. Das griechische Σ (Epsilon) ist das mathematische Summenzeichen.

Zu 203.

D. Mit einem Kondensator

Zur Speicherung elektrischer Ladung verwendet man Kondensatoren: Bauelemente aus zwei elektrisch leitenden Platten (Elektroden) mit einem Dielektrikum – einem isolierenden Stoff wie Luft oder Keramik – dazwischen.

Zu 204.

A. Die Frequenz

In Hertz – nach dem deutschen Physiker Heinrich Hertz (1857–1894) – gibt man die physikalische Größe Frequenz an. Ein Hertz entspricht einer Schwingung pro Sekunde. Die Kapazität wird in Coulomb (C), die Induktivität in Henry (I) beziffert. Die Relativität ist keine klassifizierte physikalische Größe.

Zu 205.

C. Fahrraddynamo

Elektrische Generatoren wandeln mechanische in elektrische Energie um. Ein Beispiel ist der Fahrraddynamo: Bei seiner verbreitetsten Bauform als Felgendynamo wird die Rotation des Laufrads auf eine Spule übertragen, die sich in einem Magnetfeld im Dynamo-Inneren dreht. Das erzeugt elektrische Energie, und die Stromversorgung der Fahrradbeleuchtung ist sichergestellt.

Zu 206.

B. Elektrische Spannung

Das Volt – benannt nach dem italienischen Physiker Alessandro Volta – ist die international genormte SI-Einheit für elektrische Spannung mit dem Einheitenzeichen „V".

Zu 207.

D. Reihenstrommotoren

Elektromotoren, die mit Dreiphasen-Wechselstrom betrieben werden, nennt man „Drehstrommotoren". Sie sind robust, vielseitig verwendbar und in der Regel relativ günstig. Gleichstrommotoren treiben unter anderem Scheibenwischer oder Gebläse in Kraftfahrzeugen an, oder industrielle Maschinen und Anlagen. Universalmotoren schließlich können mit Gleich- oder Wechselstrom betrieben werden. Eingesetzt werden sie zum Beispiel im Haushalt (Küchengeräte) oder im Heimwerkerbereich. „Reihenstrommotoren" gibt es nicht.

Zu 208.

B. Transistor

Zum Schalten und Verstärken elektrischer Signale eignen sich Transistoren (vom englischen

„transfer resistor" – „Leitungswiderstand"). Je nach Verwendungszweck nutzt man die Bauelemente in unterschiedlichen Ausführungen, die eines gemein haben: Sie funktionieren ohne mechanische Bewegung.

Zu 209.

C. Ein elektromagnetischer Schalter

Ein Relais ist ein strombetriebener, meist elektromagnetisch funktionierender Schalter. Er besteht aus zwei Stromkreisen: Schließt man den Steuerstromkreis, zieht ein Elektromagnet an einem Schalter, der wiederum den Laststromkreis schließt.

Zu 210.

A. Eine Schaltung mit zwei stabilen elektrischen Zuständen

Als „Flipflop" bezeichnet man in der Elektrotechnik eine elektrische Schaltung, die zwei stabile Zustände einnehmen kann. Mit einem solchen Bauteil lässt sich dementsprechend eine Datenmenge von einem Bit speichern, was Flipflops zur massenhaften Verwendung in allen möglichen Digitalgeräten – z. B. in Computerchips – prädestiniert.

Zu 211.

B. bei einer Stromänderung ein Magnetfeld aufzubauen, das dieser Änderung entgegenwirkt.

Antwort B stimmt: Ein Leiter mit einer hohen Induktivität – z. B. eine Spule – reagiert auf eine Änderung des elektrischen Stroms mit dem Aufbau eines starken Magnetfelds. Dieses Magnetfeld induziert in den Windungen der Spule eine Spannung, die der Stromfluss-Änderung entgegenwirkt. Ein anschauliches Experiment dazu: Eine Spule und eine Glühlampe werden parallel geschaltet. Unterbricht man nun den Stromfluss, erzeugt die Spule eine Spannung – da-

durch fließt Strom und die Lampe leuchtet kurz auf.

Zu 212.

A. elektrische Energie.

$E = U \times I \times \Delta t$: So lautet die Formel zur Berechnung der elektrischen Energie bei konstanter Spannung und Stromstärke. Die Einheit der elektrischen Energie ist die Wattsekunde („Ws") bzw. das Joule („J"). Zur Bestimmung der Leistung – physikalisch gesehen Energie geteilt durch Zeit – müsste man nur Spannung und Stromstärke multiplizieren.

Zu 213.

C. mechanische in elektrische Energie umwandeln.

Ein Generator wandelt mechanische oder kinetische Energie (Bewegungsenergie) in elektrische Energie um. Erscheinungsformen sind z. B. brennstoffbetriebene Notstromaggregate, Stromerzeuger in Wasserkraftwerken oder Fahrrad-Dynamos.

Zu 214.

B. Elektronenüberschuss

Eine Kathode ist ein elektrischer Leiter mit einem Überschuss an Elektronen. Das Gegenstück zur Kathode ist die Anode, an der Elektronenmangel herrscht. Zwischen diesen Polen wandern die Ladungsträger: Negativ geladene Anionen zieht es zur Anode, positiv geladene Kationen zur Kathode.

Zu 215.

A. $R_{ges} = \dfrac{1}{\dfrac{1}{R_1} + \dfrac{1}{R_2} + \cdots + \dfrac{1}{R_N}}$

Der Gesamtwiderstand in einem Parallelstromkreis berechnet sich nach der Formel:

$$R_{ges} = \cfrac{1}{\cfrac{1}{R_1} + \cfrac{1}{R_2} + \cdots + \cfrac{1}{R_N}}$$

Bei nur zwei Widerständen ergibt sich daraus etwas bündiger:

$$R_{ges} = \cfrac{1}{\cfrac{1}{R_1} + \cfrac{1}{R_2}} = \cfrac{1}{\cfrac{R_2}{R_1 \times R_2} + \cfrac{R_1}{R_2 \times R_1}} = \cfrac{1}{\cfrac{R_2 + R_1}{R_1 \times R_2}}$$

$$= \frac{R_1 \times R_2}{R_1 + R_2}$$

Zu 216.

C. 250 Volt

Es gilt das ohmsche Gesetz:

Elektrische Spannung (U) = Elektrischer Strom (I) × Elektrischer Widerstand (R)

250 V = 0,5 A × 500 Ohm (Ω)

Es wird eine Spannung von 250 Volt benötigt.

Zu 217.

C. $\dfrac{U}{R} = I$

Das ohmsche Gesetz besagt, dass sich die Stromspannung (gemessen in Volt) aus dem Produkt von Stromstärke (gemessen in Ampere) und Widerstand (gemessen in Ohm) ergibt:

Elektrische Spannung (U) = Elektrischer Widerstand (R) × Elektrischer Strom (I)

Umgeformt gilt demnach auch:

$$\frac{\text{Elektrische Spannung (U)}}{\text{Elektrischer Widerstand (R)}} = \text{Elektrischer Strom (I)}$$

Antwort C ist korrekt.

Zu 218.

D. Weil überhaupt kein Strom fließt

Die Spannung der Hochspannungsleitung besteht im Ladungsunterschied zwischen Leitung und Erde. Da innerhalb bzw. „auf" der Leitung kein Spannungsgefälle besteht, kann dort auch kein Strom fließen.

Zu 219.

D. von Wechselstrom in Gleichstrom.

Dioden lassen Strom nur in eine Richtung passieren und wirken zur anderen Richtung hin isolierend. Man kann sie daher als Gleichrichter verwenden: eingesetzt in einen Wechselstromkreis, in dem sich Polarität und Stromflussrichtung periodisch umkehren, wandeln sie den Wechselstrom in pulsierenden Gleichstrom um.

Zu 220.

B. Reihenstromkreis

Es handelt sich um eine Reihenschaltung: Deren Gesamtspannung erhält man, indem man die Teilspannungen an den Verbrauchern addiert. Der Strom ist für alle Verbraucher identisch. Bei einer Parallelschaltung wiederum ist die anliegende Spannung in jeder Verzweigung des Stromkreises gleich, während sich der Strom auf die einzelnen Zweige verteilt.

Fachbezogenes Wissen

IT-Kenntnisse

Zu 221.

D. Byte, Kilobyte, Megabyte, Gigabyte

Acht Bit ergeben ein Byte, 1.000 Byte ein Kilobyte, 1.000 Kilobyte ein Megabyte und 1.000 Megabyte ein Gigabyte; es folgen Terabyte, Petabyte und Exabyte. Die Einheiten sind aber (noch) nicht endgültig standardisiert; parallel zur genannten gibt es auch die binäre Zählweise: Hier entspricht ein Kilobyte $2^{10} = 1.024$ Byte, ein Gigabyte 1.024 Kilobyte usw. An der abgefragten Reihenfolge ändert sich dadurch nichts.

Zu 222.

C. Geräte, die an ein Netzwerk angeschlossen sind.

Eine IP-Adresse ist eine Kennziffer, die es ermöglicht, jedes Gerät in einem auf Basis des Internetprotokolls (IP) eingerichteten Netzwerk zu identifizieren. Der lange Jahre vorherrschende IPv4-Standard definiert eine IP-Adresse als 32 Bit langes Datenwort. Es besteht in der bekanntesten Notation aus vier Zahlen zwischen 0 und 255, die durch einen Punkt getrennt sind. Rechnerisch lassen sich so knapp 4,3 Milliarden Adressen darstellen. Da dieser Vorrat nicht mehr ausreicht, hat man mittlerweile das IPv6-Verfahren eingeführt: Es erlaubt 128 Bit lange Adressen in Hexadezimal-Schreibweise.

Zu 223.

D. Unter einem Betriebssystem wird die Software zum Betreiben eines Computers verstanden.

Das Betriebssystem ist die Software zum Betrieb eines Computers. Es verwaltet die Komponenten wie Speicher, Ein- und Ausgabegeräte und steuert die Ausführung von Programmen. Bekannte Betriebssysteme sind Windows, Android, iOS, macOS und Linux.

Zu 224.

C. Die Hauptplatine zur Unterbringung der Komponenten

„Motherboard", „Mainboard" oder „Systemplatine" nennt man die Hauptplatine eines Computers, auf der sich in der Regel folgende Systemkomponenten befinden: die CPU, der PCI-Bus mit den Slots für die Erweiterungskarten, die Steckplätze für den Arbeitsspeicher, verschiedene Schnittstellen, der Cache, die Echtzeituhr, BIOS-ROM und CMOS-RAM, die verschiedenen Controller und der Tastatur-Prozessor. Die Konzeption des Mainboards beeinflusst systemrelevante Parameter wie die Systemleistung, die Zukunftssicherheit und die Kompatibilität zu Systemkomponenten (Anschlüsse, Erweiterbarkeit).

Zu 225.

C. Die Speicherkapazität einer Festplatte

„160 GB HDD" besagt, dass die Festplatte (englisch „Hard Disk Drive", Abkürzung „HDD") über eine Speicherkapazität von 160 Gigabyte verfügt.

Zu 226.

A. Eine Firewall ist ein Programm, das Schutz vor unberechtigtem Zugriff aus dem Internet bietet.

Eine Firewall überwacht den Datenverkehr zwischen zwei Netzwerken. Anhand festgelegter Regeln entscheidet sie, welche Netzwerkpakete durchgelassen werden und welche nicht, vor allem zum Schutz vor unerlaubten Zugriffen. So lässt sich beispielsweise ein privates Netz gegen ungewollte Zugriffe aus dem Internet sichern.

Zu 227.

B. Der Prozessor ist das Herzstück eines Computers und steuert die Bestandteile.

Der Hauptprozessor oder auch „CPU" („Central Processing Unit") ist die zentrale Verarbeitungseinheit des Computers. Der Prozessor befindet sich in einem Sockel oder direkt auf die Leiterplatte gelötet auf dem Motherboard. Er überwacht und steuert den gesamten Rechner und führt logische und arithmetische Berechnungen (Programme) aus. Die CPU hält die jeweils benötigten Informationen vorrätig und organisiert den Datentransfer.

Zu 228.

B. Auf unsichere Passwörter

Benutzer authentifizieren sich durch Passwörter, um auf Computer, Programme oder Online-Dienste zuzugreifen. Unsichere Passwörter rühren meist daher, dass Anwender relativ einfache Zeichenfolgen oder Begriffe wählen, die zwar einprägsam sind, sich aber leicht erraten oder ermitteln lassen: zum Beispiel Eigennamen, Geburtstage, Adressen oder ihre einfache Kombination. Schwerer zu merken, aber dafür sicherer sind Passwörter, die per Zufallsgenerator erzeugt werden.

Zu 229.

A. Eine spezielle Software, nämlich ein Dienstprogramm zur Systemverwaltung

Tools sind in der IT nützliche Dienstprogramme, u. a. zur Konfiguration von Hardware, zur Wartung des Systems und zur Analyse der Systemauslastung. Einige Tools gehören in der Regel zum Lieferumfang des Betriebssystems, außerdem bieten verschiedene Anbieter im Internet diverse Tools zum Herunterladen an.

Zu 230.

C. RAM (Random Access Memory)

Den Arbeitsspeicher eines Computers nennt man auch „RAM" („Random Access Memory") oder „Hauptspeicher". Er befindet sich in Form eines oder mehrerer Speichermodule auf der Hauptplatine des Computers und speichert Programme und Nutzdaten, damit sie vom Prozessor abgerufen und verarbeitet werden können. Der Arbeitsspeicher erlaubt einen schnelleren Datenzugriff als die Festplatte, sichert die Daten aber nicht dauerhaft. Bei einer Stromunterbrechung gehen alle Daten im RAM verloren.

Zu 231.

A. Eine Skriptsprache zur Internetnutzung in Web-Browsern

JavaScript ist eine von Sun Microsystems und Netscape entwickelte Programmiersprache, die man besonders zur dynamischen Programmierung in Web-Browsern verwendet. Hauptsächlich wird sie clientseitig eingesetzt, das heißt um Dienstleistungen eines Servers zu nutzen. Typische Anwendungsgebiete sind Banner und Laufschriften, die Plausibilitätsprüfung von Formulareingaben, der gleichzeitige Wechsel mehrerer Frames, die dynamische Manipulation von Webseiten, das Senden und Empfangen von Daten, ohne dass der Browser die Seite neu laden muss, das sofortige Vorschlagen von Suchbegriffen und die Verschleierung von E-Mail-Adressen zur Spam-Abwehr.

Zu 232.

D. Arbeitsspeicher

Alle Komponenten dienen zur Datenspeicherung. Im Gegensatz zu Festplatten, CD-ROMs und USB-Sticks sichert der Arbeitsspeicher diese Informationen jedoch nicht dauerhaft. Nach einer Stromunterbrechung sind sie daher in der Regel auf diesem Medium nicht mehr vorhanden.

Zu 233.

D. CNC-Maschinen.

Werkzeugmaschinen mit Computersteuerung nennt man auch „CNC-Maschinen" – „CNC" steht für „Computerized Numerical Control" („computergestützte numerische Steuerung"). CNC-Maschinen erledigen Arbeitsgänge wie Fräsen, Bohren oder Schleifen auf Knopfdruck, automatisiert und hochpräzise.

Zu 234.

B. Eine Folge von Eingaben und/oder Befehlen wird ausgeführt.

In verschiedenen Anwendungen wie Microsoft Windows, Microsoft Excel und Adobe Photoshop (ActionScript) dienen Makros der Automatisierung von Arbeitsschritten. Diese Anwendungen erlauben die Aufzeichnung von Befehlsfolgen und Bedienungsschritten als Makro. Die meisten Microsoft-Anwendungsprogramme nutzen zur Aufzeichnung die Programmiersprache Visual Basic, wodurch es möglich ist, die Aufzeichnung von Befehlsfolgen durch eine direkte Programmierung zu ergänzen.

Zu 235.

C. Eine Computerschnittstelle

„SATA" (auch „S-ATA") steht für „Serial ATA" oder auch „Serial AT Attachment". Damit bezeichnet man eine Computerschnittstelle für den Datenaustausch mit Festplatten und anderen Speichermedien. Der Vorläufer des SATA-Standards heißt ATA („AT Attachment") bzw. IDE („Integrated Drive Electronics").

Zu 236.

D. Amiga

Der Commodore Amiga ist keine Programmiersprache, sondern ein Heimcomputer, der in verschiedenen Modellen von Mitte der 1980er- bis in die 1990er-Jahre weit verbreitet war. C++ ist eine 1979 entwickelte Erweiterung der Programmiersprache C und unterstützt als Mehrzwecksprache mehrere Programmierparadigmen. BASIC ist eine imperative Programmiersprache, die mit Zeilennummern und Sprungbefehlen arbeitet. PASCAL ist eine als Lehrsprache entwickelte, streng strukturierte Programmiersprache, deren Nachfolgerin Turbo Pascal (Delphi) in der professionellen Programmierung sehr populär war.

Zu 237.

D. Caches sind Zwischenspeicher, durch die bereits aufgerufene Inhalte beim nächsten Aufruf schneller beschafft werden können.

Caches (dt. „geheime Lager") sind Puffer-Speicher, um bereits aufgerufene Inhalte schneller bereitzustellen. So arbeiten z. B. Internetbrowser unter Windows mit einem Cache: Besucht man eine Webseite erneut, bezieht der Browser die Daten nicht mehr aus dem Internet, sondern vom Cache auf der Festplatte.

Zu 238.

B. Für einen Rechner, der als Server betrieben wird

In einem Computernetzwerk bezeichnet man dasjenige System als „Host" (dt. „Gastgeber"), auf dem die Serversoftware läuft. Neben einzelnen Computern können auch komplexe Computersysteme oder Netzwerkgeräte wie Router und Druckerserver Hosts sein. Die Endgeräte, die mit ihnen kommunizieren, heißen „Clients" (dt. „Kunden").

Zu 239.

A. .jpg

Dateien mit den Endungen „.exe", „.com" und „.bat" sind ausführbar: Sie können nach ihrem Aufruf als Programm starten. Eine „.jpg"-Datei ist eine Bilddatei. Oft enthalten schädliche Mails virenverseuchte Anhänge, die sich z. B. als harmlose Bilddatei tarnen, aber anhand ihrer Namenserweiterung als ausführbare Programmdatei zu erkennen sind.

Zu 240.

C. greift über das Internet auf Daten und Anwendungen zu.

„Cloud Computing" (engl. „cloud" = „Wolke") steht für das Prinzip, Daten und Anwendungen in Netzstrukturen auszulagern, statt sie zentral vor Ort vorzuhalten (auf dem lokalen Rechner, im Rechenzentrum des Unternehmens). So können Nutzer ortsunabhängig via Internet auf die benötigten Dienste zugreifen. Ein weiterer Vorteil besteht in geringeren Kosten: Man zahlt nur für die tatsächliche Systemnutzung, lokale Ressourcen können eingespart werden. Kritiker bemängeln hauptsächlich die mangelnde Datensicherheit.

Fachbezogenes Wissen

Technisches Verständnis: Bildaufgaben

Zu 241.

A. Rahmen 1

Die Stabilität der Rahmen hängt ab von ihrer jeweiligen Kräfteaufnahme und -verteilung, wobei ein guter Rahmen bei Belastungen gleich welcher Art und Richtung durch gute Kraftverteilung formstabil bleiben sollte. Die mittlere Stützstrebe von Rahmen 3 hilft jedoch nur bei zentral angreifenden, senkrecht wirkenden Kräften, die zudem schlecht verteilt werden. Rahmen 2 wiederum verteilt waagerechte und senkrechte Kräfte schlecht, diagonale Kräfte gar nicht. Nur bei Rahmen 1 werden Kräfte, egal aus welcher Richtung sie angreifen, an sämtliche Streben des Rahmens weitergegeben, die sich so gegenseitig stabilisieren können.

Zu 242.

A. Mit Schraubenschlüssel 1

Um die Schraubenmutter mit möglichst wenig Mühe festzuziehen, benötigt man einen Schraubenschlüssel mit einer großen Hebelwirkung. Das heißt: Der Griff des Schraubenschlüssels sollte so lang wie möglich sein. Schraubenschlüssel 1 ist demnach der geeignetste.

Zu 243.

C. Mit dem Hebel 3

Je länger der Hebelarm eines Hebels ist, desto weniger Kraft wird benötigt, um eine Masse zu bewegen. Der Punkt, von dem aus die Last bewegt werden soll – in der Skizze links –, muss also möglichst weit weg vom Angriffspunkt des Hebels liegen, der durch die Lage der Rolle bestimmt wird. Diese Rolle muss demnach möglichst weit rechts platziert werden. Antwort C ist korrekt.

Zu 244.

A. Pfahl A

Pfahl A ist am sichersten im Boden verankert, denn er hat die größte Kontaktfläche zum Erdreich. Somit entsteht bei ihm die stärkste Reibung, die einem Hinausziehen oder seitlichen Rütteln entgegenwirkt.

Zu 245.

D. Vase 4

Die Stabilität der Gefäße hängt ab von ihrem jeweiligen Schwerpunkt und ihrer Standfläche: Ideal ist eine große Fläche bei tief sitzendem Schwerpunkt. Vase 4 erfüllt diese Bedingungen am besten, denn ihre Masse sitzt größtenteils im unteren Bereich und ihr Boden ist sehr breit.

Zu 246.

C. 2, 4, 5 und 7

Wenn ein Zahnrad in ein zweites greift und seine Rotation dadurch überträgt, dann dreht sich das zweite Rad im entgegengesetzten Drehsinn. Überträgt das zweite Zahnrad seine Rotation wiederum auf ein drittes, bewegt sich dieses entgegengesetzt zum zweiten, also in der gleichen Drehrichtung wie das erste. Anders ausgedrückt: In einer Kette miteinander verbundener Zahnräder rotieren immer die jeweils übernächsten in derselben Drehrichtung. In die gleiche Richtung wie Rad 1 drehen sich demnach die Räder 2, 4, 5 und 7.

Zu 247.

B. Deich 2 muss stärker sein.

Wie stark ein Damm sein muss, hängt allein vom Wasserdruck ab, dem er standhalten soll. Der Wasserdruck wiederum steigt oder fällt nicht mit der Fläche oder dem Volumen eines Gewässers, sondern mit dessen Tiefe. Und da der Teich tiefer ist als das Rückhaltebecken, muss Deich 2 entsprechend stärker sein.

Zu 248.

B. Mit der Sandformation 2

Um die Schubkarre mit möglichst wenig Mühe zu bewegen, sollte die Hebelwirkung möglichst groß sein. Dafür gilt: Je weiter die zu bewegende Last nach vorne rückt, desto länger wird der Hebelarm, über den das Gewicht bewegt wird, und desto größer ist die entsprechende Hebelwirkung. In Schubkarre 2 ist der Sand daher am günstigsten aufgeladen.

Zu 249.

A. In Richtung 1

Wenn sich das Antriebsrad in Pfeilrichtung dreht, rotiert das Zahnrad darüber gegen den Uhrzeigersinn, und mit ihm das zweite Zahnrad auf der oberen Achse. Diese Drehrichtung wird auch auf das große Rad übertragen, das sich folglich in Richtung 1 dreht.

Zu 250.

C. Würfel 1 besitzt die größte Dichte.

Um die Dichte ρ eines Körpers zu berechnen, teilt man seine Masse m durch sein Volumen V:

$$\rho = \frac{m}{V}$$

Da alle skizzierten Würfel zwar die gleiche Masse, aber offensichtlich unterschiedliche Rauminhalte haben, müssen sich ihre Dichten unterscheiden: je kleiner das Volumen bei gleichbleibender Masse, desto höher die Dichte. Die größte Dichte hat demnach der Körper mit dem geringsten Volumen, also Würfel 1.

Zu 251.

C. Hin und her

Dreht sich das Antriebsrad in Pfeilrichtung, dann rotiert das Rad links davon in entgegengesetzter Richtung. Dies ist jedoch in dieser Aufgabe nicht wirklich von Bedeutung: Über die Pleuelstange am Rad unterhalb des Antriebsrads wird sowieso keine Kreisbewegung, sondern nur eine auf-/ab- bzw. links-/rechts-Bewegung an das große Rad weitergegeben. Pro Umdrehung des Antriebsrads zieht nun die Pleuelstange das große Rad einmal etwas nach rechts, bevor sie es daraufhin wieder leicht nach links schiebt – das große Rad bewegt sich also hin und her.

Zu 252.

B. Werkzeug B

Um einen dünnen Draht zu durchtrennen, eignet sich eine Kneifzange wie in Abbildung B. Der Bolzenschneider (Bild C) wäre dafür etwas überdimensioniert, Bild A zeigt eine Bastelschere und Bild D eine Presszange.

Zu 253.

B. Rad 2

Eine Antriebskette bewegt sich mit der gleichen Eigengeschwindigkeit um jedes der mit ihr verbundenen Zahnräder. Verbindet sie zwei gleich große Räder, laufen beide gleich schnell. Verbindet sie jedoch Räder unterschiedlicher Größe, läuft das kleinere stets schneller um die eigene Achse als das größere: Wenn sich beispielsweise ein Rad mit einem Umfang von einem Meter einmal dreht, wird auch die Kette um einen Meter weiterbewegt. Überträgt sie nun diese Bewegung auf ein Rad mit einem Umfang von nur einem halben Meter, muss dieses Rad folgerichtig zweimal vollständig rotieren. Zusätzlich gilt: Ist ein Zahnrad starr an einem weiteren Zahnrad befestigt (wie z. B. Rad 2), bewegen sich beide in gleichen Zeiten um die eigene Achse, ihre Umdrehungsfrequenz ist also gleich.

Einen Größenunterschied findet man in der Skizze zunächst zwischen Rad 1 und Rad 2, das sich demnach schneller dreht. Da Rad 2 an einem größeren Rad befestigt ist, besitzen beide die gleiche Umdrehungsfrequenz. Darin entsprechen sie dem äußerst rechten Zahnrad, dem Rad, an dem Rad 3 befestigt ist, und schließlich auch Rad 3 selbst. Von Rad 3 nach 4 nimmt die Geschwindigkeit durch den Größenunterschied allerdings ab, und ebenfalls von 4 nach 5. Somit dreht sich von den angegebenen Möglichkeiten Rad 2 am schnellsten.

Zu 254.

B. In Richtung 2

Greift der Kolben wie skizziert in die Vertiefungen des Zahnkranzes, wird dieser in eine Rotation im Uhrzeigersinn versetzt. Da die Zahnräder über Ketten miteinander verbunden sind, ändert sich dieser Drehsinn anschließend nicht.

Zu 255.

A. 1 und 2

Dargestellt wird ein einfacher Stromkreis aus Widerstand (Lampen), Verbindungen (Kabel, Drähte) und Spannungsquelle (Batterien). Damit Strom fließen kann, muss ein Stromkreis geschlossen werden, was sowohl durch die Verbindung der Enden 1 und 2 als auch durch die Verbindung der Enden 1 und 3 oder 3 und 4 geschehen kann. Die Helligkeit der Lampen hängt nun ab von ihrer Leistung, die sich nach folgender Formel berechnet:

P (elektrische Leistung) = U (elektrische Spannung) × I (elektrischer Strom)

Da sich durch die Verbindung von 1 und 2 eine Parallelschaltung ergibt, liegt an beiden linken Lampen eine gleich hohe Spannung an, erzeugt von zwei Batterien. Sie geben daher mehr Leistung ab als die rechten Lampen, die sich bei einem Kurzschluss von 1 und 3 in Reihenschaltung befänden: Hier läge an jeder Lampe nur die halbe Spannung zweier Batterien an. Bei der Verbindung von 3 und 4 würde im entstandenen Stromkreis sogar nur die einfache Batte-

riespannung herrschen, da die zweite Batterie von rechts nicht in den Stromkreis integriert ist.

Zu 256.

B. Wie in Skizze 2

Die zwei Platten (Elektroden) eines Kondensators speichern unterschiedliche Ladungen: Eine Platte ist positiv, die andere negativ geladen. Der zwischenliegende Isolator – in diesem Fall das Glas – verhindert, dass es zu einem Ladungsaustausch kommt. Das Glas wird dabei polarisiert, d. h. zur Positiv-Elektrode hin negativ und zur Negativ-Elektrode hin positiv geladen.

Zu 257.

C. Punkt 3

Wenn das Paket aus dem Flugzeug geworfen wird, beschreibt seine Flugbahn eine Parabel: Direkt nach dem Abwurf ist es – wie das Flugzeug und der Werfer – noch stark in Flugrichtung beschleunigt, erst durch den Luftwiderstand wird die Bewegung in Längsrichtung abgebremst und das Paket fällt immer steiler nach unten. In der Skizze beschreibt diejenige Linie diese Flugkurve, die zu Punkt 3 führt.

Zu 258.

D. 5 Ω

Abgebildet ist der Schaltkreis einer Parallelschaltung, bei der sich der Gesamtwiderstand wie folgt berechnet:

$$\frac{1}{R_{gesamt}} = \frac{1}{R_1} + \frac{1}{R_2} = \frac{1}{10\,\Omega} + \frac{1}{10\,\Omega} = \frac{2}{10\,\Omega} = \frac{1}{5\,\Omega}$$

$R_{gesamt} = 5\,\Omega$

Der Gesamtwiderstand beträgt 5 Ohm.

Zu 259.

B. Schiff B

Ein Schiff verdrängt genau so viel Wasser, dass die Masse des verdrängten Wassers seiner eigenen Masse entspricht. Da alle Schiffe die gleiche Masse haben, ist auch ihre Wasserverdrängung gleich. Ihre Breite ist allerdings unterschiedlich – und somit auch der Tiefgang: Ein schmaleres Schiff muss tiefer im Wasser liegen, um die gleiche Wassermenge (das gleiche Wasservolumen) zu verdrängen. Den größten Tiefgang hat demnach das schmalste Schiff B.

Zu 260.

A. 16 Kilogramm

Wenn sich die Waage im Gleichgewicht befindet, gleichen sich die Hebelkräfte (das Drehmoment) beider Gewichte aus. Das bedeutet: Obwohl der linke Hebelarm um ein Fünftel kürzer ist als der rechte – das schwarze Gewicht ist bei vier Fünfteln des linken Waagenarms befestigt, das graue am Ende des rechten Arms –, stimmen die Produkte aus Hebelarmlänge und Gewichtskraft überein. Das graue Gewicht muss dementsprechend um ein Fünftel leichter sein und wiegt 16 Kilogramm.

Fachbezogenes Wissen

Arbeitssicherheit

Zu 261.

D. Explosionsgefährlicher Stoff

Dieses Piktogramm ist ein Gefahrstoffsymbol und kennzeichnet explosionsgefährliche Stoffe, die besonders vorsichtig gehandhabt werden müssen. Die Kennzeichnung von Gefahrstoffen wird in Deutschland durch die Gefahrstoffverordnung geregelt und ist mittlerweile europaweit standardisiert.

Zu 262.

B. Feuerlöscher

Dieses Piktogramm ist ein Brandschutzzeichen und markiert den Standort eines Feuerlöschers. Brandschutzzeichen richten sich in Deutschland nach der Verordnung für Brandschutz und Gefahrenzeichen.

Zu 263.

C. Giftiger Stoff

Dieses Piktogramm ist ein Gefahrstoffsymbol. Mit einem Totenkopf weist es auf giftige oder sogar sehr giftige Stoffe hin, die nicht mit dem Körper in Kontakt kommen dürfen.

Zu 264.

C. Elektromagnetisches Feld

Dieses Piktogramm warnt vor einem elektromagnetischen Feld. Warnzeichen kennzeichnen Hindernisse und Gefahrstellen; ihr Aussehen und ihre Anbringung werden in Deutschland durch die Unfallverhütungsvorschrift der Berufsgenossenschaften geregelt.

Zu 265.

D. Gefährliche elektrische Spannung

Dieses Piktogramm warnt vor gefährlicher elektrischer Spannung.

Zu 266.

B. Notruftelefon

Dieses Piktogramm ist ein Rettungszeichen und markiert den Standort eines Notruftelefons. Rettungszeichen richten sich in Deutschland nach der Unfallverhütungsvorschrift der Berufsgenossenschaften.

Zu 267.

C. Schutzhandschuhe tragen

Dieses Piktogramm ist ein Gebotszeichen, das zum Tragen von Schutzhandschuhen auffordert. Gebotszeichen dienen allgemein zur Unfallverhütung und zum Gesundheitsschutz und richten sich nach der Unfallverhütungsvorschrift der Berufsgenossenschaften.

Zu 268.

A. Verbot von offenem Feuer

Dieses Piktogramm ist ein Verbotszeichen, das das Entfachen eines offenen Feuers verbietet. Verbotszeichen richten sich in Deutschland nach der Unfallverhütungsvorschrift der Berufsgenossenschaften.

Zu 269.

D. Laserstrahlung

Dieses Piktogramm warnt vor Laserstrahlung.

Zu 270.

D. Biologische Gefährdung

Dieses Piktogramm warnt vor biologischer Gefährdung, d. h. einer Gefährdung durch biologische Stoffe.

Farben und Formen von Piktogrammen

¬ Brandschutzzeichen: weiße Symbole auf einem rechteckigen Schild mit rotem Hintergrund und weißem Rand

¬ Gebotszeichen: weiße Symbole auf einem runden Schild mit blauem Hintergrund und weißem Rand

¬ Gefahrensymbole: schwarze Symbole auf einem rautenförmigen Schild mit weißem Hintergrund und rotem Rand (neue Version) bzw. auf einem rechteckigen Schild mit orangem Hintergrund und schwarzem Rand (alte Version)

¬ Rettungszeichen: weiße Symbole auf einem rechteckigen Schild mit grünem Hintergrund und weißem Rand

¬ Verbotszeichen: schwarze Symbole, durchgestrichen von einem roten Querbalken, auf einem runden Schild mit weißem Hintergrund und rotem Rand

¬ Warnzeichen: schwarze Symbole auf einem dreieckigen Schild mit gelbem Hintergrund und schwarzem Rand

Prüfung 2 • Lösungen

Lösungstabelle **60**

Sprachbeherrschung **62**

    Diktat 62

    Aufsatz 64

    Welche Schreibweise stimmt? 65

    Sätze vervollständigen 66

    „s", „ss" oder „ß" 68

    Groß- und Kleinschreibung 70

    Zusammen oder getrennt? 72

    Fehler korrigieren 73

    Kommas setzen 74

    Kommasetzung erkennen 76

    Konjugieren und deklinieren 78

    Ein Wort fällt aus der Reihe 80

    Textverständnis: Inhalte wiedergeben 82

Fremdsprachenkenntnisse **83**

    Englisch: Wortbedeutungen 83

    Englisch: Sätze vervollständigen 84

    Englisch: Sätze übersetzen 88

Lösungstabelle

Sprachbeherrschung und Fremdsprachenkenntnisse

1.	siehe Erklärung	46.	ß	91.	D	
2.	siehe Erklärung	47.	ss	92.	C	
3.	C	48.	s	93.	A	
4.	D	49.	ss	94.	B	
5.	A	50.	ß	95.	B	
6.	B	51.	ss	96.	Operation	
7.	D	52.	ss	97.	defekt	
8.	B	53.	ss	98.	Demokratie	
9.	C	54.	s	99.	Lokomotive	
10.	D	55.	ss	100.	effektiv	
11.	B	56.	ss	101.	–	
12.	D	57.	ss | ss	102.	Seehafen	
13.	C	58.	ss | ss	103.	exklusiv	
14.	B	59.	ß | ss	104.	Emotion	
15.	A	60.	ß | ß	105.	Hörnerv	
16.	C	61.	ss | s	106.	seit Stunden	
17.	B	62.	s | s	107.	Sympathie	
18.	B	63.	ss | ß | ss	108.	–	
19.	C	64.	ß | ß | ss	109.	Rhythmus	
20.	A	65.	ss | ss | s | ss	110.	Engagement	
21.	B	66.	A	111.	, | ,	
22.	C	67.	B	112.	, | , | ,	
23.	D	68.	A	113.	, | , | , | -	
24.	B	69.	B	114.	, | , | ,	
25.	C	70.	A	115.	, | ,	
26.	C	71.	B	116.	, | , | ,	
27.	A	72.	B	117.	, | , | ,	
28.	A	73.	B	118.	- | - | ,	
29.	B	74.	A	119.	- | - | ,	
30.	B	75.	B	120.	, | , | -	
31.	D	76.	A	121.	, | , | ,	
32.	B	77.	A	122.	, | - | - | -	
33.	B	78.	A	123.	- | , | , -	
34.	C	79.	D	124.	- |(,)| ,	
35.	D	80.	B	125.	, | , | ,	
36.	D	81.	B	126.	B	
37.	D	82.	B	127.	A	
38.	B	83.	A	128.	B	
39.	D	84.	A	129.	B	
40.	D	85.	D	130.	D	
41.	C	86.	A	131.	C	
42.	D	87.	D	132.	C	
43.	D	88.	C	133.	D	
44.	C	89.	C	134.	D	
45.	A	90.	D	135.	D	

136.	B	171.		206.	D
137.	D	172.	siehe	207.	D
138.	D	173.	Erklärung	208.	C
139.	D	174.		209.	C
140.	D	175.		210.	D
141.	zu stören	176.	B	211.	C
142.	meinen neuen Nachbarn	177.	B	212.	B
143.	Den meisten Menschen	178.	D	213.	C
144.	diesen ganzen Vorfällen	179.	B	214.	D
145.	ein derartiger Fehler	180.	A	215.	D
146.	des schlechten Wetters	181.	E	216.	B
147.	unseren umtriebigen Cousin	182.	E	217.	E
148.	den Kollegen	183.	D	218.	D
149.	ihrer beschwichtigenden Worte	184.	A	219.	D
150.	diesen Umständen	185.	C	220.	C
151.	uns	186.	D	221.	A
152.	gegangen wärst	187.	E	222.	A
153.	gesehen hatte	188.	B	223.	D
154.	wäre	189.	A	224.	E
155.	geeigneten Werkzeugs	190.	D	225.	C
156.	B	191.	D	226.	C
157.	E	192.	C	227.	A
158.	E	193.	B	228.	C
159.	E	194.	C	229.	D
160.	D	195.	B	230.	C
161.	B	196.	D	231.	C
162.	B	197.	B	232.	B
163.	E	198.	A	233.	B
164.	C	199.	A	234.	B
165.	D	200.	C	235.	B
166.	B	201.	A		
167.	E	202.	C		
168.	C	203.	A		
169.	C	204.	D		
170.	E	205.	A		

Sprachbeherrschung

Diktat   *Auswertung*

Zu 1.

> **Das Grundgesetz: Fundament der deutschen Demokratie**
>
> Wozu braucht man überhaupt einen Staat, wodurch legitimiert er sich? Eine häufig herangezogene Antwort stammt vom englischen Staatstheoretiker Thomas Hobbes, der im Kern wie folgt argumentierte: Wenn jeder selbst für seine Freiheit und Sicherheit verantwortlich wäre, gerieten diese Existenzparameter in Gefahr, denn es käme zum Kampf aller gegen alle, bei dem schließlich die Gewalttätigsten die Oberhand behielten. Also übertragen die Bürger die Verantwortung für ihre Sicherheit dem Staat, der das Gewaltmonopol übernimmt, allgemeine Grundregeln des Zusammenlebens festlegt und diese durchsetzt.
>
> Der grundlegende Katalog von Regeln, Werten und Ordnungsvorstellungen ist in Deutschland das Grundgesetz. Darin sind die Leitlinien des Staatsprinzips niedergelegt: Demokratie, Republik, Rechts- und Sozialstaatlichkeit, Föderalismus sowie die Gewaltenteilung in Legislative, Exekutive und Judikative. Das Grundgesetz lässt sich in mehrere Hauptteile untergliedern. Auf die Präambel, eine Art Vorwort, folgt der erste Hauptabschnitt mit den Artikeln 1 bis 19, in denen die Grundrechte behandelt werden. Die weiteren Abschnitte widmen sich primär dem Staatsorganisationsrecht, also den Bestimmungen zum Aufbau, zur Funktion und zur Aufgabenverteilung der Staatsorgane.
>
> Doch von den nüchternen Paragrafen (*alternativ: Paragraphen*) einmal abgesehen: Eine Demokratie lebt natürlich erst durch die aktive Teilhabe ihrer mündigen Bürger. Auch vor diesem Hintergrund erweist sich das am 24. Mai 1949 in Kraft getretene Grundgesetz als hochaktuell. Immer wieder entzünden sich politische Kontroversen an der Auslegung und Änderung verschiedener Bestimmungen.

Ihr Abschneiden können Sie anhand der nachfolgenden Tabelle einschätzen (Wiederholungsfehler zählen einfach).

Zur Orientierung sind drei unterschiedliche Bewertungsniveaus vorgegeben: leicht, mittel und schwer. Ein Lesebeispiel: Wenn Sie acht Fehler gemacht haben und die Maßstäbe eines mittleren Testniveaus anlegen, dann fällt Ihr Ergebnis in der Spalte „mittel" in den Notenbereich 3 („befriedigend").

Note	Anzahl Fehler		
	(schwer)	(mittel)	(leicht)
1 („sehr gut")	0–2	0–2	0–3
2 („gut")	3–5	3–6	4–8
3 („befriedigend")	6–8	7–11	9–14
4 („ausreichend")	9–12	12–15	15–20
5 („mangelhaft")	13–16	16–20	21–26
6 („ungenügend")	mehr als 16	mehr als 20	mehr als 26

Sprachbeherrschung

Aufsatz

Zu 2.

Zwanzig Minuten sind nicht viel Zeit, um einen überzeugenden Aufsatz zu verfassen. Proben Sie gegebenenfalls mehrmals, Ihre Ausführungen in der vorgegebenen Bearbeitungsdauer auf den Punkt zu bringen. Dabei gilt, unabhängig von der Fragestellung:

¬ Achten Sie auf Rechtschreibung, Grammatik und einen angemessenen Sprachstil.

¬ Gliedern Sie Ihren Text sinnvoll in Einleitung, Hauptteil und Schluss.

¬ Sorgen Sie dafür, dass sich Ihr Text gut lesen lässt: durch logische Satzanschlüsse, einen klaren Satzbau, treffende Begriffe und eine saubere Handschrift.

Ein Denkanstoß zur Themenvorgabe: Beide Begriffe beschreiben eine Verhaltensnorm, die es verbietet, etwas zu tun oder zu unterlassen. Die tabuisierte Handlung gilt jedoch als so selbstverständlich indiskutabel, dass das Tabu keiner Erklärung bedarf und nicht einmal ausgesprochen wird. Als ungeschriebene Gesetze fallen Tabus in das Feld von Moral, Gewissen und Tradition; sie entziehen sich jeder Auseinandersetzung und sind gerade deshalb wirksam. Verbote hingegen müssen formuliert werden, um zu wirken. Sie können aus einer rationalen Diskussion hervorgehen und rational hinterfragt werden.

Sprachbeherrschung

Welche Schreibweise stimmt?

Zu 3.
C. Prinzip

Zu 4.
D. Skizze

Zu 5.
A. Strategie

Zu 6.
B. Maschine

Zu 7.
D. Hydraulik

Zu 8.
B. Milliardstel

Zu 9.
C. Mikroprozessor

Zu 10.
D. Palaver

Zu 11.
B. Konjunkturanstieg

Zu 12.
D. Zeremonie

Zu 13.
C. Halogen

Zu 14.
B. Immobilien

Zu 15.
A. Differenz

Zu 16.
C. Vehikel

Zu 17.
B. Raketenapparat

Zu 18.
B. Ensemble

Zu 19.
C. Photosynthese

Zu 20.
A. Atmosphäre

Zu 21.
B. Porzellanvase

Zu 22.
C. Rhabarber

Zu 23.
D. Engagement

Zu 24.
B. Peripherie

Zu 25.
C. Balustrade

Sprachbeherrschung

Sätze vervollständigen

Zu 26.

C. Menschen

Rein grammatikalisch betrachtet wären alle vier Antworten möglich. Dass die Formulierung im Grundgesetz der Bundesrepublik Deutschland „Die Würde des Menschen ist unantastbar" lautet, sollte allerdings jeder wissen.

Zu 27.

A. Therapie

Gesucht wird hier ein feminines Wort im Singular. Die einzige Möglichkeit ist daher A „Therapie".

Zu 28.

A. starke Rückgrat

Der Artikel „das" erfordert hier sowohl für das Adjektiv („starke") als auch das Substantiv („Rückgrat") den Nominativ Singular, sodass nur Antwort A stimmen kann.

Zu 29.

B. geistesgegenwärtig

Das Adjektiv darf hier nicht dekliniert sein. Antwort A ist falsch geschrieben, darum bleibt nur B als richtige Lösung.

Zu 30.

B. Kohlenhydraten

Die richtige Antwort ist B „Kohlenhydraten", da sie als einzige den richtigen Kasus, nämlich Dativ Plural hat. Alle anderen Formen beinhalten zudem Rechtschreibfehler.

Zu 31.

D. Karussell

Der Artikel „dem" zieht den Dativ Singular nach sich, sodass nur Antwort D stimmen kann.

Zu 32.

B. Stolz

Dem Pronomen „ihren" muss ein maskulines Substantiv folgen, somit ist die richtige Antwort B „Stolz".

Zu 33.

B. identifizieren

Die richtige Lösung lautet B, alle anderen Antworten passen grammatisch und inhaltlich nicht.

Zu 34.

C. Kamelien

Dieser Satz verlangt nach einem Wort im Akkusativ Plural, wie es sich in C und D findet. Inhaltlich passt nur Antwort C: Kamelien sind subtropische Pflanzen und in Europa als Zierpflanzen verbreitet.

Zu 35.

D. Formulare

Korrekt ist Antwort D, da das Adjektiv „verschiedene" hier mit dem Akkusativ Plural zu verwenden ist.

Zu 36.

D. sterilen

Das einzusetzende Adjektiv muss im gleichen Kasus wie die umrahmende Wortgruppe „einer Umgebung" stehen, nämlich im Genitiv Singular. Hierfür kommt nur „sterilen" infrage. Antwort A fällt weg, da sie zwei Rechtschreibfehler enthält.

Zu 37.

D. unerlässlich

Inhaltlich sinnvoll und grammatisch passend ist hier nur Antwort D „unerlässlich".

Zu 38.

B. einig

Die Antwort B „einig" ist hier die einzig sinnvolle, die gesamte Konstruktion „sich einig sein" ist ein feststehender Ausdruck.

Zu 39.

D. kriminelle

Hier muss das Adjektiv im Akkusativ Plural stehen, sodass nur Antwort D „kriminelle" infrage kommt.

Zu 40.

D. Diplomaten

Die Präposition „von" erfordert hier den Dativ, nach „mehreren" muss eine Pluralform stehen. Diese Bedingungen erfüllt nur Antwort D „Diplomaten".

Zu 41.

C. cholerischer

Die Antworten A und D passen aus grammatischen Gründen nicht, B ist falsch geschrieben. Die richtige Antwort lautet also C „cholerischer".

Zu 42.

D. Halluzinationen

Das Verb „auftreten können" steht im Plural, folglich muss auch das gesuchte Subjekt im Plural stehen. Somit kommen die Antworten B und D in Betracht. Da man aber nicht an mehreren Grippen gleichzeitig, sondern nur an einer Grippe leidet, ergibt Antwort B keinen Sinn. Vorschlag D „Halluzinationen" stimmt.

Zu 43.

D. Dampfschifffahrtsgesellschaft

Der Artikel „eine" zieht den Singular nach sich. Antwort C ist grammatisch falsch, da drei „f"s erhalten bleiben müssen, sodass nur Antwort D „Dampfschifffahrtsgesellschaft" stimmen kann.

Zu 44.

C. Intensität

Die richtige Lösung ist C „Intensität", alle anderen Antworten sind falsch geschrieben.

Zu 45.

A. Echolot

Die Antworten B, C und D sind falsch geschrieben und stehen zudem im falschen Kasus – gesucht wird ein Wort im Akkusativ Singular. Somit kann nur Vorschlag A „Echolot" stimmen.

Sprachbeherrschung

„s", „ss" oder „ß"?

Zu 46.

Jetzt reicht es mir aber, das Ma_ß_ ist endgültig voll!

Nach einem lang ausgesprochenen Vokal wie dem „a" in „Maß" schreibt man den stimmlosen s-Laut als „ß".

Zu 47.

Die breite Ma_ss_e der Bevölkerung stand hinter ihr.

Nach einem kurz ausgesprochenen Vokal wie dem „a" in „Masse" schreibt man den stimmlosen s-Laut in der Regel als „ss".

Zu 48.

Auf einmal sah er ein Angebot, da_s_ ihn sofort überzeugte.

Als Faustregel gilt: Wenn man „das" durch „dieses", „jenes" oder „welches" ersetzen kann, handelt es sich um ein Relativpronomen, das mit einem „s" geschrieben wird.

Zu 49.

Als der Polizeihauptkommi_ss_ar eintraf, ergriffen die Verdächtigen die Flucht.

Nach einem kurz ausgesprochenen Vokal wie dem dritten „i" in „Polizeihauptkommissar" schreibt man den stimmlosen s-Laut in der Regel als „ss".

Zu 50.

Anstatt das Auto zu nehmen, ging sie lieber zu Fu_ß_.

Nach einem lang ausgesprochenen Vokal wie dem „u" in „Fuß" schreibt man den stimmlosen s-Laut als „ß".

Zu 51.

Unbekannte Randalierer warfen ein Moped in den Flu_ss_.

Nach einem kurz ausgesprochenen Vokal wie dem „u" in „Fluss" schreibt man den stimmlosen s-Laut in der Regel als „ss".

Zu 52.

Nach einer Woche gelang es, den Täter zu fa_ss_en.

Nach einem kurz ausgesprochenen Vokal wie dem „a" in „fassen" schreibt man den stimmlosen s-Laut in der Regel als „ss".

Zu 53.

Man mu_ss_ abwarten, wie sich die Sache entwickelt.

Nach einem kurz ausgesprochenen Vokal wie dem „u" in „muss" schreibt man den stimmlosen s-Laut in der Regel als „ss".

Zu 54.

Auf seiner Rei_s_e lernte er viel Neues kennen.

Den stimmhaften s-Laut wie in „Reise" schreibt man als „s".

Zu 55.

Mehr lä_ss_t sich dazu im Moment noch nicht sagen.

Nach einem kurz ausgesprochenen Umlaut wie dem „ä" in „lässt" schreibt man den stimmlosen s-Laut in der Regel als „ss".

Zu 56.

Die Aufgabe war kein bi_ss_chen schwierig.

Nach einem kurz ausgesprochenen Vokal wie dem „i" in „bisschen" schreibt man den stimmlosen s-Laut in der Regel als „ss".

Zu 57.

Er wu_ss_te, da_ss_ die Sache nicht gut für ihn stand.

Nach einem kurz ausgesprochenen Vokal wie dem „u" in „wusste" schreibt man den stimmlosen s-Laut in der Regel als „ss". Bei „dass" handelt es sich um eine Konjunktion, die mit „ss" geschrieben wird.

Zu 58.

Mach dir deswegen keine Gewi_ss_ensbi_ss_e.

Nach kurz ausgesprochenen Vokalen wie dem ersten und zweiten „i" in „Gewissensbisse" schreibt man den stimmlosen s-Laut in der Regel als „ss".

Zu 59.

Bald rei_ß_t ihr der Geduldsfaden wegen der Versäumni_ss_e.

Nach einem Doppellaut (Diphthong) wie dem „ei" in „reißt" schreibt man den stimmlosen s-Laut in der Regel als „ß". In der Endsilbe „-nis" schreibt man ihn im Singular als „s", im Plural („-nisse") als „ss".

Zu 60.

Um niemanden vor den Kopf zu sto_ß_en, ging er äu_ß_erst behutsam vor.

Nach einem lang ausgesprochenen Vokal wie dem „o" in „stoßen" schreibt man den stimmlosen s-Laut als „ß" – genauso wie nach einem Doppellaut (Diphthong) wie dem „äu" in „äußerst".

Zu 61.

Da_ss_ ich da_s_ noch einmal erleben darf, hätte ich nicht gedacht.

Am Satzanfang steht hier die Konjunktion „dass", die man mit „ss" schreibt. Bei der zweiten Lücke handelt es sich um das Demonstrativpronomen „das", welches mit einem „s" geschrieben wird.

Zu 62.

Bi_s_ zu den Ferien sind es noch fa_s_t zwei Wochen.

In beiden Fällen geht es um den stimmlosen s-Laut, den man nach kurz ausgesprochenen Vokalen normalerweise als „ss" schreibt – bei „bis" und „fast" bestätigt jedoch die Ausnahme die Regel.

Zu 63.

„Wa_ss_er marsch!", hie_ß_ es beim Tag der offenen Tür der Feuerwehr Dü_ss_eldorf.

Nach einem kurz ausgesprochenen Vokal wie dem „a" in „Wasser" schreibt man den stimmlosen s-Laut in der Regel als „ss". Nach einem Doppellaut (Diphthong) wie dem „ie" in „hieß" schreibt man den stimmlosen s-Laut als „ß". Der Ortsname „Düsseldorf" wird mit „ss" geschrieben.

Zu 64.

Plötzlich fiel drau_ß_en an der Stra_ß_e ein Schu_ss_.

In allen drei Fällen geht es um den stimmlosen s-Laut: Nach einem Doppellaut (Diphthong) wie dem „au" in „draußen" schreibt man ihn als „ß", ebenso wie nach einem lang ausgesprochenen Vokal wie dem „a" in „Straße". Nach einem kurz ausgesprochenen Vokal wie dem „u" in „Schuss" schreibt man ihn in der Regel als „ss".

Zu 65.

Auch an der Ka_ss_e wu_ss_te niemand von dem Ärgerni_s_ mit dem Bierfa_ss_.

Nach kurz ausgesprochenen Vokalen wie dem „a" in „Kasse" und dem „u" in „wusste" schreibt man den stimmlosen s-Laut in der Regel als „ss". In der Endsilbe „-nis" schreibt man ihn jedoch als „s".

Sprachbeherrschung

Groß- und Kleinschreibung

Zu 66.

A. Die Mannschaft hat ihr Bestes gegeben.

Substantivierte Adjektive („ihr Bestes") werden großgeschrieben.

Zu 67.

B. Das Wandern ist des Müllers Lust.

Substantivierte Verben („das Wandern") werden großgeschrieben.

Zu 68.

A. Es wurde gestern Abend noch sehr spät.

Zeitadverbien wie „gestern", „heute" oder „morgen" schreibt man klein. Steht dahinter eine Tageszeit, betrachtet man diese als Substantiv und schreibt sie groß („Abend").

Zu 69.

B. Sie hat drei Zweier im Zeugnis.

Substantivierte Grund- und Ordnungszahlen („Zweier") werden großgeschrieben.

Zu 70.

A. Sie mag es nicht, wenn immer das Gleiche gesagt wird.

Substantivierte Adjektive („das Gleiche") werden großgeschrieben.

Zu 71.

B. Das muss jeder wissen.

Unbestimmte Fürwörter (Indefinitpronomen) wie „jeder" werden auch bei substantivischem Gebrauch meist kleingeschrieben.

Zu 72.

B. Der Termin ist am Mittwochabend.

Wenn Tageszeiten in Verbindung mit Wochentagen stehen, zieht man beide zusammen und schreibt am Wortanfang groß.

Zu 73.

B. Er möchte Folgendes anmerken.

Adjektive mit demonstrativer Bedeutung werden grundsätzlich großgeschrieben („Er möchte Folgendes anmerken", „Sie sagte das Gleiche", „Wir haben Derartiges noch nie erlebt").

Zu 74.

A. Die Ersten werden die Besten sein.

Substantivierte Ordnungszahlen („die Ersten") und substantivierte Adjektive („die Besten") werden großgeschrieben.

Zu 75.

B. Er hatte noch etwas anderes einstecken.

Unbestimmte Fürwörter (Indefinitpronomen) wie „anderes" werden auch bei substantivischem Gebrauch meist kleingeschrieben.

Zu 76.

A. Im folgenden Vortrag wird das Ganze nochmals erläutert.

Da sich das „folgende" auf Vortrag bezieht, wird es kleingeschrieben. Indefinitpronomen nahe stehende Zahladjektive (z. B. „das Ganze", „das Übrige") werden großgeschrieben.

Zu 77.

A. Sie mag am liebsten Sportwagen in Rot.

Substantivierte Adjektive („Rot") werden großgeschrieben.

Zu 78.

A. Die Bezahlung ist im Voraus zu leisten.

Substantivisch gebrauchte Adverbien („im Voraus") werden großgeschrieben.

Zu 79.

D. in Bezug auf das Schreiben

Substantive werden auch in festen Wendungen („in Bezug", „mit Bezug") generell großgeschrieben. Substantivierte Verben („das Schreiben") schreibt man ebenfalls groß.

Zu 80.

B. Sie ist aufs Äußerste gereizt.

Das Adjektiv „gereizt" und die Präposition-Artikel-Verschmelzung „aufs" schreibt man klein. Superlative in Verbindung mit „aufs" kann man klein- oder großschreiben („aufs Äußerste/äußerste").

Zu 81.

B. Sie ist es einfach nur leid.

Aus Substantiven entstandene Adjektive („etwas leid sein") werden kleingeschrieben.

Zu 82.

B. Der Vierte im Bunde ist erkrankt.

Substantivierte Grund- und Ordnungszahlen („der Vierte") werden großgeschrieben.

Zu 83.

A. Meine Tasche bietet so viel Platz, dass ich oft viel Unnötiges durch die Gegend schleppe.

Substantivisch gebrauchte Adjektive („das Unnötige") werden großgeschrieben. Häufig zeigen vorangehende Wörter wie „alles", „etwas", „nichts" oder „viel" den substantivischen Gebrauch an.

Zu 84.

A. Er mag gerne Rad fahren.

Substantive schreibt man in Verbindung mit einem Verb (z. B. „Rad fahren", „Handball spielen") generell groß und getrennt.

Zu 85.

D. Ich habe ein paar schöne Blusen gekauft und zwei Paar Schuhe.

Bei „ein paar Blusen" handelt es sich um ein unbestimmtes Zahlwort, das kleingeschrieben wird. Bei „zwei Paar Schuhe" ist das „Paar" ein Substantiv, das großzuschreiben ist.

Sprachbeherrschung

Zusammen oder getrennt?

Zu 86.

A. beiseite

Im Adverb „beiseite" erkennt man zwar noch das Nomen „Seite", es ist aber in seiner Bedeutung verblasst und zu einem festen Teil des Adverbs geworden.

Zu 87.

D. schwarzfahren

„Schwarzfahren" bedeutet, ein Verkehrsmittel ohne gültigen Fahrschein zu nutzen, und hat mit der Farbe Schwarz nichts zu tun. Adjektiv-Verb-Verbindungen in übertragener Bedeutung werden zusammengeschrieben.

Zu 88.

C. arbeiten gehen

Die Kombination zweier Verben schreibt man getrennt, wenn diese in ihrer wortwörtlichen Bedeutung verwendet werden.

Zu 89.

C. Auto fahren

Nomen-Verb-Verbindungen mit einem eigenständigen Nomen schreibt man getrennt. Ob ein Nomen eigenständig ist, lässt sich leicht herausfinden: Kann man ein Begleitwort davor setzen, steht das Nomen getrennt vom Verb (sein/ein/das Auto fahren).

Zu 90.

D. schwimmen gehen

Die Kombination zweier Verben schreibt man getrennt, wenn diese in ihrer wortwörtlichen Bedeutung verwendet werden.

Zu 91.

D. weiß streichen

Kombinationen von Adjektiven und Verben stehen in der Regel getrennt. Es sei denn, die Verbindung wird in einem übertragenen Sinne verwendet (z. B. „schwarzmalen" = negativ in die Zukunft blicken).

Zu 92.

C. wiedergeben

Kombinationen von Adverbien und Verben werden zusammengeschrieben, wenn sie – wie im vorliegenden Fall – in übertragener Bedeutung verwendet werden.

Zu 93.

A. zu Ende

Auf die Präposition „zu" folgt das Nomen „Ende". Beide Wörter stehen getrennt.

Zu 94.

B. Korrekturlesen

Steht ein Begleitwort („das") vor einer Nomen-Verb-Verbindung, ist Vorsicht geboten: Dann handelt es sich um eine Nominalisierung und das Verb verschmilzt mit dem Nomen zu einem eigenständigen Hauptwort, das natürlich großzuschreiben ist.

Zu 95.

B. 2-Euro-Stück

Bei mehrteiligen Zusammensetzungen setzt man Bindestriche zwischen alle Bestandteile der Wortgruppe. Dadurch liest sich die Zusammensetzung wie ein ausgeschriebenes Wort („Zweieurostück").

Sprachbeherrschung

Fehler korrigieren

Zu 96.
Operation

Zu 97.
defekt

Zu 98.
Demokratie

Zu 99.
Lokomotive

Zu 100.
effektiv

Zu 101.
„ungläubig" stimmt.

Zu 102.
Seehafen

Zu 103.
exklusiv

Zu 104.
Emotion

Zu 105.
Hörnerv

Zu 106.
seit Stunden

Zu 107.
Sympathie

Zu 108.
„Thymian" stimmt.

Zu 109.
Rhythmus

Zu 110.
Engagement

Sprachbeherrschung

Kommas setzen

Zu 111.

Die Tatsache, dass sich die Erde um die Sonne dreht, galt vor wenigen Jahrhunderten noch als Irrglaube und Gotteslästerung.

Die beiden Kommas trennen den eingeschobenen Nebensatz vom umliegenden Hauptsatz.

Zu 112.

Nachdem ich gesehen hatte, was sie mir hatte zeigen wollen, war ich so überwältigt, dass ich zuerst gar nicht sprechen konnte.

Das erste Komma beendet den Temporalnebensatz. Das zweite Komma trennt den Relativnebensatz vom folgenden Hauptsatz. Das dritte Komma leitet einen weiteren Nebensatz ein.

Zu 113.

Er konnte sich nicht erklären, wie es sein konnte, dass er auf einmal mitten in einem Park stand, obwohl es seines Wissens in seiner Stadt_ doch gar keine Grünflächen gab.

Das erste Komma trennt den Hauptsatz vom Nebensatz, die anderen beiden Kommas leiten auch jeweils einen Nebensatz ein.

Zu 114.

Bereits wenige Minuten, nachdem ein Passant die Polizei gerufen hatte, erschienen die Beamten_ und nahmen die Randalierer fest.

Die beiden Kommas trennen den eingeschobenen Nebensatz vom Hauptsatz.

Zu 115.

Meist erzielt man bei Prüfungen ein besseres Ergebnis, wenn man nicht bis zur letzten Sekunde lernt, sondern sich stattdessen gezielt entspannt.

Das erste Komma beendet den Hauptsatz und leitet den Konditionalnebensatz ein. Das zweite Komma leitet einen weiteren Nebensatz ein.

Zu 116.

Wenn Sie einen Beruf, der Ihnen nicht gefällt, wegen guter Verdienstmöglichkeiten trotzdem ergreifen, werden Sie darin langfristig nicht glücklich werden.

Die ersten beiden Kommas umschließen den eingeschobenen Relativnebensatz. Das dritte Komma trennt den Konditionalsatz („Wenn Sie einen Beruf … ergreifen") vom Hauptsatz.

Zu 117.

Die meisten Menschen, die ein Haustier haben, sind der Meinung, dass ihr Tier das allerbeste auf der ganzen Welt ist.

Die ersten beiden Kommas trennen den eingeschlossenen Relativsatz vom Hauptsatz. Das dritte Komma leitet einen weiteren Nebensatz ein.

Zu 118.

Wenn ein Aktenvernichter_ Akten vernichtet und ein Schornsteinfeger_ den Schornstein fegt, was macht dann ein Zitronenfalter?

Das Komma trennt einen Konditionalnebensatz vom Fragesatz.

Zu 119.

Trotz der vielen Arbeit_ und der unzähligen Überstunden_ mag sie ihren Job gern, da sie mit den Kollegen sehr gut zurechtkommt.

Das Komma trennt den Hauptsatz vom Kausalnebensatz.

Zu 120.

Wenn sich Hunde und Katzen begegnen_, gibt es meistens Ärger, da sie sich aufgrund ihrer unterschiedlichen Körpersprache_ nicht verstehen können.

Das erste Komma trennt den Konditionalnebensatz vom Hauptsatz. Das zweite Komma leitet einen Kausalnebensatz ein.

Zu 121.

Hättest du, als ich dich damals gefragt habe, die Wahrheit gesagt, so wäre uns viel Ärger erspart geblieben.

Die ersten beiden Kommas umrahmen einen Temporalnebensatz, der in einen Konditionalnebensatz eingeschoben ist. Das dritte Komma trennt den Konditionalsatz vom Hauptsatz.

Zu 122.

Kennst du die Serie, in der ein alter Kapitän_ seinen drei Enkeln_ und dem dummen Matrosen_ immer unglaubliche Geschichten erzählt?

Das Komma trennt den Hauptsatz vom Nebensatz ab.

Zu 123.

Im Urlaub an der Sonne_ bedenken viele Menschen nicht, dass ein Sonnenbrand medizinisch gesehen eine Entzündung ist_ und die Haut langfristig schädigt.

Das Komma trennt den Hauptsatz vom Nebensatz.

Zu 124.

Angesichts des unbeständigen Wetters_ empfehle ich dir dringend(,) einen Regenschirm mitzunehmen, damit du nicht nass wirst.

Das erste Komma trennt den Hauptsatz vom Infinitivsatz (dieses Komma kann man setzen, muss man aber nicht!). Das zweite Komma leitet den Finalnebensatz ein.

Zu 125.

Wenn ich mir so ansehe, was du hier machst, dann frage ich mich, ob das wirklich zum gewünschten Ergebnis führen kann.

Das erste Komma trennt den Konditionalnebensatz ab. Das zweite Komma trennt den Nebensatz (einen Objektsatz) vom Hauptsatz. Das dritte Komma leitet einen Fragenebensatz ein.

Sprachbeherrschung

Kommasetzung erkennen

Zu 126.

B. Obwohl sich der Bewerber gut vorbereitet hatte, konnte er eine Frage nicht beantworten.

Der Konzessivnebensatz, der durch „obwohl" eingeleitet wird und auf „vorbereitet hatte" endet, wird durch das Komma vom Hauptsatz getrennt.

Zu 127.

A. Am Montag, den 28. Juli, habe ich einen Arzttermin.

Die beiden Kommas trennen eine Apposition vom Hauptsatz, die „Montag" genauer definiert.

Zu 128.

B. Man kann davon ausgehen, dass das Bild, das man von sich selbst hat, oft ein Wunschbild ist.

Das erste Komma leitet einen Nebensatz ein, in den ein Relativnebensatz eingeschoben ist, der durch das zweite und dritte Komma eingerahmt wird.

Zu 129.

B. Wer nur Sport treibt, weil andere ihn dazu gedrängt haben, wird keine wirkliche Freude daran haben.

Das erste Komma trennt einen Nebensatz in Form eines Subjektsatzes vom nachfolgenden Kausalnebensatz, das zweite Komma trennt den Kausalnebensatz vom Hauptsatz.

Zu 130.

D. Sicherlich können nicht alle Bedingungen eingehalten werden, weil sehr oft der Verlauf von anderen Faktoren beeinflusst wird, die von uns als gegeben betrachtet werden müssen.

Am Anfang steht der Hauptsatz, der durch das erste Komma vom Kausalnebensatz getrennt wird. Das zweite Komma beendet den Kausalnebensatz und trennt ihn vom folgenden Relativnebensatz, der durch das Relativpronomen „die" eingeleitet wird.

Zu 131.

C. Der Wal, der Igel, der Affe und die Fledermaus gehören gemeinsam in die Gruppe der Säugetiere, worüber sich viele Menschen wundern.

Die ersten beiden Kommas sind durch eine Aufzählung begründet. Das dritte Komma leitet einen Relativsatz ein.

Zu 132.

C. Es ist nicht leicht, einen Neuanfang in einem fremden Land zu wagen, aber viele Menschen entscheiden sich trotzdem dafür.

Das erste Komma trennt den Hauptsatz vom folgenden Infinitivsatz. Das zweite Komma leitet einen weiteren Hauptsatz ein.

Zu 133.

D. Jeder, der etwas von Kommasetzung versteht, sollte diese Aufgabe lösen können.

Die beiden Kommas trennen den eingeschobenen Relativnebensatz vom Hauptsatz.

Zu 134.

D. Man schätzt, dass das menschliche Gehirn in der Lage ist, das Wissen einer umfangreichen Bibliothek mit tausenden von Büchern zu speichern.

Das erste Komma steht am Anfang eines Nebensatzes, der mit dem zweiten Komma beendet wird, welches einen Infinitivsatz einleitet.

Zu 135.

D. Es gibt eine Umleitung, weil eine Baustelle eingerichtet wird, die es zu umfahren gilt.

Das erste Komma trennt den Hauptsatz von einem Kausalnebensatz. Auf das zweite Komma folgt ein Relativsatz, der sich auf die Baustelle bezieht.

Zu 136.

B. Müllers wollen dieses Jahr über Weihnachten in die Berge fahren, weil die Kinder davon träumen, endlich mal einen riesigen Schneemann bauen zu können.

Das erste Komma trennt den Hauptsatz vom nachfolgenden Kausalnebensatz. Das zweite Komma leitet einen Infinitivsatz ein.

Zu 137.

D. Menschen, die Vorurteile haben, diese aber aufgrund objektiver Tatsachen ablegen, sind nicht länger voreingenommen.

Das erste Komma kennzeichnet den Beginn eines Relativsatzes, der mit dem zweiten Komma endet. Es folgt ein Adversativnebensatz, der durch das dritte Komma beendet wird.

Zu 138.

D. Er ist nach der Arbeit zu müde, als dass er noch joggen könnte, obwohl er sich vorgenommen hat, regelmäßig zu trainieren.

Das erste Komma trennt den Hauptsatz vom folgenden Konsekutivnebensatz. Das zweite Komma beendet den Konsekutivnebensatz und steht vor dem folgenden Konzessivnebensatz. Das dritte Komma beendet den Konzessivnebensatz und trennt ihn vom folgenden Infinitivnebensatz.

Zu 139.

D. Wir meinen, dass wir mit diesem Buch, einer Kombination zwischen theoretischem Wissen und umfassendem Praxisbezug, eine neue Art von Übungsbuch entwickelt haben.

Das erste Komma trennt den Hauptsatz vom folgenden Nebensatz. Das zweite und dritte Komma umrahmen eine Apposition, die sich auf das Wort „Buch" bezieht.

Zu 140.

D. Es gibt ein Sprichwort, das besagt, Medizin müsse bitter schmecken, wenn sie wirken solle.

Das erste Komma trennt den Hauptsatz vom Relativsatz. Das zweite Komma leitet einen weiteren Hauptsatz ein. Das dritte Komma beendet den Hauptsatz und trennt ihn vom folgenden Konditionalsatz.

Sprachbeherrschung

Konjugieren und deklinieren

Zu 141.

Ich möchte dich bitten, mich eine halbe Stunde lang nicht *zu stören* .

Die Konstruktion des Verbs ist „jemanden bitten, etwas zu tun", die erforderliche Ergänzung ist also ein Infinitiv mit „zu". Daneben gibt es auch die Konstruktion „jemanden um etwas bitten", die mit Substantiven verwendet wird.

Zu 142.

Ich kann *meinen neuen Nachbarn* nicht leiden!

Die Konstruktion des Verbs lautet „jemanden (nicht) leiden können". Das Objekt muss dabei im Akkusativ stehen.

Zu 143.

Den meisten Menschen fällt es schwer, auf Süßigkeiten zu verzichten.

Die Konstruktion lautet „jemandem fällt etwas schwer", daher muss die Substantivgruppe im Dativ stehen.

Zu 144.

Nach *diesen ganzen Vorfällen* möchte er nicht länger in der Firma arbeiten.

Die Präposition „nach" erfordert, dass die folgende Substantivgruppe im Dativ steht.

Zu 145.

Ich verstehe nicht, wie *ein derartiger Fehler* so lange unbemerkt bleiben konnte.

„Ein derartiger Fehler" muss als Subjekt des Nebensatzes im Nominativ stehen und bleibt folglich unverändert.

Zu 146.

Aufgrund *des schlechten Wetters* fällt heute die Schule aus.

Die Präposition „aufgrund" erfordert immer eine Substantivgruppe im Genitiv.

Zu 147.

Ohne *unseren umtriebigen Cousin* hätte der Zirkusbesuch nicht stattgefunden.

Die Präposition „ohne" erfordert, dass die folgende Substantivgruppe im Akkusativ steht.

Zu 148.

Er hat sich gegenüber *den Kollegen* immer einwandfrei verhalten.

Die Präposition „gegenüber" erfordert, dass das folgende Substantiv im Dativ steht.

Zu 149.

Trotz *ihrer beschwichtigenden Worte* war er zutiefst empört.

Die Präposition „trotz" zieht eine Substantivgruppe im Genitiv nach sich.

Zu 150.

Unter *diesen Umständen* sollten wir möglichst schnell handeln.

Die Präposition „unter" wird hier modal gebraucht, das heißt, sie bezeichnet die Art und Weise bzw. die Rahmenbedingungen eines Vorgangs. In dieser Verwendung zieht „unter" einen Dativ nach sich.

Zu 151.

Wir haben *uns* schon gefragt, wo du steckst!

Die Konstruktion des Verbs lautet „sich fragen". Das Wort „uns" ist hier die flektierte Form des Reflexivpronomens „sich". Da es sich auf das

Subjekt „wir" bezieht, muss es in der ersten Person Plural stehen.

Zu 152.

Wenn du nicht so früh nach Hause *gegangen wärst*, hättest du das Feuerwerk auch gesehen.

Hier gilt: Beide Teilsätze müssen die gleiche Zeitform aufweisen, nämlich Konjunktiv II Perfekt.

Zu 153.

Nachdem er die Wohnung *gesehen hatte*, unterschrieb er begeistert den Mietvertrag.

Die Ereignisse des Temporalnebensatzes liegen zeitlich vor denen des Hauptsatzes. Da das Hauptsatz-Verb im Präteritum steht (in der Vergangenheit), muss das Nebensatz-Verb im Plusquamperfekt stehen (in der Vorvergangenheit).

Zu 154.

Wenn er sich jetzt sehen könnte, *wäre* er peinlich berührt.

Das Verb des Hauptsatzes muss hier in derselben Zeitform stehen wie das Verb des Nebensatzes, also im Konjunktiv II Präsens.

Zu 155.

Mangels *geeigneten Werkzeugs* konnte er die Reparatur nicht durchführen.

Die Präposition „mangels" zieht in der Regel einen Genitiv nach sich.

Lösungshinweis

Um die richtige grammatische Form zu finden, ist es hilfreich, sich die einzelnen Sätze leise vorzulesen. Achten Sie dabei auf Person, Zahl und Zeitform.

Sprachbeherrschung

Ein Wort fällt aus der Reihe

Zu 156.

B. giftig

Alle Begriffe außer „giftig" geben Geschmacksrichtungen wieder.

Zu 157.

E. jetzt

Alle Begriffe außer „jetzt" betreffen die Zukunft.

Zu 158.

E. Kreis

Alle genannten geometrischen Formen außer dem Kreis haben Ecken.

Zu 159.

E. sitzen

Alle Verben außer „sitzen" beschreiben bewegte Aktivitäten.

Zu 160.

D. dumm

Alle Wörter außer „dumm" sind Synonyme für „zögerlich".

Zu 161.

B. ungeschickt

Alle Begriffe außer „ungeschickt" sind Synonyme für „außergewöhnlich".

Zu 162.

B. ideell

Das Wort „ideell" bedeutet „geistig", „nicht materiell". Dagegen bezeichnen alle anderen Wörter eine Relation zwischen zwei einander gleichenden Dingen.

Zu 163.

E. fliegen

„Fliegen" ist das einzige Verb unter Substantiven.

Zu 164.

C. Empfang

Alle Begriffe außer „Empfang" bezeichnen eine Gruppe von Personen, die eine besondere Aufgabe zu erfüllen hat. Zum Beispiel gründet man zur Organisation einer Feier ein Festkomitee.

Zu 165.

D. unerheblich

Bei allen anderen Begriffen handelt es sich um Adjektive, die große Mengen beschreiben.

Zu 166.

B. Lehne

Bei allen anderen Begriffen handelt es sich um Sitzgelegenheiten.

Zu 167.

E. erfahren

Bei allen anderen Begriffen handelt es sich um Verben des Sehens.

Zu 168.

C. Februar

Alle anderen Begriffe bezeichnen allgemeine Zeiteinheiten; der Februar als konkreter Monat fällt aus der Reihe.

Zu 169.

C. kaum

Mit „kaum" betont man die Distanz, mit allen anderen Begriffen die Nähe zu etwas.

Zu 170.

E. Büro

Alle Begriffe außer „Büro" stehen für Teile eines Gebäudes – „Büro" bezeichnet die Funktion eines Raumes.

Sprachbeherrschung

Textverständnis: Inhalte wiedergeben   _Musterantworten_

Zu 171.

Wodurch zeichnen sich menschliche Knochen dem Text zufolge aus?

Die Antwort findet sich im ersten Satz: Knochen sind enorm belastbar und gleichzeitig relativ leicht. Alle Knochen im menschlichen Körper machen zusammengenommen nur etwa 12 Prozent des Körpergewichts aus.

Zu 172.

Welche Aufgaben übernehmen die Gelenke im menschlichen Körper?

Die Gelenke übernehmen zwei Hauptaufgaben: Zum einen sollen sie zwei oder mehrere Knochen möglichst stabil miteinander verbinden, zum anderen sollen sie genügend Beweglichkeit gewährleisten – daher müssen sie zugleich flexibel sein.

Zu 173.

Wie ist ein Gelenk aufgebaut, welche Funktionen haben die einzelnen „Bauteile"?

Ein Gelenk besteht aus mehreren Komponenten mit unterschiedlichen Funktionen: Bänder verbinden die Gelenkknochen miteinander, zwischen denen Knorpel und Gelenkflüssigkeit elastische Puffer bilden, um ein Aneinanderreiben oder Aufeinanderstoßen der Knochen zu verhindern. Muskeln bewegen die Konstruktion und stabilisieren sie zusätzlich.

Zu 174.

Was wird über die unterschiedlichen Gelenktypen gesagt?

Wie im zweiten Absatz beschrieben wird, haben sich im Lauf der Evolution unterschiedliche Gelenktypen herausgebildet, die für spezielle Belastungsformen ausgelegt sind: Die Scharniergelenke Ellenbogen und Knie erlauben Bewegungen um eine Achse und sind ansonsten starr. Das Schulter- und das Hüftgelenk wiederum lassen sich als Kugelgelenke um alle drei Raumachsen drehen. Zweiachsige Gelenke werden im Text nicht erwähnt, doch auch sie finden sich menschlichen Körper: Ein solches sitzt beispielsweise zwischen dem Handwurzelknochen und dem Mittelhandknochen unterhalb des Daumens.

Zu 175.

Wie wird die Verletzungsanfälligkeit von Gelenken eingeschätzt?

Der Verfasser des Textes hält die Gelenke aufgrund ihrer komplexen Bauweise für relativ empfindlich. Belastungen, für die sie nicht ausgelegt sind – etwa Drehungen oder Beugungen in die falsche Richtung – können demnach leicht zu Verletzungen führen: erwähnt werden Knorpelschäden, Bänderdehnungen und Bänderrisse.

Fremdsprachenkenntnisse

Englisch: Wortbedeutungen

Zu 176.

B. schnell

Zu 177.

B. verantwortlich

Zu 178.

D. verbergen

Zu 179.

B. Aufmerksamkeit

Zu 180.

A. Beziehung

Zu 181.

E. Abkommen

Zu 182.

E. Absicht

Zu 183.

D. bremsen

Zu 184.

A. Gesetz

Zu 185.

C. lächerlich

Zu 186.

D. Vertrag

Zu 187.

E. Bohne

Zu 188.

B. schließlich

Zu 189.

A. Gewissen

Zu 190.

D. Vorfall

Zu 191.

D. schaden

Zu 192.

C. unfähig

Zu 193.

B. etwas tragen

Zu 194.

C. offensichtlich

Zu 195.

B. kurz

Fremdsprachenkenntnisse

Englisch: Sätze vervollständigen

Zu 196.

D. The more money he earns

The more money he earns, the better he feels.

Übersetzt: „Je mehr Geld er verdient, desto besser fühlt er sich." Der einzufügende Satzteil muss also die Formel „Je mehr … desto besser …" einleiten, was nur mit Antwort D gelingt.

Zu 197.

B. the first ten pages

Yesterday he read the first ten pages.

Übersetzt: „Gestern las er die ersten zehn Seiten." Die Satzteile C und E scheiden aus, da sie grammatikalisch falsch aufgebaut sind. Antwort D könnte eine zeitliche Reihenfolge ausdrücken, wobei jedoch der bestimmte Artikel „the" stören würde: „Yesterday he read the ten pages first, afterwards he went shopping" – „Gestern las er die zehn Seiten zuerst, danach ging er einkaufen". Antwort A nutzt fälschlicherweise den unbestimmten Artikel „a" – wer ein Buch liest, beginnt jedoch mit ganz bestimmten zehn Seiten. Somit kommt nur Vorschlag B infrage.

Zu 198.

A. sell or to buy

Are you on this market to sell or to buy?

Übersetzt: „Sind Sie auf diesem Markt, um zu verkaufen oder um zu kaufen?" Es geht hier weder um das Fliegen („fly", Vorschlag B) noch um das Sinken oder gar Weinen („sink or cry", Vorschlag E). Ferner verlangt die Leerstelle nach Verben, nicht nach Adjektiven wie in Lösung C („black or white" – „schwarz oder weiß") oder einem Substantiv wie in Möglichkeit D („cell" – „Zelle"). Somit kann nur Vorschlag A stimmen.

Zu 199.

A. such a big mistake

She can't understand how Tom could have made such a big mistake.

Übersetzt: „Sie kann nicht verstehen, wie Tom so einen großen Fehler hat machen können." Das in den Antworten C und D verwendete „so" entspricht nicht dem vergleichenden deutschen „so", sondern bedeutet „also", „damit", „dermaßen". Abgesehen davon ist die Wortstellung beide Male nicht korrekt. Vorschlag B benutzt fälschlicherweise den bestimmten Artikel „the" statt des unbestimmten „a". Somit kommt nur Möglichkeit A infrage.

Zu 200.

C. was looking

While I was looking outside I saw a bird.

Übersetzt: „Während ich nach draußen schaute, sah ich einen Vogel." Hier geht es um die korrekte Zeitform des richtigen Verbs: Das Signalwort „while" weist darauf hin, dass etwas passiert ist („I saw a bird"), während eine zweite Aktion im Gange war. Das Verb, das diese zweite Aktion benennt, muss daher im past progressive stehen, das nur in Antwort C korrekt gebildet wird. Darüber hinaus verwenden die Antworten B, D und E unpassende Verben: „watch" drückt eher aus, dass man etwas Bestimmtes bewusst beobachtet, das sich verändert oder bewegt, aber nicht ein allgemeines „nach draußen schauen"; „to see" wird eher dann verwendet, wenn etwas ohne besondere Absicht wahrgenommen wird („I saw a bird": Ich habe den Vogel nicht bewusst beobachtet, er kam plötzlich in mein Sichtfeld). Die adäquate Übersetzung für „sehen" lautet hier „look".

Zu 201.

A. didn't she

Your sister used to visit Lionel quite often, didn't she?

Übersetzt: „Deine Schwester hat Lionel recht häufig besucht, oder?" Frageanhängsel wie „oder", „stimmt's" oder „nicht wahr" nennt man im Englischen „question tags". In einem question tag werden das Subjekt (hier „she") und das Hilfsverb des Satzes in umgekehrter Reihenfolge wiederholt, abgetrennt durch ein Komma. Enthält der Satz ein Vollverb (wie „visit"), nutzt man im question tag stattdessen das Hilfsverb „do". Bei positiven Sätzen („she does") wird im question tag verneint („doesn't she"), bei negativen Sätzen („she doesn't") wird bejaht („does she"). Das Verb im question tag steht stets in derselben Zeit wie das Verb des Hauptsatzes (im vorliegenden Fall simple past).

Zu 202.

C. How long

How long must David stay at home? – The next three days.

Übersetzt: „Wie lange muss David zu Hause bleiben?" – „Die nächsten drei Tage." Antwort E scheidet aus, da die Konstruktion „Might must …" („Dürfte / könnte muss …") offensichtlich Unfug ist. Ebenso falsch sind die Vorschläge D und B mit den Fragewörtern „Who" („Wer") und „Where" („Wo"). Grammatisch und inhaltlich stimmig ist nur Möglichkeit C – „The next three days" („Die nächsten drei Tage") ist eine plausible Auskunft auf die mit „How long" („Wie lange") eingeleitete Frage. Ohne den Nachsatz „Die nächsten drei Tage" wäre auch Antwort A mit dem Fragewort „Why" („Warum") möglich, mit Nachsatz jedoch nicht.

Zu 203.

A. easy enough

Mark says it's easy enough to find a new apartment.

Übersetzt: „Mark sagt, es ist ziemlich einfach, ein Apartment zu finden." Die gesuchte Formel „ziemlich einfach" heißt im Englischen „easy enough" – Antwort A ist also korrekt. Lösung B scheidet aufgrund der falschen Wortstellung aus; die Vorschläge C und D mit eingefügtem „as" („als", „wie") sind ebenso unsinnig wie der Ausdruck „as easy as enough" (dt. „so einfach wie genug").

Zu 204.

D. three-year-old

They have a three-year-old daughter.

Übersetzt: „Sie haben eine drei Jahre alte Tochter." Das Adjektiv „dreijährig" wird im Englischen durch die mit Bindestrichen verbundene Konstruktion „three-year-old" widergegeben, Antwort D stimmt. Vorschlag A ist zu unbeholfen aus dem Deutschen übersetzt, und die versuchte Pluralbildung des Adverbs „old" in Vorschlag C geht vollkommen fehl.

Zu 205.

A. it on

Here is your shirt. Put it on.

Übersetzt: „Hier ist dein Shirt. Zieh es an." Antwort D stimmt zwar grammatikalisch, ist aber inhaltlich fragwürdig („put it down" – „leg es hin"). Die Möglichkeiten B und C entfallen aufgrund der falschen Wortstellung, obendrein nutzt Antwort C „off" statt „on". Nur Antwort A ist grammatikalisch und inhaltlich korrekt.

Zu 206.

D. exciting

David said the concert was very exciting.

Übersetzt: „David sagte, das Konzert war sehr aufregend." Antwort C ist falsch, da sich durch „excited" der Sinn des Satzes verschieben würde; nicht mehr das Erlebnis des Konzertbesuches wäre dann aufregend, sondern das Konzert selbst wäre aufgeregt. Antwort B mit „exercised" („angewendet") kann als sinnfreie Variante direkt ausgeschlossen werden. Antwort A („of excitement" – „vor Aufregung") fällt aus, da sie formal nicht in die Satzstruktur passt. Antwort D stimmt.

Zu 207.

D. How much does | cheap

How much does this book cost? Is it cheap?

Übersetzt: „Wie viel kostet dieses Buch? Ist es billig?" Antwort A ist mit „what" für „was" zu wörtlich übersetzt. Vorschlag B verwendet statt der richtigen Übersetzung für „billig" („cheap") das ähnlich klingende „sheep", das allerdings „Schaf" bedeutet. Antwort C setzt mit „many" („viele") mengenmäßig auf das falsche Pferd, und Vorschlag E zieht das „cheap" unsinnigerweise in den ersten Fragesatz. Als richtige Lösung kommt somit nur Möglichkeit D infrage.

Zu 208.

C. bought | about

Yesterday I bought a book about sports.

Übersetzt: „Gestern habe ich mir ein Buch zum Thema Sport gekauft." Da „yesterday" eine Handlung in der Vergangenheit signalisiert, muss das einzusetzende Verb in der Vergangenheitsform stehen. Möglichkeit D scheidet somit aus. Für die korrekte Präposition zwischen „book" und „sports" gibt es nur eine korrekte Möglichkeit: „I read a book with sports" würde bedeuten, dass der Sprecher ein Buch zu-

sammen mit Sportarten gelesen hätte – keine besonders sinnvolle Aussage. Auch „over sports" ist ein wörtlich und falsch übersetztes Deutsch; wollte man ausdrücken, wovon ein Buch handelt, wäre die korrekte Präposition „about". „By" (Satz E) würde bei der Nennung des Autorennamens verwendet („a book by Stephen King" – „ein Buch von Stephen King"), hier ist es fehl am Platze. „In" würde schließlich auf einen Ort oder Zeitraum verweisen, der jedoch im Satz nicht zu finden ist.

Zu 209.

C. In case of

In case of rain, we'll go inside.

Übersetzt: „Falls es regnet, werden wir hineingehen." Nach „if it" (Satz A) wäre ein Verb in der dritten Person zu erwarten („rains"), das jedoch nicht im Aufgabensatz steht. Ähnliches gilt für „when it is" (Satz B), auf das die Verlaufsform „raining" folgen müsste. „On appear by" (Satz D) ist eine im Englischen unbekannte Wendung, „at this rain" (Satz E) schließlich ist eine inadäquate Übersetzung des deutschen „bei diesem Regen". „Im Fall, dass es regnet", wird im Englischen kurz und elegant mit „in case of rain" übersetzt.

Zu 210.

D. used to go

Mandy and Tom used to go out every day.

Übersetzt: „Mandy und Tom waren es gewohnt, jeden Tag auszugehen." Die Verlaufsform „using" (Vorschläge A und B) kommt für eine regelmäßig wiederholte Aktivität („every day") nicht infrage, und „were used" (Möglichkeit C) bedeutet „wurden benutzt".

Zu 211.

C. much homework

Sara told her mother that she didn't have much homework today.

Übersetzt: „Sara sagte ihrer Mutter, dass sie heute nicht viele Hausaufgaben habe." Da „homework" bereits im Plural steht – das Wort ist überhaupt nur in der Mehrzahl gebräuchlich – stimmen die Pluralkonstruktionen der Antworten A und B mit angehängtem „s" nicht. Ob nun „much" oder „many" zu verwenden ist, richtet sich nach der Zählbarkeit des Bezugsworts: Zählbare Substantive können eine Mehrzahl bilden („friend" – „friends") und werden mit „many" verwendet; nicht zählbare Substantive wie „homework" verlangen nach „much".

Zu 212.

B. us men

A few of us men are going to the club.

Übersetzt: „Einige von uns Männern gehen in den Club." Antwort A bildet den Plural fälschlicherweise mit angehängtem „s", die Möglichkeiten C und E ziehen außerdem noch das falsche Personalpronomen „we" hinzu. Antwort D ist mit „ours" nicht viel besser. Somit kommt nur B infrage.

Zu 213.

C. Wouldn't

Wouldn't you like to visit us, since your husband isn't at home this weekend?

Übersetzt: „Hättest du nicht Lust, uns zu besuchen, da dein Mann am Wochenende nicht zuhause ist?" Antwort E entfällt bereits aufgrund der falschen Personalform (3. Person, richtig wäre 2. Person). „Want" („wollen") passt weder grammatisch noch inhaltlich in die Satzkonstruktion. „Will you" (Antwort A) bedeutet „wirst du", „won't" heißt übersetzt „wirst du nicht" – beides etwas zu forsch für eine englische Frage, die höflicherweise mit „würde" („would") gebildet wird.

Zu 214.

D. twice as much

She would have paid twice as much for her new dress.

Übersetzt: „Sie hätte für ihr neues Kleid auch doppelt so viel bezahlt." Die Formel „doppelt so viel" wird im Englischen mit „twice as much" richtig gebildet, wie in Vorschlag D angegeben.

Zu 215.

D. There's

There's a cat on the chair.

Übersetzt: „Dort ist eine Katze auf dem Stuhl". Einzusetzen ist die Ortsangabe „dort ist" – dies gelingt weder durch Antwort A („he's" – „er ist") noch durch die Vorschläge B („they're" – „sie sind") oder C: das Possessivpronomen „theirs" („ihrer", „ihres") zeigt ein Besitzverhältnis mehrerer Leute an. Somit kommt nur Möglichkeit D mit dem Demonstrativpronomen „there" („dort") infrage.

Fremdsprachenkenntnisse

Englisch: Sätze übersetzen

Zu 216.

B. Excuse me, please, what time is it?

Antwort A ist auszuschließen – es geht hier nicht um die Uhr an sich („watch"), sondern um die Zeit („time"). Antwort D macht denselben Fehler und verwendet darüber hinaus anstelle der Höflichkeitsformel „excuse me" („Entschuldigen Sie") die unangebrachte Aufforderung „execute me" („Richten Sie mich bitte hin"). Vorschlag E erkundigt sich fälschlicherweise nach dem Namen („name"), und Antwort C ist zu plump ans Deutsche angelehnt: Im Englischen fragt man nicht „How much time is it?", sondern „What time is it?". Vorschlag B stimmt.

Zu 217.

E. What does the book cost?

Antwort B verwendet ein falsches Fragewort („how" – „wie"), ebenso wie Satz A („where" – „wo"), der zudem in der Vergangenheit steht („did"). Die Vorschläge C und D gehen inhaltlich fehl mit „Where is the library?" („Wo ist die Bibliothek?") bzw. „Why did you get this book?" („Warum hast Du dieses Buch bekommen?"). Demnach kann nur Möglichkeit E stimmen.

Zu 218.

D. I don't care.

Die richtige Antwort lautet D, „I don't care". Die Sätze A und B sind falsch gebildet. Möglichkeit B unterschlägt außerdem noch einen Apostroph („its"), ebenso wie Vorschlag C („dont"), der darüber hinaus etwas anderes bedeutet, nämlich „es macht mir nichts aus".

Zu 219.

D. Where is the next bus stop for the bus line to the airport?

Antwort A nennt das falsche Fragewort („who" – „wer") und ebenso wie B die falschen Vokabeln: „Bushaltestelle" heißt „bus stop", nicht „bus station" („Busbahnhof") oder „bus stand", und statt des wörtlich übersetzten „fly harbour" für „Flughafen" müsste es „airport" heißen. Auch einen „line bus" wie in Satz C gibt es im Englischen nicht. Vorschlag E bezieht sich auf einen Zentralbahnhof („central station"). Als richtige Lösung kommt somit nur D infrage.

Zu 220.

C. I'm sorry, but the goods are already sold out.

Als Fragesatz scheidet Antwort D aus, und auch Vorschlag B kommt nicht infrage: „were sold" bedeutet „wurden verkauft" und nicht „ist ausverkauft". Antwort A disqualifiziert sich zum einen durch den veralteten Ausdruck „ware" – gebräuchlicher sind „goods", „merchandise" oder „product" – zum anderen durch die falsche Wortbildung: Bei „out selled" (statt „sold out") stimmt weder die Vergangenheitsform noch die Wortreihenfolge. Da Antwort E inhaltlich vollkommen falsch liegt („Ich bin froh, dass Du die Waren nicht ausverkauft hast"), kann nur Vorschlag C korrekt sein.

Zu 221.

A. You should take an umbrella, because it is going to rain.

Antwort E verwendet ein unangemessenes Personalpronomen („we" – „wir") und ist als Aussagesatz formuliert, nicht als Aufforderung. Antwort C geht unsinnigerweise davon aus, dass der Regen durch die Mitnahme des Schirms hervorgerufen wird. In Antwort B verfehlt der durch „while" („während") eingeleitete Temporalsatz die Absicht des Aufgabensatzes, der eine kausale Verknüpfung herstellt. Möglichkeit D verkehrt die Aussage sogar komplett ins Gegenteil, indem das Tragen eines Regenschirms mit Verweis auf den Regen verboten wird („you must not" – „du darfst nicht"). Somit kommt nur Vorschlag A infrage.

Zu 222.

A. Please turn right at the next crossway.

Die richtige Lösung lautet A: „Please" wird üblicherweise an den Satzanfang oder das Satzende gestellt. Zwar berücksichtigt dies auch Antwort B – doch hier ist die Satzstruktur ansonsten genauso verwirrend und fehlerhaft wie in den Vorschlägen C, D und E.

Zu 223.

D. We already talked about it yesterday.

Zeitangaben stehen im Englischen am Satzanfang oder -ende – somit entfallen die Antworten A, B und E. Die in Vorschlag C formulierte Frage kommt als Übersetzung eines Aussagesatzes sicher nicht in Betracht, sodass nur Antwort D übrig bleibt.

Zu 224.

E. In good weather, the sky and the sea are blue.

Die Formulierung „bei gutem Wetter" übersetzt man mit „in good weather", sodass die Antworten B, C und D von vornherein ausscheiden. Der Himmel („sky") und das Meer („sea") finden sich zusammen nur in Antwort E – von dem in Antwort A genannten See („lake") ist im vorgegebenen Satz nicht die Rede.

Zu 225.

C. While Thomas was sleeping, somebody stole his baggage.

Wie der Aufgabensatz muss auch die Übersetzung in der Vergangenheit stehen: Antwort A mit der Präsensform „is sleeping" – und der Falschübersetzung „package" („Paket") – scheidet daher aus. In Vorschlag B ist das unregelmäßige Verb „to steal" falsch konjugiert. Satz D (übersetzt: „Thomas hat sein Gepäck während des Fluges verloren") schildert eine gänzlich andere Situation, und in Vorschlag E ist Thomas gar selbst der Dieb. Inhaltlich und grammatisch richtig ist allein Antwort C.

Zu 226.

C. Where there's a will, there's a way.

Antwort C stimmt. Substantive schreibt man im Englischen in der Regel klein, folglich wäre das großgeschriebene „Will" in Satz A höchstens als Eigenname zulässig – um die Person Will geht es jedoch nicht. Das zusammengeschriebene „away" (Antwort B) bedeutet so viel wie „entfernt". Auch Vorschlag D liegt falsch: Als Verb heißt „want" zwar „wollen", doch als Substantiv ist es mit „Bedarf" oder „Bedürfnis" zu übersetzen. Obendrein lehnt sich hier der Satzbau zu stark ans Deutsche an.

Zu 227.

A. Better late than never.

Antwort A stimmt. Nur hier sind alle Wörter richtig geschrieben und durch die passende Konjunktion „than" verbunden. „Then" (Antwort C) bedeutet „dann", und „as" (Satz D) wird in Vergleichen ungleicher Elemente („mehr als", „schlechter als", „schneller als") nicht verwendet.

Zu 228.

C. I get a good grade.

Die korrekte Antwort ist C. „Become" (Vorschläge A und D) bedeutet „werden", mit „note" (Sätze A und B) bezeichnet man Musiknoten oder kurze Textnotizen.

Zu 229.

D. What do you recommend from the menu?

Die Floskel „können Sie mir" ist mit „can you me" (Antworten B und C) ebenso wörtlich wie ungelenk übersetzt. In Möglichkeit A stimmt der Satzbau nicht; die Wortfolge „be can on the recommended menu" in Vorschlag E ist vollkommenes Kauderwelsch. Die korrekte Übersetzung findet sich unter Vorschlag D.

Zu 230.

C. You should always be well prepared for an exam.

Das Wort „testings" (Antwort A) gibt es im Englischen nicht; die „Prüfung" wird im englischen Plural zu „tests" oder „exams". Antwort B ist mit „man should" für „man sollte" zu wörtlich und damit falsch übersetzt, auch der Satzaufbau stimmt hier nicht. Vorschlag E geht inhaltlich fehl: „Never prepare for an exam" bedeutet „Bereite dich nie auf eine Prüfung vor". Übrig bleiben die Möglichkeiten C und D – heißt es nun „well prepared" oder „good prepared"? Der Unterschied: Das Adjektiv „good" bezieht sich auf ein Substantiv, das Adverb „well" auf ein Verb, Adjektiv oder Adverb. Zum Beispiel: „You should always be well prepared (Adverb + Adjektiv) for an exam", aber: „You should always be in good shape (Adjektiv + Substantiv) for an exam". Die richtige Antwort ist demnach C.

Zu 231.

C. That depends on the weather.

Antwort C stimmt. „Deepen" (Antwort B) heißt „vertiefen", „depart from" (Möglichkeit D) be-

deutet „abfahren von", und zwar in diesem Fall von einem Hammel („wether"). „That hangs apart" in Satz D schließlich besagt, dass etwas im ganz wörtlichen Sinne aufgehängt ist, und zwar in einiger Entfernung zum Wetter – was ebenfalls keine besonders sinnvolle Aussage ist.

Zu 232.

B. Take a seat!

Die korrekte Antwort lautet B, „take a seat". „Nehmen Sie Platz" fordert dazu auf, sich auf einen Stuhl oder eine Couch zu setzen, nicht etwa, einen bestimmten Raum einzunehmen, wie es Antwort A mit „place" suggeriert. „Seed" (Antwort C) bedeutet nicht „Sitz", sondern „Keim" oder „Samen" und „accept" (Antwort D) steht für „entgegennehmen" oder „annehmen" (einen Ratschlag, eine Kreditkarte, eine Herausforderung …).

Zu 233.

B. Whatever gave you that idea?

Antwort E erscheint nicht als englischer Satz, sondern als mangelhafte Übersetzung der Frage „Hast du eine große Fantasie?". Antwort D verwendet mit „find" („finden") ein unangemessenes Verb. Antwort C ist zu nahe am Deutschen: „How you come on this idea?" ist eine wörtliche (und falsche) Anlehnung an „Wie bist du denn auf die Idee gekommen?". Antwort A kommt dem vorgegebenen Satz zwar recht nahe, doch zur Vollständigkeit fehlt das Hilfsverb „did". Nach dem Ausschlussprinzip kommt nur Antwort B infrage.

Zu 234.

B. Have you had a good journey?

Als richtige Antwort kommt nur Vorschlag B in Betracht. Bei allen anderen Antworten stimmt der Satzbau nicht, da „have", „had" und „you" – wenn überhaupt vorhanden – an falschen Positionen stehen.

Zu 235.

B. Excuse me, can I pay by credit card?

Anders als im Deutschen schreibt man „Kreditkarte" im Englischen getrennt („credit card"), daher scheidet Antwort E aus. Auch der Aussagesatz C kommt als Übersetzung einer Frage nicht in Betracht. In Satz D wird fälschlicherweise nach dem Besitz einer Kreditkarte gefragt – somit bleibt die Auswahl zwischen den Antworten A und B, zwischen den Präpositionen „by" und „with". Beide können „mit" bedeuten. Der Unterschied: „with" bezieht sich üblicherweise auf einen spezifischen Gegenstand und zieht dann ein Personalpronomen oder einen Artikel nach sich („can I pay with my credit card"), während „by" generelle Methoden („mit Kreditkarte zahlen") benennt und insofern alleine stehen kann. Antwort B ist also korrekt.

Prüfung 3 · Lösungen

Lösungstabelle **94**

Mathematik **96**

    Grundrechenarten 96

    Bruchrechnen 97

    Kopfrechnen 100

    Maßeinheiten umrechnen 102

    Dreisatz 104

    Prozentrechnen 107

    Zinsrechnen 109

    Gemischte Textaufgaben 111

    Fläche und Volumen 113

    Geometrische Skizzen 116

    Gehobene Mathematik 118

    Tempo-Rechnen 122

Lösungstabelle

Mathematik

1.	4,15	46.	B	91.	D	136.	C
2.	323,8	47.	D	92.	C	137.	D
3.	201,5	48.	A	93.	B	138.	D
4.	12	49.	C	94.	D	139.	C
5.	0	50.	D	95.	A	140.	C
6.	7,2	51.	A	96.	B	141.	D
7.	6,3	52.	A	97.	C	142.	C
8.	1,4	53.	D	98.	C	143.	C
9.	0,8	54.	C	99.	D	144.	A
10.	28,5	55.	C	100.	B	145.	C
11.	13,6	56.	B	101.	C	146.	D
12.	72,5	57.	A	102.	D	147.	B
13.	62,3	58.	B	103.	C	148.	E
14.	3,33	59.	A	104.	D	149.	A
15.	0,65	60.	D	105.	C	150.	D
16.	16,4	61.	B	106.	B	151.	E
17.	13,15	62.	B	107.	C	152.	C
18.	8,7	63.	A	108.	B	153.	E
19.	15	64.	B	109.	D	154.	D
20.	2,16	65.	B	110.	D	155.	D
21.	B	66.	D	111.	D	156.	A
22.	B	67.	D	112.	B	157.	A
23.	A	68.	C	113.	B	158.	A
24.	A	69.	C	114.	D	159.	C
25.	B	70.	C	115.	C	160.	A
26.	C	71.	A	116.	D	161.	D
27.	D	72.	B	117.	D	162.	B
28.	C	73.	C	118.	C	163.	D
29.	C	74.	C	119.	C	164.	D
30.	C	75.	D	120.	B	165.	D
31.	D	76.	B	121.	E	166.	E
32.	C	77.	C	122.	A	167.	D
33.	A	78.	A	123.	D	168.	E
34.	D	79.	C	124.	A	169.	A
35.	B	80.	A	125.	C	170.	C
36.	B	81.	B	126.	D	171.	C
37.	A	82.	A	127.	E	172.	D
38.	C	83.	D	128.	C	173.	A
39.	B	84.	C	129.	B	174.	B
40.	C	85.	B	130.	C	175.	D
41.	C	86.	A	131.	D	176.	C
42.	B	87.	A	132.	C	177.	A
43.	D	88.	C	133.	C	178.	A
44.	B	89.	C	134.	C	179.	D
45.	D	90.	A	135.	C	180.	C

181.	A	196.	5	211.	5
182.	C	197.	3	212.	9
183.	B	198.	17	213.	45
184.	D	199.	24	214.	36
185.	D	200.	4	215.	13
186.	15	201.	11	216.	11
187.	2	202.	17	217.	15
188.	5	203.	6	218.	−2
189.	40	204.	6	219.	−2
190.	10	205.	10	220.	15
191.	8	206.	28	221.	3
192.	22	207.	34	222.	38
193.	8	208.	42	223.	11
194.	10	209.	26	224.	40
195.	10	210.	63	225.	104

Mathematik

Grundrechenarten

Zu 1.

$0{,}01 + 0{,}03 + 4{,}31 - 0{,}2 = \textbf{4,15}$

Zu 2.

$314 + 17{,}2 - 7{,}4 = \textbf{323,8}$

Zu 3.

$243{,}5 - 14 \times 3 = \textbf{201,5}$

Zu 4.

$(2 \div 2) \times 2 \times 2 + 8 = \textbf{12}$

Zu 5.

$(25 + 7) \times (0{,}7 \times (2 - 2)) = \textbf{0}$

Zu 6.

$4{,}32 \times 5 \div 3 = \textbf{7,2}$

Zu 7.

$5{,}6 \div (4{,}5 + 3{,}5) \times 9 = \textbf{6,3}$

Zu 8.

$6{,}1 + 4{,}9 \div 7 - 5{,}4 = \textbf{1,4}$

Zu 9.

$57{,}6 \div 2 \div 4 \div 9 = \textbf{0,8}$

Zu 10.

$8{,}7 \div 30 + 0{,}71 + 27{,}5 = \textbf{28,5}$

Zu 11.

$65{,}5 \div 5 - 3{,}9 + 4{,}4 = \textbf{13,6}$

Zu 12.

$52{,}5 - 13{,}6 + 16{,}8 \times 2 = \textbf{72,5}$

Zu 13.

$(12{,}6 - 237 + 349) \div 2 = \textbf{62,3}$

Zu 14.

$9{,}99 \div ((6{,}7 - 2{,}2) \div 1{,}5) = \textbf{3,33}$

Zu 15.

$8{,}85 - (1{,}35 + 2{,}75) \times 2 = \textbf{0,65}$

Zu 16.

$((64 + 5 \times 3) + 3) \div 5 = \textbf{16,4}$

Zu 17.

$(2{,}75 + (139 - 13) \div 2) \div 5 = \textbf{13,15}$

Zu 18.

$7{,}65 + 3 \div 5 + 0{,}45 = \textbf{8,7}$

Zu 19.

$72 \div 8 \times 1{,}5 + 1{,}5 = \textbf{15}$

Zu 20.

$(3{,}1 + 1{,}72 - 0{,}5) \div 2 = \textbf{2,16}$

Mathematik

Bruchrechnen

Zu 21.

B. 6

Wandeln Sie die gemischte Zahl in einen reinen Bruch um und kürzen Sie diesen:

$$4\frac{8}{4} = \frac{24}{4} = 6$$

Zu 22.

B. $2\frac{1}{3}$

Brüche werden addiert, indem man den gemeinsamen Nenner findet, die Zähler addiert und den Nenner beibehält. Das Ergebnis ist hier so weit wie möglich zu kürzen und als gemischte Zahl zu schreiben:

$$\frac{4}{2} + \frac{1}{3} = \frac{12}{6} + \frac{2}{6} = \frac{14}{6} = \frac{7}{3} = 2\frac{1}{3}$$

Zu 23.

A. $\frac{3}{25}$

Ein Bruch wird durch eine ganze Zahl dividiert, indem man die ganze Zahl mit dem Nenner des Bruches multipliziert und den Zähler beibehält. Das Ergebnis ist so weit wie möglich zu kürzen:

$$\frac{3}{5} \div 5 = \frac{3}{5} \times \frac{1}{5} = \frac{3}{25}$$

Zu 24.

A. $\frac{5}{12}$

Brüche werden subtrahiert, indem man den gemeinsamen Nenner findet, diesen beibehält und die Zähler voneinander subtrahiert. Das Ergebnis ist so weit wie möglich zu kürzen:

$$\frac{3}{4} - \frac{1}{3} = \frac{9}{12} - \frac{4}{12} = \frac{5}{12}$$

Zu 25.

B. $\frac{1}{2}$

Brüche werden dividiert, indem man mit dem Kehrwert multipliziert. Das Ergebnis ist so weit wie möglich zu kürzen:

$$\frac{1}{4} \div \frac{1}{2} = \frac{1}{4} \times \frac{2}{1} = \frac{2}{4} = \frac{1}{2}$$

Zu 26.

C. 0,6

Zähler geteilt durch Nenner.

$$\frac{3}{5} = 0,6$$

Zu 27.

D. $\frac{9}{40}$

Brüche werden multipliziert, indem man Zähler mit Zähler und Nenner mit Nenner multipliziert. Das Ergebnis ist so weit wie möglich zu kürzen:

$$\frac{3}{5} \times \frac{3}{8} = \frac{9}{40}$$

Zu 28.

C. $\frac{3}{4}$

Brüche werden addiert, indem man den gemeinsamen Nenner findet, die Zähler addiert und den Nenner beibehält. Das Ergebnis ist so weit wie möglich zu kürzen:

$$\frac{1}{4} + \frac{1}{2} = \frac{1}{4} + \frac{2}{4} = \frac{3}{4}$$

Zu 29.

C. 3

Brüche werden multipliziert, indem man Zähler und Zähler sowie Nenner und Nenner miteinander multipliziert. Das Ergebnis ist so weit wie möglich zu kürzen:

$$\frac{8}{4} \times \frac{3}{2} = \frac{24}{8} = \frac{3}{1} = 3$$

Zu 30.

C. 6

$$2\frac{1}{4} + 3\frac{6}{8} = \frac{9}{4} + \frac{15}{4} = \frac{24}{4} = 6$$

Gemischte Zahlen sollten in Brüche umgewandelt werden. Danach werden die Brüche addiert, indem man den gemeinsamen Nenner findet, diesen beibehält und die Zähler miteinander addiert.

Zu 31.

D. $\dfrac{2}{7}$

Brüche werden dividiert, indem man den ersten Wert (Dividend) mit dem Kehrwert des zweiten Werts (des Divisors, durch den geteilt werden soll) multipliziert. Anschließend ist das Ergebnis so weit wie möglich zu kürzen:

$$\frac{3}{6} \div \frac{7}{4} = \frac{3}{6} \times \frac{4}{7} = \frac{12}{42} = \frac{2}{7}$$

Zu 32.

C. $\dfrac{5}{2}$

Brüche werden subtrahiert, indem man einen gemeinsamen Nenner findet, die Zähler subtrahiert und den Nenner beibehält. Das Ergebnis ist so weit wie möglich zu kürzen:

$$\frac{7}{2} - \frac{3}{3} = \frac{21}{6} - \frac{6}{6} = \frac{15}{6} = \frac{5}{2}$$

Zu 33.

A. $3\dfrac{1}{35}$

Brüche werden subtrahiert, indem man sie auf einen gemeinsamen Nenner bringt, die Zähler subtrahiert und den Nenner beibehält. An-

schließend ist das Ergebnis hier so weit wie möglich zu kürzen und als gemischte Zahl zu schreiben:

$$\frac{24}{7} - \frac{2}{5} = \frac{120}{35} - \frac{14}{35} = \frac{106}{35} = 3\frac{1}{35}$$

Zu 34.

D. 8,75

Brüche werden multipliziert, indem man Zähler und Zähler sowie Nenner und Nenner miteinander multipliziert. Das Ergebnis ist hier in Dezimalform zu bringen.

$$3\frac{3}{4} \times 2\frac{1}{3} = \frac{15}{4} \times \frac{7}{3} = \frac{105}{12} = 8,75$$

Zu 35.

B. 1,61

Brüche werden dividiert, indem man mit dem Kehrwert multipliziert. Das Ergebnis ist hier in Dezimalform zu bringen.

$$3\frac{3}{4} \div 2\frac{1}{3} = \frac{15}{4} \div \frac{7}{3} = \frac{15}{4} \times \frac{3}{7} = \frac{45}{28} = 1,61$$

Zu 36.

B. Rund 6,08

Gemischte Zahlen sollten zunächst in reine Brüche umgewandelt werden. Brüche werden addiert, indem man den gemeinsamen Nenner findet, die Zähler addiert und den Nenner beibehält. Anschließend ist das Ergebnis hier in Dezimalform zu bringen und zu runden.

$$3\frac{3}{4} + 2\frac{1}{3} = \frac{15}{4} + \frac{7}{3} = \frac{45}{12} + \frac{28}{12} = \frac{73}{12} \approx 6,08$$

Zu 37.

A. $8\dfrac{3}{10}$

Gemischte Zahlen sollten zunächst in reine Brüche umgewandelt werden. Brüche werden addiert, indem man sie auf einen gemeinsamen Nenner bringt, ihre Zähler addiert und den Nenner beibehält. Anschließend ist das Ergebnis hier so weit wie möglich zu kürzen und als gemischte Zahl zu schreiben:

$$3\frac{4}{5}+4,5=\frac{19}{5}+\frac{9}{2}=\frac{38}{10}+\frac{45}{10}=\frac{83}{10}=8\frac{3}{10}$$

Zu 38.

C. $1\frac{1}{12}$

Gemischte Zahlen sollten zunächst in reine Brüche umgewandelt werden. Brüche werden multipliziert, indem man jeweils ihre Zähler und Nenner miteinander malnimmt. Anschließend ist das Ergebnis hier als gemischte Zahl zu schreiben.

$$4\frac{1}{3}\times\frac{1}{4}=\frac{13}{3}\times\frac{1}{4}=\frac{13}{12}=1\frac{1}{12}$$

Zu 39.

B. $4\frac{1}{6}$

Gemischte Zahlen sollten zunächst in reine Brüche umgewandelt werden. Brüche werden subtrahiert, indem man sie auf einen gemeinsamen Nenner bringt, ihre Zähler subtrahiert und den Nenner beibehält. Anschließend ist das Ergebnis hier so weit wie möglich zu kürzen und als gemischte Zahl zu schreiben:

$$4\frac{2}{4}-\frac{1}{3}=\frac{18}{4}-\frac{1}{3}=\frac{54}{12}-\frac{4}{12}=\frac{50}{12}=\frac{25}{6}=4\frac{1}{6}$$

Zu 40.

C. $\frac{6}{6}$

Gemischte Zahlen sollten zunächst in reine Brüche umgewandelt werden:

$$\left(2\frac{1}{2}+2\frac{2}{4}\right)\div\left(8-1\frac{4}{2}\right)=\left(\frac{5}{2}+\frac{10}{4}\right)\div\left(8-\frac{6}{2}\right)$$

Brüche werden addiert bzw. subtrahiert, indem man sie auf einen gemeinsamen Nenner bringt, ihre Zähler addiert bzw. subtrahiert und den Nenner beibehält:

$$\left(\frac{5}{2}+\frac{10}{4}\right)\div\left(\frac{16}{2}-\frac{6}{2}\right)=\left(\frac{10}{4}+\frac{10}{4}\right)\div\left(\frac{16}{2}-\frac{6}{2}\right)$$
$$=\frac{20}{4}\div\frac{10}{2}$$

Brüche werden dividiert, indem man den ersten Wert mit dem Kehrwert des zweiten Werts (durch den geteilt werden soll) multipliziert:

$$\frac{20}{4}\div\frac{10}{2}=\frac{20}{4}\times\frac{2}{10}$$

Anschließend ist das Ergebnis so weit wie möglich zu kürzen:

$$\frac{20}{4}\times\frac{2}{10}=\frac{40}{40}=1=\frac{6}{6}$$

Mathematik

Kopfrechnen

Zu 41.

C. 6.000

Am einfachsten erhalten Sie die Lösung, indem Sie geschickt zusammenfassen:

$-8 + 608 = 600$

$5.400 + 600 = 6.000$

Zu 42.

B. 3.842

Eine Multiplikation mit ¹⁄₁₀ ist gleichzusetzen mit einer Division durch 10. So lautet das Ergebnis B.

Zu 43.

D. 99

Eine Division durch ⅓ entspricht einer Multiplikation mit 3:

$$33 \div \frac{1}{3} = 33 \times 3 = 99$$

Zu 44.

B. 16

Beachten Sie die Punkt-vor-Strich-Regel.

$8 - 4 + 3 \times 4 = 8 - 4 + 12 = 16$

Zu 45.

D. 60

$20 \div 0,5 = 40$

$40 + 20 = 60$

Zu 46.

B. 2.762

$$
\begin{array}{r}
567.616 \\
-\quad 564.854 \\
-\quad {\scriptstyle 1\ \ 1} \\
\hline
=\quad 2.762
\end{array}
$$

Zu 47.

D. −16

Potenzrechnung geht in diesem Fall vor Strichrechnung:

$-4^2 = -(4^2) = -16$

Zu 48.

A. 30

$20 \times 0,5 = 10$

$10 + 20 = 30$

Zu 49.

C. −9

Beachten Sie die Punkt-vor-Strich-Regel.

$6 - (3 + 2) \times 3 = 6 - 5 \times 3 = 6 - 15 = -9$

Zu 50.

D. 256

Die Quadratzahl von 16 lautet 256.

$16^2 = 16 \times 16 = 256$

Zu 51.

A. 0

Beachten Sie die Punkt-vor-Strich-Regel.

$12 - 6 \div 2 \times 4 = 12 - 3 \times 4 = 12 - 12 = 0$

Zu 52.

A. 4

Beachten Sie die Punkt-vor-Strich-Regel.

$-4 \times 2 = -8$

$(-3) \times 4 = -12$

$-8 - (-12) = 4$

Zu 53.

D. −59

Beachten Sie die Punkt-vor-Strich-Regel.

$-8 \times 3 = -24$

$(-5) \times 7 = -35$

$-24 + (-35) = -59$

Zu 54.

C. 19.202

$$
\begin{array}{r}
8.648 \\
+ \quad 9.576 \\
+ \quad\quad 978 \\
+ \quad\quad {\small 2\ 2\ 2} \\
\hline
= \quad 19.202
\end{array}
$$

Zu 55.

C. 32.762

$$
\begin{array}{r}
827.614 \\
- \quad 794.852 \\
- \quad {\small 1\ \ 1\ \ 1} \\
\hline
= \quad 32.762
\end{array}
$$

Zu 56.

B. 14.614

$$
\begin{array}{r}
12.082 \\
+ \quad 2.376 \\
+ \quad\quad 156 \\
+ \quad\quad {\small 2\ 1} \\
\hline
= \quad 14.614
\end{array}
$$

Zu 57.

A. -15

Beachten Sie die Punkt-vor-Strich-Regel.

$9 - (2 + 4) \times 4 = 9 - 6 \times 4 = 9 - 24 = -15$

Zu 58.

B. 4

Zuerst sind die Klammern auszurechnen – angefangen bei der kleinen Klammer.

$(7 - (4 + 2)) \times 4 = (7 - 6) \times 4 = 1 \times 4 = 4$

Zu 59.

A. -64

Potenzrechnung geht in diesem Fall vor Strichrechnung:

$-4^3 = -(4^3) = -(4 \times 4 \times 4) = -64$

Zu 60.

D. -37

Beachten Sie die Punkt-vor-Strich-Regel.

$-6 \times 3 = -18$

$4 \times (-4) = -16$

$-18 + (-16 - 3) = -18 - 19 = -37$

Mathematik

Maßeinheiten umrechnen

Zu 61.

B. 14,35 dm

Die Spurweite beträgt 14,35 Dezimeter.

$$1\,mm = \frac{1}{10}\,cm = \frac{1}{100}\,dm$$

$$1.435\,mm = 1.435 \times \frac{1}{100}\,dm = 14,35\,dm$$

Zu 62.

B. 8.000 m²

Die Grundfläche beträgt 8.000 m².

$100\,m \times 80\,m = 8.000\,m^2$

Zu 63.

A. 78

Ein Gramm entspricht 1.000 Milligramm, also ergeben 0,078 Gramm 78 Milligramm:

$0,078 \times 1.000\,mg = 78\,mg$

Zu 64.

B. 41.500 m

Ein Kilometer entspricht 1.000 Metern, also ergeben 41,5 Kilometer 41.500 Meter:

$41,5 \times 1.000\,m = 41.500\,m$

Zu 65.

B. 1.050 kg

Eine Tonne entspricht 1.000 Kilogramm, also ergeben 1,05 Tonnen 1.050 Kilogramm:

$1,05 \times 1.000\,kg = 1.050\,kg$

Zu 66.

D. 79.800

Ein Kilogramm entspricht 1.000 Gramm, also ergeben 79,8 Kilogramm 79.800 Gramm:

$79,8 \times 1.000\,g = 79.800\,g$

Zu 67.

D. 4,16

Ein Liter entspricht 0,01 Hektolitern, also ergeben 416 Liter 4,16 Hektoliter:

$416 \times 0,01\,hl = 4,16\,hl$

Zu 68.

C. 1.625 €

Herr Mayer erhält für seine 2.600 $ von der Bank 1.625 €.

$2.600\,\$ \div 1,60\,\$/€ = 1.625\,€$

Zu 69.

C. 2,5

Ein Liter entspricht 10 Dezilitern, also ergeben 0,25 Liter 2,5 Deziliter:

$0,25 \times 10\,dl = 2,5\,dl$

Zu 70.

C. 17.000 m²

Das Gewerbegrundstück im Nachbarort hat eine Grundfläche von 17.000 m².

$1\,ha = 10.000\,m^2$

$10.000\,m^2 \times 1,7 = 17.000\,m^2$

Zu 71.

A. 8,5

Ein Zentner entspricht 50 Kilogramm, also ergeben 425 Kilogramm 8,5 Zentner:

$425\,kg \div 50\,kg = 8,5$

Zu 72.

B. 3.500.000

Ein Quadratkilometer entspricht 1.000.000 Quadratmetern, also ergeben 3,5 Quadratkilometer 3.500.000 Quadratmeter:

$3,5 \times 1.000.000\,m^2 = 3.500.000\,m^2$

Zu 73.

C. 4,1

Ein Zentner entspricht 50 Kilogramm bzw. 0,05 Tonnen, also ergeben 82 Zentner 4,1 Tonnen:

$82 \times 0,05 \, t = 4,1 \, t$

Zu 74.

C. 0,6

240 Sekunden entsprechen 4 Minuten, also beträgt die Zeitspanne insgesamt 32 Minuten + 4 Minuten = 36 Minuten. Da eine Stunde aus 60 Minuten besteht, lässt sich der Anteil von 36 Minuten wie folgt berechnen:

$\dfrac{36 \, min}{60 \, min} = \dfrac{3}{5} = 0,6$

Ausgedrückt in Dezimalen, sind 32 Minuten und 240 Sekunden zusammengenommen 0,6 Stunden.

Zu 75.

D. $43.200 \, cm^2$

Die Bühnenfläche beträgt $43.200 \, cm^2$.

Ein Meter entspricht 100 Zentimetern, demnach ergibt sich:

Bühnenfläche = $1,80 \, m \times 2,40 \, m = 180 \, cm \times 240 \, cm = 43.200 \, cm^2$

Zu 76.

B. 3,45

Liter und Kubikdezimeter bezeichnen dasselbe Volumen, also sind 3,45 Liter zugleich 3,45 Kubikdezimeter.

Zu 77.

C. 0,456

Ein Hektar entspricht 10.000 Quadratmetern bzw. 0,01 Quadratkilometern, also ergeben 45,6 Hektar 0,456 Quadratkilometer:

$45,6 \times 0,01 \, km^2 = 0,456 \, km^2$

Zu 78.

A. 20,83

Da ein Kilometer 1.000 Metern und eine Stunde 3.600 Sekunden entspricht, entsprechen 75 Kilometer pro Stunde 75.000 Metern in 3.600 Sekunden. Welche Distanz wird nun in einer Sekunde zurückgelegt?

$\dfrac{75.000 \, m}{3.600 \, s} = \dfrac{750 \, m}{36 \, s} \approx 20,83 \, \dfrac{m}{s}$

75 Kilometer pro Stunde entsprechen 20,83 Metern pro Sekunde.

Zu 79.

C. 41,5

Ein Millimeter entspricht 0,001 Metern. Auf einen Quadratmeter gingen demnach 0,0415 Kubikmeter Wasser nieder:

$41,5 \times 0,001 \, m \times 1 \, m^2 = 0,0415 \, m^3$

Ein Kubikmeter entspricht 1.000 Kubikdezimetern bzw. 1.000 Litern, also ergeben 0,0415 Kubikmeter 41,5 Liter:

$0,0415 \times 1.000 \, l = 41,5 \, l$

Bei dem Gewitter gingen pro Quadratmeter stündlich 41,5 Liter Wasser nieder.

Zu 80.

A. 360 m

Ein Zentimeter entspricht 10 Millimetern, also entspricht eine Sprungweite von 40 Zentimetern dem 200-fachen der Körpergröße eines Flohs:

$40 \times 10 \, mm \div 2 \, mm = 200$

Ein Mensch könnte 360 Meter weit springen:

$1,8 \, m \times 200 = 360 \, m$

Mathematik

Dreisatz

Zu 81.

B. 10 Tage

Die Vordrucke würden für 10 Tage ausreichen.

20 Tage × 200 Stk./Tag = 4.000 Stk. Vorrat

4.000 Stk. ÷ 400 Stk./Tag = 10 Tage

Zu 82.

A. 500 t

Zur Gewinnung von drei kg Gold benötigt man 500 t Erz.

3.000 g ÷ 6 g × 1 t = 500 t

Zu 83.

D. 120 €

Der Quadratmeterpreis des Spezialbodens beträgt 120 €.

8 m × 12 m = 96 m²

11.520 € ÷ 96 m² = 120 € pro m²

Zu 84.

C. 2.100 kg

Herr Mayer benötigt für diesen Auftrag 2.100 kg Blech.

1.500 kg ÷ 100 Teile = 15 kg pro Ersatzteil

15 kg × 140 Ersatzteile = 2.100 kg

Zu 85.

B. 54 Minuten

Ein einziger Maler benötigt zum Anstreichen derselben Fläche das Dreifache der Zeit:

3 × 1,5 h = 4,5 h

Fünf Maler benötigen wiederum ein Fünftel dieser Zeit:

4,5 h ÷ 5 = 0,9 h

Fünf Maler brauchen 0,9 Stunden – oder 54 Minuten – um eine Fläche von 63 Quadratmetern zu streichen.

Zu 86.

A. 12 Tage

Wenn 72 Menschen von den Vorräten 15 Tage leben können, könnte ein einziges Besatzungsmitglied davon 1.080 Tage leben:

15 × 72 = 1.080

Für 90 Besatzungsmitglieder beträgt die Zeit 1/90 davon:

1.080 ÷ 90 = 12

Die Vorräte reichen 90 Besatzungsmitgliedern für 12 Tage.

Zu 87.

A. 425,00 Pfund

Der Wechselkurs von Euro zu Pfund berechnet sich wie folgt:

195,50 Pfund ÷ 230 € = 0,85 Pfund/€

Der Umtauschkurs liegt also bei 1:0,85 – für 1 € bekommt man 0,85 Britische Pfund. Für 500 € erhielte Herr Möller demnach 500 × 0,85 = 425 Pfund.

Zu 88.

C. 234 kg

Es werden 234 kg Obst benötigt.

120 + 10 = 130 Personen

(216 kg ÷ 120) × 130 = 234 kg Obst

Zu 89.

C. 15 m

Es werden 15 Meter dieses Stoffes benötigt.

12 m × 1,50 m = 18 m²

18 m² ÷ 1,2 m = 15 m

Zu 90.

A. 900 kg

Für den Kundenauftrag werden 900 kg Blech benötigt.

1.500 kg ÷ 200 Teile = 7,5 kg pro Ersatzteil

7,5 kg × 120 Ersatzteile = 900 kg

Zu 91.

D. 15 Mitarbeiter

Es müssten 15 Mitarbeiter eingesetzt werden, um den Auftrag in 20 Stunden zu bewältigen.

6 × 50 h = 300 h Gesamtzeit

300 h ÷ 20 h = 15 Mitarbeiter

Zu 92.

C. 132 l

Herr Mayer verbraucht unter den genannten Bedingungen 132 Liter Benzin.

22 × 60 km = 1.320 km pro Monat

1.320 km ÷ 100 km × 10 l = 132 l

Zu 93.

B. 10

Sechs Arbeiter brauchen zehn Stunden für die gleiche Arbeit.

10 Arbeiter × 6 h = 60 h Gesamtzeit

60 h ÷ 6 Arbeiter = 10 h

Zu 94.

D. 180 kg

Wenn 12 Pferde pro Woche 504 kg Heu fressen, liegt der Tagesbedarf eines Pferds bei:

504 kg ÷ 12 (Pferde) ÷ 7 (Tage) = 6 kg

In 30 Tagen frisst ein Pferd 180 kg Heu:

6 kg × 30 = 180 kg

Zu 95.

A. 1

Jeder Mitarbeiter müsste eine Überstunde machen.

9 (Mitarbeiter) × 8 h = 72 h

72 h ÷ 8 (Mitarbeiter) = 9 h

9 h – 8 h = 1 Überstunde pro Mitarbeiter

Zu 96.

B. 170 kWh

Herr Müller würde durch die Umstellung 170 kWh einsparen.

500 × 50 W × 8 h = 200.000 Wattstunden (Wh)

500 × 10 W × 6 h = 30.000 Wattstunden (Wh)

200.000 Wh – 30.000 Wh = 170.000 Wh

170.000 Wh = 170 kWh

Zu 97.

C. 285 kg

Es würden 285 kg Obst benötigt.

140 + 10 = 150 Personen

266 kg ÷ 140 × 150 = 285 kg Obst

Zu 98.

C. 840 kWh

Der Stromverbrauch würde 840 kWh betragen.

420 kWh ÷ 6 Maschinen ÷ 2 d = 35 kWh pro Maschine pro Tag

35 kWh × 8 (Maschinen) × 3 (Tage) = 840 kWh

Zu 99.

D. 1,5 Stunden

Ein einziger Fliesenleger würde für die gleiche Arbeit das Dreifache an Zeit benötigen:

3 × 3,5 h = 10,5 h

7 Fliesenleger erledigen die Arbeit in ⅐ dieser Zeit:

10,5 h ÷ 7 = 1,5 h

7 Fliesenleger verlegen die Fliesen im Badezimmer in 1,5 Stunden.

Zu 100.

B. 15 h

Nach 5 Stunden sind 250 Paletten bearbeitet:

10 Mitarbeiter × 5 Paletten/h × 5 h = 250 Paletten

Für die übrigen 250 Paletten brauchen 5 Mitarbeiter 10 Stunden:

250 Paletten ÷ (5 Mitarbeiter × 5 Paletten pro Stunde) = 5 h

5 h + 10 h = 15 h

Mathematik

Prozentrechnen

Zu 101.

C. 2.400 €

Herr Mayer würde einen Betrag von 2.400 € sparen.

$$\text{Prozentwert} = \frac{\text{Grundwert} \times \text{Prozentsatz}}{100}$$

$$\text{Prozentwert} = \frac{16.000\,€ \times 15\,\%}{100} = 2.400\,€$$

Zu 102.

D. 90 wahlberechtigte Beschäftigte

Die Firma hatte 90 wahlberechtigte Beschäftigte.

$$\text{Grundwert} = \frac{\text{Prozentwert} \times 100}{\text{Prozentsatz}}$$

$$\text{Grundwert} = \frac{81 \times 100}{90\,\%} = 90$$

Zu 103.

C. 80 Beschäftigte

Der Betrieb hat 80 Beschäftigte.

$$\text{Grundwert} = \frac{\text{Prozentwert} \times 100}{\text{Prozentsatz}}$$

$$\text{Grundwert} = \frac{4 \times 100}{5\,\%} = 80\,\text{Beschäftigte}$$

Zu 104.

D. 6.300 €

Herr Mayer spart durch den Rabatt einen Betrag von 6.300 €.

$$\text{Prozentwert} = \frac{\text{Grundwert} \times \text{Prozentsatz}}{100}$$

$$\text{Prozentwert} = \frac{42.000\,€ \times 15\,\%}{100} = 6.300\,€$$

Zu 105.

C. 1.680 €

Der neue Mietpreis für die Maschinen beträgt 1.680 €.

$$\text{Grundwert} = \frac{\text{Prozentwert} \times 100}{\text{Prozentsatz}}$$

$$\text{Grundwert} = \frac{80\,€ \times 100}{5\,\%} = 1.600\,€$$

$$1.600\,€ + 80\,€ = 1.680\,€$$

Zu 106.

B. 40.000 €

Das Fahrzeug hätte ohne Abzug von 12 % Rabatt 40.000 € gekostet.

$$\text{Grundwert} = \frac{\text{Prozentwert} \times 100}{\text{Prozentsatz}}$$

$$\text{Grundwert} = \frac{35.200\,€ \times 100}{88\,\%} = 40.000\,€$$

Zu 107.

C. 208.000 €

Das jährliche Werbebudget der Max Mayer Handels GmbH beträgt 208.000 €.

$$\text{Grundwert} = \frac{\text{Prozentwert} \times 100}{\text{Prozentsatz}}$$

$$\text{Grundwert} = \frac{52.000\,€ \times 100}{25} = 208.000\,€$$

Zu 108.

B. 50 kg

Das Nettogewicht der Ware beträgt 50 kg.

$$\text{Grundwert} = \frac{\text{Prozentwert} \times 100}{\text{Prozentsatz}}$$

$$\text{Grundwert} = \frac{52,5\,\text{kg} \times 100}{105} = 50\,\text{kg}$$

Zu 109.

D. 4.560 €

Die Mehrwertsteuer beträgt 4.560 €.

$$\text{Grundwert} = \frac{\text{Prozentwert} \times 100}{\text{Prozentsatz}}$$

$$\text{Grundwert} = \frac{28.560 \text{ €} \times 100}{119\,\%} = 24.000 \text{ €}$$

Mehrwertsteuer = 28.560 € − 24.000 €
= 4.560 €

Zu 110.

D. 1.140 €

Herr Mayer muss 1.140 € an Sozialversicherungsbeiträgen abführen.

$$\text{Prozentwert} = \frac{\text{Grundwert} \times \text{Prozentsatz}}{100}$$

$$\text{Prozentwert} = \frac{6.000 \text{ €} \times 19}{100} = 1.140 \text{ €}$$

Zu 111.

D. 37.500 €

Herr Mayer müsste hierfür einen monatlichen Umsatz von 37.500 € erzielen.

5.000 € − 3.500 € = 1.500 € variabler Gehaltsanteil

$$\text{Grundwert} = \frac{\text{Prozentwert} \times 100}{\text{Prozentsatz}}$$

$$\text{Grundwert} = \frac{1500 \text{ €} \times 100}{4\,\%} = 37.500 \text{ €}$$

Zu 112.

B. 50.000 €

Herr Mayer muss einen Umsatz von 50.000 € erzielen.

$$\text{Grundwert} = \frac{\text{Prozentwert} \times 100}{\text{Prozentsatz}}$$

$$\text{Grundwert} = \frac{2.000 \text{ €} \times 100}{4} = 50.000 \text{ €}$$

Zu 113.

B. Rund 26,7 %

Herr Mayer verbraucht rund 26,7 % weniger Benzin.

$$\text{Prozentsatz} = \frac{\text{Prozentwert} \times 100}{\text{Grundwert}}$$

$$\text{Prozentsatz} = \frac{(9\,\text{l} - 6{,}6\,\text{l}) \times 100}{9\,\text{l}} = \frac{2{,}4\,\text{l} \times 100}{9\,\text{l}}$$

$$\approx 26{,}7\,\%$$

Zu 114.

D. 358.750 €

Der Kaufpreis würde nächstes Jahr 358.750 € betragen.

$$\text{Prozentwert} = \frac{\text{Grundwert} \times \text{Prozentsatz}}{100}$$

$$\text{Prozentwert} = \frac{350.000 \text{ €} \times 2{,}5\,\%}{100} = 8.750 \text{ €}$$

Betrag = 350.000 € + 8.750 € = 358.750 €

Zu 115.

C. 58 %

Insgesamt fahren 58 % der Belegschaft mit dem Pkw zur Arbeit.

$$\text{Prozentwert} = \frac{\text{Grundwert} \times \text{Prozentsatz}}{100}$$

$$\text{Männer} = \frac{60\,\% \text{ der Belegschaft} \times 70\,\%}{100}$$

$$= 42\,\% \text{ der Belegschaft}$$

$$\text{Frauen} = \frac{40\,\% \text{ der Belegschaft} \times 40\,\%}{100}$$

$$= 16\,\% \text{ der Belegschaft}$$

Insgesamt = 42 % + 16 % = 58 % der Belegschaft

Mathematik

Zinsrechnen

Zu 116.

D. 1.800 €

Herr Mayer erhält für die Anlage 1.800 € Zinsen.

$$\text{Zinsen} = \frac{\text{Kapital} \times \text{Zinssatz} \times \text{Tage}}{100 \times 360\,\text{d}}$$

$$\text{Zinsen} = \frac{30.000\,€ \times 6\,\% \times 360\,\text{d}}{100 \times 360\,\text{d}} = 1.800\,€$$

Zu 117.

D. 6,00 %

Herr Mayer hat einen Jahreszins von sechs Prozent erhalten.

$$\text{Zinssatz} = \frac{\text{Zinsen} \times 100 \times 360\,\text{d}}{\text{Kapital} \times \text{Tage}}$$

$$\text{Zinssatz} = \frac{2.400\,€ \times 100 \times 360\,\text{d}}{60.000\,€ \times 240\,\text{d}} = 6\,\%$$

Zu 118.

C. 100 €

Herr Mayer erhält monatlich 100 € Zinsen auf 24.000 €.

$$\text{Zinsen} = \frac{\text{Kapital} \times \text{Zinssatz} \times \text{Tage}}{100 \times 360\,\text{d}}$$

$$\text{Zinsen} = \frac{24.000\,€ \times 5 \times 30\,\text{d}}{100 \times 360\,\text{d}} = 100\,€$$

Zu 119.

C. 800 €

Herr Mayer würde nach 120 Tagen Zinsen in Höhe von 800 € erhalten.

$$\text{Zinsen} = \frac{\text{Kapital} \times \text{Zinssatz} \times \text{Tage}}{100 \times 360\,\text{d}}$$

$$\text{Zinsen} = \frac{40.000 \times 6\,\% \times 120\,\text{d}}{100 \times 360\,\text{d}} = 800\,€$$

Zu 120.

B. 8 %

Herr Mayer hat einen Zinssatz von acht Prozent erhalten.

$$\text{Zinssatz} = \frac{\text{Zinsen} \times 100 \times 360\,\text{d}}{\text{Kapital} \times \text{Tage}}$$

$$\text{Zinssatz} = \frac{1.120\,€ \times 100 \times 360\,\text{d}}{42.000\,€ \times 120\,\text{d}} = 8\,\%$$

Zu 121.

E. Keine Antwort ist richtig.

Das Geld war 150 Tage angelegt.

$$\text{Tage} = \frac{\text{Zinsen} \times 100 \times 360\,\text{d}}{\text{Kapital} \times \text{Zinssatz}}$$

$$\text{Tage} = \frac{1.500\,€ \times 100 \times 360\,\text{d}}{60.000\,€ \times 6\,\%} = 150\,\text{d}$$

Zu 122.

A. 52.000 €

Herr Mayer erhält nach einem halben Jahr inklusive Zinsen einen Betrag von 52.000 € zurück.

$$\text{Zinsen} = \frac{\text{Kapital} \times \text{Zinssatz} \times \text{Tage}}{100 \times 360\,\text{d}}$$

$$\text{Zinsen} = \frac{50.000\,€ \times 8\,\% \times 180\,\text{d}}{100 \times 360\,\text{d}} = 2.000\,€$$

$$\text{Betrag} = 50.000\,€ + 2.000\,€ = 52.000\,€$$

Zu 123.

D. 120.000 €

Herr Mayer muss einen Betrag von 120.000 € anlegen, um monatlich 500 € Zinsen zu erhalten.

$$\text{Kapital} = \frac{\text{Zinsen} \times 100 \times 360\,\text{d}}{\text{Zinssatz} \times \text{Tage}}$$

$$\text{Kapital} = \frac{500\,€ \times 100 \times 360\,\text{d}}{5\,\% \times 30\,\text{d}} = 120.000\,€$$

Zu 124.

A. 525 €

Herr Mayer muss nach einem Vierteljahr 525 € Zinsen zahlen.

$$Zinsen = \frac{Kapital \times Zinssatz \times Tage}{100 \times 360\,d}$$

$$Zinsen = \frac{30.000 \times 7\,\% \times 90\,d}{100 \times 360\,d} = 525\,€$$

Zu 125.

C. 123.600 €

Herr Mayer hat nach sechs Monaten einen Gesamtbetrag von 123.600 € auf seinem Sparbuch.

$$Kapital = \frac{Zinsen \times 100 \times 360\,d}{Zinssatz \times Tage}$$

$$Kapital = \frac{3.600\,€ \times 100 \times 360\,d}{6\,\% \times 180\,d} = 120.000\,€$$

Betrag = 120.000 € + 3.600 € = 123.600 €

Zu 126.

D. 9 %

Herr Mayer hat einen Kreditzins von neun Prozent erhalten.

$$Zinssatz = \frac{Zinsen \times 100 \times 360\,d}{Kapital \times Tage}$$

$$Zinssatz = \frac{900\,€ \times 100 \times 360\,d}{120.000\,€ \times 30\,d} = 9\,\%$$

Zu 127.

E. Keine Antwort ist richtig.

Herr Mayer hatte das Geld 90 Tage angelegt.

$$Tage = \frac{Zinsen \times 100 \times 360\,d}{Kapital \times Zinssatz}$$

$$Tage = \frac{750\,€ \times 100 \times 360\,d}{50.000\,€ \times 6\,\%} = 90\,d$$

Zu 128.

C. 151.500 €

Nach drei Monaten erhält man einen Gesamtbetrag inklusive Zinsen von 151.500 € zurück.

$$Zinsen = \frac{Kapital \times Zinssatz \times Tage}{100 \times 360\,d}$$

$$Zinsen = \frac{150.000\,€ \times 4\,\% \times 90\,d}{100 \times 360\,d} = 1.500\,€$$

Betrag = 150.000 € + 1.500 € = 151.500 €

Zu 129.

B. 16.350 €

Nach 1,5 Jahren zahlt Herr Mayer insgesamt 16.350 € an die Bank zurück.

$$Zinsen = \frac{Kapital \times Zinssatz \times Tage}{100 \times 360\,d}$$

$$Zinsen = \frac{15.000\,€ \times 6 \times 540\,d}{100 \times 360\,d} = 1.350\,€$$

Zu 130.

C. 300 €

Herr Mayer würde nach 90 Tagen Zinsen in Höhe von 300 € erhalten.

$$Zinsen = \frac{Kapital \times Zinssatz \times Tage}{100 \times 360\,d}$$

$$Zinsen = \frac{24.000 \times 5\,\% \times 90\,d}{100 \times 360\,d} = 300\,€$$

Mathematik

Gemischte Textaufgaben

Zu 131.

D. 1,80 €

5,85 € ÷ 3,25 l = 1,80 € pro Liter

Zu 132.

C. 600 €

Der Anteil von Person A beträgt 600 €.

2 × 300 € = 600 €

Zu 133.

C. 10,00 Liter

Das Fahrzeug hätte einen durchschnittlichen Verbrauch von 10 l auf 100 km.

80 l ÷ 800 km × 100 km = 10 l

Zu 134.

C. 40 km

Die Strecke beträgt 40 Kilometer.

30 min = 0,5 h

Zu 135.

C. 30 min

Herr Mayer benötigt 30 min zur Arbeit.

40 km ÷ 80 km/h = 0,5 h

0,5 h = 30 min

Zu 136.

C. 100 Tage

Die Straße ist nach 100 Tagen fertiggestellt.

5 m + 7 m = 12 m

1.200 m ÷ 12 m/Tag = 100 Tage

Zu 137.

D. 30,6 l

Das Fahrzeug hätte auf einer Strecke von 340 km einen Verbrauch von 30,60 Litern.

9 l ÷ 100 km = 0,09 Liter pro km

0,09 l/km × 340 km = 30,60 Liter

Zu 138.

D. 4.050

In 4.050 Haushalten leben Jungen.

9.000 × ¾ = 6.750 Haushalte mit Kindern

6.750 × ⅗ = 4.050 Haushalte mit Jungen

Zu 139.

C. 27

Das Eigengewicht des Triebwagens ist vom Höchstgewicht des Güterzugs abzuziehen, um das maximale Gesamtgewicht der Waggons zu erhalten:

850 t – 98 t = 752 t

Die Waggons dürfen insgesamt also höchstens 752 t wiegen. Geteilt durch das Gewicht eines voll beladenen Waggons ergibt sich:

752 t ÷ 27,5 t = 27,35

An den Triebwagen dürfen höchstens 27 voll beladene Waggons angehängt werden.

Zu 140.

C. 54 Stück

Es müssen 54 Ersatzteile zurückgeschickt werden.

120 × ⅕ = 24 Stück defekt

120 × ¼ = 30 Stück falsche Größe

24 + 30 = 54 Stück

Zu 141.

D. 330 km

Die beiden Züge sind nach 1,5 Stunden 330 km voneinander entfernt.

Geschwindigkeit, mit der sich die Züge voneinander entfernen:

100 km/h + 120 km/h = 220 km/h

11:30 Uhr − 10:00 Uhr = 90 min = 1,5 h

220 km/h × 1,5 h = 330 km

Zu 142.

C. $\frac{2}{3}$ m²

Eine Bodenplatte hat eine Fläche von einem Quadratmeter.

25 m × 30 m = 750 m²

750 m² ÷ 750 Platten = 1 m² = $\frac{2}{3}$ m²

Zu 143.

C. 30

Durch die Verkleinerung könnten 30 Bauplätze erschlossen werden.

$$\text{Prozentwert} = \frac{\text{Grundwert} \times \text{Prozentsatz}}{100}$$

$$\text{Prozentwert} = \frac{500\,m^2 \times 80}{100} = 400\,m^2$$

24 × 500 m² = 12.000 m²

12.000 m² ÷ 400 m² = 30 Bauplätze

Zu 144.

A. 30

Da Gänse und Ziegen zusammen auf 53 Köpfe kommen, handelt es sich folglich auch um 53 Tiere. Nimmt man für die Anzahl der Gänse die Variable x und für die Zahl der Ziegen die Variable y, lassen sich folgende Gleichungen aufstellen:

x + y = 53 (Anzahl der Köpfe)

2x + 4y = 166 (Anzahl der Beine)

Nun kann man die erste Gleichung nach x auflösen und sie in die zweite Gleichung einsetzen:

x = 53 − y

2 (53 − y) + 4y = 166

106 − 2y + 4y = 166 | − 106

2y = 60 | ÷ 2

y = 30

Im Käfig befinden sich 30 Ziegen.

Zu 145.

C. 23,75 %

Da die Getränke zu gleichen Teilen vermengt werden, enthält das Endprodukt einen Alkoholanteil, der genau in der Mitte beider Werte liegt:

(30 + 17,5) ÷ 2 = 47,5 ÷ 2 = 23,75

Der Cocktail enthält 23,75 % Alkohol. Der Prozentanteil ist unabhängig von der Menge.

Mathematik

Fläche und Volumen

Zu 146.

D. 343 m³

Alle 12 Kanten eines Würfels sind gleich lang. Wie bei jedem Quader berechnet sich auch der Rauminhalt eines Würfels durch die Multiplikation von Länge, Breite und Höhe – da in diesem Fall alle drei Maße identisch sind, ergibt sich für das Volumen:

$V = l \times b \times h = a \times a \times a = 7\,m \times 7\,m \times 7\,m$
$= 343\,m^3$

Das Volumen des Würfels beträgt 343 Kubikmeter.

Zu 147.

B. 314 m²

Die angegebene Formel bezieht sich auf den Radius (r) des Kreises. In der Aufgabenstellung wird jedoch der Durchmesser (d) genannt, der die doppelte Länge des Radius besitzt:

$r = \dfrac{d}{2} = \dfrac{20\,m}{2} = 10\,m$

Nun lässt sich die Fläche durch Einsetzen berechnen:

$A = \pi \times r^2 \approx 3{,}14 \times (10\,m)^2 \approx 3{,}14 \times 100\,m^2$
$\approx 314\,m^2$

Der Kreis hat einen Flächeninhalt von rund 314 Quadratmetern.

Zu 148.

E. 324 cm²

Die gesamte Oberfläche des Kartons besteht aus 6 rechteckigen Einzelflächen, wobei jeweils gegenüberliegende Flächen gleiche Abmessungen und dementsprechend auch den gleichen Flächeninhalt besitzen. Man muss also nicht den Inhalt aller 6 Flächen einzeln ausrechnen, sondern nur die 3 unterschiedlichen Flächeninhalte,

die anschließend verdoppelt und addiert werden:

$O = 2\,(l \times b) + 2\,(b \times h) + 2\,(l \times h)$

Durch Einsetzen ergibt sich:

$O = 2\,(12\,cm \times 6\,cm) + 2\,(6\,cm \times 5\,cm)$
$+ 2\,(12\,cm \times 5\,cm) = 2 \times 72\,cm^2 + 2 \times 30\,cm^2$
$+ 2 \times 60\,cm^2 = 144\,cm^2 + 60\,cm^2 + 120\,cm^2$
$= 324\,cm^2$

Die Gesamtoberfläche des Kartons beträgt 324 Quadratzentimeter.

Zu 149.

A. Rund 18,84 Meter

Die angegebene Formel bezieht sich auf den Durchmesser des Kreises. In der Aufgabenstellung wird jedoch der Radius genannt, der die halbe Länge des Durchmessers besitzt:

$d = 2 \times r = 2 \times 3\,m = 6\,m$

Nun lässt sich der Umfang durch Einsetzen berechnen:

$U = \pi \times d \approx 3{,}14 \times 6\,m \approx 18{,}84\,m$

Der Umfang des Kreises beträgt rund 18,84 Meter.

Zu 150.

D. 300 cm

Der Raum ist 3 Meter hoch.

Fläche (A) $= 6 \times 7 = 42\,m^2$

$126\,m^3 \div 42\,m^2 = 3\,m = 300\,cm$

Zu 151.

E. Rund 904,32 cm³

Die angegebene Formel bezieht sich auf den Radius (r) des Kreises. In der Aufgabenstellung wird jedoch der Durchmesser genannt, der die doppelte Länge des Radius besitzt:

$$r = \frac{d}{2} = 6 \, cm$$

Nun lässt sich das Volumen der Kugel durch Einsetzen berechnen:

$$V = \frac{4}{3}\pi \times r^3 = \frac{4}{3}\pi \times (6\,cm)^3 \approx 4,19 \times 216 \, cm^3$$

$$\approx 904,32 \, cm^3$$

Das Volumen der Kugel beträgt rund 904,32 Kubikzentimeter.

Zu 152.

C. Rund 196 cm³

Die angegebene Formel bezieht sich auf den Radius (r) des Kreises. In der Aufgabenstellung wird jedoch der Durchmesser genannt, der die doppelte Länge des Radius besitzt:

$$r = \frac{d}{2} = 2,5 \, cm$$

Nun lässt sich das Volumen der zylindrischen Dose durch Einsetzen berechnen:

$$V = \pi \times r^2 \times h = \pi \times (2,5\,cm)^2 \times 10\,cm = \pi \times 6,25^2$$
$$\times 10\,cm \approx 3,14 \times 62,5 \, cm^3 \approx 196 \, cm^3$$

Das Volumen der Dose beträgt ca. 196 Kubikzentimeter.

Zu 153.

E. 64 cm²

Das Volumen eines Würfels ergibt sich aus der Multiplikation seiner Länge, Breite und Höhe – Größen, die bei einem Würfel identisch sind. Kennt man sein Volumen, kann man daraus also mühelos auf seine Kantenlänge (a) schließen:

$$V = l \times b \times h = a \times a \times a = a^3$$

$$a = \sqrt[3]{V} = \sqrt[3]{512 \, cm^3} = 8 \, cm$$

Da die Seitenflächen eines Würfels Quadrate sind, ergibt sich ihr Flächeninhalt aus dem Quadrat der Seiten- bzw. Kantenlänge a:

$$A = a \times a = 8\,cm \times 8\,cm = 64 \, cm^2$$

Die Seitenflächen des Würfels haben einen Flächeninhalt von 64 cm².

Zu 154.

D. 4 cm

Die gesamte Oberfläche eines Würfels setzt sich – da seine Länge, Breite und Höhe gleich sind – aus 6 identischen Seitenflächen zusammen. Kennt man also die Gesamtoberfläche des Würfels, kann man mühelos auf den Flächeninhalt einer einzigen Seite schließen:

$$A_{Seite} = \frac{A_{gesamt}}{6} = \frac{96 \, cm^2}{6} = 16 \, cm^2$$

Da die Seitenflächen eines Würfels Quadrate sind, beträgt die gesuchte Kantenlänge die Wurzel aus dem Inhalt einer Seitenfläche:

$$A_{Seite} = a \times a = a^2$$

$$a = \sqrt{A_{Seite}} = \sqrt{16 \, cm^2} = 4 \, cm$$

Die Kantenlänge des Würfels beträgt 4 Zentimeter.

Zu 155.

D. 102°

Die Summe der Innenwinkel eines Dreiecks beträgt immer 180°. Der dritte Winkel lässt sich daher durch einfaches Subtrahieren berechnen:

$$180° - 32° - 46° = 180° - 78° = 102°$$

Der dritte Winkel beträgt 102°.

Zu 156.

A. 34,55 m³

Das Ladevolumen beträgt 34,55 m³.

$$6,05 \, m \times 2,43 \, m \times 2,35 \, m = 34,55 \, m^3$$

Zu 157.

A. Rund 8,54 cm

Die Länge der Hypotenuse lässt sich mit dem Satz des Pythagoras ($a^2 + b^2 = c^2$) berechnen. Die in der Aufgabenstellung angegebenen Längenwerte sind in die gleiche Einheit umzuformen:

$c^2 = a^2 + b^2 = (3\text{ cm})^2 + (0,8\text{ dm})^2 = (3\text{ cm})^2$
$+ (8\text{ cm})^2 = 9\text{ cm}^2 + 64\text{ cm}^2 = 73\text{ cm}^2$

$c = \sqrt{73\text{ cm}^2} \approx 8,54\text{ cm}$

Die Hypotenuse ist rund 8,54 Zentimeter (bzw. 0,854 Dezimeter) lang.

Zu 158.

A. 13,23 m^3

Das Volumen des rechteckigen Zimmers berechnet sich durch die Multiplikation von Länge, Breite und Höhe:

$V = l \times b \times h = 6\text{ m} \times 3,5\text{ m} \times 3\text{ m} = 63\text{ m}^3$

Die Sauerstoffmenge im Zimmer – bei einem Anteil von 21 Prozent – berechnet sich nun nach folgender Formel:

$$\text{Prozentwert} = \frac{\text{Grundwert} \times \text{Prozentsatz}}{100}$$

$$\text{Prozentwert} = \frac{63\text{ m}^3 \times 21}{100} = 13,23\text{ m}^3$$

Im Zimmer befinden sich 13,23 Kubikmeter Sauerstoff.

Zu 159.

C. 30 m^2

Das Volumen der Erdschicht berechnet sich durch Grundfläche mal Höhe:

$V = l \times b \times h = A \times h$

Da das Volumen und die Höhe – bzw. Dicke – der Erdschicht bekannt sind, kann die Grundfläche wie folgt berechnet werden:

$$A = \frac{V}{h} = \frac{4,5\text{ m}^3}{15\text{ cm}} = \frac{4,5\text{ m}^3}{0,15\text{ m}} = 30\text{ m}^2$$

Herrn Kerners Garten hat eine Fläche von 30 Quadratmetern.

Zu 160.

A. 38.610 Liter

Das Becken ist ein Quader, dessen Rauminhalt sich durch die Multiplikation seiner Länge, Breite und Höhe ergibt – diese reduziert sich jedoch um 20 Zentimeter, da das Becken ja schon bis zu dieser Höhe gefüllt ist. Das noch aufzufüllende Volumen des Beckens beträgt demnach:

$\text{Volumen} = l \times b \times (h - 0,2\text{ m}) = 6,5\text{ m} \times 3,3\text{ m}$
$\times 1,8\text{ m} = 38,61\text{ m}^3$

Frau Fleischer muss noch 38,61 Kubikmeter Wasser in das Becken einfüllen. Dies entspricht einer Menge von 38.610 Litern Wasser (1 Kubikmeter = 1.000 Liter).

Mathematik

Geometrische Skizzen

Zu 161.

D. 240 cm³

Um das Volumen eines Quaders zu berechnen, benötigt man seine Länge, Breite und Höhe. Das Volumen ergibt sich aus der Multiplikation der drei Werte:

Volumen = a × b × c = 6 cm × 8 cm × 5 cm = 240 cm³

Das Volumen des abgebildeten Quaders beträgt 240 cm³.

Zu 162.

B. 28,8 cm

Ein Parallelogramm ist ein Viereck, dessen gegenüberliegende Seiten parallel verlaufen und gleich lang sind. Da man die Längen der unterschiedlichen Seiten des skizzierten Parallelogramms kennt, lässt sich sein Umfang (U) schnell berechnen:

U = 2 × (a + b) = 2 × (6,6 cm + 7,8 cm) = 2 × 14,4 cm = 28,8 cm

Der Umfang des Parallelogramms beträgt 28,8 Zentimeter.

Zu 163.

D. 216 cm²

Der Würfel ist ein Körper mit 12 gleich langen Kanten und 8 Ecken. Seine 6 Seitenflächen sind identische Quadrate. Die Gesamt-Oberfläche eines Würfels lässt sich daher berechnen, indem man den Flächeninhalt einer Seitenfläche mit 6 multipliziert.

Flächeninhalt einer quadratischen Seitenfläche:

A = a × a = 6 cm × 6 cm = 36 cm²

Gesamt-Oberfläche:

O = 6 × A = 6 × 36 cm² = 216 cm²

Die Oberfläche des abgebildeten Würfels beträgt 216 cm².

Zu 164.

D. 17 m

Da es sich hier um ein rechtwinkliges Dreieck handelt, gilt der Satz des Pythagoras: $a^2 + b^2 = c^2$. Nachdem man die in Dezimetern angegebene Seitenlänge in Meter umgeformt hat, lässt sich der gesuchte Wert wie folgt berechnen:

$$c^2 = a^2 + b^2 = (15 \text{ m})^2 + (8 \text{ m})^2 = 225 \text{ m}^2 + 64 \text{ m}^2 = 289 \text{ m}^2$$

$$c = \sqrt{289 \text{ m}^2} = 17 \text{ m}$$

Die Seite c – die Hypotenuse des rechtwinkligen Dreiecks – ist 17 Meter lang.

Zu 165.

D. 216 cm³

Der Würfel ist ein Körper, der aus 12 gleich langen Kanten und 8 Ecken besteht. Wie bei einem Quader berechnet sich auch der Rauminhalt eines Würfels durch die Multiplikation von Länge, Breite und Höhe – da in diesem Fall alle drei Längen identisch sind, ergibt sich für das Volumen:

$$V_{\text{Würfel}} = l \times b \times h = a \times a \times a = a^3$$

$$V_{\text{Würfel}} = 6 \text{ cm} \times 6 \text{ cm} \times 6 \text{ cm} = 216 \text{ cm}^3$$

Das Volumen des abgebildeten Würfels beträgt 216 cm³.

Zu 166.

E. 189 cm³

Das Volumen eines Quaders ergibt sich durch die Multiplikation seiner Länge, Breite und Höhe:

V = l × b × h

Durch Einsetzen ergibt sich:

$V = 7\,cm \times 9\,cm \times 3\,cm = 189\,cm^3$

Das Volumen des abgebildeten Quaders beträgt 189 Kubikzentimeter.

Zu 167.

D. $236\,cm^2$

Der Quader ist ein Körper, der aus 12 Kanten und 8 Ecken besteht, wobei die Kanten unterschiedlich lang sein können. Die Gesamt-Oberfläche eines Quaders setzt sich aus 6 rechteckigen Seitenflächen zusammen; die jeweils gegenüberliegenden Seitenflächen sind identisch. Um die Oberfläche eines Quaders zu berechnen, genügt es also, die drei unterschiedlichen Seitenflächen zu berechnen und mit 2 zu multiplizieren:

$O = 2\,(a \times b) + 2\,(b \times c) + 2\,(c \times a)$

$O = 2\,(6\,cm \times 8\,cm) + 2\,(8\,cm \times 5\,cm) + 2\,(5\,cm \times 6\,cm) = 2 \times 48\,cm^2 + 2 \times 40\,cm^2 + 2 \times 30\,cm^2 = 96\,cm^2 + 80\,cm^2 + 60\,cm^2 = 236\,cm^2$

Die Oberfläche des abgebildeten Quaders beträgt $236\,cm^2$.

Zu 168.

E. $34°$

Ein gleichschenkliges Dreieck hat zwei gleich lange Seiten, denen zwei gleich große Winkel – im abgebildeten Dreieck α und β – gegenüberliegen. Da die Summe aller Winkel im Dreieck 180° ergibt, lassen sich die gesuchten Winkel wie folgt berechnen:

$\alpha = \beta = (180° - 112°) \div 2 = 34°$

Die Winkel α und β betragen jeweils 34°.

Zu 169.

A. Rund 10 cm

Der Kreisumfang (U) berechnet sich nach der Formel $U = 2 \times \pi \times r$. Da der Radius (r) der Hälfte des Durchmessers entspricht, besteht zwischen Umfang und Durchmesser folgender Zusammenhang:

$U = 2 \times \pi \times r$

$U = \pi \times d \qquad | \div \pi$

$\dfrac{U}{\pi} = d$

Durch Einsetzen ergibt sich:

$d = \dfrac{U}{\pi} \approx \dfrac{31,4\,cm}{3,14} = 10\,cm$

Der Durchmesser des abgebildeten Kreises beträgt rund 10 Zentimeter.

Zu 170.

C. Rund $2,31\,dm^3$

Das Zylindervolumen (V) berechnet sich nach der Formel $V = \pi \times r^2 \times h$. Durch Einsetzen ergibt sich:

$V = \pi \times r^2 \times h = \pi \times (0,7\,dm)^2 \times 1,5\,dm = \pi \times 0,49\,dm^2 \times 1,5\,dm = \pi \times 0,735\,dm^3 \approx 2,31\,dm^3$

Das Volumen des abgebildeten Zylinders beträgt rund 2,31 Kubikdezimeter.

Mathematik

Gehobene Mathematik

Zu 171.

C. –4

Beachten Sie beim ersten Faktor, dass die Potenz stärker bindet als das Vorzeichen: $-2^4 = -(2 \times 2 \times 2 \times 2) = -16$.

Beim zweiten Faktor ist der Exponent negativ, also potenziert man den Kehrwert der Basis mit dem Betrag des Exponenten: $2^{-2} = (\frac{1}{2})^2 = \frac{1}{4}$.

Für das gesuchte Produkt ergibt sich somit:

$-2^4 \times 2^{-2} = -16 \times \frac{1}{4} = -4$

Zu 172.

D. 54

Die Potenzen mit gleicher Basis werden dividiert, indem man ihre Exponenten subtrahiert. So kommt man schnell zum Ergebnis:

$(3^9 \div 3^5) - 3^3 = 3^4 - 3^3 = 81 - 27 = 54$

Zu 173.

A. 5

Nach den Wurzelgesetzen gilt:

$\sqrt{a} \div \sqrt{b} = \sqrt{a \div b}$

$\sqrt{75} \div \sqrt{3} = \sqrt{75 \div 3} = \sqrt{25} = 5$

Zu 174.

B. 47

$\sqrt[4]{81} + \sqrt{121} \times (-2)^2 = 3 + 11 \times 4 = 3 + 44 = 47$

Zu 175.

D. –4

Gesucht wird der Logarithmus des Bruchs $\frac{1}{16}$ zur Basis 2. Oder anders ausgedrückt: Gesucht wird derjenige Exponent, der mit der Basis 2 zum Ergebnis $\frac{1}{16}$ führt.

$\log_2 (\frac{1}{16}) = x$

$2^x = \frac{1}{16}$

Klar ist: x muss negativ sein, um bei positiver Basis ein Ergebnis zu erhalten, das kleiner ist als die Basis. Denn bei negativem Exponenten potenziert man den Kehrwert der Basis mit dem Betrag des Exponenten. Die richtige Lösung ist –4:

$2^{-4} = (\frac{1}{2})^4 = \frac{1}{2} \times \frac{1}{2} \times \frac{1}{2} \times \frac{1}{2} = \frac{1}{16}$

$\log_2 (\frac{1}{16}) = -4$

Zu 176.

C. 1,5

Nach den Logarithmusgesetzen gilt: Der Logarithmus einer Wurzel entspricht dem Logarithmus des Radikanten geteilt durch den Wurzelexponenten. Rechnen Sie wie folgt:

$\log_7 \sqrt{343} = (\log_7 343) \div 2 = 3 \div 2 = 1{,}5$

Zu 177.

A. $x_1 = 1$; $x_2 = -11$

Bringen Sie die Gleichung zuerst in die Normalform:

$-3x^2 - 30x + 43 = 10 \qquad | -10$

$-3x^2 - 30x + 33 = 0 \qquad | \div (-3)$

$x^2 + 10x - 11 = 0$

Nun können Sie die pq-Formel anwenden:

$$x_{1,2} = -\frac{p}{2} \pm \sqrt{\left(\frac{p}{2}\right)^2 - q}$$

$$x_{1,2} = -\frac{10}{2} \pm \sqrt{\left(\frac{10}{2}\right)^2 - (-11)}$$

$$= -5 \pm \sqrt{25 + 11}$$

$$= -5 \pm \sqrt{36}$$

$$= -5 \pm 6$$

Für x ergeben sich die Lösungen:

$x_1 = -5 + 6 = 1$

$x_2 = -5 - 6 = -11$

Zu 178.

A. Ca. 6,1%

Die gesuchte Gesamtwahrscheinlichkeit ergibt sich aus der Addition der Wahrscheinlichkeiten, dass fünfmal nacheinander nur Gewinnlose (g) oder nur Nieten (n) gezogen werden: P = P({ggggg}) + P({nnnnn}).

Beim ersten Ziehen liegen insgesamt 25 Lose in der Trommel, darunter 10 Gewinnlose. Die Wahrscheinlichkeit auf einen Gewinn liegt also bei 10 zu 25. Wird nun ein Gewinnlos gezogen, sind anschließend noch 24 Lose und 9 Gewinne übrig. Für 5 Gewinne in Folge ergibt sich folgende Wahrscheinlichkeit:

$$P(\{ggggg\}) = \frac{10}{25} \times \frac{9}{24} \times \frac{8}{23} \times \frac{7}{22} \times \frac{6}{21} = \frac{30.240}{6.375.600}$$

$$\approx 0,0047$$

Auf dieselbe Weise errechnet sich die Wahrscheinlichkeit, dass nur Nieten gezogen werden:

$$P(\{nnnnn\}) = \frac{15}{25} \times \frac{14}{24} \times \frac{13}{23} \times \frac{12}{22} \times \frac{11}{21} = \frac{360.360}{6.375.600}$$

$$\approx 0,0565$$

Insgesamt erhält man:

P = P({ggggg}) + P({nnnnn}) = 0,0047 + 0,0565 = 0,061 = 6,1 %

Zu 179.

D. $f'(x) = e^x \times (2x - 1)$

Im ersten Schritt wenden Sie die Produktregel an:

$$f(x) = (2x - 3) \times e^x$$
$$f'(x) = 2 \times e^x + (2x - 3) \times e^x$$

Nun können Sie bei dieser Art von Funktion e^x wieder ausklammern und die Rechnung vereinfachen:

$$f'(x) = 2 \times e^x + (2x - 3) \times e^x$$
$$= e^x \times (2 + 2x - 3)$$
$$= e^x \times (2x - 1)$$

Zu 180.

C. 1

Die geometrische Reihe konvergiert gegen 1.

$$\frac{1}{2} + \frac{1}{4} + \frac{1}{8} + \ldots + \frac{1}{2^n} = \sum_{k=1}^{\infty} \frac{1}{2^k}$$

$$\sum_{k=1}^{\infty} \frac{1}{2^k} = \left(\sum_{k=0}^{\infty} \frac{1}{2^k}\right) - \frac{1}{2^0}$$

$$= \left(\sum_{k=0}^{\infty} \left(\frac{1}{2}\right)^k\right) - 1$$

Nach der geometrischen Summenformel gilt (für alle reellen q ≠ 1):

$$\sum_{k=0}^{n} q^k = \frac{1 - q^{n+1}}{1 - q}$$

Wandelt man den oben erhaltenen Ausdruck mit der geometrischen Summenformel um, erhält man:

$$\left(\sum_{k=0}^{\infty} \left(\frac{1}{2}\right)^k\right) - 1 = \frac{1 - \left(\frac{1}{2}\right)^{n+1}}{1 - \left(\frac{1}{2}\right)} - 1 = \frac{1}{\frac{1}{2}} - 1 = 2 - 1 = 1$$

Zu 181.

A. P (4 | 9)

Die x-Koordinate des Schnittpunktes P erhalten Sie, indem Sie beide Funktionen gleichsetzen und dann nach x auflösen:

3x − 3 = −4x + 25 | + 4x
7x − 3 = 25 | + 3
7x = 28 | ÷ 7
x = 4

Die y-Koordinate des Schnittpunktes P erhalten Sie, indem Sie den soeben berechneten x-Wert in eine der beiden Ausgangsgleichungen einsetzen:

y = 3x − 3
y = 3 × 4 − 3
y = 12 − 3 = 9

Die Geraden schneiden sich im Punkt P (4 | 9).

Zu 182.

C. $x_1 = 3$ und $x_2 = -3$

Die y-Koordinate einer Nullstelle ist 0. Die zugehörige x-Koordinate erhält man nun, indem man die Ausgangsfunktion nach x auflöst:

$$7x^2 - 63 = 0 \qquad | + 63$$
$$7x^2 = 63 \qquad | \div 7$$
$$x^2 = 9 \qquad | \sqrt{}$$
$$x_1 = 3 \text{ und } x_2 = -3$$

Hier gibt es für x zwei mögliche Lösungen. Die Funktion hat folglich zwei Nullstellen, nämlich bei $x = 3$ und $x = -3$.

Zu 183.

B. $\ln \dfrac{m}{s^2}$

Die Arbeit wird in Newtonmetern angegeben (m^2kg/s^2), also muss sich diese Einheit auch aus der Formel für Hubarbeit ergeben. Da die Masse m in Kilogramm (kg) angegeben wird und die Höhe h in Metern (m), lässt sich mit einfachen Beispielwerten rechnen:

$$1kg \times g \times 1m = 1\frac{m^2kg}{s^2}$$

Geteilt durch 1 kg, ergibt sich:

$$g \times 1m = 1\frac{m^2kg}{s^2kg} = 1\frac{m^2}{s^2}$$

Dividiert durch 1 Meter, erhält man:

$$g = 1\frac{m^2}{s^2m} = \frac{m}{s^2}$$

Der Faktor g wird also in Metern pro Sekunde zum Quadrat angegeben. Dieser Faktor bezeichnet die sogenannte Fall- oder Schwerebeschleunigung, die ein Körper in einem Schwerefeld erfährt, beispielsweise im irdischen Gravitationsfeld (man spricht dann auch vom Ortsfaktor). Auf der Erdoberfläche beträgt diese Größe rund 9,81 m/s².

Zu 184.

D. 23 Prozent

Von den 20 Frauen, bei denen der Test positiv ausfiel, ist bei einer Fehlerquote von 5 Prozent eine Frau in Wirklichkeit nicht schwanger:

$$\text{Prozentwert} = \frac{\text{Grundwert} \times \text{Prozentsatz}}{100}$$

$$\text{Prozentwert} = \frac{20 \times 5\%}{100} = 1$$

Von den 80 Frauen, bei denen der Test negativ ausfiel, sind bei einer Fehlerquote von 5 Prozent 4 Frauen in Wirklichkeit doch schwanger:

$$\text{Prozentwert} = \frac{80 \times 5\%}{100} = 4$$

Insgesamt gibt es unter den 100 Frauen, die den Test durchgeführt haben, also $19 + 4 = 23$ Schwangere. Das entspricht einem Anteil von 23 Prozent.

Zu 185.

D. $C = \dfrac{E^2 \times 8\pi^2 r^4 \varepsilon_0^2 \varepsilon_r^2}{W}$

Gegeben sind drei Gleichungen mit zwei Unbekannten: Q und U. Diese dürfen nicht in der Lösungsgleichung auftauchen, man muss sie also durch andere Rechenausdrücke ersetzen. Im ersten Schritt bietet es sich an, die zweite Formel nach U aufzulösen, um mithilfe der ersten Formel Q in Abhängigkeit von C und W darzustellen:

$$W = \frac{1}{2}C \times U^2 \qquad | \times \frac{2}{C}$$

$$2\frac{W}{C} = U^2 \qquad | \sqrt{}$$

$$\sqrt{2\frac{W}{C}} = U$$

Einsetzen in die erste Gleichung:

$$Q = C \times U = C \times \sqrt{2\frac{W}{C}}$$

Dieser Ausdruck ist für Q in die dritte Gleichung einzusetzen. Durch Umformen erhält man schließlich die angegebene Lösungsgleichung:

$$E = \frac{Q}{4\pi r^2 \varepsilon_0 \varepsilon_r} = \frac{C \times \sqrt{2\dfrac{W}{C}}}{4\pi r^2 \varepsilon_0 \varepsilon_r} \qquad | \ \times 4\pi r^2 \varepsilon_0 \varepsilon_r$$

$$E \times 4\pi r^2 \varepsilon_0 \varepsilon_r = C \times \sqrt{2\frac{W}{C}} \qquad | \ ()^2$$

$$E^2 \times 16\pi^2 r^4 \varepsilon_0^{\ 2} \varepsilon_r^{\ 2} = C^2 \times 2\frac{W}{C} = C \times 2W \quad | \div 2W$$

$$\frac{E^2 \times 16\pi^2 r^4 \varepsilon_0^{\ 2} \varepsilon_r^{\ 2}}{2W} = \frac{E^2 \times 8\pi^2 r^4 \varepsilon_0^{\ 2} \varepsilon_r^{\ 2}}{W} = C$$

Mathematik

Tempo-Rechnen

Zu 186.	30 − 15 = **15**	Zu 187.	22 − 20 = **2**	Zu 188.	20 − 15 = **5**	Zu 189.	20 + 20 = **40**
Zu 190.	20 − 10 = **10**	Zu 191.	30 − 22 = **8**	Zu 192.	42 − 20 = **22**	Zu 193.	30 − 22 = **8**
Zu 194.	32 − 22 = **10**	Zu 195.	24 − 14 = **10**	Zu 196.	40 − 35 = **5**	Zu 197.	34 − 31 = **3**
Zu 198.	39 − 22 = **17**	Zu 199.	40 − 16 = **24**	Zu 200.	33 − 29 = **4**	Zu 201.	35 − 24 = **11**
Zu 202.	18 − 1 = **17**	Zu 203.	11 − 5 = **6**	Zu 204.	14 − 8 = **6**	Zu 205.	16 − 6 = **10**
Zu 206.	8 + 20 = **28**	Zu 207.	13 + 21 = **34**	Zu 208.	14 + 28 = **42**	Zu 209.	11 + 15 = **26**
Zu 210.	29 + 34 = **63**	Zu 211.	16 − 11 = **5**	Zu 212.	0 + 9 = **9**	Zu 213.	14 + 31 = **45**
Zu 214.	14 + 22 = **36**	Zu 215.	49 − 36 = **13**	Zu 216.	29 − 18 = **11**	Zu 217.	11 − (−4) = **15**
Zu 218.	−9 + 7 = **−2**	Zu 219.	−1 + (−1) = **−2**	Zu 220.	−8 + 23 = **15**	Zu 221.	−12 − (−15) = **3**
Zu 222.	54 − 16 = **38**	Zu 223.	−10 − (−21) = **11**	Zu 224.	17 + 23 = **40**	Zu 225.	46 + 58 = **104**

Prüfung 4 • Lösungen

Lösungstabelle 124
Logisches und visuelles Denken 125
    Wortanalogien 125
    Zahlenreihen 127
    Zahlenmatrizen...129
    Figurenreihen..132
    Figurenmatrizen 135
    Musterwürfel zuordnen 138
    Spielwürfel drehen...141
    Räumliches Grundverständnis.......................................144
    Perspektive wechseln...148

Lösungstabelle

Logisches und visuelles Denken

1.	C	46.	D	91.	B	136.	B
2.	C	47.	B	92.	A	137.	A
3.	C	48.	E	93.	B	138.	A
4.	D	49.	A	94.	A	139.	C
5.	D	50.	B	95.	A	140.	D
6.	E	51.	D	96.	C	141.	D
7.	A	52.	D	97.	E	142.	C
8.	D	53.	C	98.	C	143.	C
9.	E	54.	C	99.	D	144.	B
10.	D	55.	D	100.	D	145.	C
11.	D	56.	D	101.	C	146.	C
12.	A	57.	B	102.	D	147.	D
13.	D	58.	C	103.	C	148.	C
14.	B	59.	C	104.	B	149.	B
15.	B	60.	A	105.	D	150.	C
16.	D	61.	E	106.	B	151.	C
17.	B	62.	E	107.	B	152.	B
18.	B	63.	D	108.	A	153.	B
19.	E	64.	E	109.	B	154.	D
20.	B	65.	D	110.	D	155.	D
21.	B	66.	E	111.	D	156.	D
22.	C	67.	B	112.	A	157.	C
23.	B	68.	C	113.	D	158.	A
24.	A	69.	E	114.	C	159.	C
25.	A	70.	B	115.	C	160.	A
26.	A	71.	E	116.	A	161.	D
27.	A	72.	C	117.	C	162.	C
28.	D	73.	D	118.	E	163.	A
29.	A	74.	C	119.	C	164.	B
30.	B	75.	D	120.	B	165.	E
31.	A	76.	D	121.	B	166.	C
32.	B	77.	E	122.	C	167.	D
33.	B	78.	E	123.	D	168.	D
34.	A	79.	B	124.	C	169.	C
35.	B	80.	E	125.	B	170.	D
36.	D	81.	A	126.	E	171.	B
37.	B	82.	C	127.	C	172.	E
38.	C	83.	A	128.	A	173.	D
39.	A	84.	E	129.	E	174.	B
40.	D	85.	D	130.	B	175.	B
41.	B	86.	C	131.	D	176.	C
42.	C	87.	A	132.	E	177.	A
43.	C	88.	B	133.	D	178.	C
44.	D	89.	D	134.	B	179.	D
45.	E	90.	B	135.	C	180.	E

Logisches und visuelles Denken

Wortanalogien

Zu 1.

C. Gleis

Autos fahren auf Straßen, Züge auf Gleisen.

Zu 2.

C. Federn

Die dicht behaarte Haut von Säugetieren nennt man Fell. Vögel haben ein Federkleid, das vor Kälte schützt und außerdem das Fliegen ermöglicht.

Zu 3.

C. Uhr

Auf der Skala eines Thermometers liest man die Temperatur ab, auf dem Ziffernblatt einer Uhr die Uhrzeit.

Zu 4.

D. Berg

Die Brücke ist eine künstliche Passage zur Überquerung von Flüssen, der Tunnel ist eine künstliche Passage zur Durchquerung von Bergen.

Zu 5.

D. Igel

Der Schildkröte dient ein Panzer als Schutz, dem Igel seine Stachel.

Zu 6.

E. verlieren

„Erinnern" ist das Gegenteil zu „vergessen", so wie „finden" das Gegenteil von „verlieren" ist.

Zu 7.

A. Quadrat

Der Querschnitt einer Kugel ist ein Kreis, der Querschnitt eines Würfels ein Quadrat.

Zu 8.

D. Regal

Liest man „Nebel" rückwärts, erhält man „Leben" – ebenso verhält es sich mit „Lager" und „Regal". Es handelt sich um Palindrome, das heißt um Begriffe, die vor- und rückwärts gelesen ein sinnvolles Wort ergeben.

Zu 9.

E. dividieren

Addition und Subtraktion – Zusammenzählen und Abziehen – sind die grundlegenden Vorgänge der Strichrechnung. Zusammen mit den Punktrechnungen Multiplikation (Malnehmen) und Division (Teilen) bilden sie die Grundrechenarten.

Zu 10.

D. Bergwerk

In Waldgebieten gewinnt man den Rohstoff Holz, Kohle wird in Bergwerken abgebaut.

Zu 11.

D. Getreide

Wein gewinnt man aus Trauben, zur Herstellung von Brot verwendet man Getreide.

Zu 12.

A. nichts

Das erste Wortpaar stellt eine große Menge (viel) einer kleinen Menge (wenig) gegenüber. Das zweite Paar korreliert die größtmögliche Menge (alles) mit der kleinstmöglichen Menge (nichts).

Zu 13.

D. Milch

Die Grundzutat eines Omeletts sind Eier, Butter wird aus Milch bzw. Milchrahm hergestellt.

Zu 14.

B. Blumenkohl

Roggen ist ein Getreide, Blumenkohl ein Gemüse.

Zu 15.

B. Fotosynthese

Der Motor erzeugt durch Verbrennungsvorgänge mechanische Energie, die Fotosynthese dient Pflanzen zur Energiegewinnung.

Zu 16.

D. Planet

Die Erde wird vom Mond umkreist, die Sonne von Planeten.

Zu 17.

B. Fläche

Ein Kegel ist ein Körper im Raum, das zweidimensionale geometrische Gebilde Rechteck befindet sich in der Fläche.

Zu 18.

B. Ampere

Meter ist die Einheit zur Messung von Entfernungen, die Maßeinheit zur Bestimmung der Stromstärke ist Ampere.

Zu 19.

E. Gobi

Die Sahara ist eine Wüste in Afrika, die Wüste Gobi liegt in Asien.

Zu 20.

B. Längengrad

Der Äquator ist der 0. Breitengrad, der Nullmeridian der 0. Längengrad.

Logisches und visuelles Denken

Zahlenreihen

Zu 21.

B. 36

+6 | +5 | +4 | +3 | +2

Zu 22.

C. 45

Die Reihe besteht aus Paaren von Kehrzahlen: 98 und 89, 76 und 67, 54 und 45.

Zu 23.

B. 18

+1 | +2 | +3 | +4 | +5

Zu 24.

A. 260

300 | y | 300 | y + 20 | 300 | y + 20 + 20 | 300 | y + 20 + 20 + 20

Zu 25.

A. 20

+2 | +2 | +3 | +3 | +4 | +4

Zu 26.

A. 38

−4 | +3 | −4 | +3 | −4

Zu 27.

A. 10

x | y | x − 10 | y + 2 | x − 10 − 10 | y + 2 +2 | x − 10 − 10 − 10

Zu 28.

D. 50

×6 | −5 | ×4 | −3 | ×2

Zu 29.

A. 46

−2 | ×3 | −2 | ×3 | −2

Zu 30.

B. 286

x | 200 | x + 20 | 200 | x + 20 + 20 | 200 | x + 20 + 20 + 20

Zu 31.

A. 12

x | x × 3 | x × 6 | y | y × 3 | y × 6 | z | z × 3

Zu 32.

B. 57

24 | 24 + 2 + 4 | 30 + 3 | 33 + 3 + 3 | 39 + 3 + 9 | 51 + 5 + 1

Addieren Sie eine Zahl mit ihrer Quersumme, um die folgende Zahl zu erhalten.

Zu 33.

B. $\frac{32}{3}$

×2 | ×2 | ×2 | ×2

Zu 34.

A. 8

Die jeweils nächste Zahl ergibt sich aus der Addition ihrer beiden Vorläuferinnen.

1 + 1 = 2; 1 + 2 = 3; 2 + 3 = 5; 3 + 5 = 8

Zu 35.

B. 9

+1 | +2 | −3 | +4 | +5 | −6

Zu 36.

D. 37

−32 | −16 | −8 | −4 | −2

Zu 37.

B. 11

Es handelt sich um Primzahlen in aufsteigender Folge. Primzahlen sind nur durch sich selbst und 1 teilbar.

Zu 38.

C. 44

÷2 | –3 | ×4 | ÷2 | –3 | ×4

Zu 39.

A. 937

–7 | ×6 | –5 | ×4 | –3

Zu 40.

D. 180

223 | 223 – 2 – 2 – 3 | 216 – 2 – 1 – 6 | 207 – 2 – 7 | 198 – 1 – 9 – 8

Ziehen Sie von einer Zahl ihre Quersumme ab, um die folgende Zahl zu erhalten.

Logisches und visuelles Denken

Zahlenmatrizen

Zu 41.

B. 88

Anstelle der 88 müsste die 78 stehen. Richtige Rechnung: $54 + 24 = 78$.

38	+	54	=	92
+		+		+
42	+	24	=	66
=		=		=
80		78		62

Zu 42.

C. 65

$37 + 18 = 55$ (von links nach rechts)

Die beiden oberen Zahlen jeder Spalte ergeben addiert die jeweils untere Zahl. Die beiden linken Zahlen einer Reihe ergeben addiert die jeweils untere Zahl.

24	+	57	=	81
+		+		+
37	+	18	=	55
=		=		=
61	+	75	=	136

Zu 43.

C. 24

Die Reihen werden waagerecht nach folgendem Prinzip gebildet: In der obersten Reihe wird von links nach rechts immer 2 addiert, in der zweiten Reihe 2 subtrahiert, in der dritten Reihe durch 2 geteilt und in der vierten Reihe mit 2 multipliziert.

Zu 44.

D. 24

Waagerecht, senkrecht und diagonal werden Reihen in 6er-Schritten gebildet (aufsteigend von links nach rechts sowie von unten nach oben).

Zu 45.

E. 5

In jeder Spalte wird von oben nach unten bei jedem Schritt durch 4 geteilt. In jeder Reihe wird von links nach rechts bei jedem Schritt durch 2 geteilt. Anstelle der 5 müsste links unten eine 4 stehen.

64	÷2	32	÷2	16
÷4		÷4		÷4
16	÷2	8	÷2	4
÷4		÷4		÷4
4	÷2	2	÷2	1

Zu 46.

D. 47

Die Reihen werden waagerecht nach folgendem Prinzip gebildet: Von links nach rechts wird in den Reihen addiert bzw. subtrahiert, wobei der zu addierende bzw. subtrahierende Wert von Reihe zu Reihe um 1 wächst. Also: In der ersten Reihe wird immer 2 addiert, in der zweiten Reihe 3 subtrahiert, in der dritten Reihe 4 addiert und in der letzten Reihe schließlich stets 5 subtrahiert.

Zu 47.

B. 8

Die Reihen werden waagerecht nach folgendem Prinzip gebildet: Die jeweils linke Zahl jeder Reihe wird mit 9 multipliziert, anschließend durch 3 geteilt und zum erhaltenen Wert wird schließlich 6 addiert.

$\times 9 \mid \div 3 \mid +6$

Zu 48.

E. 11

Jede Zahl ist die Differenz der beiden Zahlen darunter. Im fraglichen Feld erhält man: 24 – 13 = 11.

1. Reihe: 9 – 8 = 1

2. Reihe: 20 – 11 = 9; 11 – 3 = 8

3. Reihe: 33 – 13 = 20; 24 – 13 = 11; 24 – 21 = 3

Zu 49.

A. 65

Die Reihen werden nach folgendem Prinzip gebildet: Von 98 aus wird von links nach rechts und über die Zeilengrenzen hinweg immer 11 subtrahiert.

Zu 50.

B. 28

Die obere Reihe und die linke Spalte sind vorgegeben. Jede weitere Zahl erhält man, indem man die jeweils darüber stehende Zahl mit ihrem linken Nachbarn addiert. So berechnet sich die gesuchte Zahl aus 12 + 16 = 28.

Zu 51.

D. 100

Die Reihen werden waagrecht nach folgendem Prinzip gebildet: Verdoppeln Sie bei der Rechnung von rechts nach links die rechte Zahl der jeweiligen Reihe und quadrieren Sie den erhaltenen Wert anschließend. Oder von links nach rechts: Ziehen Sie die Wurzel aus der jeweils links stehenden Zahl und teilen sie den erhaltenen Wert anschließend durch 2.

Zu 52.

D. 32

Die Zahlen der rechten Spalte sowie der unteren Reihe ergeben sich aus der Multiplikation der zwei anderen Zahlen der jeweiligen Spalte bzw. Reihe.

Zu 53.

C. 5

Die Addition der Zahlen einer Spalte, einer Zeile oder einer Diagonalen führt immer zum Ergebnis 33.

Zu 54.

C. 18

Die Quersummen zweier benachbarten Zahlen einer Ebene ergeben addiert die jeweils darüber stehende Zahl. Beispiel links unten: (4 + 3) + (9 + 7) = 23. An der Spitze ergibt 9 + 9 = 18.

$$
\begin{array}{ccccc}
 & & 18 & & \\
 & & 9+9=18 & & \\
 & 9 & & 9 & \\
 & 5+4=9 & & 4+5=9 & \\
 2+3=5 & & 2+2=4 & & 1+4=5 \\
 7+16=23 & & 16+6=22 & & 6+8=14 \\
 4+3=7 & 9+7=16 & & 2+4=6 & 8+0=8
\end{array}
$$

Zu 55.

D. 100

Zahlen, die auf derselben Pyramiden-Ebene liegen, ergeben in ihrer Summe immer 100.

Beispiel untere Reihe: 44 + 28 + 16 + 12 = 100

$$
\begin{array}{ccccccc}
 & & & 100 & & & \\
 & & 44 & + & 56 & & = 100 \\
 & 36 & + & 34 & + & 30 & = 100 \\
 44 & + & 28 & + & 16 & + & 12 & = 100
\end{array}
$$

Zu 56.

D. 10

Die Addition der Zahlen einer Spalte, einer Zeile oder einer Diagonalen führt immer zum Ergebnis 34. Das Quadrat ist zudem ein magisches Quadrat, das heißt jede Zahl von 1 bis 16 kommt nur einmal vor.

Zu 57.

B. 6

Die Addition der Zahlen einer Spalte, einer Zeile oder einer Diagonalen führt immer zum Ergebnis 37.

Zu 58.

C. 4

Die Addition der Zahlen einer Spalte, einer Zeile oder einer Diagonalen führt immer zum Ergebnis 29.

Zu 59.

C. 19

Die Reihen werden waagrecht nach folgendem Prinzip gebildet: Subtrahieren Sie 3 von der jeweils links stehenden Zahl. Dividieren Sie anschließend durch 3 und addieren Sie zum erhaltenen Wert schließlich nochmals 3.

$-3 \mid \div 3 \mid +3$

Zu 60.

A. 2

Das Fragezeichen wird durch die Zahl 2 sinnvoll ersetzt. Die Multiplikation der Zahlen einer Reihe oder Spalte führt immer zum Ergebnis 100.

Logisches und visuelles Denken

Figurenreihen

Zu 61.

E

Jede folgende Figur ist um 135 Grad im Uhrzeigersinn gedreht.

Zu 62.

E

In jeder Figur wird eine von zwei Linien von zwei parallel laufenden kurzen Strichen gekreuzt.

Zu 63.

D

Im ersten Schritt teilt sich die Ursprungsform senkrecht in zwei Hälften, die daraufhin waagerecht halbiert werden. Dementsprechend wird auch im Folgenden abwechselnd senkrecht und waagerecht halbiert.

Zu 64.

E

Die Figuren enthalten Kreisausschnitte, die von Schritt zu Schritt immer größere Teile derselben Kreisfläche zeigen. Die Lösungsmöglichkeiten A und C scheiden aus, da der hier abgebildete Kreis kleiner bzw. größer ist als in der Reihe.

Zu 65.

D

Mit jeder folgenden Figur schrumpft der Halbkreis um 45 Grad im Uhrzeigersinn.

Zu 66.

E

Die Figur wächst mit jedem Schritt um ein neues Objekt.

Zu 67.

B

Die Figur wächst mit jedem Schritt um ein weiteres Kästchen, und gleichfarbige Kästchen sind nicht benachbart.

Zu 68.

C

Das Objekt dreht sich schrittweise um 90° im Uhrzeigersinn.

Zu 69.

E

Im Vordergrund befindet sich ein Dreiviertelkreis, der ein Quadrat überlagert, dem ebenfalls ein Viertel fehlt. Der Kreis dreht sich schrittweise um 90° im Uhrzeigersinn, das Quadrat flippt horizontal hin und her. In der letzten Figur befinden sich die Aussparungen beider Objekte an derselben Stelle, nämlich rechts oben.

Zu 70.

B

Achten Sie auf die Berührungspunkte der inneren Linien mit dem quadratischen Rahmen: Ihre Anzahl wächst mit jedem Schritt um eins.

Zu 71.

E

In jeder Figur ist insgesamt ein Drittel der Quadratfläche weiß.

Zu 72.

C

Die Reihe besteht aus Dreiecken und Vierecken, die sich abwechseln, wobei alle Vierecke grau eingefärbt sind.

Zu 73.

D

Die Reihe besteht aus zwei Abbildungen, die sich abwechselnd wiederholen.

Zu 74.

C

Das kleine dunkle Quadrat springt zwischen den weißen Quadraten hin und her und ändert darin mit jedem Sprung seine horizontale Ausrichtung. Darüber hinaus wird bei jedem Sprung in

das untere mittelgroße Quadrat ein weiteres graues Quadrat hinzugefügt.

Zu 75.

D

Bei jedem Schritt wird eines der kleinen grauen Quadrate rechts unten im Uhrzeigersinn entfernt. Der Querstrich am dicken waagerechten Balken setzt abwechselnd oberhalb und unterhalb des Balkens an und nähert sich schrittweise dem großen Quadrat. Der kurze Querstrich am dünnen senkrechten Balken setzt abwechselnd rechts und links am Balken an, wobei er sich dem großen Quadrat annähert und wieder von ihm entfernt.

Zu 76.

D

Die beiden linken Objekte bleiben unverändert. Das dritte Objekt von links – die senkrechte Linie mit zwei Querbalken an ihren Enden – verliert von Schritt zu Schritt einen Strich und verschwindet schließlich ganz. Dafür kommt ein neues Objekt am rechten Rand hinzu, das stetig um ein Element erweitert wird.

Zu 77.

E

Von Schritt zu Schritt dreht sich die Dreiecksform um 45 Grad gegen den Uhrzeigersinn. An den Eckpunkten sitzt innerhalb eines Felds stets das gleiche Element, das jedoch in keinem anderen Feld auftaucht.

Zu 78.

E

Im letzten Schritt werden alle vorangegangenen Formen positionsgetreu aufeinandergelegt.

Zu 79.

B

Mit jeder Figur kommt ein neues weißes Dreieck hinzu; vorhandene Dreiecke färben sich dunkel.

Zu 80.

E

Von Schritt zu Schritt wechseln die dunklen Figuren (Viereck und Dreieck) ins jeweils diagonal gegenüberliegende Feld. Der Kreis mit dem Kreuz behält seine Position bei. Der weiße Kreis wandert im, das weiße Viereck gegen den Uhrzeigersinn durch die einzelnen Felder.

Logisches und visuelles Denken

Figurenmatrizen

Zu 81.

A

In jeder Spalte und in jeder Reihe wechseln sich waagerechte und senkrechte Linien von Feld zu Feld ab. Zusätzlich verringert sich die Anzahl der Linien von links nach rechts immer um 1.

Zu 82.

C

Gehen Sie von oben nach unten vor: Die beiden oberen Figuren einer Spalte ergeben aufeinandergelegt das jeweils untere Objekt.

Zu 83.

A

Die Figuren einer Spalte drehen sich von oben nach unten um jeweils 45° im Uhrzeigersinn. Schwarze und weiße Punkte wechseln sich ab. Es fehlt ein Kreis mit einem schwarzen Punkt – so wie Figur A.

Zu 84.

E

Jede Reihe enthält ein Trapez, ein Sechseck und ein Quadrat. Von oben nach unten mehren sich die inneren Striche um 1. Gesucht wird also ein Trapez mit zwei Strichen.

Zu 85.

D

Die Matrix enthält drei Grundformen, die in jeder Reihe einmal vorkommen. Außerdem gibt es pro Reihe eine Figur mit einer schwarzen Fläche, eine mit zwei schwarzen Flächen und eine ohne Schwärzungen. Gesucht wird also ein Kreis mit einem Rechteck und einer Raute darin, und alle Flächen müssen weiß sein.

Zu 86.

C

In der ersten Reihe drehen sich die Figuren von links nach rechts um 45° im Uhrzeigersinn, in der zweiten Reihe drehen sie sich um 90° und in der dritten um 180°.

Zu 87.

A

Betrachtet man eine Reihe von links nach rechts, wandern der Punkt und die schwarze Fläche schrittweise um 90° im Uhrzeigersinn durch das Linienkreuz. Gesucht wird also ein Kreis mit einer schwarzen Fläche links oben und einem Punkt links unten.

Zu 88.

B

Gehen Sie in den einzelnen Reihen von links nach rechts vor. In jeder Reihe kommt nur ein Objekttyp (Viereck, Raute, Kreis) vor. In den Objekten befinden sich zwei Punkte, die mit verschiedenen Geschwindigkeiten innerhalb des Objekts umlaufen: Ein Punkt wandert um 90° im Uhrzeigersinn, der andere um 180°.

Zu 89.

D

Die Objekte unterscheiden sich in ihrer Form (Kreis, Quadrat, Dreieck) und in der Anzahl ihrer Mäntel. In jeder Reihe und jeder Spalte haben alle Objekte eine unterschiedliche Form und Mantelzahl. Das fehlende Objekt ist ein Dreieck mit nur einem Mantel.

Zu 90.

B

Gehen Sie von oben nach unten vor: Die beiden oberen Figuren einer Spalte ergeben aufeinandergelegt das jeweils untere Objekt, wobei die Pfeilspitzen entfernt werden müssen.

Zu 91.

B

Betrachten Sie jede Spalte für sich: Das jeweils untere Objekt enthält genauso viele schwarze und weiße Quadrate wie die beiden anderen Objekte der Spalte zusammen. Schwarze Quadrate sind über dem „Bruchstrich" platziert, weiße

Quadrate darunter – und ihre horizontale Lage wird beibehalten.

Zu 92.

A

Gehen Sie von oben nach unten vor: Die beiden oberen Figuren einer Spalte ergeben aufeinandergelegt das jeweils untere Objekt, wobei doppelt vorhandene Pfeile entfernt werden müssen.

Zu 93.

B

Betrachten Sie jede Reihe für sich: Die beiden linken Figuren werden rechts überlagert. Da in der betreffenden Reihe die Figuren links und rechts gleich sind, muss das fehlende Objekt ausschließlich Elemente der linken Figur enthalten – dafür kommt nur B infrage.

Zu 94.

A

Betrachten Sie jede Spalte für sich: Dreht man das jeweils obere Objekt um 90° gegen den Uhrzeigersinn, erhält man das mittlere Objekt. Wird dieses wiederum an einer waagerechten Achse gespiegelt, ergibt sich das jeweils untere Objekt.

Zu 95.

A

Gehen Sie in jeder Spalte von oben nach unten vor. In jedem Feld liegen zwei Objekte übereinander. Das jeweils obenauf liegende Objekt dreht sich von Feld zu Feld um 45° im Uhrzeigersinn, das untere ändert seine Lage nicht. In der rechten Spalte ist das obere Objekt ein Kreis, dem man die Drehungen nicht ansieht.

Zu 96.

C

Gehen Sie in den Reihen von links nach rechts vor: Zuerst wird das Objekt vertikal gespiegelt, anschließend horizontal.

Zu 97.

E

Gehen Sie von oben nach unten vor. Der Pfeil wird mit jedem Schritt nach unten um 90° gegen den Uhrzeigersinn gedreht. So kommen nur die Antworten A und E in Betracht. Zudem darf in jeder Spalte nur ein schwarzes Objekt sein, sodass nur Antwort E als Lösung bleibt.

Zu 98.

C

Gehen Sie in den einzelnen Spalten von oben nach unten vor. Jedes Feld zeigt ein keilförmiges Objekt vor einem Hintergrund. Von Feld zu Feld werden die Keile nun um 90° im Uhrzeigersinn gedreht. Der Hintergrund des jeweils untersten

Feldes ergibt sich aus der „Addition" der beiden oberen Felder, die übereinandergelegt werden.

Zu 99.

D

Gehen Sie von oben nach unten vor. Jedes Feld zeigt ein Objekt vor einem Hintergrund. Von oben nach unten betrachtet, besteht der Hintergrund des untersten Feldes nur aus demjenigen Muster, das in beiden darüber liegenden Feldern ebenfalls vorkommt. In der linken Spalte sind beispielsweise die obersten Felder vollkommen unterschiedlich gemustert, so dass im untersten Feld als gemeinsames Muster nur eine leere Fläche übrigbleibt. Das Objekt ist ein Kreis mit zwei schwarzen Punkten. Von Feld zu Feld wird nun stets ein Punkt in derselben Position wiederholt, wobei der zweite Punkt um 90° im Uhrzeigersinn gedreht wird.

Zu 100.

D

Gehen Sie in den Reihen von links nach rechts vor. Die Punkte im vorderen Dreieck wandern im Uhrzeigersinn, die im hinteren gegen den Uhrzeigersinn.

Logisches und visuelles Denken

Musterwürfel zuordnen

Zu 101.

C

Kippen Sie den Aufgabenwürfel nach links und drehen Sie ihn um 90 Grad gegen den Uhrzeigersinn.

Zu 102.

D

Kippen Sie den Aufgabenwürfel nach links und drehen Sie ihn um 90 Grad im Uhrzeigersinn.

Zu 103.

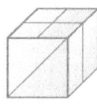

C

Drehen Sie den Aufgabenwürfel um 90 Grad im Uhrzeigersinn und kippen Sie ihn nach rechts.

Zu 104.

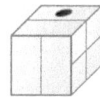

B

Kippen Sie den Aufgabenwürfel nach hinten und drehen Sie ihn um 90 Grad im Uhrzeigersinn.

Zu 105.

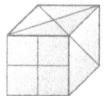

D

Drehen Sie den Aufgabenwürfel um 90 Grad gegen den Uhrzeigersinn und kippen Sie ihn nach vorne.

Zu 106.

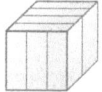

B

Drehen Sie den Aufgabenwürfel um 90 Grad im Uhrzeigersinn kippen Sie ihn nach rechts.

Zu 107.

B

Kippen Sie den Aufgabenwürfel zweimal nach links und drehen Sie ihn um 90 Grad im Uhrzeigersinn.

Zu 108.

A

Kippen Sie den Aufgabenwürfel nach hinten und drehen Sie ihn um 90 Grad im Uhrzeigersinn.

Zu 109.

B

Drehen Sie den Aufgabenwürfel um 90 Grad im Uhrzeigersinn und kippen Sie ihn nach rechts.

Zu 110.

D

Drehen Sie den Aufgabenwürfel um 90 Grad im Uhrzeigersinn und kippen Sie ihn nach rechts.

Zu 111.

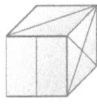

D

Kippen Sie den Aufgabenwürfel nach hinten und drehen Sie ihn um 90 Grad im Uhrzeigersinn.

Zu 112.

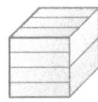

A

Drehen Sie den Aufgabenwürfel um 90 Grad gegen den Uhrzeigersinn und kippen Sie ihn nach vorne.

Zu 113.

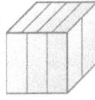

D

Drehen Sie den Aufgabenwürfel um 90 Grad im Uhrzeigersinn und kippen Sie ihn nach rechts.

Zu 114.

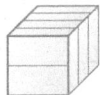

C

Kippen Sie den Aufgabenwürfel nach links und drehen Sie ihn um 90 Grad gegen den Uhrzeigersinn.

Zu 115.

C

Drehen Sie den Aufgabenwürfel um 90 Grad gegen den Uhrzeigersinn und kippen Sie ihn nach vorne.

Zu 116.

A

Kippen Sie den Aufgabenwürfel nach hinten und drehen Sie ihn um 90 Grad im Uhrzeigersinn.

Zu 117.

C

Kippen Sie den Aufgabenwürfel nach hinten und drehen Sie ihn um 90 Grad im Uhrzeigersinn.

Zu 118.

E

Drehen Sie den Aufgabenwürfel um 90 Grad gegen den Uhrzeigersinn und kippen Sie ihn nach vorne.

Zu 119.

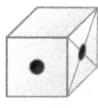

C

Kippen Sie den Aufgabenwürfel zweimal nach vorne und drehen Sie ihn um 90 Grad im Uhrzeigersinn.

Zu 120.

B

Kippen Sie den Aufgabenwürfel nach hinten und drehen Sie ihn um 90 Grad im Uhrzeigersinn.

Logisches und visuelles Denken

Spielwürfel drehen

Zu 121.

B

Gegenprobe: Drehen Sie Lösungswürfel B 90 Grad im Uhrzeigersinn und kippen Sie ihn nach links.

Zu 122.

C

Gegenprobe: Drehen Sie Lösungswürfel C 90 Grad gegen den Uhrzeigersinn und kippen Sie ihn nach rechts.

Zu 123.

D

Gegenprobe: Drehen Sie Lösungswürfel D 90 Grad im Uhrzeigersinn und kippen Sie ihn nach rechts.

Zu 124.

C

Gegenprobe: Drehen Sie Lösungswürfel C 90 Grad im Uhrzeigersinn und kippen Sie ihn nach rechts.

Zu 125.

B

Gegenprobe: Drehen Sie Lösungswürfel B 90 Grad gegen den Uhrzeigersinn und kippen Sie ihn nach rechts.

Zu 126.

E

Gegenprobe: Drehen Sie Lösungswürfel E 90 Grad im Uhrzeigersinn und kippen Sie ihn nach links.

Zu 127.

C

Gegenprobe: Drehen Sie Lösungswürfel C 90 Grad gegen den Uhrzeigersinn und kippen Sie ihn nach vorne.

Zu 128.

A

Gegenprobe: Drehen Sie Lösungswürfel A 90 Grad gegen den Uhrzeigersinn und kippen Sie ihn nach vorne.

Zu 129.

E

Gegenprobe: Drehen Sie Lösungswürfel E 90 Grad gegen den Uhrzeigersinn und kippen Sie ihn nach links.

Zu 130.

B

Gegenprobe: Drehen Sie Lösungswürfel B um 180 Grad und kippen Sie ihn nach rechts.

Zu 131.

D

Gegenprobe: Drehen Sie Lösungswürfel D 90 Grad im Uhrzeigersinn und kippen Sie ihn nach hinten.

Zu 132.

E

Gegenprobe: Drehen Sie Lösungswürfel E 90 Grad im Uhrzeigersinn und kippen Sie ihn nach vorne.

Zu 133.

D

Gegenprobe: Drehen Sie Lösungswürfel D 90 Grad gegen den Uhrzeigersinn und kippen Sie ihn nach rechts.

Zu 134.

B

Gegenprobe: Kippen Sie Lösungswürfel B nach links, drehen Sie ihn 90 Grad gegen den Uhrzeigersinn und kippen Sie ihn dann nach rechts.

Zu 135.

C

Gegenprobe: Drehen Sie Lösungswürfel C 90 Grad gegen den Uhrzeigersinn, kippen Sie ihn nach rechts und anschließend zweimal nach vorne.

Zu 136.

B

Gegenprobe: Drehen Sie Lösungswürfel B 90 Grad gegen den Uhrzeigersinn und kippen Sie ihn zweimal nach links.

Zu 137.

A

Gegenprobe: Drehen Sie Lösungswürfel A 90 Grad gegen den Uhrzeigersinn und kippen Sie ihn zweimal nach links.

Zu 138.

A

Gegenprobe: Drehen Sie Lösungswürfel A 90 Grad im Uhrzeigersinn und kippen Sie ihn zweimal nach hinten.

Zu 139.

C

Gegenprobe: Drehen Sie Lösungswürfel C 90 Grad gegen den Uhrzeigersinn und kippen Sie ihn nach links.

Zu 140.

D

Gegenprobe: Kippen Sie Lösungswürfel D zweimal nach rechts, drehen Sie ihn um 180 Grad und kippen Sie ihn dann zweimal nach hinten.

Logisches und visuelles Denken

Räumliches Grundverständnis

Zu 141.

D. 6

Der Körper besteht aus 6 Flächen.

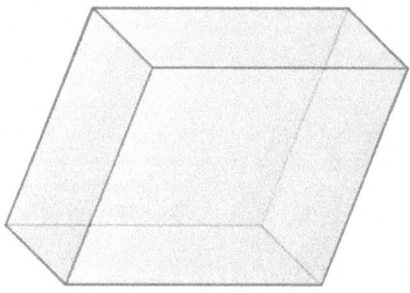

Zu 142.

C. 8

Der Körper besteht aus 8 Flächen.

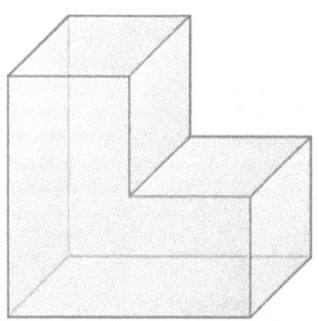

Zu 143.

C. 8

Der Körper besteht aus 8 Flächen.

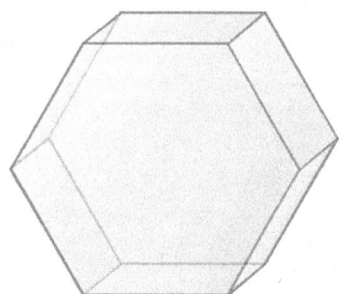

Zu 144.

B. 10

Der Körper besteht aus 10 Flächen.

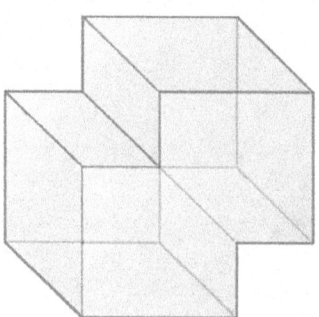

Zu 145.

C. 10

Der Körper besteht aus 10 Flächen.

Zu 146.

C. 3

Der Körper besteht aus 3 Flächen.

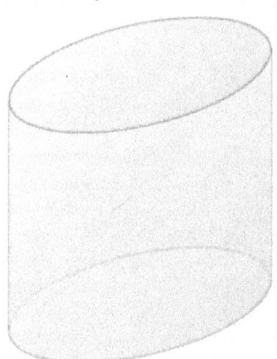

Zu 147.

D. 4

Der Körper besteht aus 4 Flächen.

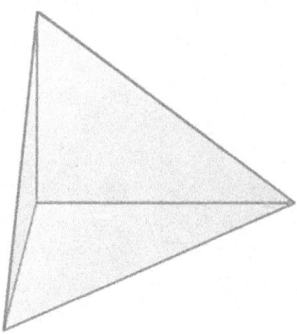

Zu 148.

C. 5

Der Körper besteht aus 5 Flächen.

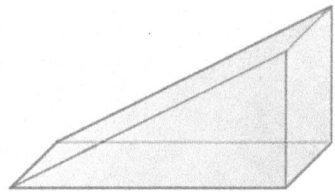

Zu 149.

B. 14

Der Körper besteht aus 14 Flächen.

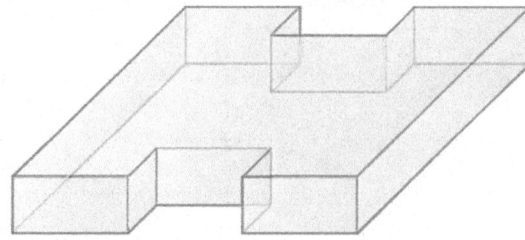

Zu 150.

C. 7

Der Körper besteht aus 7 Flächen – den 6 äußeren Flächen und einer innen liegenden.

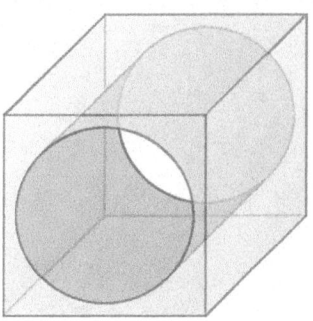

Zu 151.

C. 9

Der Körper besteht aus 9 Flächen.

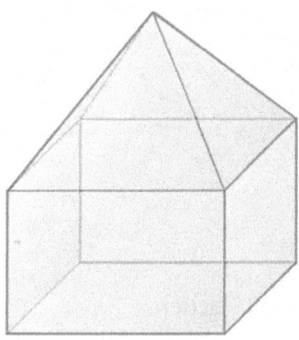

Zu 152.

B. 10

Der Körper besteht aus 10 Flächen.

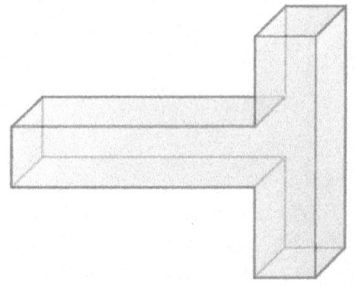

Zu 153.

B. 10

Der Körper besteht aus 10 Flächen.

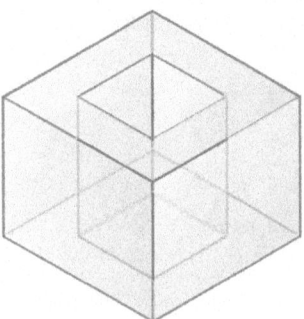

Zu 154.

D. 9

Der Körper besteht aus 9 Flächen.

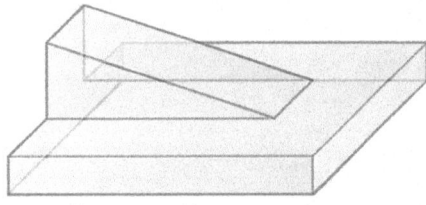

Zu 155.

D. 10

Der Körper besteht aus 10 Flächen.

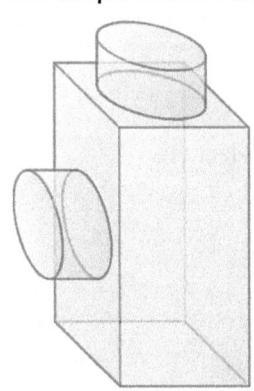

Zu 156.

D. 14

Der Körper besteht aus 14 Flächen.

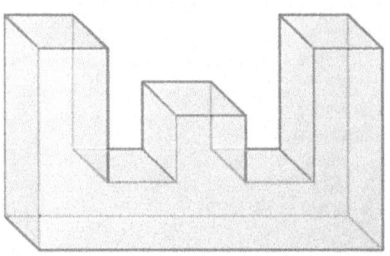

Zu 157.

C. 14

Der Körper besteht aus 14 Flächen.

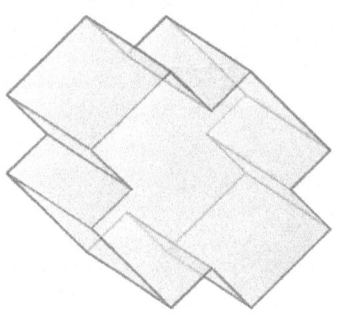

Zu 158.

A. 13

Der Körper besteht aus 13 Flächen.

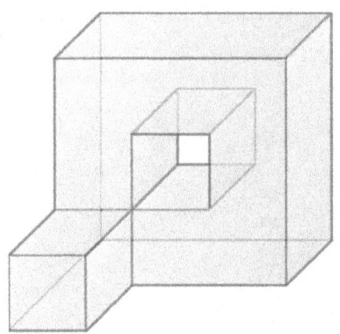

Zu 159.

C. 18

Der Körper besteht aus 18 Flächen.

Zu 160.

A. 30

Der Körper besteht aus 30 Flächen.

Logisches und visuelles Denken

Perspektive wechseln

Zu 161.

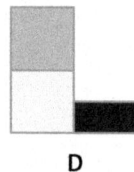

D

Zu 162.

C

Zu 163.

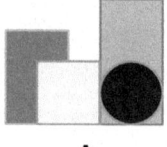

A

Zu 164.

B

Zu 165.

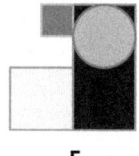

E

Zu 166.

C

Zu 167.

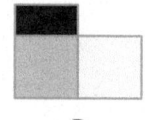

D

Zu 168.

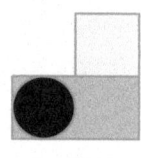

D

Zu 169.

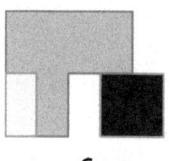

C

Zu 170.

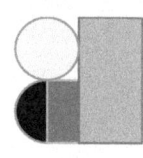

D

Zu 171.

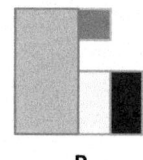

B

Zu 172.

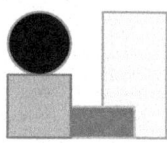

E

Zu 173.

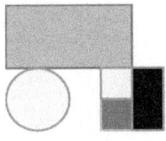

D

Zu 174.

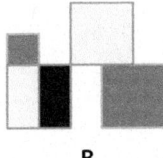

B

Zu 175.

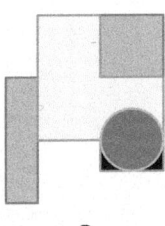

B

Zu 176.

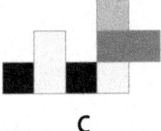

C

Zu 177.

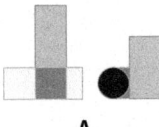

A

Zu 178.

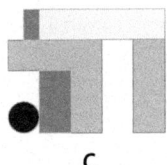

C

Zu 179.

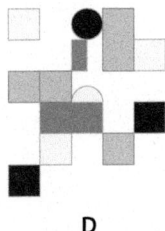

D

Zu 180.

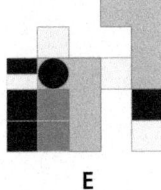

E

Prüfung 5 • Lösungen

Lösungstabelle **152**
Konzentration, Reaktion und Merkfähigkeit............................. **154**
  Reaktionstest (Pfeiltest)..154
  Geknickte Linien 155
  Original und Abschrift..157
  Symbolrechnen (japanische Zeichen).....................................158
  Route einprägen...159
  Geländekarte merken...160
  Textinhalte einprägen..161

Lösungstabelle

Konzentration, Reaktion und Merkfähigkeit

1.	W N	46.	N S	91.	N N	136.	5
2.	S O	47.	W S	92.	S O	137.	3
3.	O N	48.	S N	93.	S N	138.	7
4.	S O	49.	S N	94.	N W	139.	4
5.	S W	50.	S O	95.	W O	140.	4
6.	W N	51.	O S	96.	W O	141.	6
7.	W W	52.	N O	97.	O S	142.	1
8.	S O	53.	N O	98.	S O	143.	6
9.	S W	54.	N N	99.	O N	144.	6
10.	N N	55.	O N	100.	N W	145.	8
11.	W W	56.	W N	101.	2	146.	8
12.	O O	57.	O W	102.	2	147.	3
13.	S N	58.	S S	103.	0	148.	6
14.	S O	59.	N O	104.	1	149.	4
15.	O O	60.	O W	105.	3	150.	5
16.	O N	61.	W S	106.	4	151.	2
17.	O N	62.	O N	107.	1	152.	3
18.	N S	63.	O N	108.	1	153.	2
19.	W N	64.	O N	109.	2	154.	2
20.	N S	65.	W O	110.	6	155.	2
21.	N N	66.	N W	111.	6	156.	1
22.	S W	67.	N S	112.	4	157.	2
23.	S N	68.	S O	113.	3	158.	1
24.	W W	69.	O W	114.	4	159.	2
25.	S O	70.	N N	115.	3	160.	3
26.	W O	71.	N W	116.	5	161.	1
27.	S N	72.	O N	117.	2	162.	1
28.	N N	73.	N W	118.	3	163.	2
29.	S O	74.	O O	119.	3	164.	1
30.	S O	75.	S N	120.	3	165.	3
31.	W N	76.	O W	121.	5	166.	5
32.	W O	77.	O N	122.	7	167.	3
33.	N O	78.	W O	123.	7	168.	4
34.	S O	79.	S O	124.	6	169.	3
35.	S N	80.	W S	125.	5	170.	1
36.	O S	81.	S W	126.	1	171.	1
37.	O W	82.	N N	127.	2	172.	2
38.	S N	83.	W W	128.	1	173.	1
39.	W N	84.	N S	129.	6	174.	1
40.	N O	85.	W N	130.	2	175.	2
41.	W W	86.	S S	131.	4	176.	3
42.	O S	87.	W W	132.	1	177.	2
43.	W S	88.	W O	133.	3	178.	2
44.	S O	89.	N W	134.	5	179.	2
45.	W S	90.	N N	135.	3	180.	3

181.	3	191.	siehe Erklärung	201.	stimmt
182.	3	192.	siehe Erklärung	202.	stimmt nicht
183.	8	193.	siehe Erklärung	203.	stimmt nicht
184.	5	194.	stimmt		
185.	2	195.	stimmt nicht		
186.	3	196.	stimmt nicht		
187.	2	197.	stimmt nicht		
188.	4	198.	stimmt nicht		
189.	2	199.	stimmt nicht		
190.	2	200.	stimmt nicht		

Konzentration, Reaktion und Merkfähigkeit

Reaktionstest (Pfeiltest)

Zu 1. W N	Zu 26. W O	Zu 51. O S	Zu 76. O W
Zu 2. S O	Zu 27. S N	Zu 52. N O	Zu 77. O N
Zu 3. O N	Zu 28. N N	Zu 53. N O	Zu 78. W O
Zu 4. S O	Zu 29. S O	Zu 54. N N	Zu 79. S O
Zu 5. S W	Zu 30. S O	Zu 55. O N	Zu 80. W S
Zu 6. W N	Zu 31. W N	Zu 56. W N	Zu 81. S W
Zu 7. W W	Zu 32. W O	Zu 57. O W	Zu 82. N N
Zu 8. S O	Zu 33. N O	Zu 58. S S	Zu 83. W W
Zu 9. S W	Zu 34. S O	Zu 59. N O	Zu 84. N S
Zu 10. N N	Zu 35. S N	Zu 60. O W	Zu 85. W N
Zu 11. W W	Zu 36. O S	Zu 61. W S	Zu 86. S S
Zu 12. O O	Zu 37. O W	Zu 62. O N	Zu 87. W W
Zu 13. S N	Zu 38. S N	Zu 63. O N	Zu 88. W O
Zu 14. S O	Zu 39. W N	Zu 64. O N	Zu 89. N W
Zu 15. O O	Zu 40. N O	Zu 65. W O	Zu 90. N N
Zu 16. O N	Zu 41. W W	Zu 66. N W	Zu 91. N N
Zu 17. O N	Zu 42. O S	Zu 67. N S	Zu 92. S O
Zu 18. N S	Zu 43. W S	Zu 68. S O	Zu 93. S N
Zu 19. W N	Zu 44. S O	Zu 69. O W	Zu 94. N W
Zu 20. N S	Zu 45. W S	Zu 70. N N	Zu 95. W O
Zu 21. N N	Zu 46. N S	Zu 71. N W	Zu 96. W O
Zu 22. S W	Zu 47. W S	Zu 72. O N	Zu 97. O S
Zu 23. S N	Zu 48. S N	Zu 73. N W	Zu 98. S O
Zu 24. W W	Zu 49. S N	Zu 74. O O	Zu 99. O N
Zu 25. S O	Zu 50. S O	Zu 75. S N	Zu 100. N W

Konzentration, Reaktion und Merkfähigkeit

Geknickte Linien

Block Linksknicke

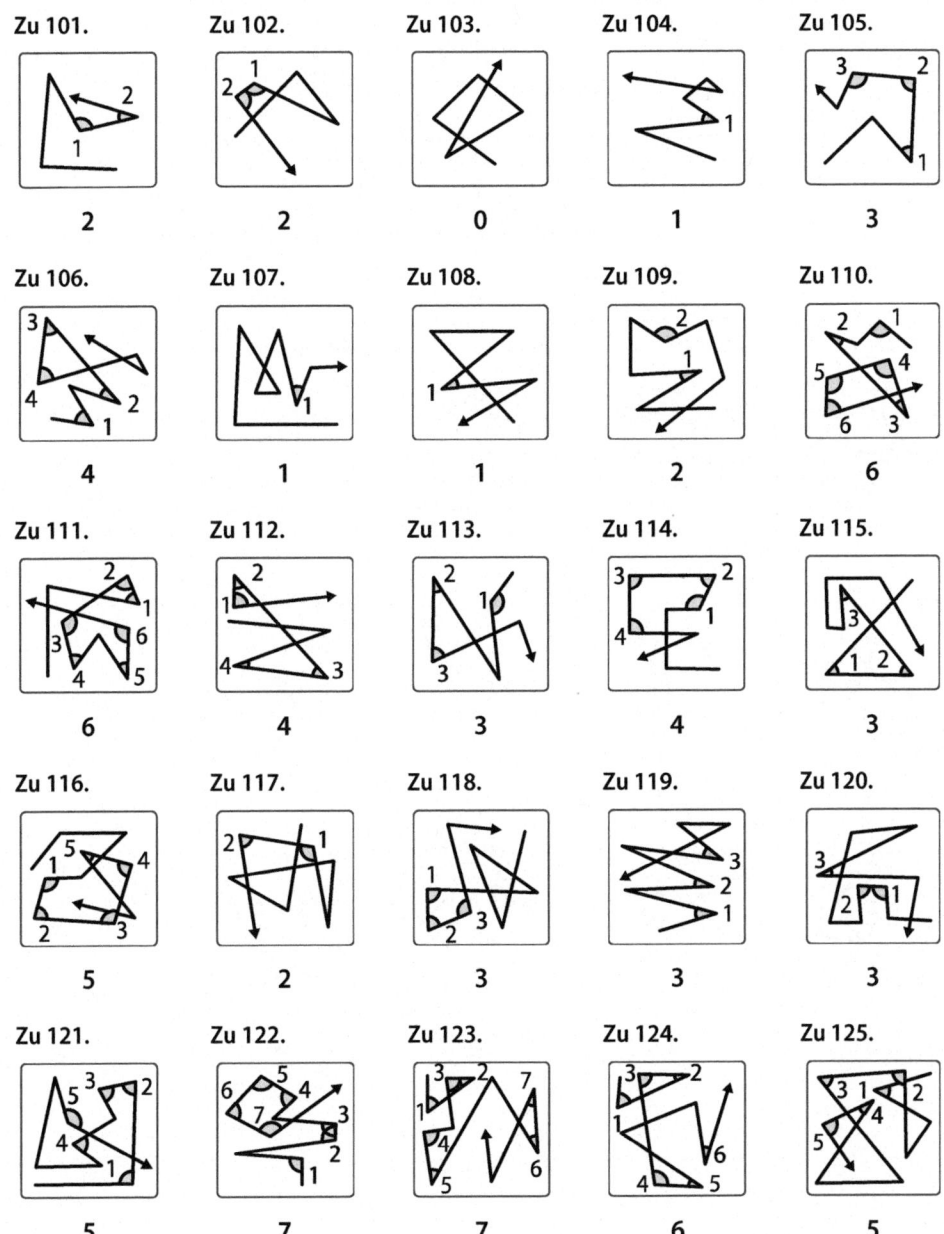

Block Rechtsknicke

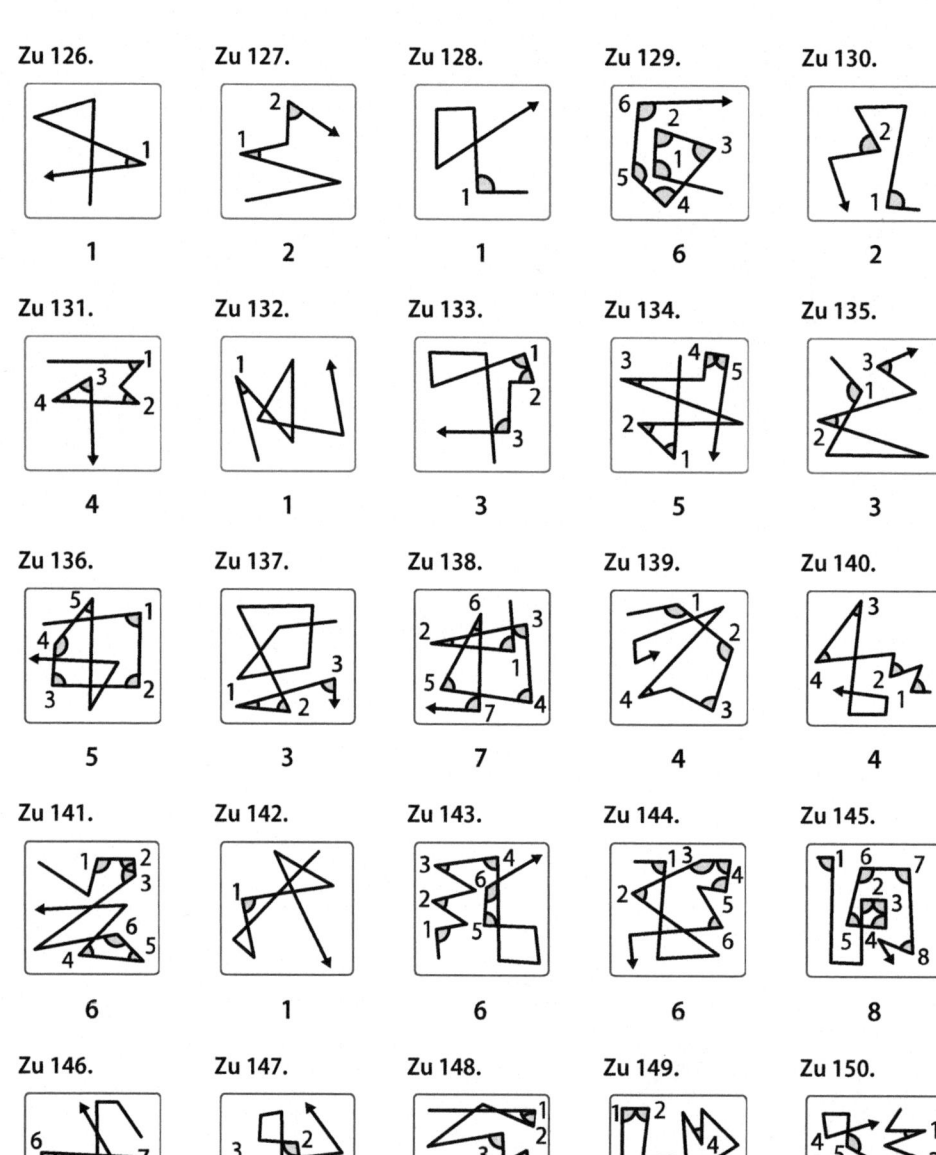

Zu 126.	Zu 127.	Zu 128.	Zu 129.	Zu 130.
1	2	1	6	2

Zu 131.	Zu 132.	Zu 133.	Zu 134.	Zu 135.
4	1	3	5	3

Zu 136.	Zu 137.	Zu 138.	Zu 139.	Zu 140.
5	3	7	4	4

Zu 141.	Zu 142.	Zu 143.	Zu 144.	Zu 145.
6	1	6	6	8

Zu 146.	Zu 147.	Zu 148.	Zu 149.	Zu 150.
8	3	6	4	5

Konzentration, Reaktion und Merkfähigkeit

Original und Abschrift

Original	Abschrift	Fehler	Original	Abschrift	Fehler
Zu 151. 2158318	2156316	2	Zu 171. HGRFLED	HGRFLEB	1
Zu 152. 6458482	6258284	3	Zu 172. RAGSEFA	RAGBEEA	2
Zu 153. 1859782	1869762	2	Zu 173. JAHWERS	JAHVERS	1
Zu 154. 3587197	3287187	2	Zu 174. HATWRSD	HATWBSD	1
Zu 155. 5784986	5789486	2	Zu 175. ÖAJRSFAJ	OAJRSEAJ	2
Zu 156. 2258791	2258797	1	Zu 176. JAHWNMN	JAHVMNN	3
Zu 157. 5478615	5478916	2	Zu 177. MNMNNMM	MNNNMMM	2
Zu 158. 7945874	7943874	1	Zu 178. kjhdHJGG	kjhbHJgG	2
Zu 159. 6487459	6481456	2	Zu 179. IkjdsURT	IkjDsuRT	2
Zu 160. 3124587	8124531	3	Zu 180. ncHgsTG	ncHgStg	3
Zu 161. 5487951	5487851	1	Zu 181. jbdEF>E=	jdbEE>E=	3
Zu 162. 6547894	6541894	1	Zu 182. QoOqbpBD	QOOqdpbD	3
Zu 163. 3249782	3248788	2	Zu 183. JA54zR7CD	JJA54zR7C	8
Zu 164. 3597874	3597824	1	Zu 184. JY23BDQO	JYY23BDO	5
Zu 165. 3549872	3649612	3	Zu 185. GA+32BBD>	GA+82BDD>	2
Zu 166. 0054862	0005486	5	Zu 186. &%G?ARV	&%$%§RV	3
Zu 167. 0010124	0010012	3	Zu 187. FIE§§!5 668	FIE$$!5 868	2
Zu 168. 1115482	1154822	4	Zu 188. ÜüÖöOoUu	ÜüöÖoOUu	4
Zu 169. 2211223	2221113	3	Zu 189. ÖöÜüQqOo	ÖöÜüObOo	2
Zu 170. 3344556	3344456	1	Zu 190. bddbdbdb	bdbbdddb	2

Konzentration, Reaktion und Merkfähigkeit

Symbolrechnen (japanische Zeichen)

Zu 191.

Zuordnungstabelle:

0	1	2	3	4	5	6	7	8	9
の	ん	ワ	シ	ミ	カ	ヨ	ル	ヘ	ヌ

ワ	の	ん	ヨ	ヘ	ん	ワ	ん	カ	ヨ	ル	ミ	シ	ヨ	シ	シ	ヌ
9	5	6	0	2	4	1	7	0	0	9	7	4	9	6	0	3
ル	カ	カ	ミ	ミ	シ	ヌ	ヨ	カ	ミ	ワ	シ	ん	シ	シ	ル	ミ
1	6	3	0	9	8	9	3	0	2	3	9	2	5	0	9	5
ミ	ん	ヘ	ヨ	カ	カ	の	ル	カ	ヘ	ん	ヨ	ん	ワ	ル	ワ	ん
5	5	1	1	6	7	4	9	9	9	1	3	1	4	1	5	8
ん	ミ	シ	カ	ん	ワ	ミ	ワ	ミ	ん	の	ル	の	ワ	ミ	シ	ル
5	7	7	4	9	1	8	7	4	0	2	9	9	5	1	3	
ミ	シ	ミ	ワ	シ	ル	ル	ヨ	シ	シ	の	カ	ヌ	ル	ん	ヘ	ヨ
0	5	4	0	6	5	8	1	1	8	9	6	2	8	0	4	9
ヨ	ワ	の	ヘ	シ	ヘ	ん	カ	ヘ	カ	ヌ	ん	シ	ん	ヌ	ヨ	シ
5	3	2	5	3	8	9	8	9	2	8	5	7	5	4	6	5
ヌ	ん	ワ	ル	の	の	ヘ	シ	ん	ル	ヌ	ミ	ミ	ミ	カ	の	ワ
4	7	0	2	5	4	1	2	1	6	7	4	1	6	1	1	2
カ	ヨ	ヘ	カ	カ	ミ	シ	ヌ	の	ヌ	ヘ	の	ル	ワ	ヨ	ん	の
2	3	2	8	1	6	2	6	0	2	9	8	9	3	5	0	
ル	ル	ミ	シ	ヨ	ワ	ヌ	の	ヨ	ミ	ヌ	ん	ル	ル	ミ	の	
8	2	9	3	3	8	1	1	1	3	7	2	5	3	0	9	8
ん	カ	カ	の	ル	ヨ	ワ	ん	カ	ワ	シ	シ	ミ	ヨ	シ	カ	ヘ
6	5	0	1	5	3	6	6	9	6	0	7	5	7	8	2	1
カ	の	カ	ん	ヘ	ル	ミ	カ	ミ	ミ	ル	ミ	ん	ん	カ	ル	シ
3	6	8	4	7	2	0	2	7	0	8	2	9	3	9	0	5
ヘ	ヨ	シ	シ	ヌ	カ	ヨ	ル	シ	ヨ	ん	ヘ	ヘ	ワ	ミ	シ	ワ
1	9	0	7	0	0	3	0	1	4	5	6	2	5	5	4	4
シ	シ	ル	ミ	ん	カ	ル	シ	ヘ	ヘ	ミ	ヘ	ミ	シ	ん	ん	ワ

Konzentration, Reaktion und Merkfähigkeit

Route einprägen

Zu 192.

Konzentration, Reaktion und Merkfähigkeit

Geländekarte merken

Zu 193.

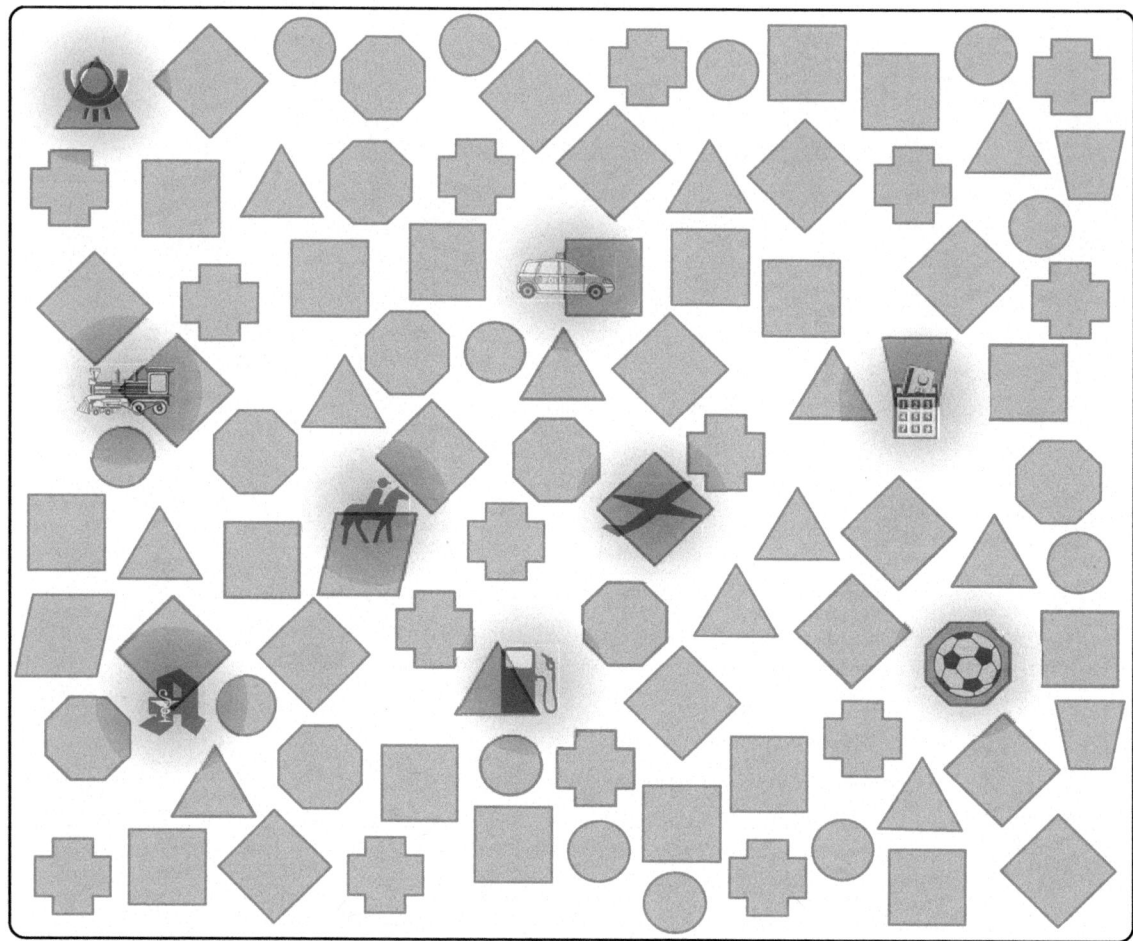

Konzentration, Reaktion und Merkfähigkeit

Textinhalte einprägen

Zu 194.

stimmt

Diese Angaben stimmen: Der in der Pressemeldung bezeichnete Unfall wurde von einem Kleinwagenfahrer verursacht und geschah am Morgen des 19.11.2020 (einem Donnerstag).

Zu 195.

stimmt nicht

Der Supermarkt, auf dessen Parkplatz sich der Vorfall abspielte, heißt „Ramba" und nicht „Lambo".

Zu 196.

stimmt nicht

Die beschädigte Limousine war nicht schwarz, sondern blau.

Zu 197.

stimmt nicht

Beschädigt wurden die vordere Stoßstange und der linke Kotflügel der Limousine.

Zu 198.

stimmt nicht

Dass es sich bei den Zeugen um Schüler einer nahegelegenen Realschule handelt, stimmt. Sie waren allerdings nicht zu zweit, sondern zu dritt.

Zu 199.

stimmt nicht

Die Zeugen haben ausgesagt, dass der Unfallfahrer nach dem Zusammenstoß mit der parkenden Limousine nicht angehalten, sondern im Gegenteil stark beschleunigt hat.

Zu 200.

stimmt nicht

Der Unfallfahrer ist tatsächlich ein 78-jähriger Rentner; er stammt jedoch aus Wiesbaden.

Zu 201.

stimmt

Bei seiner rasanten Flucht vom Parkplatz rammte der Kleinwagenfahrer einen 34-jährigen Fahrradfahrer, der daraufhin stürzte und sich schwer verletzte.

Zu 202.

stimmt nicht

Namenspatron der Mainzer Universität – und ihres Klinikums – ist nicht Johann Wolfgang von Goethe, sondern Johannes Gutenberg.

Zu 203.

stimmt nicht

Die Platzwunde befindet sich am Hinterkopf des Radfahrers – alle anderen Angaben stimmen.

Prüfung 6 • Lösungen

Psychologischer Test.. **164**
Der Persönlichkeitstest...164

Psychologischer Test

Der Persönlichkeitstest

Auswertung

Kontaktfähigkeit

mehr als 40 Punkte: Sie sind extrem kontaktfreudig und gewinnen die Sympathien schnell für sich. Passen Sie aber auf, nicht zu offen und leutselig zu erscheinen: Der Soldatenberuf erfordert auch Seriosität und Verantwortungsbewusstsein.

25–40 Punkte: Sie können von sich aus auf andere Menschen zugehen und finden zu ihnen in der Regel einen guten Draht. Dabei sind Sie angenehm unaufdringlich. Bleiben Sie am Ball und lassen Sie sich nicht ins Abseits drängen, so sammeln Sie jede Menge Pluspunkte.

weniger als 25 Punkte: Auch wenn es Überwindung kosten kann, Kontakte zu knüpfen: Mit zu viel Zurückhaltung findet man in neuen Umgebungen nur langsam Anschluss. Das macht es schwer, sich produktiv ins Team einzubringen und Fremden gegenüber souverän aufzutreten.

Teamfähigkeit

mehr als 40 Punkte: Sie sind das Musterbeispiel eines Mannschaftsspielers. In der Kooperation mit anderen blühen Sie auf, nehmen die eigenen Interessen auch gern mal zurück. Solange Ihre Selbstständigkeit nicht darunter leidet, sind Sie auf einem guten Weg.

25–40 Punkte: Eigensinn und Teamgeist halten sich bei Ihnen die Waage. Damit sind Sie im Kameradenkreis grundsätzlich gern gesehen. Es gelingt Ihnen, Teil eines Kollektivs zu sein und die Gruppendynamik zu stärken, ohne dadurch an Profil zu verlieren.

weniger als 25 Punkte: Sie spielen lieber Golf als Fußball, richtig? Die Kooperation mit anderen liegt Ihnen anscheinend nicht so gut. Denken Sie daran: Sie sind Teil eines großen Orchesters, das nur dann gut klingt, wenn alle harmonieren. Nehmen Sie Ihre Kameraden ernst, hören Sie ihnen zu und bringen Sie sich ein – davon profitieren alle.

Konfliktfähigkeit

mehr als 40 Punkte: Sie weichen keinem Konflikt aus und sprechen schonungslos an, was Ihnen nicht gefällt. Gut so – solange Sie das vernünftig, selbstkritisch und zielgerichtet tun. Sonst könnten Sie eventuell als streitsüchtiger Zeitgenosse gelten, der aus jeder Mücke einen Elefanten macht.

25–40 Punkte: Probleme sind dazu da, um gelöst zu werden – das könnte Ihr Motto sein. Obwohl Ihnen Harmonie wichtig ist, sprechen Sie auch mal Klartext und tragen so dazu bei, strittige Situationen konstruktiv und sachlich zu lösen.

weniger als 25 Punkte: Meinungsverschiedenheiten gehen Sie gern aus dem Weg, Ärger schlucken Sie am liebsten herunter. Wenn hinter der heilen Fassade in Wahrheit tiefe Gräben klaffen, hilft das weder der Gesundheit noch Ihrer Arbeitsleistung. Sehen Sie Konflikte als Chance, Sachfragen zu klären und den eigenen Standpunkt weiterzuentwickeln.

Durchsetzungsfähigkeit

mehr als 40 Punkte: Wo ein Wille ist, da ist für Sie auch ein Weg. Sie haben ein stabiles Rückgrat und bleiben sich auch dann treu, wenn es Widerstände gibt. Den schmalen Grat zur Rücksichtslosigkeit sollten Sie dabei allerdings nicht überschreiten.

25–40 Punkte: Wenn es nötig ist, sprechen Sie auch mal ein Machtwort. Doch Sie wissen ebenfalls, dass man mit Absprachen und Kompromissen manchmal mehr erreicht. Damit kommen Sie bei anderen im Allgemeinen gut an, ohne sich die Butter vom Brot nehmen zu lassen.

weniger als 25 Punkte: Kooperation und Teambewusstsein müssen niemanden in die Selbstaufgabe treiben. Stellen Sie Ihr Ego nicht hinten an und treten Sie entschlossener für das ein, was Sie für richtig halten. Das fördert die Zufriedenheit im Beruf und ist für manche Laufbahnen schlicht alternativlos.

Gewissenhaftigkeit

mehr als 40 Punkte: Auf Sie kann man sich wirklich verlassen. Wer mit Ihnen etwas abspricht, muss keine Bedenken haben, und Sie wissen genau, welche Dienstvorschrift wann anzuwenden ist. Was aber, wenn plötzliche Veränderungen flexible Reaktionen erfordern?

25–40 Punkte: Sie halten sich an Absprachen und arbeiten verlässlich, ohne gleich ein Erbsenzähler zu sein. Sie haben es gern, wenn alles seinen gewohnten Gang geht, kommen aber nicht ins Straucheln, wenn etwas Unvorhergesehenes geschieht.

weniger als 25 Punkte: Termine, Ordnung, Disziplin – all das steht bei Ihnen eher im Hintergrund. Sie brauchen die Abwechslung und lassen es gern locker angehen. Das erschwert die Zusammenarbeit. Zuverlässigkeit gilt als berufliche Kernkompetenz und setzt nur eines voraus: sich an Vorgaben und Abmachungen zu halten.

Belastbarkeit

mehr als 40 Punkte: Auch unter hohem Druck arbeiten Sie nüchtern und solide. Dass Sie so schnell nichts umhaut, wissen Ihre Kameraden sehr zu schätzen. In einer stürmischen Brandung sind Sie ein fester Fels – aber kennen hoffentlich auch Ihre eigenen Grenzen.

25–40 Punkte: Sie glauben an Ihre Fähigkeiten und erreichen auch unter ungünstigen Bedingungen gute Ergebnisse. Manchen Herausforderungen stellen Sie sich mit Bedenken, weil Sie wissen, was auf Sie zukommt. Mit einem realistischen Blick auf Ihr Leistungsvermögen trauen Sie sich jedoch zu Recht einiges zu.

weniger als 25 Punkte: Dass Sie eine Situation auch unter großer Anspannung im Griff haben, davon hängt im Einsatz unter Umständen viel ab. Ihre Kameraden verlassen sich auf Sie und Ihre Fähigkeit, konzentriert zu bleiben, den Überblick zu behalten und nicht emotional oder hektisch zu reagieren.

Flexibilität

mehr als 40 Punkte: Ihnen macht es nichts aus, wenn sich eine Vorschrift ändert, wenn neue Technik eingeführt wird oder wenn man Sie von einem Auftrag unversehens zu einem anderen beordert. Aber Hand aufs Herz: Können Sie auch stereotype Aufgaben zuverlässig und akkurat abarbeiten?

25–40 Punkte: Sie verbinden Disziplin und Ordnungssinn mit der Fähigkeit, sich rasch auf neue Gegebenheiten einzustellen. Das macht Sie zu einem gefragten Mitarbeiter, der sich in schwierigen Situationen meist zu helfen weiß und dabei die einschlägigen Vorgaben beachtet.

weniger als 25 Punkte: Was Sie gewohnt sind, daran halten Sie fest. Sie sind eher der gewissenhafte Typ, der seine Arbeit gern vollständig überblickt und von A bis Z durchorganisiert. Doch es gibt nicht für alles eine perfekte Vorbereitung, hin und wieder ist einfach eine gute Portion Pragmatismus gefragt.

Motivation

mehr als 40 Punkte: Dienst nach Vorschrift ist Ihnen zu wenig. Sie entwickeln eigenständig Ideen, übernehmen gern die Initiative, handeln entschlossen und schrecken vor Verantwortung nicht zurück. Sie haben Ihre Berufswahl aus Überzeugung getroffen, und das merkt man

Ihnen an. Behalten Sie in Ihrer Aktivität stets ein klares Ziel vor Augen.

25–40 Punkte: Wenn es etwas zu tun gibt, erledigen Sie es schnell und zuverlässig. Schwerer fällt es Ihnen, aus eigenem Antrieb Verantwortung zu übernehmen. Trauen Sie sich mehr zu, dann sind Kollegen und Vorgesetzte noch zufriedener.

weniger als 25 Punkte: Wer ohne klare Ansagen schwer auf Trab kommt, sorgt für Verunsicherung: Macht die Arbeit keinen Spaß, werden die Aufgaben und Ziele nicht als sinnvoll angesehen, stimmt die Atmosphäre im Team nicht? Überzeugen Sie Ihre Kritiker durch Leistung.

Einfühlungsvermögen

mehr als 40 Punkte: Sie wissen genau, was in anderen gerade vorgeht. Im Kameradenkreis treffen Sie stets den richtigen Ton, und wer Hilfe sucht, kann sich bei Ihnen glücklich schätzen. Ihr Mitgefühl macht es Ihnen aber manchmal schwer, sich durchzusetzen.

25–40 Punkte: Die Welt mit den Augen eines anderen zu sehen, ist für Sie nicht immer leicht. Trotzdem können Sie nachvollziehen, dass Menschen stimmungsabhängig sind, und nehmen Rücksicht auf individuelle Befindlichkeiten.

weniger als 25 Punkte: Besonders sensibel sind Sie anscheinend nicht – positiv ausgedrückt: Sie sind psychisch ungeheuer robust. Doch vergessen Sie nicht: Etwas Rücksicht auf die persönlichen Stimmungslagen Ihres Umfelds erleichtert nicht zuletzt auch Ihnen selbst das Leben.

Anhang

Tabelle: Maße und Einheiten 168

Tabelle: Maße und Einheiten

Einheit	Einheitenzeichen	Umrechnung
Länge		
Kilometer	km	1 km = 1.000 m
Meter	m	1 m = 10 dm = 100 cm
Dezimeter	dm	1 dm = 10 cm = 100 mm
Zentimeter	cm	1 cm = 10 mm
Millimeter	mm	1 mm = 1.000 µm
Mikrometer	µm	
Fläche		
Quadratkilometer	km^2	$1\ km^2 = 100\ ha$
Hektar	ha	1 ha = 100 a
Ar	a	$1\ a = 100\ m^2$
Quadratmeter	m^2	$1\ m^2 = 100\ dm^2$
Quadratdezimeter	dm^2	$1\ dm^2 = 100\ cm^2$
Quadratzentimeter	cm^2	$1\ cm^2 = 100\ mm^2$
Quadratmillimeter	mm^2	
Volumen		
Kubikkilometer	km^3	$1\ km^3 = 1.000.000.000\ m^3$
Kubikmeter	m^3	$1\ m^3 = 1.000\ dm^3$
Kubikdezimeter	dm^3	$1\ dm^3 = 1.000\ cm^3$
Kubikzentimeter	cm^3	$1\ cm^3 = 1.000\ mm^3$
Kubikmillimeter	mm^3	
Hektoliter	hl	1 hl = 100 l
Liter	l	1 l = 10 dl
Deziliter	dl	1 dl = 10 cl
Zentiliter	cl	1 cl = 10 ml
Milliliter	ml	1 ml = 1.000 µl
Mikroliter	µl	

Einheit	Einheitenzeichen	Umrechnung
Masse		
Tonne	t	1 t = 20 ztr = 1.000 kg
Zentner	ztr	1 ztr = 50 kg
Kilogramm	kg	1 kg = 1.000 g
Pfund	pf	1 pf = 500 g
Gramm	g	1 g = 1.000 mg
Milligramm	mg	1 mg = 1.000 µg
Mikrogramm	µg	
Zeit		
Jahr	a	1 a = 365 d
Woche	w	1 w = 7 d
Tag	d	1 d = 24 h
Stunde	h	1 h = 60 min
Minute	min	1 min = 60 s
Sekunde	s	1 s = 1.000 ms
Millisekunden	ms	
Geschwindigkeit		
Kilometer pro Stunde	km/h	1 km/h = 0,2778 m/s
Meter pro Sekunde	m/s	1 m/s = 3,6 km/h
Druck		
Bar	bar	1 bar = 100.000 Pa
Pascal	Pa	1 Pa = 0,00001 bar
Temperatur		
Grad Celsius	°C	$T_{Celsius} = T_{Kelvin} - 273,15$
Kelvin	K	$T_{Kelvin} = T_{Celsius} + 273,15$
Kraft		
Newton	N	$1\ N = 1\ kg \times m\ /\ s^2$

Ausbildungspark Verlag GmbH

Bettinastraße 69 • 63067 Offenbach am Main
Tel. (069) 40 56 49 73 • Fax (069) 43 05 86 02
E-Mail: kontakt@ausbildungspark.com
Internet: www.ausbildungspark.com

Einstellungstest Bundeswehr: Prüfungspaket mit Testsimulation

Kurt Guth   Marcus Mery   Andreas Mohr

Einstellungstest Bundeswehr: Prüfungspaket mit Testsimulation

Über 1.200 Aufgaben mit Lösungsbuch: Sprache, Mathe, Wissen, Technik, Logik, Konzentration und mehr | Eignungstest üben und bestehen

Kurt Guth / Marcus Mery / Andreas Mohr
Einstellungstest Bundeswehr:
Prüfungspaket mit Testsimulation
Über 1.200 Aufgaben mit Lösungsbuch: Sprache,
Mathe, Wissen, Technik, Logik, Konzentration und
mehr | Eignungstest üben und bestehen

Prüfungsbuch

Ausgabe 2026

2. Auflage

Umschlaggestaltung: s.b. design
Illustrationen/Grafiken: bitpublishing, s.b. design
Lektorat: Thorben Pehlemann

Bildnachweis:
Archiv des Verlages
Umschlagfoto: © Jörg Hüttenhölscher –
Adobe.com
S. 19 (Weißes Haus): Public Domain
S. 21 (Wladimir Putin): www.kremlin.ru; Wladimir
Putin; CC- BY-3.0 (https://creativecommons.org/
licenses/by/3.0/legalcode); Original entfärbt,
beschnitten
S. 30 (Opernhaus Sydney): https://commons.
wikimedia.org/wiki/File:Circular_Quay,_
Sydneyoperahhouse.jpg; Shannon Hobbs; CC-BY-
SA-2.0 (https://creativecommons.org/licenses/by-
sa/2.0/legalcode); Original entfärbt, beschnitten

*Bibliografische Information der Deutschen National-
bibliothek –*
Die Deutsche Nationalbibliothek verzeichnet diese
Publikation in der Deutschen Nationalbibliografie;
detaillierte bibliografische Daten sind im Internet
über http://dnb.dnb.de abrufbar.

Gedruckt auf chlorfrei gebleichtem Papier

© 2026 Ausbildungspark Verlag GmbH
Bettinastraße 69, 63067 Offenbach
Printed in Germany

Satz: bitpublishing, Schwalbach
Druck: mediaprint solutions, Paderborn

ISBN 978-3-95624-155-0

1305 – AP BBU – SI15 – 1P

Inhaltsverzeichnis

Grußwort von Stabsfeldwebel a.D. Thomas Schwappacher, 1. Stellv. Bundesvorsitzender
des Deutschen BundeswehrVerbandes 7

Vorwort 8
    Was passiert im Auswahlverfahren? 8
    Gut vorbereitet mit diesem Prüfungspaket 8

Worum geht es im Bundeswehr-Einstellungstest? 10
    Welche Themen und Aufgaben gibt es? 10
    Der Testablauf 12
    Ihr Fahrplan für die schriftliche Prüfung 13
    Richtig lernen 14
    Die Testsimulation 14

Prüfung 1 17

Allgemeinwissen 19
    Staat und Politik 19
    Geschichte und Kulturgeschichte 22
    Interkulturelles Wissen 25
    Geografie und Landeskunde 28
    Geografie: Europakarte 31
    Geografie: Weltkarte 33
    Naturwissenschaften 35
    Medizin und Gesundheit 38
    Abkürzungen 41

Fachbezogenes Wissen 44
    Bundeswehr 44
    Mechanik 48
    Elektronik 51
    IT-Kenntnisse 54
    Technisches Verständnis: Bildaufgaben 57
    Arbeitssicherheit 67

Prüfung 2 69

Sprachbeherrschung 71
    Diktat 71
    Aufsatz 75
    Welche Schreibweise stimmt? 79
    Sätze vervollständigen 82
    „s", „ss" oder „ß"? 85
    Groß- und Kleinschreibung 87
    Zusammen oder getrennt? 90
    Fehler korrigieren 92
    Kommas setzen 93
    Kommasetzung erkennen 95
    Konjugieren und deklinieren 100

Ein Wort fällt aus der Reihe 103
Textverständnis: Inhalte wiedergeben 106

Fremdsprachenkenntnisse **109**
Englisch: Wortbedeutungen 109
Englisch: Sätze vervollständigen 112
Englisch: Sätze übersetzen 116

Prüfung 3 ....**119**
Mathematik **121**
Grundrechenarten 121
Bruchrechnen 122
Kopfrechnen 126
Maßeinheiten umrechnen 129
Dreisatz 132
Prozentrechnen 135
Zinsrechnen 138
Gemischte Textaufgaben 141
Fläche und Volumen 144
Geometrische Skizzen 147
Gehobene Mathematik 150
Tempo-Rechnen 154

Prüfung 4 ....**157**
Logisches und visuelles Denken **159**
Wortanalogien 159
Zahlenreihen 163
Zahlenmatrizen 170
Figurenreihen 176
Figurenmatrizen 183
Musterwürfel zuordnen 189
Spielwürfel drehen 197
Räumliches Grundverständnis 205
Perspektive wechseln 211

Prüfung 5 ....**221**
Konzentration, Reaktion und Merkfähigkeit **223**
Reaktionstest (Pfeiltest) 223
Geknickte Linien 228
Original und Abschrift 231
Symbolrechnen (japanische Zeichen) 232
Route einprägen 234
Geländekarte merken 236
Textinhalte einprägen 239

Prüfung 6 ....**241**
Psychologischer Test **242**
Der Persönlichkeitstest 242

Liebe Bewerberinnen und Bewerber,

ich hoffe, bald liebe Kameradinnen und Kameraden sagen zu können.

Sie interessieren sich für eine Verwendung in einer
der vielen Laufbahnen der Bundeswehr – wir als
Deutscher BundeswehrVerband, der Interessen-
vertretung der Soldatinnen und Soldaten sowie
der Zivilbeschäftigten der Bundeswehr, sind von
Anfang an der verlässliche Partner an Ihrer Seite.

Der Dienst in den Streitkräften, für den Sie sich bewerben, ist einer der spannendsten und herausfor-
derndsten Berufe, die es gibt. Ich spreche aus eige-
ner Erfahrung. Als – inzwischen pensionierter – Be-
rufssoldat habe ich die Jahrzehnte im Dienst für
Deutschland als unvergleichliche Erfahrung und
Bereicherung erlebt.

Als ich 1989 entschlossen habe, mich für den Dienst in der Bundeswehr zu verpflichten, war für mich
klar: Ich will einen sinnstiftenden und verantwortungsvollen Beruf, der viel mehr ist als ein Job. Wer
sich entscheidet, Soldat zu werden, fühlt sich dazu berufen, seinem Land zu dienen, die Sicherheit
der Bundesrepublik Deutschland und der hier lebenden Menschen zu schützen – manchmal auch im
Auslandseinsatz.

Die wertvollen Erfahrungen, die ich während meines Dienstes erleben durfte, und die verantwortungsvollen Aufgaben, die mir – wie allen Soldatinnen und Soldaten – übertragen worden sind, haben mein Leben auch im besten Sinne verändert. Der Dienst in der Bundeswehr lässt Menschen
wachsen und reifen; das sind Erlebnisse und Erfahrungen, die unschätzbar wertvoll sind.

Vor allem ist da die Kameradschaft, die ein Leben lang den Zusammenhalt und das Einstehen fürei-
nander für alle Soldaten ausmacht. Ich habe neben dem aktiven Dienst auch im Personalrat mein
Wissen und meine Erfahrungen in die wichtige Gremienarbeit der Personalvertretungen für unsere
Soldaten eingebracht und mit dem Deutschen BundeswehrVerband haben wir wesentliche Verbes-
serungen für unsere Kameradinnen und Kameraden erreicht.

Ich wünsche Ihnen viel Glück und Erfolg beim anstehenden Bewerbungs- und Auswahlverfahren, das
nun vor Ihnen liegt. Wenn Sie im Dienst sind, wenden Sie sich vertrauensvoll an den Deutschen BundeswehrVerband. Wir sind immer für unsere Kameradinnen und Kameraden da: Einer für alle, alle für
einen.

Mit kollegialen und kameradschaftlichen Grüßen

Thomas Schwappacher

Stabsfeldwebel a.D., 1. Stellv. Bundesvorsitzender

dbwv.de

Vorwort

Ausbildung und Karriere bei der Bundeswehr: So lautet das Wunschziel zehntausender Kandidaten*
pro Jahr, die sich für eine militärische Laufbahn bei Heer, Luftwaffe & Co. bewerben. Auch im zivilen
Bereich gibt es eine Fülle von Berufswegen, zum Beispiel in der Verwaltung oder der Wehrtechnik.
Fähiges Personal ist begehrt – und aus Sicht der Personalverantwortlichen kann es nie genug Inte-
ressenten und Interessentinnen geben, um die verfügbaren Stellen bestmöglich zu besetzen.

Was passiert im Auswahlverfahren?

Eine Militärlaufbahn stellt hohe Anforderungen: Erwartet werden Belastbarkeit, Flexibilität, Einsatzbereitschaft, Teamfähigkeit und Selbstdisziplin, in höheren Laufbahnen sind zusätzlich Verantwortungsbewusstsein und Führungsstärke gefragt. Auch für zivile Ausbildungen setzt die Bundeswehr
bestimmte Fähigkeiten und Kompetenzen voraus. Ob man das nötige Rüstzeug mitbringt, zeigt sich
im Auswahlverfahren. Auf angehende Zeitsoldaten zum Beispiel warten ein Einstellungstest, ein
Sporttest, ein Vorstellungsgespräch und eine ärztliche Untersuchung. Angehende Offiziere stellen
sich außerdem einem mehrteiligen Assessment Center.

Gut vorbereitet mit diesem Prüfungspaket

In diesem Prüfungspaket finden Sie zahlreiche Originalaufgaben, alle Lösungswege und ausführliche
Bearbeitungshinweise. Nehmen Sie sich die Zeit, die Fragen und Erklärungen möglichst vollständig
durchzuarbeiten: So haben Sie beste Chancen, Ihren Einstellungstest bei der Bundeswehr erfolgreich
zu meistern.

> **Dieses Prüfungspaket …**
>
> ¬ bereitet Sie gezielt auf Ihren Einstellungstest bei der Bundeswehr vor.
>
> ¬ ist geeignet für alle Laufbahnen.
>
> ¬ enthält 6 Musterprüfungen zur realistischen Testsimulation.
>
> ¬ vermittelt das notwendige Wissen.
>
> ¬ bringt Ihre Allgemeinbildung auf den neuesten Stand und frischt Ihr
>   prüfungsrelevantes Schulwissen auf.
>
> ¬ steht für eine Prüfung ohne böse Überraschungen!

Sie wollen mehr zum Thema Ausbildung und Berufseinstieg erfahren? Besuchen Sie uns auf dem Be-
werberportal www.ausbildungspark.com. Hier finden Sie alles rund um Berufsbilder, Bewerbungs-
verfahren und Einstellungstests – in verschiedensten Branchen. Eine gute Vorbereitung und viel Erfolg in der Prüfung wünscht

Ihr Ausbildungspark-Team

---

* Wenn im Text überwiegend die männliche Form genutzt wird, dann ausschließlich, um die Lesbarkeit zu
  verbessern.

Kontakt

Ausbildungspark Verlag GmbH
Kundenbetreuung
Bettinastraße 69
63067 Offenbach

Telefon +49 (69) 40 56 49 73
Telefax +49 (69) 43 05 86 02
E-Mail: kontakt@ausbildungspark.com
Internet: www.ausbildungspark.com

Worum geht es im Bundeswehr-Einstellungstest?

Eine Laufbahnausbildung bei der Bundeswehr baut auf Fähigkeiten und Kenntnissen auf, die Sie in der Schule und/oder im beruflichen Rahmen erworben haben. Daher sind Ihre Zeugnisse und Beurteilungen ein wichtiges Auswahlkriterium. Aber nicht das einzige: Denn solche Dokumente aus dritter Hand verraten nicht alles, was die Prüfer interessiert. Sie sagen zum Beispiel wenig aus über den Anspruch eines Ausbildungsbetriebs – oder darüber, wie einheitlich die Lehrer bei der Notenvergabe vorgegangen sind.

Um alle Kandidaten einheitlich, fair und vergleichbar zu testen, nutzt die Bundeswehr einen speziellen standardisierten Eignungstest. Der Name des Verfahrens: CAT („Computer-Assistiertes Testsystem"). Der CAT schöpft aus einem großen Reservoir an Themen – von Sprache, Wissen und Mathematik bis hin zu Logik, visuellem Denken und Konzentration. Die Inhalte werden individuell auf die angepeilte Laufbahn und Stelle abgestimmt, bei Bedarf ergänzen Zusatzmodule wie der MKT („Mechanischer Kenntnis-Test") das Programm. Also keine Bange, wenn Ihr Sitznachbar während der Prüfung etwas schneller sein sollte als Sie: Möglicherweise sieht sein Test ganz anders aus.

Viele Fragen sind nach dem Multiple-Choice-Prinzip durch Ankreuzen der richtigen Lösung zu beantworten. An anderer Stelle – vor allem im sprachlichen Bereich – müssen Sie wiederum mehr oder weniger umfangreiche Antworten selbst formulieren. Das Besondere am CAT ist, dass er sich adaptiv an das Nutzerverhalten anpasst: Je nachdem, wie gut Sie die Aufgaben bearbeiten, verändert sich der weitere Testverlauf.

Welche Themen und Aufgaben gibt es?

Allgemeinbildung und fachbezogenes Wissen

Wissen – ein schier unerschöpfliches Themenfeld. Gebiete wie Politik, Wirtschaft und Geschichte fallen ebenso darunter wie Kultur, Geografie und Naturwissenschaften. Dieses Prüfungspaket liefert einen Querschnitt gängiger Fragen aus verschiedenen Bildungsbereichen. Studieren Sie die Lösungskommentare, um sich intensiver in die Materie einzuarbeiten. Ihr Gegenwartswissen halten Sie durch Zeitungslektüre, Nachrichtensendungen, Internetquellen auf dem Laufenden – bleiben Sie am Ball.

> **Typische Testinhalte**
> ¬ Allgemeinwissen: Staat und Politik, Geografie, Kultur und Geschichte …
> ¬ fachbezogenes Wissen: Bundeswehr und Beruf
> ¬ technisches Verständnis: naturwissenschaftliches Wissen, handwerklich-praktische Intelligenz

Im fachbezogenen Wissensteil stehen berufsrelevante Kenntnisse zur Debatte, zum Beispiel im naturwissenschaftlich-technischen Bereich. Dabei wird oft auch Ihr Sinn fürs Praktische auf die Probe gestellt: mit einer Zusammenstellung von Skizzen verschiedener technischer Anordnungen. Abgesehen davon spielen bundeswehrspezifische Inhalte eine Rolle. Dabei punkten Sie mit fundierter Sachkenntnis: Was wissen Sie über die Streitkräfte? Wie heißen die höchsten militärischen Funktionsträger und politischen Verantwortlichen? Haben Sie sich mit den beruflichen Anforderungen auseinandergesetzt?

Sprachbeherrschung

Absprachen treffen und Protokolle schreiben, Anordnungen verstehen und sie an andere weitergeben – das setzt gute sprachliche Fähigkeiten voraus. Im CAT werden die elementaren Rechtschreibkenntnisse oft mithilfe einer kurzen Auswahlübung geprüft: Angegeben sind verschiedene Schreibweisen eines Begriffs, und Sie müssen die richtige herausfinden. Für manche Stellen muss man auch Englischkenntnisse nachweisen, indem man unvollständige Sätze durch den richtigen Lösungsvorschlag ergänzt.

Typische Testinhalte

¬ Rechtschreibung und Grammatik
¬ Sprachverständnis
¬ Wortschatz, Ausdrucksfähigkeit, Argumentationsvermögen
¬ evtl. Fremdsprachenkenntnisse (Englisch)

In höheren Laufbahnen ist über die sprachlichen Grundregeln hinaus ein hohes Maß an Textverständnis und Ausdrucksvermögen erwünscht. Als Königsdisziplin gilt der Kurzaufsatz: Hier ist eine vorgegebene Fragestellung logisch strukturiert, sprachlich flüssig und unter Beachtung möglichst aller relevanten Aspekte zu beleuchten. Natürlich zählen auch dabei Rechtschreibung und Grammatik.

Mathematik

Die nötige Zahlensicherheit muss man im Einstellungstest der Bundeswehr normalerweise ohne Hilfsmittel nachweisen: Der Einsatz von Taschenrechnern ist in der Regel nicht erlaubt. Konkret kann es etwa darum gehen, kleinere Aufgaben zu den Grundrechenarten zu lösen oder Kenntnisse der Prozent- und Zinsrechnung anzuwenden.

Typische Testinhalte

¬ Grundrechenarten
¬ Prozent- und Zinsrechnung
¬ Textaufgaben (mit Dreisatz)
¬ Geometrie
¬ gehobene Mathematik

Über die bloßen Rechenkünste hinaus haben es Textaufgaben besonders auf Ihr Verständnis von Zahlenverhältnissen abgesehen. Oft müssen Sie dabei das Dreisatz-Verfahren anwenden. Offizierbewerber können es darüber hinaus mit linearer Algebra, Integralen und Elementen der Wahrscheinlichkeitsrechnung zu tun bekommen. Bringen Sie zur Vorbereitung Ihr Schulwissen noch einmal gründlich auf Vordermann.

Logisches und visuelles Denken

Um Ihren analytischen Scharfsinn zu testen, gibt es eine Fülle von Aufgabentypen. Häufig gilt es, zwischen verschiedenen Elementen abstrakte Zusammenhänge zu erkennen. Sprachlogische Fragen fordern etwa dazu auf, Analogien herzustellen: Ast verhält sich zu Baum wie Rad zu was? Eine mögliche Antwort wäre hier Auto, da das Rad ebenso ein Teil des Autos ist, wie der Ast zum Baum gehört.

Typische Testinhalte

¬ Sprachlogik: Wortanalogien
¬ visuelle Auffassungsgabe: Matrizen, Muster und Figuren
¬ räumliche Vorstellungskraft: Flächen und Körper

Aufgaben zur räumlichen Vorstellungskraft überprüfen oft auch ein Stück weit Ihre praktische Intelligenz: Wie sieht zum Beispiel ein Spielwürfel aus verschiedenen Perspektiven aus? Im Grenzbereich zur Logik finden sich schließlich Aufgaben zu grafischen Reihen und Matrizen. Nutzen Sie Ihr Abstraktionsvermögen, um herauszufinden, wie verschiedene Formen und Muster konstruiert sind – die Erklärungen im Lösungsbuch helfen Ihnen auf die Sprünge.

Konzentration, Reaktion und Merkfähigkeit

Mit Konzentrationsvermögen ist die Fähigkeit gemeint, ein anspruchsvolles Arbeitspensum auch unter Zeitdruck mit klarem Kopf bewältigen zu können. Die Kategorie verbindet Arbeitstempo und Gründlichkeit – Schnelligkeit darf nicht auf Kosten der Präzision gehen!

> **Typische Testinhalte**
> ¬ Reaktionsvermögen: Pfeiltest
> ¬ Such- und Zählaufgaben: Geknickte Linien, Original und Abschrift
> ¬ Kombinationsaufgaben: Symbolrechnen

Besonders anspruchsvoll sind die Aufgaben an sich bisweilen nicht. Beim Geknickte-Linien-Test beispielsweise müssen Sie nichts anderes tun als Links- oder Rechtsknicke zählen. Andere Konzentrationsprüfungen bestehen darin, Zeichenreihen zu vergleichen oder mit chinesischen Symbolen zu rechnen. Vergleichsweise kompliziert ist der Pfeil-Reaktionstest: Auf dem Monitor sind zwei verschiedenfarbige Pfeile abgebildet, und Sie müssen je nach Pfeilposition und -richtung in Sekundenschnelle auf eine bestimmte Weise darauf reagieren.

Klingt banal? Mag sein. Doch unterschätzen Sie die Herausforderung nicht: Das Zeitlimit sorgt für Stress. Halten Sie sich beim Üben an die vorgegebenen Bearbeitungszeiten, damit Sie lernen, Ihr Arbeitstempo realistisch einzuschätzen.

Der Testablauf

Mit der Einladung zum Einstellungstest sind Sie Ihrem Ziel einen großen Schritt näher gekommen. Nun beginnt die Vorbereitungsphase. Inzwischen wissen Sie natürlich schon ein wenig darüber, was Sie im Auswahltest erwartet: Überprüft werden berufsrelevante Kenntnisse, Kompetenzen und Fähigkeiten. Wie aber läuft das Ganze genau ab?

Die Prüfungssituation

Der Tag der Wahrheit ist gekommen – noch kurz gefrühstückt, dann geht es los. Üblicherweise erhalten Sie morgens erst einmal Ihren Laufzettel mit den einzelnen Stationen, die Sie abklappern dürfen. Ehe Sie zum CAT antreten, werden natürlich auch die Einzelheiten zum Ablauf geklärt: welche Hilfsmittel zugelassen sind, welche Zeitvorgaben es gibt und so weiter.

Wahrscheinlich haben Sie sich mit dem einen oder anderen Mitbewerber schon über den Test unterhalten. Nicht ungewöhnlich, dass jemand aufgeregt von fiesen Trickfragen und unlösbaren Kniffeleien berichtet – doch das meiste davon sind Gerüchte, an denen wenig bis gar nichts dran ist. Fragen Sie schon vorab nach, welche Hilfsmittel Sie von zu Hause mitbringen dürfen oder sollen: Stift und Papier werden in der Regel gestellt, Taschenrechner darf man im Bundeswehr-Auswahlverfahren hingegen normalerweise nicht benutzen.

Zwar werden Sie mit Sicherheit auf unbekannte Fragen stoßen und wahrscheinlich in der vorgegebenen Zeit nicht alle korrekten Lösungen finden. Das müssen Sie aber auch nicht, da nur ein bestimmter Prozentsatz der Maximalpunktzahl nötig ist, um den Test zu bestehen. Außerdem sind auch die unbekannten Aufgaben nach bestimmten Schemas aufgebaut, die Ihnen ziemlich vertraut vorkommen dürften, nachdem Sie dieses Prüfungspaket bearbeitet haben.

Ihr Fahrplan für die schriftliche Prüfung

▶ Fragen Sie frühzeitig nach: Welche Hilfsmittel (z. B. Taschenrechner) dürfen Sie benutzen? Welche Materialien (Stift, Papier, Lineal …) müssen Sie mitbringen, welche werden Ihnen gestellt?

▶ Verschieben Sie Ihren Prüfungstermin bei schwereren Erkrankungen.

▶ Erscheinen Sie ausgeschlafen und pünktlich, planen Sie genügend Zeitreserve für Verzögerungen ein. Aber vergessen Sie das Frühstück nicht: Wer mit nüchternem Magen in die Prüfung geht, baut schneller ab und ist weniger leistungsfähig.

▶ Folgen Sie den Erklärungen der Prüfungsleiter aufmerksam. Nur so erfahren Sie, wie der Test abläuft und wie Sie dabei vorgehen müssen.

▶ Studieren Sie die Bearbeitungshinweise sorgfältig, klären Sie eventuelle Verständnisfragen nach Möglichkeit vor Testbeginn.

▶ Behalten Sie die Uhr im Auge und teilen Sie sich Ihre Zeit gut ein.

▶ Achten Sie jederzeit auf Hinweise Ihrer Prüfungsleiter.

▶ Wenn ein „Blackout" droht: durchatmen, einen Schluck Wasser trinken und erst einmal leichtere Aufgaben in Angriff nehmen.

▶ Lesen Sie jede Aufgabenstellung gründlich durch und halten Sie sich an vorgegebene Bearbeitungswege.

▶ In Multiple-Choice-Tests werden falsche Antworten in der Regel nicht bestraft. Setzen Sie auch dann ein Kreuz, wenn Sie nicht ganz sicher sind – einen Versuch ist es wert. (Achtung: Wenn mehrere richtige Lösungen anzugeben sind, gibt es für falsche Kreuze Abzüge!)

▶ Lassen Sie sich nicht aus der Ruhe bringen. Die Tests sind so konzipiert, dass kaum jemand im vorgegebenen Zeitrahmen alle Aufgaben korrekt lösen kann.

▶ Anstatt an einer Aufgabe zu verzweifeln, gehen Sie lieber zur nächsten über. Mit den übersprungenen Fragen können Sie sich – begonnen mit der leichtesten – noch zum Schluss beschäftigen.

▶ Planen Sie etwas Zeit ein, um Ihre Lösungen auf Flüchtigkeitsfehler und andere kleine Patzer zu kontrollieren.

▶ Korrigieren Sie falsche Antworten stets eindeutig und nachvollziehbar.

Richtig lernen

Welche Fragen in Ihrem Auswahltest konkret gestellt werden, das könnten Ihnen nur die Prüfer selbst erzählen – und die werden es nicht tun. Trotzdem können Sie sich auf alle Prüfungsinhalte gut vorbereiten: zum einen, indem Sie Ihre Wissensbasis erweitern, verschiedene Aufgabentypen und Lösungswege kennen lernen; zum anderen, indem Sie sich an die Prüfungssituation und den Testablauf gewöhnen. Aber auch das Lernen selbst will gelernt sein. Mit den richtigen Methoden fällt die Vorbereitung leichter.

Informationen sammeln Bringen Sie mehr über Ihren anvisierten Arbeitgeber und den angestrebten Beruf in Erfahrung: Studieren Sie Prospekte und Broschüren, nutzen Sie Tage der offenen Tür, recherchieren Sie im Internet, kontaktieren Sie Ihren Einstellungsberater. Eventuell erfahren Sie so auch noch einige zusätzliche Details über den Testablauf und die Prüfungsinhalte. Fragen kostet nichts!

Bildung verbreitern Eine gute Allgemeinbildung bringt in jedem Einstellungstest Vorteile. Informieren Sie sich daher über das aktuelle Zeitgeschehen. Möglichkeiten dafür gibt es viele, ob via Internet, Radio, Fernsehen oder Presse. Wer sich kein Zeitungsabonnement leisten will, findet in öffentlichen Bibliotheken Exemplare aller großen Tageszeitungen zur Gratis-Lektüre.

Pausen einplanen In der Vorbereitungsphase von früh bis spät zu büffeln und dann noch die Nacht zum Tag zu machen, ist nicht besonders effektiv. Gönnen Sie sich ausreichend Schlaf und regelmäßige Verschnaufpausen. Bewährt hat sich die Einteilung in Lernblöcke: nach 30 Arbeitsminuten 5 Minuten abschalten, alle 90 Minuten für eine Viertelstunde pausieren, nach jeweils vier Stunden 1–2 Stunden unterbrechen.

Die Testsimulation

Dieses Prüfungspaket ist so aufgebaut, dass Sie den schriftlichen bzw. computergestützten Einstellungstest realistisch simulieren können. Wir empfehlen folgende Vorgehensweise:

¬ Legen Sie sich einen Bleistift, einen Radiergummi und Notizpapier bereit.

¬ Bearbeiten Sie eine Prüfung immer erst vollständig, bevor Sie die Antworten und Erklärungen im Lösungsbuch nachschlagen.

¬ Folgen Sie den Bearbeitungshinweisen.

¬ Überspringen Sie keine Kapitel.

¬ Halten Sie sich an die Zeitvorgaben.

¬ Vergleichen Sie Ihre Testergebnisse in den verschiedenen Prüfungen. Machen Sie sich Ihre Fortschritte bewusst, aber finden Sie auch heraus, in welchen Bereichen eventuell noch Schwachstellen liegen.

¬ Nutzen Sie das Lösungsbuch, um Ihr Verständnis der Testaufgaben zu vertiefen und einzelne Themen intensiver aufzuarbeiten.

Zur Einordnung der Ergebnisse

Um Ihr Abschneiden in einer Prüfung oder im Gesamttest einzuschätzen, können Sie sich an folgende Richtwerte halten: 50–60 Prozent richtig gelöste Aufgaben gelten gemeinhin als ausreichend, 60–70 Prozent als befriedigend, 70–85 Prozent als gut und höhere Werte als hervorragend – erfahrungsgemäß schafft das allerdings kaum jemand.

Im Lösungsbuch finden Sie zu jeder Frage sowohl die korrekte Antwort als auch umfangreiche Bearbeitungshinweise und ausführliche Lösungswege. Nehmen Sie sich die Zeit, das Prinzip der Aufgaben vollständig zu verstehen, bevor Sie weiterarbeiten. So gehen Sie gut gerüstet in Ihre Einstellungsprüfung!

Wir wünschen Ihnen viel Erfolg!

Prüfung 1

Allgemeinwissen
Fachbezogenes Wissen

Bearbeitungszeit: **145 Minuten**

Hilfsmittel: Bleistift, Radiergummi, Schmierpapier

Alle Lösungen mit Bearbeitungstipps und Kommentaren
finden Sie im mitgelieferten Lösungsbuch.

Bearbeitungshinweise

Die Bearbeitungszeit der vorliegenden Prüfung beträgt insgesamt ca. 2⅖ Stunden.

Zu jeder Aufgabengruppe erhalten Sie die jeweils vorgesehene Bearbeitungszeit und Erklärungen zur Aufgabenstellung. Lesen Sie sich diese Hinweise gründlich durch, damit Sie die Aufgaben richtig bearbeiten und lösen können.

Markieren Sie bitte bei jeder Multiple-Choice-Aufgabe einen Lösungsbuchstaben (in der Regel A, B, C, D oder E) mit Bleistift. Bei allen Multiple-Choice-Aufgaben stimmt nur jeweils ein Lösungsvorschlag, Mehrfach-Antworten werden als falsch gewertet.

Hierzu ein Beispiel:

Aufgabe

1. **Wie viel ergibt 4 × 3?**

    A. 12
    B. 17
    C. 19
    D. 10
    E. Keine Antwort ist richtig.

Antwort

 A. 12

Um eine Antwort nachträglich zu korrigieren, dürfen Sie die entsprechende Markierung innerhalb der Bearbeitungszeit vorsichtig ausradieren und einen neuen Lösungsvorschlag markieren.

Wenn Sie die Aufgaben einer Aufgabengruppe vor Ablauf der Bearbeitungszeit gelöst haben, dürfen Sie innerhalb dieser Aufgabengruppe zurückblättern, um Ihre Antworten noch einmal zu überprüfen. Das Umblättern zu anderen Aufgabengruppen ist jedoch nicht erlaubt!

Innerhalb eines Aufgabenbereichs stehen in der Regel die einfachen Fragen am Anfang und die schwereren am Ende. Bearbeiten Sie die Fragen schnell und sorgfältig – aber behalten Sie die Ruhe, wenn Sie die eine oder andere Aufgabe aus zeitlichen Gründen nicht lösen können. Berücksichtigen Sie, dass dieser Test so zusammengestellt ist, dass kaum jemand in der angesetzten Bearbeitungszeit alle Aufgaben richtig lösen kann. Halten Sie sich nicht übermäßig lange mit Aufgaben auf, die Ihnen schwerfallen.

Bitte nutzen Sie außer Bleistift, Radiergummi und Notizpapier keine weiteren Hilfsmittel.

Allgemeinwissen

Staat und Politik

Die folgenden Aufgaben prüfen Ihr Allgemeinwissen.

Zu jeder Frage werden verschiedene Lösungsmöglichkeiten angegeben.

Beantworten Sie bitte die folgenden Aufgaben, indem Sie jeweils den richtigen Buchstaben markieren.

1. **Welche Aufgabe haben die Vereinten Nationen nicht?**

   A. Sicherung des Weltfriedens
   B. Einhaltung des Völkerrechts
   C. Schutz der Menschenrechte
   D. Förderung des Welthandels
   E. Keine Antwort ist richtig.

2. **Wie heißt dieses Gebäude und in welcher Stadt steht es?**

   A. Weißes Haus, Washington, D.C.
   B. Buckingham Palace, London
   C. Élysée-Palast, Paris
   D. Schloss Bellevue, Berlin
   E. Keine Antwort ist richtig.

3. **Im Kreml residiert der Präsident des Staates ...?**

   A. Polen.
   B. Russland.
   C. Norwegen.
   D. Ukraine.
   E. Keine Antwort ist richtig.

4. **Wie viele Jahre beträgt die Amtszeit des Bundeskanzlers?**

   A. 3
   B. 4
   C. 5
   D. 6
   E. Keine Antwort ist richtig.

5. **Wer wählt in Deutschland den Bundeskanzler?**

   A. Das Volk
   B. Die Minister
   C. Der Bundestag
   D. Der Bundespräsident
   E. Keine Antwort ist richtig.

6. **Von wem wird der Bundestag gewählt?**

   A. Bundesrat
   B. Volk
   C. Bundesversammlung
   D. Bundesminister
   E. Keine Antwort ist richtig.

7. **Welches politische System hat die Bundesrepublik Deutschland?**

   A. Parlamentarische Demokratie
   B. Parlamentarische Monarchie
   C. Militärdiktatur
   D. Sozialismus
   E. Keine Antwort ist richtig.

8. Was versteht man unter „Gewaltenteilung"?

   A. Die Unabhängigkeit von Legislative, Exekutive und Judikative
   B. Die Bundeshoheit des Militärs
   C. Die Trennung von Politik und Kirche
   D. Die Trennung von Demokraten und Republikanern
   E. Keine Antwort ist richtig.

9. Wer ist das Staatsoberhaupt der Bundesrepublik Deutschland?

   A. Innenminister
   B. Bundestagspräsident
   C. Bundespräsident
   D. Bundeskanzler
   E. Keine Antwort ist richtig.

10. Wen meint man mit dem Begriff „Unionsparteien"?

    A. Die an einer Regierungskoalition beteiligten Parteien
    B. CDU und CSU
    C. Alle nicht an der Regierung beteiligten Parteien
    D. Alle Parteien, die den Zentralismus befürworten
    E. Keine Antwort ist richtig.

11. Welches Land ist kein NATO-Mitglied?

    A. Griechenland
    B. Türkei
    C. Albanien
    D. Österreich
    E. Keine Antwort ist richtig.

12. Welcher (Teil-)Staat gehört nicht zum Vereinigten Königreich?

    A. England
    B. Schottland
    C. Wales
    D. Irland
    E. Keine Antwort ist richtig.

13. Welche Institution wurde durch den Vertrag von Maastricht gegründet?

    A. Europäische Union
    B. Bund Europäischer Landwirte
    C. Europäischer Gerichtshof
    D. Europäisches Parlament
    E. Keine Antwort ist richtig.

14. Welches Land gehört nicht zur Europäischen Union?

    A. Estland
    B. Dänemark
    C. Lettland
    D. Norwegen
    E. Keine Antwort ist richtig.

15. Zu welchem Staat gehört diese Flagge?

    A. Nordkorea
    B. Laos
    C. Japan
    D. Südkorea
    E. Keine Antwort ist richtig.

16. **Welche internationalen Abkommen regeln im Kriegsfall den Umgang mit Personen, die nicht an Kampfhandlungen teilnehmen?**

    A. Verträge von Locarno
    B. Potsdamer Abkommen
    C. Genfer Konventionen
    D. Camp-David-Abkommen
    E. Keine Antwort ist richtig.

17. **Wie ist die Bundesversammlung zusammengesetzt?**

    A. Ausschließlich aus Mitgliedern des Bundestages
    B. Ausschließlich aus Vertretern der Länder
    C. Aus Mitgliedern des Bundestages und Vertretern der Länder
    D. Ausschließlich aus Politikern
    E. Keine Antwort ist richtig.

18. **Wie heißt der US-amerikanische Auslandsgeheimdienst?**

    A. Dipartimento delle Informazioni per la Sicurezza (DIS)
    B. Federal Bureau of Investigation (FBI)
    C. Secret Intelligence Service (SIS)
    D. Central Intelligence Agency (CIA)
    E. Keine Antwort ist richtig.

19. **Wie heißt diese Person?**

    A. Barack Obama
    B. François Hollande
    C. Wladimir Putin
    D. Silvio Berlusconi
    E. Keine Antwort ist richtig.

20. **Welcher Staat ist kein ständiges Mitglied des Sicherheitsrats der Vereinten Nationen?**

    A. Frankreich
    B. Russland
    C. Vereinigtes Königreich
    D. Deutschland
    E. Keine Antwort ist richtig.

Allgemeinwissen

Geschichte und Kulturgeschichte
Bearbeitungszeit 10 Minuten

Beantworten Sie bitte die folgenden Aufgaben, indem Sie jeweils den richtigen Buchstaben markieren.

21. **In welchem Land kam es 1979 zur soge-nannten „Islamischen Revolution"?**
    - A. Pakistan
    - B. Saudi-Arabien
    - C. Iran
    - D. Thailand
    - E. Keine Antwort ist richtig.

22. **Eine Phase der Weimarer Republik, in der sich Politik und Wirtschaft scheinbar stabilisierten, begleitet von einem kulturellen Aufschwung, bezeichnet man als …?**
    - A. „Republikanische Blüte".
    - B. „Goldene Zwanziger".
    - C. „Weimarer Glanzzeit".
    - D. „Berliner Paradejahre".
    - E. Keine Antwort ist richtig.

23. **Welcher deutsche Politiker fiel 1970 in Warschau auf die Knie?**
    - A. Helmut Kohl
    - B. Konrad Adenauer
    - C. Willy Brandt
    - D. Franz Josef Strauß
    - E. Keine Antwort ist richtig.

24. **Wann war der Zweite Weltkrieg in Europa?**
    - A. 1940–1945
    - B. 1914–1918
    - C. 1939–1945
    - D. 1940–1946
    - E. Keine Antwort ist richtig.

25. **Wann fand der Erste Weltkrieg statt?**
    - A. 1913–1919
    - B. 1914–1918
    - C. 1939–1945
    - D. 1940–1945
    - E. Keine Antwort ist richtig.

26. **Wem galt das „Attentat vom 20. Juli"?**
    - A. Benito Mussolini
    - B. Adolf Hitler
    - C. Josef Stalin
    - D. Francisco Franco
    - E. Keine Antwort ist richtig.

27. **Welches Ereignis steht am Ende der Weimarer Republik?**
    - A. Die Machterlangung der National-sozialisten
    - B. Die deutsche Niederlage im Ersten Weltkrieg
    - C. Die Ausrufung der Republik
    - D. Der Friedensvertrag von Versailles
    - E. Keine Antwort ist richtig.

28. **Welche Stadt war Schauplatz einer der verlustreichsten Schlachten des Ersten Weltkriegs?**
    - A. Stalingrad
    - B. Verdun
    - C. Austerlitz
    - D. El-Alamein
    - E. Keine Antwort ist richtig.

29. **Was geschah am 3. Oktober 1990?**

A. Deutsche Wiedervereinigung

B. Französische Revolution

C. Tag des Mauerfalls

D. Einführung des Euro

E. Keine Antwort ist richtig.

30. **Was wird unter dem Begriff „Marshallplan" verstanden?**

A. Ein wirtschaftliches Wiederaufbauprogramm der USA, das Asien zugute kam

B. Ein wirtschaftliches Wiederaufbauprogramm der USA, das Westeuropa zugute kam

C. Ein wirtschaftliches Wiederaufbauprogramm der USA, das Südafrika zugute kam

D. Ein wirtschaftliches Wiederaufbauprogramm der USA, das Australien zugute kam

E. Keine Antwort ist richtig.

31. **Wer war kein deutscher Bundeskanzler?**

A. Gerhard Schröder

B. Theodor Heuss

C. Willy Brandt

D. Helmut Kohl

E. Keine Antwort ist richtig.

32. **Der Begriff „Eiserner Vorhang" steht für …?**

A. die Industrialisierung der ehemaligen Sowjetunion.

B. die politische und gesellschaftliche Isolation Nordkoreas.

C. die deutsche Wiederaufrüstung nach dem Ersten Weltkrieg.

D. die Teilung Europas nach dem Zweiten Weltkrieg.

E. Keine Antwort ist richtig.

33. **Wofür steht der Begriff „Arabischer Frühling"?**

A. Für einen Wirtschaftsaufschwung

B. Für ein Naturphänomen

C. Für Massenproteste

D. Für ein Staatenbündnis

E. Keine Antwort ist richtig.

34. **Mit welchem Inselstaat nahmen die USA im Jahr 2015 erstmals seit 1963 wieder diplomatische Beziehungen auf?**

A. Kuba

B. Jamaika

C. Bahrain

D. Madagaskar

E. Keine Antwort ist richtig.

35. **Von der „Banalität des Bösen" sprach die Publizistin Hannah Arendt anlässlich …?**

A. der Nürnberger Prozesse.

B. des Dessauer Schauprozesses.

C. der Auschwitzprozesse.

D. des Eichmann-Prozesses.

E. Keine Antwort ist richtig.

36. **Wogegen richtete sich die sogenannte „Eisenhower-Doktrin"?**

A. Zu hohe Staatsverschuldung

B. Umweltverschmutzung

C. Zu hohe Steuern

D. Expansion kommunistischer Einflusssphären

E. Keine Antwort ist richtig.

37. **Welcher Staat war nicht am sogenannten „2+4-Vertrag" beteiligt?**

    A. Deutsche Demokratische Republik
    B. Vereinigte Staaten von Amerika
    C. Belgien
    D. Frankreich
    E. Keine Antwort ist richtig.

38. **Was erklärte die NATO erstmals in ihrer Geschichte nach den Anschlägen des 11. September 2001?**

    A. Ernstfall
    B. Bundesgarantie
    C. Bündnisfall
    D. NATO-Erweiterung
    E. Keine Antwort ist richtig.

39. **Wer war nach Konrad Adenauer der zweite Kanzler der Bundesrepublik Deutschland?**

    A. Helmut Kohl
    B. Willy Brandt
    C. Helmut Schmidt
    D. Ludwig Erhard
    E. Keine Antwort ist richtig.

40. **Die Einführung welcher Regierungsform erklärte die Terrormiliz „Islamischer Staat" 2014 in ihrem Herrschaftsbereich im Nahen Osten?**

    A. Emirat
    B. Sultanat
    C. Kalifat
    D. Scheichtum
    E. Keine Antwort ist richtig.

Allgemeinwissen

Interkulturelles Wissen   *Bearbeitungszeit 10 Minuten*

Beantworten Sie bitte die folgenden Aufgaben, indem Sie jeweils den richtigen Buchstaben markieren.

41. **Die israelische Bevölkerung ist zum größten Teil …?**

    A. muslimisch.

    B. jüdisch.

    C. christlich.

    D. konfessionslos.

    E. Keine Antwort ist richtig.

42. **Auf welchem Kontinent leben die meisten Menschen?**

    A. Afrika

    B. Asien

    C. Südamerika

    D. Europa

    E. Keine Antwort ist richtig.

43. **Wer oder was ist ein/e Burka?**

    A. Ein hoher jüdischer Feiertag

    B. Ein Ganzkörperschleier muslimischer Frauen

    C. Eine Kopfbedeckung orthodoxer Christen

    D. Ein buddhistischer Religionsgelehrter

    E. Keine Antwort ist richtig.

44. **Das Ziel eines Buddhisten ist der Austritt aus dem ewigen Kreislauf von Leid und Wiedergeburt und der Eintritt …?**

    A. ins Nirwana.

    B. ins Sanskrit.

    C. in den Himalaya.

    D. nach Gondwana.

    E. Keine Antwort ist richtig.

45. **Die größte britische Rundfunkanstalt heißt …?**

    A. RBB.

    B. BBC.

    C. ORF.

    D. CNN.

    E. Keine Antwort ist richtig.

46. **Wer ist der Gründer der modernen Türkei?**

    A. Osman I.

    B. Orhan Pamuk

    C. Recep Tayyip Erdoğan

    D. Mustafa Kemal Atatürk

    E. Keine Antwort ist richtig.

47. **Was ist die Scharia?**

    A. Das islamische Recht

    B. Ein Katalog von Verhaltensregeln während einer Pilgerfahrt

    C. Eine altägyptische Göttin, die auch heute noch verehrt wird

    D. Ein politisches Bündnis arabischer Staaten

    E. Keine Antwort ist richtig.

48. **Der Ramadan ist …?**

    A. der islamische Fastenmonat.

    B. das jüdische Neujahrsfest.

    C. das buddhistische Weihnachtsfest.

    D. das hinduistische Osterfest.

    E. Keine Antwort ist richtig.

49. Was enthält die Tora?

A. Verhaltensregeln für Diplomaten

B. Wichtige religiöse Texte des Judentums

C. Völkerrechtliche Verträge

D. Verfassungstexte von UNO-Staaten

E. Keine Antwort ist richtig.

50. Welche ist die größte islamische Glaubensrichtung?

A. Schiiten

B. Sunniten

C. Aleviten

D. Sufis

E. Keine Antwort ist richtig.

51. Ein traditionelles indisches Kleidungsstück für Frauen heißt …?

A. Fes.

B. Kaftan.

C. Kippa.

D. Sari.

E. Keine Antwort ist richtig.

52. Großbritannien, Schweden, Spanien und Japan sind …?

A. Mitglieder der NATO.

B. Einparteiensysteme.

C. konstitutionelle Monarchien.

D. ständige Mitglieder des UN-Sicherheitsrats.

E. Keine Antwort ist richtig.

53. „Freiheit, Gleichheit, Brüderlichkeit" ist der Wahlspruch …?

A. Österreichs.

B. Schwedens.

C. Frankreichs.

D. Russlands.

E. Keine Antwort ist richtig.

54. Der Begriff „Maghreb" bezeichnet eine Region …?

A. in Südamerika.

B. auf der Arabischen Halbinsel.

C. in Afghanistan.

D. in Nordafrika.

E. Keine Antwort ist richtig.

55. Die Nationalhymne der USA trägt den Titel …?

A. „The Star-Spangled Banner".

B. „God Save the King".

C. „Forged From the Love of Liberty".

D. „Isle of Beauty, Isle of Splendour".

E. Keine Antwort ist richtig.

56. Wie heißt in der antiken römischen Mythologie der Gott des Krieges?

A. Ares

B. Apollo

C. Mars

D. Merkur

E. Keine Antwort ist richtig.

57. Wie heißt das erste Buch des Alten Testaments der Bibel?

A. Exodus

B. Levitikus

C. Numeri

D. Genesis

E. Keine Antwort ist richtig.

58. Die Équipe Tricolore ist die französische …?

A. Ehrenformation der Jagdflieger.

B. Bundespolizei.

C. Fußball-Nationalelf.

D. Verfassung.

E. Keine Antwort ist richtig.

59. **Zaire war von 1971 bis 1997 der offizielle Name ...?**

   A. Ruandas.

   B. Südafrikas.

   C. der Demokratischen Republik Kongo.

   D. Äthiopiens.

   E. Keine Antwort ist richtig.

60. **Welcher Staat ist kein Mitglied der Arabischen Liga?**

   A. Saudi-Arabien

   B. Marokko

   C. Ägypten

   D. Iran

   E. Keine Antwort ist richtig.

Allgemeinwissen

Geografie und Landeskunde   *Bearbeitungszeit 10 Minuten*

Beantworten Sie bitte die folgenden Aufgaben, indem Sie jeweils den richtigen Buchstaben markieren.

61. **Wie heißt die Landeshauptstadt von Bayern?**

    A. Nürnberg

    B. Würzburg

    C. Aschaffenburg

    D. München

    E. Keine Antwort ist richtig.

62. **Wie viele Einwohner hat die Bundesrepublik Deutschland ungefähr?**

    A. Ca. 30 Mio.

    B. Ca. 50 Mio.

    C. Ca. 80 Mio.

    D. Ca. 100 Mio.

    E. Keine Antwort ist richtig.

63. **Welcher besonders lange Fluss fließt durch Dresden?**

    A. Donau

    B. Elbe

    C. Main

    D. Rhein

    E. Keine Antwort ist richtig.

64. **In welchem Bundesland liegt der Großteil des Taunus?**

    A. Bayern

    B. Nordrhein-Westfalen

    C. Hessen

    D. Baden-Württemberg

    E. Keine Antwort ist richtig.

65. **An welchen europäischen Staat grenzt Frankfurt an der Oder?**

    A. Frankreich

    B. Polen

    C. Tschechien

    D. Österreich

    E. Keine Antwort ist richtig.

66. **Auf welchem Kontinent liegt Afghanistan?**

    A. Asien

    B. Europa

    C. Afrika

    D. Afrika und Asien

    E. Keine Antwort ist richtig.

67. **Wie heißt die dunkelgrau eingefärbte Halbinsel im Schwarzen Meer?**

    A. Krim

    B. Istrien

    C. Peloponnes

    D. Jütland

    E. Keine Antwort ist richtig.

68. Aus welcher Strophe des „Deutschlandliedes" von Hoffmann von Fallersleben (1798–1874) besteht die deutsche Nationalhymne?

A. Aus der ersten Strophe

B. Aus der zweiten Strophe

C. Aus der dritten Strophe

D. Aus der vierten Strophe

E. Keine Antwort ist richtig.

69. Wie heißt der flächengrößte See, der ganz auf deutschem Territorium liegt?

A. Müritz

B. Chiemsee

C. Ammersee

D. Bodensee

E. Keine Antwort ist richtig.

70. Aus wie vielen Bundesländern besteht die Bundesrepublik Deutschland?

A. 12

B. 14

C. 15

D. 16

E. Keine Antwort ist richtig.

71. An wie viele Länder grenzt Deutschland?

A. 5

B. 9

C. 11

D. 14

E. Keine Antwort ist richtig.

72. Welche Stadt ist keine Hansestadt?

A. Hamburg

B. Bremen

C. Aachen

D. Rostock

E. Keine Antwort ist richtig.

73. Wie heißt die Landeshauptstadt von Brandenburg?

A. Potsdam

B. Cottbus

C. Frankfurt (Oder)

D. Eisenhüttenstadt

E. Keine Antwort ist richtig.

74. Welche Staaten zählen zum Baltikum?

A. Belgien, Niederlande, Luxemburg

B. Estland, Lettland, Litauen

C. Österreich, Schweiz, Liechtenstein

D. Spanien, Italien, Griechenland

E. Keine Antwort ist richtig.

75. Wie heißt der dunkelgrau eingefärbte Küstenstaat im Norden Afrikas?

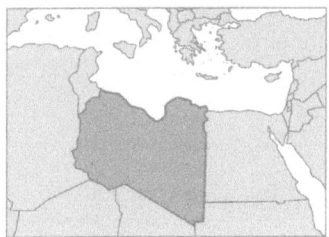

A. Algerien

B. Marokko

C. Libyen

D. Ägypten

E. Keine Antwort ist richtig.

76. Welches Land liegt nicht in Afrika?

A. Somalia

B. Venezuela

C. Namibia

D. Guinea

E. Keine Antwort ist richtig.

77. Wie heißt die Meerenge zwischen Schwarzem Meer und Mittelmeer?

A. Bosporus

B. Straße von Gibraltar

C. Sueskanal

D. Straße von Tunis

E. Keine Antwort ist richtig.

78. In welcher Stadt befindet sich diese Sehenswürdigkeit?

A. Rio de Janeiro

B. New York

C. Toronto

D. Sydney

E. Keine Antwort ist richtig.

79. Welchem Staat ist die richtige Hauptstadt zugeordnet?

A. Italien – Mailand

B. Türkei – Istanbul

C. Spanien – Madrid

D. Russland – Sankt Petersburg

E. Keine Antwort ist richtig.

80. Welcher dieser Staaten erhebt keinen territorialen Anspruch auf das umstrittene Gebiet Kaschmir?

A. Afghanistan

B. Indien

C. China

D. Pakistan

E. Keine Antwort ist richtig.

Allgemeinwissen

Geografie: Europakarte

Auf einer Europakarte sind zehn Länder mit Zahlen gekennzeichnet.

Bitte beantworten Sie die folgenden Aufgaben, indem Sie Länder und Zahlen korrekt zuordnen und jeweils den richtigen Antwortbuchstaben markieren.

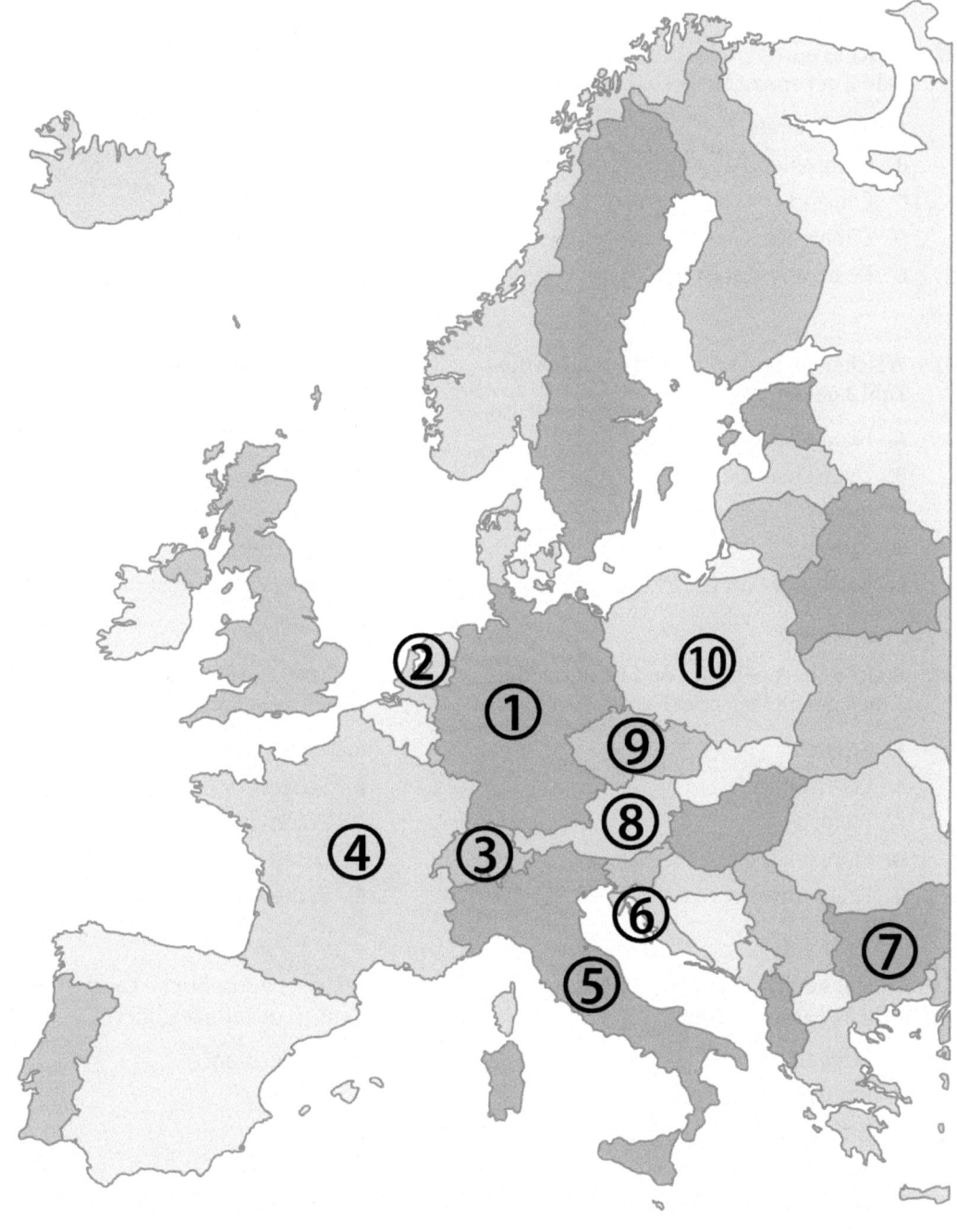

81. **Welches europäische Land ist durch die Zahl 1 gekennzeichnet?**

   A. Niederlande
   B. Deutschland
   C. Schweiz
   D. Dänemark
   E. Keine Antwort ist richtig.

82. **Welches europäische Land ist durch die Zahl 2 gekennzeichnet?**

   A. Niederlande
   B. Deutschland
   C. England
   D. Dänemark
   E. Keine Antwort ist richtig.

83. **Welches europäische Land ist durch die Zahl 3 gekennzeichnet?**

   A. Frankreich
   B. Deutschland
   C. Italien
   D. Schweiz
   E. Keine Antwort ist richtig.

84. **Welches europäische Land ist durch die Zahl 4 gekennzeichnet?**

   A. Schweiz
   B. Luxemburg
   C. Belgien
   D. Frankreich
   E. Keine Antwort ist richtig.

85. **Welches europäische Land ist durch die Zahl 5 gekennzeichnet?**

   A. Schweiz
   B. Frankreich
   C. Griechenland
   D. Italien
   E. Keine Antwort ist richtig.

86. **Welches europäische Land ist durch die Zahl 6 gekennzeichnet?**

   A. Kroatien
   B. Serbien
   C. Slowenien
   D. Bosnien
   E. Keine Antwort ist richtig.

87. **Welches europäische Land ist durch die Zahl 7 gekennzeichnet?**

   A. Rumänien
   B. Ungarn
   C. Bulgarien
   D. Griechenland
   E. Keine Antwort ist richtig.

88. **Welches europäische Land ist durch die Zahl 8 gekennzeichnet?**

   A. Tschechien
   B. Schweiz
   C. Polen
   D. Österreich
   E. Keine Antwort ist richtig.

89. **Welches europäische Land ist durch die Zahl 9 gekennzeichnet?**

   A. Tschechien
   B. Schweiz
   C. Polen
   D. Österreich
   E. Keine Antwort ist richtig.

90. **Welches europäische Land ist durch die Zahl 10 gekennzeichnet?**

   A. Tschechien
   B. Schweiz
   C. Polen
   D. Österreich
   E. Keine Antwort ist richtig.

Allgemeinwissen

Geografie: Weltkarte

Auf einer Weltkarte sind zehn Länder mit Zahlen gekennzeichnet.

Bitte beantworten Sie die folgenden Aufgaben, indem Sie Länder und Zahlen korrekt zuordnen und jeweils den richtigen Antwortbuchstaben markieren.

91. **Welches Land ist durch die Zahl 1 gekennzeichnet?**

    A. USA

    B. Kanada

    C. Alaska

    D. Mexiko

    E. Keine Antwort ist richtig.

92. **Welches Land ist durch die Zahl 2 gekennzeichnet?**

    A. USA

    B. Kanada

    C. Alaska

    D. Mexiko

    E. Keine Antwort ist richtig.

93. Welches Land ist durch die Zahl 3 gekennzeichnet?

A. Brasilien
B. USA
C. Argentinien
D. Mexiko
E. Keine Antwort ist richtig.

94. Welches Land ist durch die Zahl 4 gekennzeichnet?

A. Brasilien
B. USA
C. Argentinien
D. Mexiko
E. Keine Antwort ist richtig.

95. Welches Land ist durch die Zahl 5 gekennzeichnet?

A. Algerien
B. Ägypten
C. Sudan
D. Iran
E. Keine Antwort ist richtig.

96. Welches Land ist durch die Zahl 6 gekennzeichnet?

A. Algerien
B. Ägypten
C. Sudan
D. Iran
E. Keine Antwort ist richtig.

97. Welches Land ist durch die Zahl 7 gekennzeichnet?

A. Indien
B. Irak
C. Saudi-Arabien
D. Iran
E. Keine Antwort ist richtig.

98. Welches Land ist durch die Zahl 8 gekennzeichnet?

A. Mongolei
B. China
C. Kasachstan
D. Türkei
E. Keine Antwort ist richtig.

99. Welches Land ist durch die Zahl 9 gekennzeichnet?

A. Mongolei
B. China
C. Kasachstan
D. Türkei
E. Keine Antwort ist richtig.

100. Welches Land ist durch die Zahl 10 gekennzeichnet?

A. Alaska
B. Südafrika
C. Grönland
D. Australien
E. Keine Antwort ist richtig.

Allgemeinwissen

Naturwissenschaften

Beantworten Sie bitte die folgenden Aufgaben, indem Sie jeweils den richtigen Buchstaben markieren.

101. Woraus wird Benzin gewonnen?

- A. Ethanol
- B. Gas
- C. Mineralien
- D. Erdöl
- E. Keine Antwort ist richtig.

102. Welche Aussage zu Metallen ist falsch?

- A. Metalle haben eine gute elektrische Leitfähigkeit.
- B. Metalle haben eine gute Formbarkeit.
- C. Metalle können nur fest oder gasförmig sein.
- D. Metalle haben eine gute thermische Leitfähigkeit.
- E. Keine Antwort ist richtig.

103. Wie nennt man die Pole eines Magneten?

- A. Kathode und Anode
- B. Dipol
- C. Plus- und Minuspol
- D. Nord- und Südpol
- E. Keine Antwort ist richtig.

104. Gravitation ist …?

- A. die gegenseitige Abstoßung von Massen.
- B. die Trägheit von Massen.
- C. die gegenseitige Anziehung von Massen.
- D. die Fallbeschleunigung von Massen.
- E. Keine Antwort ist richtig.

105. Wie lautet der astronomische Fachbegriff für „Umlaufbahn"?

- A. Ekliptik
- B. Orbit
- C. Radius
- D. Zenit
- E. Keine Antwort ist richtig.

106. Welcher Teil der Zelle schützt sie vor ihrer Umgebung?

- A. Mitochondrien
- B. Zellmembran
- C. Ribosomen
- D. Zellkern
- E. Keine Antwort ist richtig.

107. Wofür sind die weißen Blutkörperchen zuständig?

- A. Sauerstofftransport im Blut
- B. Abwehr von Krankheitserregern
- C. Schnelle Blutgerinnung
- D. Transport von Nährstoffen
- E. Keine Antwort ist richtig.

108. Welche Tiere besitzen Facettenaugen?

- A. Insekten
- B. Fische
- C. Reptilien
- D. Amphibien
- E. Keine Antwort ist richtig.

109. **Welche Geschwindigkeit hat das Licht?**

   A. 300.000 km/h
   B. 300.000 km/s
   C. 300.000 m/h
   D. 300.000 m/s
   E. Keine Antwort ist richtig.

110. **Welche Aussage zum Schall ist falsch?**

   A. Schall wird in Dezibel gemessen.
   B. Schall kann als physikalischer Vorgang von Schwingungen gedeutet werden.
   C. Schall pflanzt sich langsamer fort als Licht.
   D. Schall ist bei kaltem Wetter schneller als bei warmem.
   E. Keine Antwort ist richtig.

111. **Welcher Farbstoff färbt Pflanzenblätter grün?**

   A. Chlorozyt
   B. Chloroform
   C. Chitin
   D. Chlorophyll
   E. Keine Antwort ist richtig.

112. **Bei welcher Temperatur liegt der absolute Nullpunkt?**

   A. 0 Grad Celsius
   B. −195,80 Grad Celsius
   C. −273,15 Grad Celsius
   D. −320,44 Grad Celsius
   E. Keine Antwort ist richtig.

113. **Woraus besteht der Panzer von Insekten oder Krebsen?**

   A. Chitin
   B. Chromotin
   C. Magnesium
   D. Eisen
   E. Keine Antwort ist richtig.

114. **Bei welchem Stoff handelt es sich um eine chemische Verbindung?**

   A. Wasserstoff
   B. Kohlendioxid
   C. Kohlenstoff
   D. atomarer Sauerstoff
   E. Keine Antwort ist richtig.

115. **Mithilfe des Sonnenlichts wird bei der Fotosynthese …?**

   A. Wasser in Sauerstoff und Kohlendioxid umgewandelt.
   B. Wasser und Kohlendioxid in Stickstoff und Glucose umgewandelt.
   C. Wasser und Kohlendioxid in Sauerstoff und Glucose umgewandelt.
   D. Kohlendioxid in Wasser umgewandelt.
   E. Keine Antwort ist richtig.

116. **Welches Element zählt nicht zur Gruppe der Edelgase?**

   A. Helium
   B. Neon
   C. Brom
   D. Krypton
   E. Keine Antwort ist richtig.

117. Was ist Quecksilber?

A. Ein Gemisch
B. Eine Lösung
C. Ein Metall
D. Eine Legierung
E. Keine Antwort ist richtig.

118. Stichwort Moleküle: Welche Aussage ist richtig?

A. Ein Molekül besteht aus mindestens zwei Atomen.
B. Ein Molekül ist der kleinste Baustein eines Elements.
C. Ein Molekül besteht immer aus mehreren Elementen.
D. Moleküle und Atome sind dasselbe.
E. Keine Antwort ist richtig.

119. Wie wird in der Physik die Arbeit (W) definiert?

A. Kraft (F) mal Weg (s)
B. Kraft (F) mal Widerstand (R)
C. Weg (s) mal Zeit (t)
D. Geschwindigkeit (v) mal Weg (s)
E. Keine Antwort ist richtig.

120. 1 Newton ist die Kraft, die benötigt wird, um ...?

A. einen ruhenden Körper der Masse 1 kg innerhalb 1 Sekunde auf 1 m Höhe anzuheben.
B. einen ruhenden Körper der Masse 10 kg auf eine Geschwindigkeit von 9,81 m/s zu beschleunigen.
C. einen ruhenden Körper der Masse 1 kg innerhalb 1 Sekunde auf 10 m Höhe anzuheben.
D. einen ruhenden Körper der Masse 1 kg innerhalb 1 Sekunde auf eine Geschwindigkeit von 1 m/s zu beschleunigen.
E. Keine Antwort ist richtig.

Allgemeinwissen

Medizin und Gesundheit

Beantworten Sie bitte die folgenden Aufgaben, indem Sie jeweils den richtigen Buchstaben markieren.

121. Welchen Infektionsweg will man durch das Tragen einer Gesichtsmaske vorrangig versperren?

- A. Tröpfcheninfektion
- B. Kontaktinfektion
- C. Perkutane Infektion
- D. Schmierinfektion
- E. Keine Antwort ist richtig.

122. Welches „Stresshormon" steigert Blutdruck und Herzfrequenz?

- A. Insulin
- B. Adrenalin
- C. Melatonin
- D. Leptin
- E. Keine Antwort ist richtig.

123. Welche Drüse ist kein Bestandteil des Verdauungssystems?

- A. Bauchspeicheldrüse
- B. Leber
- C. Thymusdrüse
- D. Mundspeicheldrüse
- E. Keine Antwort ist richtig.

124. Was ist Hepatitis?

- A. Entzündung der Leber
- B. Entzündung der Niere
- C. Entzündung der Milz
- D. Entzündung der Galle
- E. Keine Antwort ist richtig.

125. Welcher bakterientötende Stoff wird von einem Schimmelpilz produziert?

- A. Vancomycin
- B. Penicillin
- C. Tyrothricin
- D. Daptomycin
- E. Keine Antwort ist richtig.

126. Welches ist kein Teilabschnitt der Wirbelsäule?

- A. Halswirbelsäule
- B. Brustwirbelsäule
- C. Hüftwirbelsäule
- D. Lendenwirbelsäule
- E. Keine Antwort ist richtig.

127. Tritt eine Krankheit räumlich und zeitlich begrenzt gehäuft auf, spricht man von einer …?

- A. Epidermis.
- B. Anämie.
- C. Epidemie.
- D. Apathie.
- E. Keine Antwort ist richtig.

128. Welches Organ ist für die Harnbildung verantwortlich?

- A. Die Milz
- B. Die Leber
- C. Die Niere
- D. Die Gallenblase
- E. Keine Antwort ist richtig.

129. **Welchen Ruhepuls hat ein durchschnittlicher, erwachsener Mensch?**

   A. Ungefähr 70–90 Schläge pro Minute
   B. Ungefähr 60–80 Schläge pro Minute
   C. Ungefähr 40–50 Schläge pro Minute
   D. Ungefähr 20–30 Schläge pro Minute
   E. Keine Antwort ist richtig.

130. **Wofür sind die weißen Blutkörperchen zuständig?**

   A. Sauerstofftransport im Blut
   B. Abwehr von Krankheitserregern
   C. Schnelle Blutgerinnung
   D. Transport von Nährstoffen
   E. Keine Antwort ist richtig.

131. **Wie viele Liter Blut hat ein erwachsener Mensch ungefähr?**

   A. 1–3
   B. 3–5
   C. 5–7
   D. 7–9
   E. Keine Antwort ist richtig.

132. **Was gehört nicht zu den Aufgaben des Dünndarms?**

   A. Neutralisierung des sauren Speisebreis, der aus dem Magen kommt
   B. Aufspaltung der Nahrungsbestandteile
   C. Speicherung des Stuhlinhalts
   D. Resorption von Flüssigkeit
   E. Keine Antwort ist richtig.

133. **Ein Röntgenbild des Thorax liefert Informationen über …?**

   A. die Hüfte.
   B. ein Kniegelenk.
   C. den Brustkorb.
   D. den Kiefer.
   E. Keine Antwort ist richtig.

134. **Welche Aussage stimmt nicht? Viren …**

   A. können mit Antibiotika bekämpft werden.
   B. besitzen keinen eigenen Stoffwechsel.
   C. können sich nur in Wirtszellen fortpflanzen.
   D. bestehen aus Nukleinsäuren.
   E. Keine Antwort ist richtig.

135. **Wie heißt der innerste Teil des Zahns, der von Blutgefäßen und Nerven durchzogen wird?**

   A. Zahnwurzel
   B. Zahnmark
   C. Zahnherz
   D. Zahnkern
   E. Keine Antwort ist richtig.

136. **Wodurch wird die Kariesentstehung begünstigt?**

   A. Genuss knuspriger Nahrungsmittel
   B. Häufiger Käsekonsum
   C. Kohlenhydratreiche Weichkost
   D. Erhöhte Speichelproduktion
   E. Keine Antwort ist richtig.

137. **Bitte berechnen Sie den Body-Mass-Index.**

   A. Gewicht in Kilogramm geteilt durch das Quadrat der Körpergröße in Metern
   B. Gewicht in Kilogramm zum Quadrat geteilt durch Körpergröße in Zentimetern
   C. Körpergröße in Zentimetern zum Quadrat geteilt durch Gewicht in Kilogramm
   D. Körpergröße in Metern geteilt durch das Quadrat des Gewichts in Kilogramm
   E. Keine Antwort ist richtig.

138. Was ist kein Bestandteil des Kniegelenks?

A. Patellasehne

B. Vorderes Kreuzband

C. Meniskus

D. Speiche

E. Keine Antwort ist richtig.

139. Welche Funktion hat der Bizeps im Oberarm?

A. Er streckt den Unterarm.

B. Er verbindet Oberarm und Schulter.

C. Er dreht den Oberarm.

D. Er beugt den Unterarm.

E. Keine Antwort ist richtig.

140. Was verbindet die Eustachische Röhre?

A. Mund und Magen

B. Lunge und Lungenbläschen

C. Dick- und Dünndarm

D. Ohr, Nase, Rachen

E. Keine Antwort ist richtig.

Allgemeinwissen

Abkürzungen

Beantworten Sie bitte die folgenden Aufgaben, indem Sie jeweils den richtigen Buchstaben markieren.

141. Was bedeutet die Abkürzung „EU"?

A. Europäische Union

B. Erstunfall

C. Einmalige Untersuchung

D. Endgültige Unabhängigkeit

E. Keine Antwort ist richtig.

142. Was bedeutet die Abkürzung „BND"?

A. Bundestagsnachtdebatte

B. Bayrischer Notdienst

C. Bundesnachrichtendienst

D. Bündnis der Nudisten in Deutschland

E. Keine Antwort ist richtig.

143. Was bedeutet die Abkürzung „IWF"?

A. Internationale Wirtschaftsförderung

B. Industrielle Wirtschaftsförderung

C. Internationaler Währungsfonds

D. Internationales Wirtschaftsforum

E. Keine Antwort ist richtig.

144. Wofür steht die Abkürzung „WLAN"?

A. Für ein mit Glasfaserkabeln verbundenes Netzwerk

B. Für das Internet

C. Für das Mobiltelefon

D. Für ein drahtloses lokales Netzwerk

E. Keine Antwort ist richtig.

145. Was bedeutet die Abkürzung „MEZ"?

A. Mutterersatz

B. Musterbeispiel einzigartiger Zahlungsfähigkeit

C. Ministeriales Erholungszentrum

D. Mitteleuropäische Zeit

E. Keine Antwort ist richtig.

146. Was bedeutet die Abkürzung „ggf."?

A. gut, günstig, fair

B. gegebenenfalls

C. gemeingefährlich

D. geht ganz fix

E. Keine Antwort ist richtig.

147. Was bedeutet die Abkürzung „zzgl."?

A. zeitgleich

B. zuzüglich

C. zügellos

D. zentral geleitet

E. Keine Antwort ist richtig.

148. Die Abkürzung „StVO" bedeutet …?

A. Straßenverkehrs-Ordnung.

B. stellvertretender Oberbürgermeister.

C. ständiges Verfassungsorgan.

D. Stadtverordnung.

E. Keine Antwort ist richtig.

149. Was bedeutet die Abkürzung „TÜV"?

    A. Türkischer Volksbund

    B. Technischer Überwachungs-Verein

    C. Technischer Übermittlungs-Verband

    D. Thüringer Verein

    E. Keine Antwort ist richtig.

150. Wofür steht die Abkürzung „NATO"?

    A. Neighboured Allies Tactical Organization

    B. Northern Allies Trade Office

    C. North Atlantic Treaty Organization

    D. North American Transfer Obligation

    E. Keine Antwort ist richtig.

151. Was bedeutet die Abkürzung „PVC"?

    A. Polyvalente Chemie

    B. Propylenvitrocarbonat

    C. Phosphorversetztes Chrom

    D. Polyvinylchlorid

    E. Keine Antwort ist richtig.

152. Wofür steht die Abkürzung „DIN"?

    A. Deutsches Institut für Normung

    B. Deutsche Industrie für Normung

    C. Deutsche Industrienorm

    D. Deutscher Index für Normung

    E. Keine Antwort ist richtig.

153. Was bedeutet die Abkürzung „html"?

    A. Hypertext Manual Link

    B. Hypertext Markup Language

    C. High Technical Module

    D. High Technical Modus Language

    E. Keine Antwort ist richtig.

154. Was bedeutet die Abkürzung „i. e. S."?

    A. im engeren Sinn

    B. in ernster Stimmung

    C. in eigener Sache

    D. indirekt erhobene Steuer

    E. Keine Antwort ist richtig.

155. Was bedeutet die Abkürzung „MdB"?

    A. Mitglied des Bundestags

    B. mit der Bahn

    C. Meister des Bösen

    D. Ministerium der Bundesregierung

    E. Keine Antwort ist richtig.

156. Was bedeutet die Abkürzung „WHO"?

    A. Wissenschaftliche Hilfsorganisation

    B. World Health Organization

    C. Welthandelsordnung

    D. Welthungeroffensive

    E. Keine Antwort ist richtig.

157. Was bedeutet die Abkürzung „AZ"?

    A. Arbeitszeit

    B. Aktenzeichen

    C. Automobilzulassung

    D. Anwohnerzone

    E. Keine Antwort ist richtig.

158. Was bedeutet die Abkürzung „StGB"?

    A. Steuergerichtsbarkeit

    B. Stille Gesellschaftsbeteiligung

    C. Strikte Genussmittelbegrenzung

    D. Strafgesetzbuch

    E. Keine Antwort ist richtig.

159. Wofür steht die Abkürzung „CPU"?

A. Critical Processing Unit

B. Central Processing Unity

C. Central Processing Unit

D. Control Process Unit

E. Keine Antwort ist richtig.

160. Was bedeutet die Abkürzung „GG"?

A. Gegen

B. Grundsätzliche Gewissensfrage

C. Grundgesetz der Bundesrepublik Deutschland

D. Grinsen

E. Keine Antwort ist richtig.

Fachbezogenes Wissen

Bundeswehr   *Bearbeitungszeit 10 Minuten*

Wie gut kennen Sie sich in den Strukturen und Aufgaben der Bundeswehr aus?

Beantworten Sie bitte die folgenden Aufgaben, indem Sie jeweils den richtigen Buchstaben markieren.

161. Wann wurde die Bundeswehr gegründet?

A. 1918
B. 1934
C. 1945
D. 1955
E. 1990

162. Wann trat die Bundesrepublik Deutschland der NATO bei?

A. 1945
B. 1949
C. 1955
D. 1960
E. 1975

163. Welche Aussage zur 2010 eingeleiteten Bundeswehrreform ist falsch?

A. Die Reform sollte Geld sparen.
B. Die Reform sollte die Bundeswehr an die damalige sicherheitspolitische Lage anpassen.
C. Die Reform sollte die Bundeswehr in die zukünftige EU-Armee integrieren.
D. Die Reform wurde von Karl-Theodor zu Guttenberg auf den Weg gebracht, der von 2009 bis 2011 Verteidigungsminister war.
E. Im Rahmen der Reform wurde die im Grundgesetz verankerte Wehrpflicht ausgesetzt.

164. Die drei Teilstreitkräfte der Bundeswehr heißen …?

A. Bataillon, Brigade und Kompanie.
B. Medizinischer Dienst, Verwaltung und kämpfende Truppe.
C. Berufssoldaten, Soldaten auf Zeit und Wehrpflichtige.
D. Technisches Hilfswerk, Zoll und Armee.
E. Heer, Luftwaffe und Marine.

165. Das Hoheitszeichen der Bundeswehr ist …?

A. ein schwarzes Kreuz mit weißer Umrandung.
B. eine schwarz-rot-goldene, gezackte Fahne.
C. ein schwarzer Adler auf goldenem Grund.
D. ein rotes Schwert mit goldenen Sternen.
E. eine goldene Sichel mit rot-schwarzem Rahmen.

166. Welche Laufbahn ist kein militärischer Karriereweg der Bundeswehr?

A. Die Laufbahn der Mannschaften
B. Die Laufbahn der Offiziere
C. Die Laufbahn der Feldwebel
D. Die Laufbahn der Obristen
E. Die Laufbahn der Fachunteroffiziere

167. Der „Staatsbürger in Uniform" ist …?

A. eine Werbefigur der Bundeswehr.

B. ein Leitbild soldatischen Selbstverständnisses.

C. eine Comicfigur der 60er-Jahre, die den
„typischen" Bundeswehrsoldaten
karikierte.

D. eine im Grundgesetz verwendete Um-
schreibung für den Verteidigungsminister.

E. eine spöttische Bezeichnung des Volks-
munds für Kaiser Wilhelm II.

168. Der Wehrbeauftragte des Deutschen Bundestags …?

A. vertritt die Handlungen und Entscheidungen des Militärs im Parlament.

B. repräsentiert die Bundeswehr im
Ausland.

C. koordiniert die Einsätze der Bundeswehr innerhalb Deutschlands.

D. vertritt den Bundesverteidigungsminis-
ter bei Abwesenheit im Bundestag.

E. unterstützt die parlamentarische Kontrolle der Bundeswehr.

169. Der Generalinspekteur der
Bundeswehr …?

A. berät den Verteidigungsminister und
die Bundesregierung.

B. überwacht die Einhaltung des Grundgesetzes.

C. entscheidet, wann der Verteidigungsfall eintritt.

D. vertritt die Bundeswehr im
NATO-Militärausschuss.

E. überprüft und ernennt die Generale der
Bundeswehr eigenmächtig.

170. Wann und wo fand der erste Auslandseinsatz der Bundeswehr statt?

A. 1994, bei einer Stabilisierungsmission
der Vereinten Nationen in Somalia

B. 1999, während des Kosovokriegs

C. 1967, bei Unruhen und Aufständen in
Frankreich

D. 1960, nach einem Erdbeben in Marokko

E. 1991, im Krieg einer alliierten Armee
gegen den Irak

171. Das Bundesverfassungsgericht urteilte
1994 grundsätzlich über …?

A. die Einbindung der Bundeswehr in den
Katastrophenschutz.

B. die Ausrüstung der Bundeswehr mit
Atomraketen.

C. die Vereinbarkeit der Wehrpflicht mit
dem Grundgesetz.

D. ein Verbot von Waffenexporten in die
Türkei.

E. die Zulässigkeit militärischer Auslandseinsätze der Bundeswehr.

172. Wann ist die Bundeswehr laut NATO-Bünd-
nisvertrag zum Eingreifen berechtigt?

A. Nur, wenn die Bundesrepublik
Deutschland direkt angegriffen wird

B. Wenn ein NATO-Staat einen anderen
Staat angreifen will

C. Wenn ein Staat gegen einen NATO-
Bündnispartner eine Wirtschafts-
blockade ausruft

D. Nur, wenn mindestens zwei NATO-
Bündnispartner von einem übermächti-
gen Gegner angegriffen werden

E. Wenn ein NATO-Bündnispartner angegriffen wird

173. Was soll im Traditionsverständnis der Bundeswehr nach offizieller Richtlinie keine Rolle spielen?

A. Die eigene Geschichte der Bundeswehr seit ihrer Gründung

B. Die Einbindung in die NATO

C. Die Erinnerung an die Nationale Volksarmee der DDR

D. Das Erbe der allgemeinen Wehrpflicht

E. Der militärische Widerstand gegen das NS-Regime

174. Die Bundeswehr darf im Landesinneren …?

A. grundsätzlich nicht eingesetzt werden.

B. grundsätzlich immer eingesetzt werden, wenn die Polizei darum bittet.

C. nur im Verteidigungsfall eingesetzt werden.

D. nur unbewaffnet zu Hilfseinsätzen eingesetzt werden.

E. in Ausnahmefällen zur Aufrechterhaltung der Ordnung eingesetzt werden.

175. Wer war der erste Verteidigungsminister der Bundesrepublik Deutschland?

A. Theodor Blank

B. Franz Josef Strauß

C. Volker Rühe

D. Ludwig Erhard

E. Theodor Heuss

176. In welcher Region ist die „KFOR" aktiv?

A. Im Kaukasus

B. Auf der Krim

C. Am Horn von Afrika

D. Im Baltikum

E. Im Kosovo

177. Gibt ein Vorgesetzter einen Befehl, ist ein Bundeswehrsoldat …?

A. immer zu Gehorsam verpflichtet.

B. nur zu Gehorsam verpflichtet, wenn der Befehl rechtmäßig ist.

C. nur zu Gehorsam verpflichtet, wenn der Befehl schriftlich vorliegt.

D. nur zu Gehorsam verpflichtet, wenn der Befehl im Einsatz erteilt wird.

E. nur zu Gehorsam verpflichtet, wenn ansonsten eine konkrete Gefahr bestünde.

178. Bei dem „KSK" handelt es sich um …?

A. einen kleinen Transportpanzer.

B. die Kompanie für streng geheime Kommunikation, den Bundeswehr-Geheimdienst.

C. eine Spezialeinheit der Bundeswehr.

D. den (Ober-)Kommandierenden der Streitkräfte.

E. das Standardgewehr der Bundeswehr.

179. Wer ist der Oberbefehlshaber der Bundeswehr im Verteidigungsfall?

A. Der Bundespräsident

B. Der Bundeskanzler

C. Der Bundestagspräsident

D. Der Verteidigungsminister

E. Der ranghöchste General der Bundeswehr

180. **Was versteht man unter dem Begriff „Wehrgerechtigkeit"?**

A. Jeder Soldat darf nur bis zu seiner persönlichen Leistungsgrenze belastet werden.

B. Kinder von Eltern, die Militärdienst geleistet haben, dürfen nicht einberufen werden.

C. Auch Frauen dürfen Soldaten werden.

D. Der Etat der Bundeswehr darf eine bestimmte Höhe nicht überschreiten.

E. Einen Grundsatz der Wehrpflicht-Zeit, wonach möglichst jeder erwachsene deutsche Mann zum Wehr- oder Ersatzdienst einzuberufen war.

Fachbezogenes Wissen

Mechanik   *Bearbeitungszeit 10 Minuten*

Beantworten Sie bitte die folgenden Aufgaben, indem Sie jeweils den richtigen Buchstaben markieren.

181. **Welcher Werkstoff ist besonders leicht bearbeitbar, elektrisch isolierend und korrosionsbeständig?**

   A. Eisen
   B. Kunststoff
   C. Aluminium
   D. Keramik
   E. Keine Antwort ist richtig.

182. **Bei welchem Arbeitsverfahren überzieht man einen Gegenstand mit einer dünnen Metallschicht?**

   A. Galvanisieren
   B. Pulverisieren
   C. Isolieren
   D. Imprägnieren
   E. Keine Antwort ist richtig.

183. **Welche Aussage zum Biegeumformen ist falsch?**

   A. Die innere Werkstofffaser wird beim Biegen gestaucht.
   B. Die äußere Werkstofffaser wird beim Biegen gestreckt.
   C. Je härter das Werkstück, desto weniger Kraft wird zum Biegen benötigt.
   D. Der Biegeradius muss umso größer sein, je härter der Werkstoff.
   E. Keine Antwort ist richtig.

184. **Nieten und zu vernietende Bauteile sollten möglichst aus dem gleichen Material bestehen, damit …?**

   A. das Endprodukt einheitlich aussieht.
   B. Kosten gespart werden können.
   C. die Verbindung langfristig stabil bleibt.
   D. beim Vernieten das härtere dem weicheren Material nicht schadet.
   E. Keine Antwort ist richtig.

185. **Kraftmaschinen wandeln …?**

   A. mechanische Energie in andere Energieformen um.
   B. potenzielle Energie in andere Energieformen um.
   C. andere Energieformen in mechanische Energie um.
   D. andere Energieformen in potenzielle Energie um.
   E. Keine Antwort ist richtig.

186. **Wie lässt sich ein Werkstoff charakterisieren, der schon bei leichter Verformung bricht?**

   A. Er ist besonders spröde.
   B. Er ist besonders elastisch.
   C. Er ist besonders viskos.
   D. Er ist besonders zäh.
   E. Keine Antwort ist richtig.

187. **Wozu nutzt man Drehmomentschlüssel?**

A. Um Steck- oder Klemmverbindungen ohne großen Kraftaufwand zu lösen

B. Um Muttern oder Schrauben mit einer bestimmten Stärke festzuziehen

C. Um stoßempfindliche Metallgehäuse vorsichtig zu öffnen

D. Um defekte Wasserrohre provisorisch abzudichten

E. Keine Antwort ist richtig.

188. **Worin unterscheiden sich Wellen und Achsen?**

A. Wellen übertragen Energie, Achsen nicht.

B. Im jeweils verwendeten Material

C. In der Größe: Große Wellen heißen Achsen.

D. Wellen werden senkrecht eingebaut, Achsen waagerecht.

E. Keine Antwort ist richtig.

189. **In welche Kategorie werden Federn gewöhnlich nicht eingeteilt?**

A. Schraubenfedern

B. Ringfedern

C. Langfedern

D. Biegefedern

E. Keine Antwort ist richtig.

190. **Was geschieht, wenn der Stiel eines Hammers verlängert wird?**

A. Man kann präziser schlagen.

B. Man kann besonders sanft schlagen.

C. Die Schlagkraft steigt.

D. Die Schwingung des Schlags wird besser gedämpft.

E. Keine Antwort ist richtig.

191. **Wenn ein Körper nicht beschleunigt wird, dann …?**

A. bewegt er sich mit Sicherheit nicht.

B. verliert er mit Sicherheit an Energie.

C. behält er seine Geschwindigkeit mit Sicherheit bei.

D. besitzt er mit Sicherheit keine Masse.

E. Keine Antwort ist richtig.

192. **Wie nennt man einen metallischen Stoff aus mindestens zwei Elementen?**

A. Oxid

B. Galvanisierung

C. Legierung

D. Armierung

E. Keine Antwort ist richtig.

193. **Welche Art von Turbine gibt es nicht?**

A. Gasturbine

B. Wasserturbine

C. Dampfturbine

D. Sandturbine

E. Keine Antwort ist richtig.

194. **Der Heckrotor eines Hubschraubers steuert …?**

A. vertikale Drehungen um dessen Querachse.

B. seitliche Drehungen um dessen Längsachse.

C. diagonale Drehungen um dessen Gierachse.

D. horizontale Drehungen um dessen Hochachse.

E. Keine Antwort ist richtig.

195. Die Viskosität beschreibt die Fließfähigkeit z. B. von Schmierölen: Große Viskosität bedeutet dabei große Zähigkeit. Welche Aussage trifft zu?

A. Je dickflüssiger (viskoser) das Öl, desto besser seine Qualität.

B. Extrem dickflüssiges Öl erreicht schnell alle zu schmierenden Stellen.

C. Je dünnflüssiger das Öl ist, desto besser schmiert es.

D. Extrem dünnflüssiges Öl eignet sich besonders für schmale Zwischenräume.

E. Keine Antwort ist richtig.

196. Was ist kein Vorteil des Nietens gegenüber dem Schweißen?

A. Keine Gesundheitsgefahr durch Gase und Lichtstrahlung

B. Geringer Energieverbrauch

C. Keine Gefügeänderung in den zu verbindenden Blechen

D. Gewichtssenkung des Endprodukts

E. Keine Antwort ist richtig.

197. Ein Gewicht wird mithilfe eines einrolligen Flaschenzugs angehoben. Nun wird eine zusätzliche Rolle eingebaut. Verändert sich die erforderliche Zugkraft, um das Gewicht auf dieselbe Höhe zu ziehen?

A. Nein, die Zugkraft bleibt gleich.

B. Ja, die Zugkraft halbiert sich.

C. Ja, die Zugkraft ist um ein Viertel geringer.

D. Ja, die Zugkraft ist um ein Viertel höher.

E. Keine Antwort ist richtig.

198. Beim Hebelgesetz gilt: Kraft mal Kraftarm gleich …?

A. Kraftarm minus Lastarm.

B. Last minus Lastarm.

C. Last durch Lastarm.

D. Last mal Lastarm.

E. Keine Antwort ist richtig.

199. Worin unterscheiden sich Ketten nicht von Riemen?

A. Durch niedrigeren Schlupf

B. Durch grundsätzlich geringeren Platzverbrauch

C. Durch Unempfindlichkeit gegen äußere Einflüsse

D. Durch bessere Kraftübertragung

E. Keine Antwort ist richtig.

200. Wasser wird durch eine Rohrleitung mit einem Durchmesser von 20 cm gepumpt. Auf der Hälfte der Leitungsstrecke ist ein engeres Rohrstück mit einem Durchmesser von 10 cm eingebaut. Wie verändert sich die Durchflussgeschwindigkeit bei gleichbleibendem Wasserdurchsatz?

A. Die Durchflussgeschwindigkeit bleibt gleich.

B. Die Durchflussgeschwindigkeit verdoppelt sich.

C. Die Durchflussgeschwindigkeit vervierfacht sich.

D. Die Durchflussgeschwindigkeit verdreifacht sich.

E. Keine Antwort ist richtig.

Fachbezogenes Wissen

Elektronik   *Bearbeitungszeit 10 Minuten*

Beantworten Sie bitte die folgenden Aufgaben, indem Sie jeweils den richtigen Buchstaben markieren.

201. Die Normspannung des deutschen Strom-netzes beträgt ...?

A. 190 Volt.
B. 210 Volt.
C. 230 Volt.
D. 250 Volt.
E. Keine Antwort ist richtig.

202. Welche Angabe bezieht sich auf einen elektrischen Widerstand?

A. 3 Σ
B. 0,5 A
C. 13 V
D. 150 Ω
E. Keine Antwort ist richtig.

203. Mit welchem Bauelement kann man elektrische Ladung gut speichern?

A. Mit einem Widerstand
B. Mit einem Isolator
C. Mit einer Spule
D. Mit einem Kondensator
E. Keine Antwort ist richtig.

204. Welche physikalische Größe gibt man in der Einheit Hertz an?

A. Die Frequenz
B. Die Kapazität
C. Die Induktivität
D. Die Relativität
E. Keine Antwort ist richtig.

205. Welches Bauteil ist ein elektrischer Generator?

A. Motorrad-Standlicht
B. LKW-Batterie
C. Fahrraddynamo
D. PKW-Zigarettenanzünder
E. Keine Antwort ist richtig.

206. Welche elektrische Größe wird in Volt angegeben?

A. Elektrischer Widerstand
B. Elektrische Spannung
C. Elektrische Stromstärke
D. Grundeinheit des elektrischen Stroms
E. Keine Antwort ist richtig.

207. Welche Kategorie von Elektromotoren gibt es nicht?

A. Drehstrommotoren
B. Gleichstrommotoren
C. Universalmotoren
D. Reihenstrommotoren
E. Keine Antwort ist richtig.

208. Welches Bauelement dient zum Schalten und Verstärken elektrischer Signale?

A. Transformator
B. Transistor
C. Kondensator
D. Generator
E. Keine Antwort ist richtig.

209. Was ist ein Relais?

A. Der Schaltplan einer elektrischen Anlage

B. Das Schaltpult einer computergesteuerten Anlage

C. Ein elektromagnetischer Schalter

D. Ein Verstärker elektrischer Signale

E. Keine Antwort ist richtig.

210. Was versteht die Elektrotechnik unter dem Begriff „Flipflop"?

A. Eine Schaltung mit zwei stabilen elektrischen Zuständen

B. Einen isolierenden Sicherheitsschuh

C. Einen Wackelkontakt

D. Einen Wechselstromkreis

E. Keine Antwort ist richtig.

211. Unter elektrischer Induktivität versteht man die Eigenschaft eines stromdurchflossenen Leiters, …?

A. Ladungsträger zu speichern.

B. bei einer Stromänderung ein Magnetfeld aufzubauen, das dieser Änderung entgegenwirkt.

C. Gleichstrom in Wechselstrom umzuwandeln.

D. elektrische Energie an Stoffe in der Umgebung abzugeben und diese zu magnetisieren.

E. Keine Antwort ist richtig.

212. Durch das Produkt von (konstanter) Spannung und (konstanter) Stromstärke über eine bestimmte Zeit berechnet sich die …?

A. elektrische Energie.

B. elektrische Kapazität.

C. elektrische Leistung.

D. elektrische Frequenz.

E. Keine Antwort ist richtig.

213. Mit einem Generator kann man …?

A. chemische in mechanische Energie umwandeln.

B. elektrische Energie in Wärmeenergie umwandeln.

C. mechanische in elektrische Energie umwandeln.

D. elektrische in mechanische Energie umwandeln.

E. Keine Antwort ist richtig.

214. Was zeichnet eine Kathode aus?

A. Bipolarität

B. Elektronenüberschuss

C. Ladungsgleichgewicht

D. Elektronenmangel

E. Keine Antwort ist richtig.

215. Wie berechnet sich der Gesamtwiderstand in einem Parallelstromkreis?

A. $R_{ges} = \dfrac{1}{\dfrac{1}{R_1} + \dfrac{1}{R_2} + \cdots + \dfrac{1}{R_N}}$

B. $R_{ges} = \dfrac{1}{R_1 + R_2 + \cdots + R_N}$

C. $R_{ges} = \dfrac{R_1 \times R_2 \times \cdots \times R_N}{R_1 + R_2 + \cdots + R_N}$

D. $R_{ges} = R_1 + R_2 + \cdots + R_N$

E. Keine Antwort ist richtig.

216. Welche elektrische Spannung wird benötigt, um durch einen Draht mit einem Widerstand von 500 Ohm eine Stromstärke von 0,5 Ampere fließen zu lassen?

A. 125 Volt

B. 225 Volt

C. 250 Volt

D. 1.000 Volt

E. Keine Antwort ist richtig.

217. **Welche Formel zum ohmschen Gesetz ist richtig?**

    A. $\dfrac{R}{U} = I$

    B. $U \times R = I$

    C. $\dfrac{U}{R} = I$

    D. $U \times I = R$

    E. Keine Antwort ist richtig.

218. **Auf einer Hochspannungsleitung hat sich eine Gruppe junger Vögel niedergelassen, die vergnügt zwitschern. Warum geschieht ihnen nichts?**

    A. Weil sie extrem hohe Stromstärken verkraften können

    B. Weil ihre Füße den Strom so gut leiten, dass der restliche Körper geschützt bleibt

    C. Weil spezielle leitfähige Härchen einen faradayschen Käfig um sie bilden

    D. Weil überhaupt kein Strom fließt

    E. Keine Antwort ist richtig.

219. **Dioden eignen sich zur Umwandlung …?**

    A. von Photonen in Ionen.

    B. von Ladung in Kapazität.

    C. von Gleichstrom in Wechselstrom.

    D. von Wechselstrom in Gleichstrom.

    E. Keine Antwort ist richtig.

220. **In welchem Stromkreis ist der Strom in Frequenz, Phase und Amplitude für alle Verbraucher identisch, während sich die Gesamtspannung aus der Addition der Teilspannungen ergibt?**

    A. Parallelstromkreis

    B. Reihenstromkreis

    C. Gleichstromkreis

    D. Wechselstromkreis

    E. Keine Antwort ist richtig.

Fachbezogenes Wissen

IT-Kenntnisse   *Bearbeitungszeit 10 Minuten*

Beantworten Sie bitte die folgenden Aufgaben, indem Sie jeweils den richtigen Buchstaben markieren.

221. Welche Reihe sortiert die jeweiligen Datenmengen in aufsteigender Folge?

A. Byte, Kilobyte, Gigabyte, Megabyte
B. Byte, Bit, Kilobyte, Megabyte
C. Kilobyte, Terabyte, Megabyte, Gigabyte
D. Byte, Kilobyte, Megabyte, Gigabyte
E. Keine Antwort ist richtig.

222. Über eine IP-Adresse findet man …?

A. Produzenten und Herstellungsorte der gekauften Hard- und Software.
B. Internet-Produktdienstleister, die sich im IP-Verband zusammengeschlossen haben.
C. Geräte, die an ein Netzwerk angeschlossen sind.
D. die E-Mail-Kontaktdaten zu jeder Person mit E-Mail-Konto.
E. Keine Antwort ist richtig.

223. Welche Funktion hat das Betriebssystem bei einem Computer?

A. Das Betriebssystem ist ein Treiber, der benötigt wird, um Druckaufträge zu starten.
B. Das Betriebssystem wird nur beim Erststart des Computers benötigt.
C. Das Betriebssystem ist ein Programm, welches für das Internet benötigt wird.
D. Unter einem Betriebssystem wird die Software zum Betreiben eines Computers verstanden.
E. Keine Antwort ist richtig.

224. Was ist ein Motherboard?

A. Die Schnittstelle zu einem Server
B. Der Sockel zum Einsetzen der Grafikkarte
C. Die Hauptplatine zur Unterbringung der Komponenten
D. Ein Computergehäuse
E. Keine Antwort ist richtig.

225. Wofür steht die Angabe „160 GB HDD"?

A. Die Größe des Arbeitsspeichers
B. Die Prozessorgeschwindigkeit
C. Die Speicherkapazität einer Festplatte
D. Die Diskettengröße einer Floppydisk
E. Keine Antwort ist richtig.

226. Welche Aussage zur Firewall ist richtig?

A. Eine Firewall ist ein Programm, das Schutz vor unberechtigtem Zugriff aus dem Internet bietet.
B. Eine Firewall kann nur zwischen zwei WAN-Netzwerken („Wide Area Networks") geschaltet werden.
C. Eine Firewall muss zwischen ein LAN- („Local Area Network") und ein WAN-Netzwerk („Wide Area Network") geschaltet werden.
D. Eine Firewall kann nur zwischen zwei LAN-Netzwerken („Local Area Networks") geschaltet werden.
E. Keine Antwort ist richtig.

227. **Welche Funktion hat der Hauptprozessor eines Computers?**

A. Der Prozessor ist ein Datenspeicher.

B. Der Prozessor ist das Herzstück eines Computers und steuert die Bestandteile.

C. Der Prozessor ist ein Gerät zur Unterstützung der Stromversorgung.

D. Der Prozessor fährt den Computer hoch.

E. Keine Antwort ist richtig.

228. **Worauf lassen sich unberechtigte Zugriffe auf Computer häufig zurückführen?**

A. Auf Cookies

B. Auf unsichere Passwörter

C. Auf instabile Betriebssysteme

D. Auf überholte Hardware

E. Keine Antwort ist richtig.

229. **Was wird in der IT als „Tool" bezeichnet?**

A. Eine spezielle Software, nämlich ein Dienstprogramm zur Systemverwaltung

B. Ein spezielles Werkzeug zum Einbau von Hardware

C. Ein Adapter, durch den z. B. Mäuse und Drucker an unübliche Anschlüsse angeschlossen werden können

D. Der Anhang einer E-Mail

E. Keine Antwort ist richtig.

230. **Wie heißt der Arbeitsspeicher eines Computers?**

A. Festspeicher

B. ROM (Read Only Memory)

C. RAM (Random Access Memory)

D. Lesespeicher

E. Keine Antwort ist richtig.

231. **Was ist JavaScript?**

A. Eine Skriptsprache zur Internetnutzung in Web-Browsern

B. Eine Tabellenkalkulationssoftware

C. Ein Textverarbeitungsprogramm

D. Ein Script zur Automatisierung in Photoshop

E. Keine Antwort ist richtig.

232. **Welche Komponente fällt aus der Reihe?**

A. Festplatte

B. CD-ROM

C. USB-Stick

D. Arbeitsspeicher

E. Keine Antwort ist richtig.

233. **Computergesteuerte Werkzeugmaschinen nennt man auch …?**

A. DIGI-Maschinen.

B. CWM-Maschinen.

C. PCT-Maschinen.

D. CNC-Maschinen.

E. Keine Antwort ist richtig.

234. **Welche Funktion hat ein Makro in Anwendungsprogrammen?**

A. Eine Folge von Eingaben und/oder Befehlen wird überprüft.

B. Eine Folge von Eingaben und/oder Befehlen wird ausgeführt.

C. Die Funktion einer Programmiersprache

D. Makros dienen in der Regel zur Komprimierung von Daten.

E. Keine Antwort ist richtig.

235. Was verstehen Sie unter „SATA"?

   A. Einen besonderen Prozessor

   B. Ein Grafikformat

   C. Eine Computerschnittstelle

   D. Ein Internetprotokoll

   E. Keine Antwort ist richtig.

236. Welches ist keine Programmiersprache?

   A. Pascal

   B. Basic

   C. C++

   D. Amiga

   E. Keine Antwort ist richtig.

237. Welche Aussage zum Begriff „Cache" ist richtig?

   A. Ein Cache ist ein Ort auf der Festplatte, wo alle Programme abgelegt sind.

   B. „Cache" ist eine andere Bezeichnung für „Arbeitsspeicher".

   C. Caches sind kleine Dateien, die benötigt werden, um in das Internet gelangen zu können.

   D. Caches sind Zwischenspeicher, durch die bereits aufgerufene Inhalte beim nächsten Aufruf schneller beschafft werden können.

   E. Keine Antwort ist richtig.

238. Wofür steht in der IT-Sprache der Begriff „Host"?

   A. Für einen Rechner, der sich in einer untergeordneten Struktur befindet

   B. Für einen Rechner, der als Server betrieben wird

   C. Für einen Rechner, der als Client betrieben wird

   D. Für ein Netzwerk mit mehreren Rechnern

   E. Keine Antwort ist richtig.

239. Welches Dateiformat fällt aus der Reihe?

   A. .jpg

   B. .exe

   C. .com

   D. .bat

   E. Keine Antwort ist richtig.

240. Wer auf „Cloud Computing" setzt, der …?

   A. sichert sämtliche wichtigen Daten in einer zentralen Speichereinheit.

   B. interessiert sich für Designer-PCs.

   C. greift über das Internet auf Daten und Anwendungen zu.

   D. eröffnet einen Online-Shop.

   E. Keine Antwort ist richtig.

Fachbezogenes Wissen

Technisches Verständnis: Bildaufgaben   *Bearbeitungszeit 20 Minuten*

Mit den folgenden Aufgaben wird Ihre praktische Intelligenz geprüft.

Beantworten Sie bitte die folgenden Aufgaben, indem Sie jeweils den richtigen Buchstaben markieren.

241. Welcher der vier Rahmen ist am stabilsten?

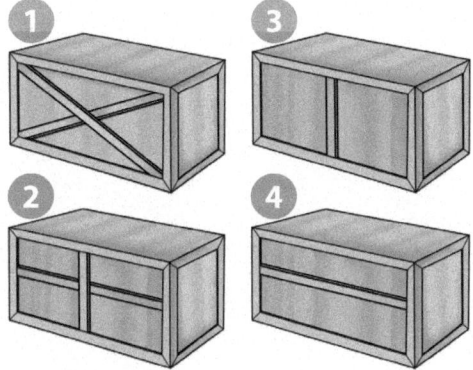

- A. Rahmen 1
- B. Rahmen 2
- C. Rahmen 3
- D. Rahmen 4
- E. Keine Antwort ist richtig.

242. Mit welchem Schraubenschlüssel lässt sich die Schraubenmutter am besten festziehen?

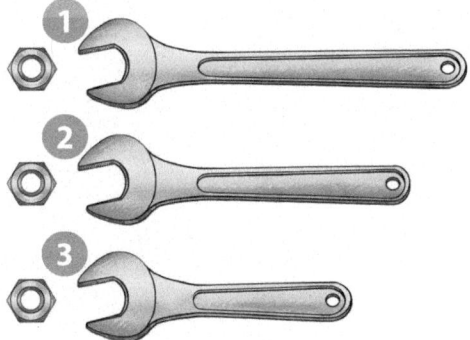

- A. Mit Schraubenschlüssel 1
- B. Mit Schraubenschlüssel 2
- C. Mit Schraubenschlüssel 3
- D. Die Schraube lässt sich mit den verschiedenen Schraubenschlüsseln gleich gut festziehen.
- E. Keine Antwort ist richtig.

243. Mit welchem Hebel lässt sich der Holzkasten am leichtesten anheben?

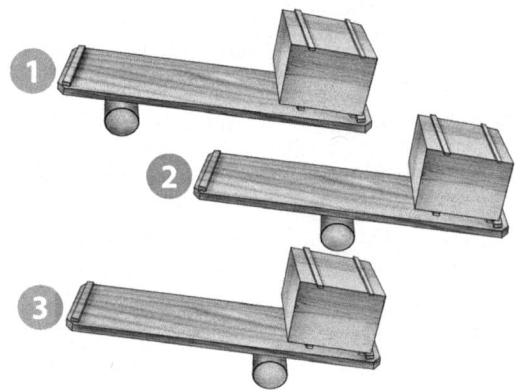

    A. Mit dem Hebel 1

    B. Mit dem Hebel 2

    C. Mit dem Hebel 3

    D. Es gibt keinen Unterschied.

    E. Keine Antwort ist richtig.

244. Welcher Pfahl steht am stabilsten in der Erde?

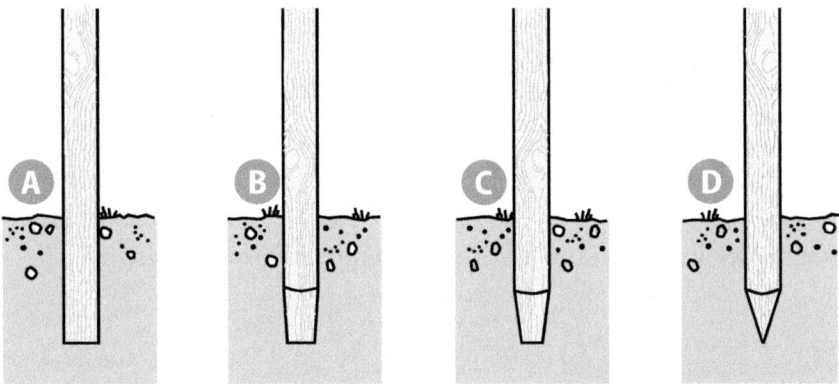

    A. Pfahl A

    B. Pfahl B

    C. Pfahl C

    D. Pfahl D

    E. Keine Antwort ist richtig.

245. Welche der Vasen 1 bis 4 steht am stabilsten auf dem Tisch?

A. Vase 1

B. Vase 2

C. Vase 3

D. Vase 4

E. Keine Antwort ist richtig.

246. Welche der Räder drehen sich in die gleiche Richtung wie Rad 1?

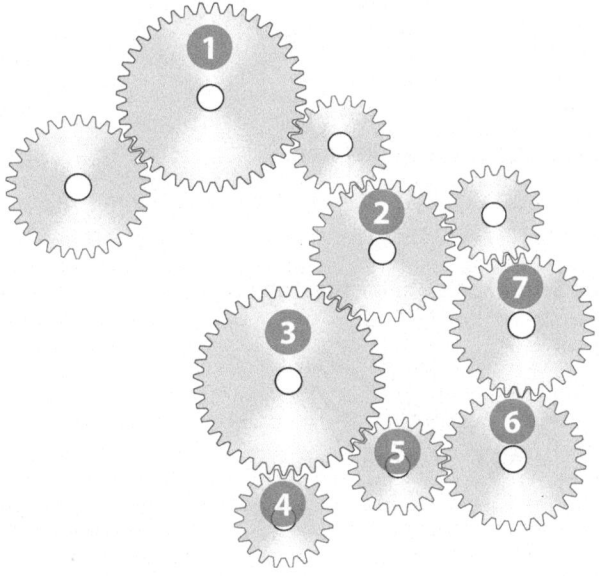

A. 3 und 7

B. 2, 4 und 6

C. 2, 4, 5 und 7

D. 3 und 6

E. Keine Antwort ist richtig.

247. Deiche werden nach unten hin breiter, um dem mit steigender Tiefe zunehmenden Wasserdruck standzuhalten. Betrachten Sie die Skizze: Deich 1 umgrenzt ein 2 Kilometer langes Rückhaltebecken, Deich 2 einen 200 Meter langen Badeteich – welcher Deich muss stärker sein?

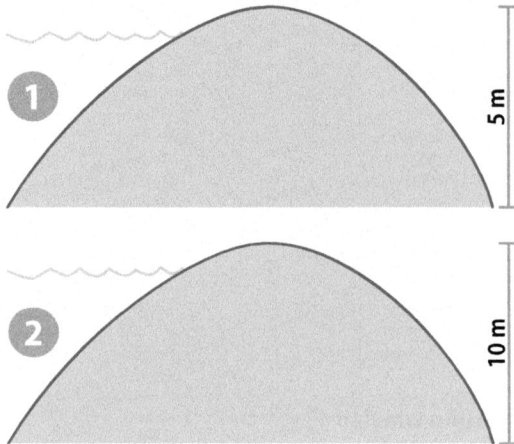

A. Deich 1 muss stärker sein.

B. Deich 2 muss stärker sein.

C. Beide Deiche müssen gleich stark sein.

D. Dazu müsste man das genaue Volumen der Gewässer kennen.

E. Keine Antwort ist richtig.

248. Mit welcher Sandformation lässt sich die Schubkarre am leichtesten fahren?

A. Mit der Sandformation 1

B. Mit der Sandformation 2

C. Mit der Sandformation 3

D. Es gibt keinen Unterschied.

E. Keine Antwort ist richtig.

249. **In welche Richtung bewegt sich das große Rad B, wenn sich das Antriebsrad A in Pfeilrichtung dreht?**

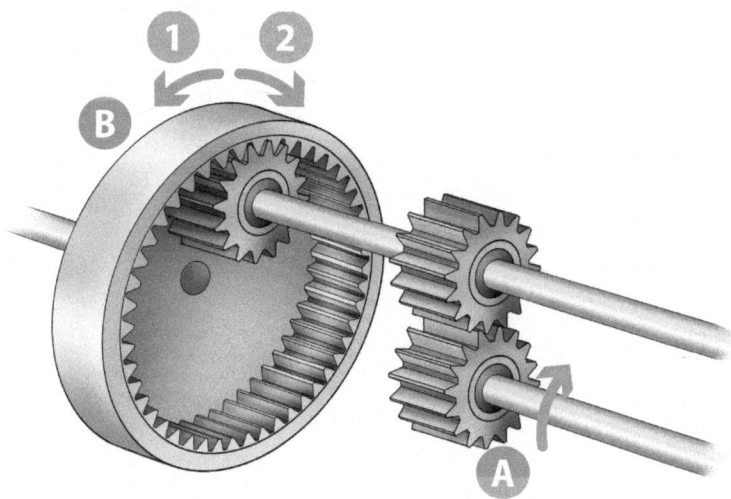

A. In Richtung 1
B. In Richtung 2
C. Hin und her
D. Gar nicht
E. Keine Antwort ist richtig.

250. **Jeder der Würfel besteht aus einem anderen Material, doch alle haben die gleiche Masse. Welche Aussage über ihre Dichte ist richtig?**

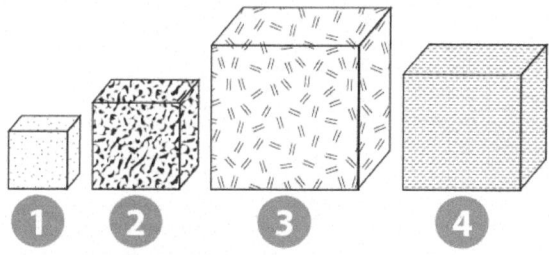

A. Würfel 3 besitzt die größte Dichte.
B. Alle Würfel besitzen die gleiche Dichte.
C. Würfel 1 besitzt die größte Dichte.
D. Ohne weitere Angaben lässt sich dazu nichts sagen.
E. Keine Antwort ist richtig.

251. In welche Richtung bewegt sich das große Rad, wenn sich das Antriebsrad A in Pfeilrichtung dreht?

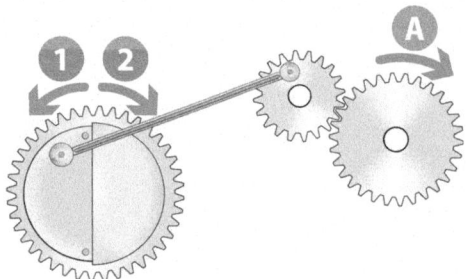

A. In Richtung 1
B. In Richtung 2
C. Hin und her
D. Gar nicht
E. Keine Antwort ist richtig.

252. Welches Werkzeug eignet sich am besten, um einen dünnen Draht abzukneifen?

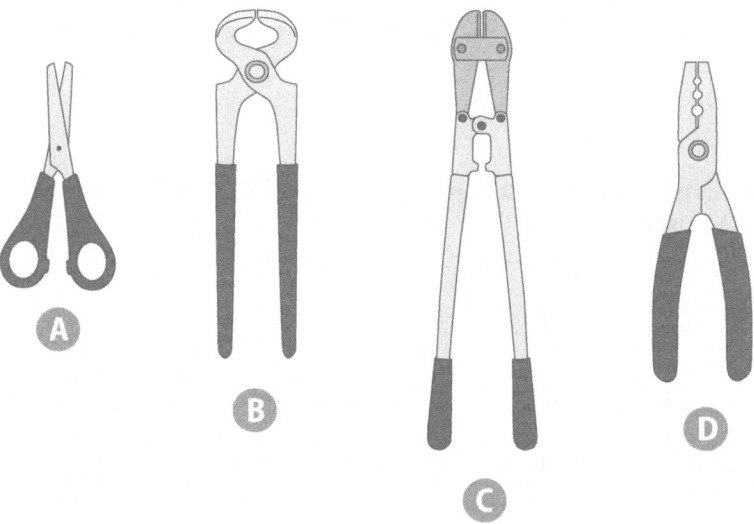

A. Werkzeug A
B. Werkzeug B
C. Werkzeug C
D. Werkzeug D
E. Keines der abgebildeten Werkzeuge ist dafür geeignet.

253. Welches Rad dreht sich am schnellsten?

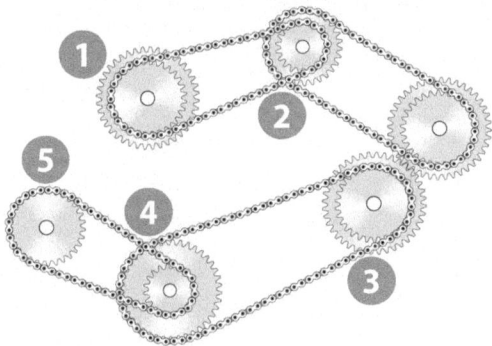

A. Rad 1

B. Rad 2

C. Rad 5

D. Rad 4

E. Keine Antwort ist richtig.

254. In welche Richtung dreht sich das Rad B, wenn sich der Antriebskolben A in Pfeilrichtung dreht?

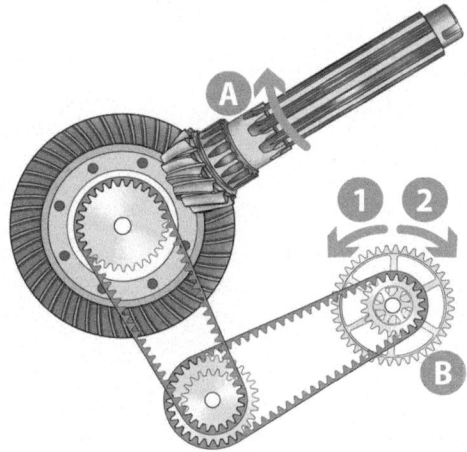

A. In Richtung 1

B. In Richtung 2

C. Hin und her

D. Gar nicht

E. Keine Antwort ist richtig.

255. Ihnen liegen vier Kontaktanschlüsse 1 bis 4 vor. Welche zwei Kontaktanschlüsse müssen kurz-geschlossen werden, damit zwei der vier Lampen möglichst hell leuchten?

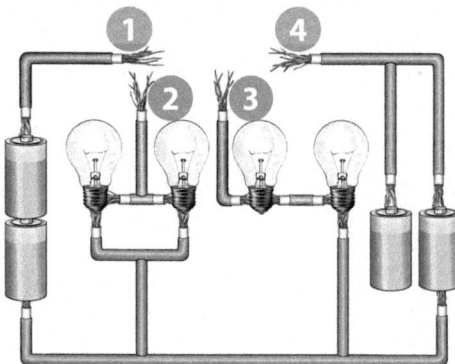

A. 1 und 2

B. 2 und 3

C. 3 und 4

D. 1 und 4

E. Keine Antwort ist richtig.

256. Die zwei Platten eines Kondensators sind durch Glas isoliert. Wie sieht eine typische Ladungs-verteilung aus?

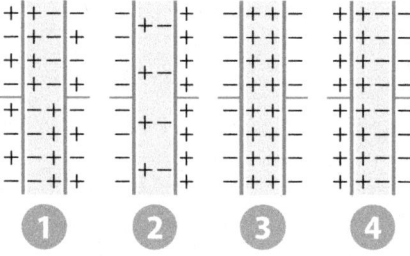

A. Wie in Skizze 1

B. Wie in Skizze 2

C. Wie in Skizze 3

D. Wie in Skizze 4

E. Keine Antwort ist richtig.

257. Aus einem Flugzeug wurde ein Paket geworfen. Bei welchem der Punkte 1 bis 4 kommt das Paket auf der Erde an?

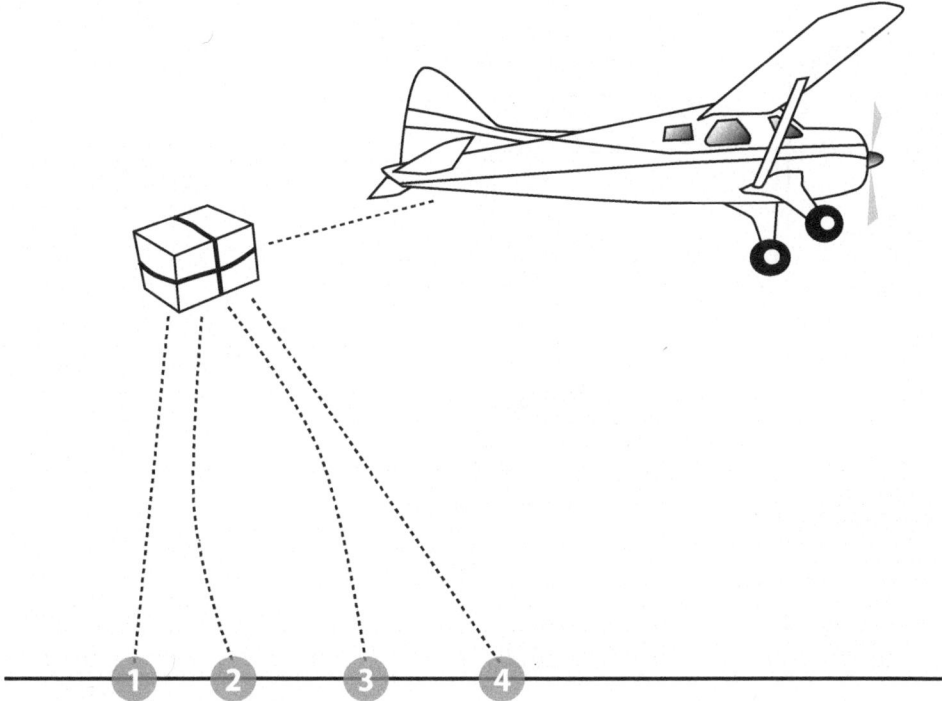

A. Punkt 1

B. Punkt 2

C. Punkt 3

D. Punkt 4

E. Keine Antwort ist richtig.

258. Wie hoch ist der Gesamtwiderstand im Stromkreis?

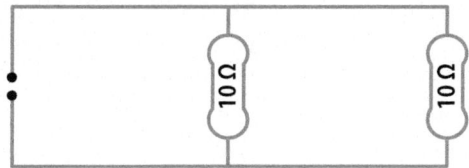

A. 100 Ω

B. 40 Ω

C. 20 Ω

D. 5 Ω

E. Keine Antwort ist richtig.

259. Alle Schiffe sind gleich schwer. Welches hat den größten Tiefgang?

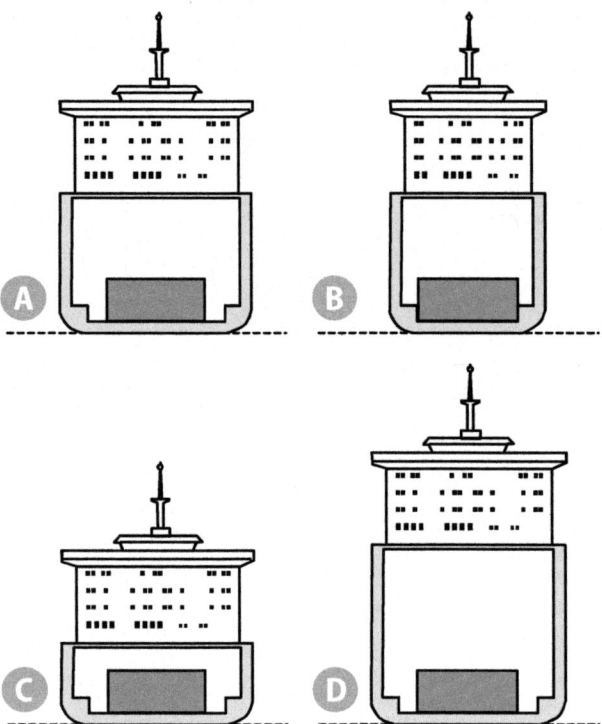

A. Schiff A

B. Schiff B

C. Schiff C

D. Schiff D

E. Keine Antwort ist richtig.

260. Welche Masse hat das graue Gewicht?

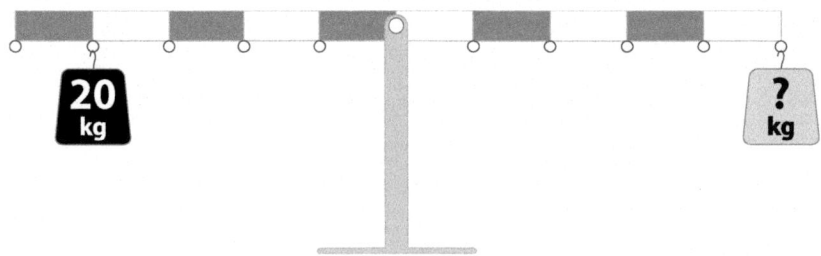

A. 16 Kilogramm

B. 20 Kilogramm

C. 24 Kilogramm

D. 28 Kilogramm

E. Keine Antwort ist richtig.

Fachbezogenes Wissen

Arbeitssicherheit   *Bearbeitungszeit 5 Minuten*

Die folgenden Aufgaben prüfen Ihr Verständnis von Piktogrammen.

Piktogramme sind Symbole, die Informationen durch vereinfachte grafische Darstellungen ausdrücken. Wofür steht welches Piktogramm?

Beantworten Sie bitte die folgenden Aufgaben, indem Sie jeweils den richtigen Buchstaben markieren.

261. Was bedeutet dieses Piktogramm?

A. Entzündlicher Stoff
B. Radioaktiver Stoff
C. Magnetischer Stoff
D. Explosionsgefährlicher Stoff
E. Keine Antwort ist richtig.

263. Was bedeutet dieses Piktogramm?

A. Zutritt verboten
B. Faulgase
C. Giftiger Stoff
D. Hochspannung
E. Keine Antwort ist richtig.

262. Was bedeutet dieses Piktogramm?

A. Gasanschluss
B. Feuerlöscher
C. Sauerstoffzufuhr
D. Öltank
E. Keine Antwort ist richtig.

264. Was bedeutet dieses Piktogramm?

A. Signalquelle
B. Leuchtfeuer
C. Elektromagnetisches Feld
D. Alarmsirene
E. Keine Antwort ist richtig.

265. Was bedeutet dieses Piktogramm?

A. Grelle Lichtquelle
B. Plötzliche Geräuschentwicklung
C. Mikrowellenstrahlung
D. Gefährliche elektrische Spannung
E. Keine Antwort ist richtig.

266. Was bedeutet dieses Piktogramm?

A. Gehörschutz
B. Notruftelefon
C. Hilfe für Gehörlose
D. Lärmquelle
E. Keine Antwort ist richtig.

267. Was bedeutet dieses Piktogramm?

A. Hände desinfizieren
B. Nicht berühren
C. Schutzhandschuhe tragen
D. Gefahr durch scharfe Klingen
E. Keine Antwort ist richtig.

268. Was bedeutet dieses Piktogramm?

A. Verbot von offenem Feuer
B. Nichtraucherbereich
C. Vorsicht, Funkenflug
D. Brennbarer Feststoff
E. Keine Antwort ist richtig.

269. Was bedeutet dieses Piktogramm?

A. Explosionsgefahr
B. Minengefahr
C. Sirene
D. Laserstrahlung
E. Keine Antwort ist richtig.

270. Was bedeutet dieses Piktogramm?

A. Starker Magnetismus
B. Implosionsgefahr
C. Lärmquelle
D. Biologische Gefährdung
E. Keine Antwort ist richtig.

Geschafft – Sie haben die Prüfung abgeschlossen!

Alle Lösungen finden Sie im mitgelieferten Lösungsbuch.

Einstellungstest
Bundeswehr

Prüfung 2

Sprachbeherrschung
Fremdsprachenkenntnisse

Bearbeitungszeit: **177 Minuten**

Hilfsmittel: Bleistift, Radiergummi, Schmierpapier

Alle Lösungen mit Bearbeitungstipps und Kommentaren
finden Sie im mitgelieferten Lösungsbuch.

Bearbeitungshinweise

Die Bearbeitungszeit der vorliegenden Prüfung beträgt insgesamt ca. 3 Stunden.

Zu jeder Aufgabengruppe erhalten Sie die jeweils vorgesehene Bearbeitungszeit und Erklärungen zur Aufgabenstellung. Lesen Sie sich diese Hinweise gründlich durch, damit Sie die Aufgaben richtig bearbeiten und lösen können.

Markieren Sie bitte bei jeder Multiple-Choice-Aufgabe einen Lösungsbuchstaben (in der Regel A, B, C, D oder E) mit Bleistift. Bei allen Multiple-Choice-Aufgaben stimmt nur jeweils ein Lösungsvorschlag, Mehrfach-Antworten werden als falsch gewertet.

Hierzu ein Beispiel:

Aufgabe

1. Wie viel ergibt 4×3?

    A. 12
    B. 17
    C. 19
    D. 10
    E. Keine Antwort ist richtig.

Antwort

 A. 12

Um eine Antwort nachträglich zu korrigieren, dürfen Sie die entsprechende Markierung innerhalb der Bearbeitungszeit vorsichtig ausradieren und einen neuen Lösungsvorschlag markieren.

Wenn Sie die Aufgaben einer Aufgabengruppe vor Ablauf der Bearbeitungszeit gelöst haben, dürfen Sie innerhalb dieser Aufgabengruppe zurückblättern, um Ihre Antworten noch einmal zu überprüfen. Das Umblättern zu anderen Aufgabengruppen ist jedoch nicht erlaubt!

Innerhalb eines Aufgabenbereichs stehen in der Regel die einfachen Fragen am Anfang und die schwereren am Ende. Bearbeiten Sie die Fragen schnell und sorgfältig – aber behalten Sie die Ruhe, wenn Sie die eine oder andere Aufgabe aus zeitlichen Gründen nicht lösen können. Berücksichtigen Sie, dass dieser Test so zusammengestellt ist, dass kaum jemand in der angesetzten Bearbeitungszeit alle Aufgaben richtig lösen kann. Halten Sie sich nicht übermäßig lange mit Aufgaben auf, die Ihnen schwerfallen.

Bitte nutzen Sie außer Bleistift, Radiergummi und Notizpapier keine weiteren Hilfsmittel.

Sprachbeherrschung

Diktat   *Bearbeitungszeit 15 Minuten*

Um das Diktat zu üben, lassen Sie sich den folgenden Text bitte Satzteil für Satzteil vorlesen. Werten Sie Ihre Abschrift im Abgleich mit der Vorlage sorgfältig aus (vergessen Sie dabei nicht die Zeichensetzung). Insgesamt sollten Sie nicht mehr als 15 Fehler machen – je weniger, desto besser.

Das Grundgesetz: Fundament der deutschen Demokratie

Wozu braucht man überhaupt einen Staat, wodurch legitimiert er sich? Eine häufig herangezogene Antwort stammt vom englischen Staatstheoretiker Thomas Hobbes, der im Kern wie folgt argumentierte: Wenn jeder selbst für seine Freiheit und Sicherheit verantwortlich wäre, gerieten diese Existenzparameter in Gefahr, denn es käme zum Kampf aller gegen alle, bei dem schließlich die Gewalttätigsten die Oberhand behielten. Also übertragen die Bürger die Verantwortung für ihre Sicherheit dem Staat, der das Gewaltmonopol übernimmt, allgemeine Grundregeln des Zusammenlebens festlegt und diese durchsetzt.

Der grundlegende Katalog von Regeln, Werten und Ordnungsvorstellungen ist in Deutschland das Grundgesetz. Darin sind die Leitlinien des Staatsprinzips niedergelegt: Demokratie, Republik, Rechts- und Sozialstaatlichkeit, Föderalismus sowie die Gewaltenteilung in Legislative, Exekutive und Judikative. Das Grundgesetz lässt sich in mehrere Hauptteile untergliedern. Auf die Präambel, eine Art Vorwort, folgt der erste Hauptabschnitt mit den Artikeln 1 bis 19, in denen die Grundrechte behandelt werden. Die weiteren Abschnitte widmen sich primär dem Staatsorganisationsrecht, also den Bestimmungen zum Aufbau, zur Funktion und zur Aufgabenverteilung der Staatsorgane.

Doch von den nüchternen Paragrafen (*alternativ: Paragraphen*) einmal abgesehen: Eine Demokratie lebt natürlich erst durch die aktive Teilhabe ihrer mündigen Bürger. Auch vor diesem Hintergrund erweist sich das am 24. Mai 1949 in Kraft getretene Grundgesetz als hochaktuell. Immer wieder entzünden sich politische Kontroversen an der Auslegung und Änderung verschiedener Bestimmungen.

1.   Bitte beginnen Sie jetzt mit dem Diktat.

www.ausbildungspark.com

Sprachbeherrschung

Aufsatz   *Bearbeitungszeit 20 Minuten*

Nun geht es um Ihre Ausdrucksfähigkeit, Ihre Sachkenntnis und Ihr Urteilsvermögen.

Bei einem Kurzaufsatz ist nicht nur interessant, wie Sie schreiben, sondern auch, was Sie zu einem bestimmten Thema zu sagen haben.

Ihren Text können Sie nach dem folgenden Schema gliedern:

¬ **Einleitung:** Finden Sie einen Einstieg, nähern Sie sich an das Thema an, beispielsweise anhand von persönlichen Erfahrungen oder aktuellen Ereignissen.

¬ **Hauptteil:** Beantworten Sie die Fragestellung, indem Sie verständlich formulieren, anschaulich beschreiben und plausibel argumentieren. Doch verlieren Sie sich nicht in Randaspekten – behalten Sie die Bearbeitungszeit im Auge. Eine gute Idee ist es, sich vor dem Verfassen des Hauptteils wichtige Stichpunkte zu notieren, an denen Sie sich beim Schreiben orientieren können.

¬ **Schluss:** Fassen Sie das Gesagte abschließend zusammen, ziehen Sie eine Bilanz. Dieser Abschnitt kann Ihre eigene Meinung enthalten oder neutral und allgemein gehalten sein.

2. Bitte verfassen Sie einen kurzen Aufsatz, in dem Sie die Begriffe „Tabu" und „Verbot" beschreiben, vergleichen und voneinander abgrenzen.

Sprachbeherrschung

Welche Schreibweise stimmt?

Bearbeitungszeit 11½ Minuten

In diesem Abschnitt werden Ihre Rechtschreibkenntnisse geprüft.

Wählen Sie bei jeder Aufgabe die richtige Schreibweise aus und markieren Sie den zugehörigen Buchstaben.

3.

- A. Prinzipe
- B. Prinziep
- C. Prinzip
- D. Prinzib
- E. Keine Antwort ist richtig.

4.

- A. Skise
- B. Skize
- C. Skitze
- D. Skizze
- E. Keine Antwort ist richtig.

5.

- A. Strategie
- B. Strategi
- C. Strattegi
- D. Strahtegie
- E. Keine Antwort ist richtig.

6.

- A. Maschiene
- B. Maschine
- C. Machine
- D. Machiene
- E. Keine Antwort ist richtig.

7.

- A. Hydraulick
- B. Hüdraulick
- C. Hüdraulik
- D. Hydraulik
- E. Keine Antwort ist richtig.

8.

- A. Milliardestel
- B. Milliardstel
- C. Miliardstel
- D. Miliardestel
- E. Keine Antwort ist richtig.

9.

- A. Mikroprozezor
- B. Microprozessor
- C. Mikroprozessor
- D. Mikroprozesor
- E. Keine Antwort ist richtig.

10.

- A. Palafer
- B. Palaffer
- C. Palaaver
- D. Palaver
- E. Keine Antwort ist richtig.

11.
   A. Konjukturanstieg
   B. Konjunkturanstieg
   C. Konjunkturanstig
   D. Koniunkturanstieg
   E. Keine Antwort ist richtig.

12.
   A. Zeremonnie
   B. Zerremonie
   C. Zäremonie
   D. Zeremonie
   E. Keine Antwort ist richtig.

13.
   A. Hallogen
   B. Halogeen
   C. Halogen
   D. Hallogeen
   E. Keine Antwort ist richtig.

14.
   A. Imobilien
   B. Immobilien
   C. Immobillien
   D. Imobilen
   E. Keine Antwort ist richtig.

15.
   A. Differenz
   B. Dieferenz
   C. Differens
   D. Differens
   E. Keine Antwort ist richtig.

16.
   A. Vehicel
   B. Wehikel
   C. Vehikel
   D. Veehikel
   E. Keine Antwort ist richtig.

17.
   A. Raketenapperat
   B. Raketenapparat
   C. Racketenapperat
   D. Raketenaparat
   E. Keine Antwort ist richtig.

18.
   A. Ensemmble
   B. Ensemble
   C. Ensembel
   D. Ensemmbel
   E. Keine Antwort ist richtig.

19.
   A. Fotossynthese
   B. Fotosyntese
   C. Photosynthese
   D. Photosintese
   E. Keine Antwort ist richtig.

20.
   A. Atmosphäre
   B. Atmosfähre
   C. Atmosphere
   D. Atmosfäre
   E. Keine Antwort ist richtig.

21.

    A. Porzelanvase
    B. Porzellanvase
    C. Porzellanvahse
    D. Porzellanwase
    E. Keine Antwort ist richtig.

22.

    A. Rababer
    B. Rharbarber
    C. Rhabarber
    D. Rarbarber
    E. Keine Antwort ist richtig.

23.

    A. Engagment
    B. Angagment
    C. Angagement
    D. Engagement
    E. Keine Antwort ist richtig.

24.

    A. Peripherrie
    B. Peripherie
    C. Periferie
    D. Perriferie
    E. Keine Antwort ist richtig.

25.

    A. Ballustrade
    B. Balußtrade
    C. Balustrade
    D. Balustrahde
    E. Keine Antwort ist richtig.

Sprachbeherrschung

Sätze vervollständigen   *Bearbeitungszeit 10 Minuten*

Welches Wort ergänzt die Lücke sinnvoll und ist korrekt geschrieben?

Bearbeiten Sie bitte die folgenden Aufgaben, indem Sie jeweils den richtigen Buchstaben markieren.

26. **Die Würde des _____ ist unantastbar.**

    A. Kindes
    B. Mannes
    C. Menschen
    D. Angestellten
    E. Keine Antwort ist richtig.

27. **Für optimale Heilungschancen ist es notwendig, frühzeitig die richtige _____ anzuwenden.**

    A. Therapie
    B. Therapeuten
    C. Therapien
    D. Therapeut
    E. Keine Antwort ist richtig.

28. **In Baden-Württemberg ist der ländliche Raum das _____ der Region.**

    A. starke Rückgrat
    B. starke Rückgrats
    C. starkes Rückgrat
    D. starkes Rückgrates
    E. Keine Antwort ist richtig.

29. **Zum Glück war er _____ genug, um die Chance sofort zu nutzen.**

    A. geistesgegenwertig
    B. geistesgegenwärtig
    C. geistesgegenwärtige
    D. geistesgegenwärtiger
    E. Keine Antwort ist richtig.

30. **Süße Getränke enthalten Kalorien in Form von _____.**

    A. Kohlenhydrate
    B. Kohlenhydraten
    C. Kohlenhidrat
    D. Kolenhydrats
    E. Keine Antwort ist richtig.

31. **Wir drehen heute noch eine Extrarunde auf dem _____.**

    A. Karussellen
    B. Pferden
    C. Karussells
    D. Karussell
    E. Keine Antwort ist richtig.

32. **Die Teilnehmer erklärten einstimmig ihren _____ auf das Ergebnis.**

    A. stolz
    B. Stolz
    C. Zufriedenheit
    D. Leistung
    E. Keine Antwort ist richtig.

33. **Für den Erfolg eines Films ist es wichtig, dass sich die Zielgruppe mit der Hauptfigur _____ kann.**

    A. ersetzen
    B. identifizieren
    C. kennenlernen
    D. verstehen
    E. Keine Antwort ist richtig.

34. Sie liebt alle Blumen, aber am liebsten mag sie _____.

   A. Karamell
   B. Kamelen
   C. Kamelien
   D. Kamele
   E. Keine Antwort ist richtig.

35. Auf dieser Seite haben wir für Sie verschiedene _____ zur Verfügung gestellt.

   A. Formular
   B. Vormulare
   C. Formularen
   D. Formulare
   E. Keine Antwort ist richtig.

36. In manchen Situationen ist der schnelle Aufbau einer _____ Umgebung notwendig.

   A. sterrillen
   B. sterile
   C. steriles
   D. sterilen
   E. Keine Antwort ist richtig.

37. Ausreichend Tageslicht ist _____ für körperliches und seelisches Wohlbefinden.

   A. unergiebiger
   B. unersetzliche
   C. unersättliches
   D. unerlässlich
   E. Keine Antwort ist richtig.

38. Im Vorfeld waren sich alle _____, doch als es dann ernst wurde, wollte keiner den ersten Schritt machen.

   A. freiwillig
   B. einig
   C. einige
   D. bereit
   E. Keine Antwort ist richtig.

39. Kritiker werfen dem Vorstand seit Jahren _____ Praktiken vor.

   A. kriminell
   B. kriminelles
   C. krimineller
   D. kriminelle
   E. Keine Antwort ist richtig.

40. Die Verhandlungen wurden von mehreren _____ geführt.

   A. Diplomat
   B. Diplomatin
   C. Diplomats
   D. Diplomaten
   E. Keine Antwort ist richtig.

41. Unser Nachbar ist wirklich ein sehr _____ Mensch.

   A. kolerisch
   B. chollerischer
   C. cholerischer
   D. kolerische
   E. Keine Antwort ist richtig.

42. **Es gibt Krankheiten, bei denen neben anderen Symptomen auch _____ auftreten können.**

   A. Grippe
   B. Grippen
   C. Halluzination
   D. Halluzinationen
   E. Keine Antwort ist richtig.

43. **Im Jahr 1836 gründeten die Dresdner Kaufleute Benjamin Schwenke und Friedrich Lange eine _____.**

   A. Dampfschifffahrtsgesellschaften
   B. Dampfschiffahrtsgesellschaften
   C. Dampfschiffahrtsgesellschaft
   D. Dampfschifffahrtsgesellschaft
   E. Keine Antwort ist richtig.

44. **Dieser Massagesessel ist genial! Die _____ der Massage lässt sich stufenlos regeln.**

   A. Intensivität
   B. Intenzität
   C. Intensität
   D. Indensität
   E. Keine Antwort ist richtig.

45. **Delfine orientieren sich per _____.**

   A. Echolot
   B. Echollots
   C. Echolohte
   D. Echoloden
   E. Keine Antwort ist richtig.

Sprachbeherrschung

„s", „ss" oder „ß"?

Welche Schreibweise stimmt?

Bitte füllen Sie die Lücken korrekt, indem Sie jeweils „s", „ss" oder „ß" hineinschreiben. Es gelten die aktuellen Regeln der deutschen Rechtschreibung.

46. Jetzt reicht es mir aber, das Ma____ ist endgültig voll!

47. Die breite Ma____e der Bevölkerung stand hinter ihr.

48. Auf einmal sah er ein Angebot, da____ ihn sofort überzeugte.

49. Als der Polizeihauptkommi____ar eintraf, ergriffen die Verdächtigen die Flucht.

50. Anstatt das Auto zu nehmen, ging sie lieber zu Fu____.

51. Unbekannte Randalierer warfen ein Moped in den Flu____.

52. Nach einer Woche gelang es, den Täter zu fa____en.

53. Man mu____ abwarten, wie sich die Sache entwickelt.

54. Auf seiner Rei____e lernte er viel Neues kennen.

55. Mehr lä____t sich dazu im Moment noch nicht sagen.

56. Die Aufgabe war kein bi____chen schwierig.

57. Er wu____te, da____ die Sache nicht gut für ihn stand.

58. Mach dir deswegen keine Gewi____ensbi____e.

59. Bald rei____t ihr der Geduldsfaden wegen der Versäumni____e.

60. Um niemanden vor den Kopf zu sto____en, ging er äu____erst behutsam vor.

61. Da____ ich da____ noch einmal erleben darf, hätte ich nicht gedacht.

62. Bi____ zu den Ferien sind es noch fa____t zwei Wochen.

63. „Wa____er marsch!", hie____ es beim Tag der offenen Tür der Feuerwehr Dü____eldorf.

64. Plötzlich fiel drau____en an der Stra____e ein Schu____.

65. Auch an der Ka____e wu____te niemand von dem Ärgerni____ mit dem Bierfa____.

Sprachbeherrschung

Groß- und Kleinschreibung   *Bearbeitungszeit 20 Minuten*

Groß oder klein – welche Schreibweise ist richtig?

Bearbeiten Sie bitte die folgenden Aufgaben, indem Sie jeweils den Lösungsbuchstaben des korrekt geschriebenen Textabschnitts markieren.

66.
- A. Die Mannschaft hat ihr Bestes gegeben.
- B. Die Mannschaft hat ihr bestes gegeben.
- C. Die mannschaft hat Ihr Bestes gegeben.
- D. Die mannschaft hat Ihr bestes gegeben.
- E. Keine Antwort ist richtig.

67.
- A. Das wandern ist des Müllers Lust.
- B. Das Wandern ist des Müllers Lust.
- C. Das Wandern ist des Müllers lust.
- D. Das wandern ist des Müllers lust.
- E. Keine Antwort ist richtig.

68.
- A. Es wurde gestern Abend noch sehr spät.
- B. Es wurde gestern abend noch sehr spät.
- C. Es wurde Gestern Abend noch sehr spät.
- D. Es wurde Gestern abend noch sehr spät.
- E. Keine Antwort ist richtig.

69.
- A. Sie hat Drei Zweier im Zeugnis.
- B. Sie hat drei Zweier im Zeugnis.
- C. Sie hat Drei zweier im Zeugnis.
- D. Sie hat drei zweier im Zeugnis.
- E. Keine Antwort ist richtig.

70.
- A. Sie mag es nicht, wenn immer das Gleiche gesagt wird.
- B. Sie mag es nicht, wenn immer das gleiche gesagt wird.
- C. sie mag es nicht, wenn immer das Gleiche gesagt wird.
- D. sie mag es nicht, wenn immer das gleiche gesagt wird.
- E. Keine Antwort ist richtig.

71.
- A. Das muss Jeder wissen.
- B. Das muss jeder wissen.
- C. Das muss Jeder Wissen.
- D. Das muss jeder Wissen.
- E. Keine Antwort ist richtig.

72.
- A. Der Termin ist am Mittwoch Abend.
- B. Der Termin ist am Mittwochabend.
- C. Der Termin ist am mittwochabend.
- D. Der Termin ist am Mittwoch abend.
- E. Keine Antwort ist richtig.

Prüfung 2

73.
A. Er möchte folgendes anmerken.
B. Er möchte Folgendes anmerken.
C. Er möchte folgendes Anmerken.
D. Er möchte Folgendes Anmerken.
E. Keine Antwort ist richtig.

74.
A. Die Ersten werden die Besten sein.
B. Die ersten werden die besten sein.
C. Die Ersten werden die besten sein.
D. Die ersten werden die Besten sein.
E. Keine Antwort ist richtig.

75.
A. Er hatte noch etwas Anderes einstecken.
B. Er hatte noch etwas anderes einstecken.
C. Er hatte noch Etwas Anderes einstecken.
D. Er hatte noch Etwas anderes einstecken.
E. Keine Antwort ist richtig.

76.
A. Im folgenden Vortrag wird das Ganze nochmals erläutert.
B. Im Folgenden Vortrag wird das Ganze nochmals erläutert.
C. Im folgenden vortrag wird das Ganze nochmals erläutert.
D. Im Folgenden vortrag wird das Ganze nochmals erläutert.
E. Keine Antwort ist richtig.

77.
A. Sie mag am liebsten Sportwagen in Rot.
B. Sie mag am Liebsten Sportwagen in rot.
C. Sie mag am liebsten sportwagen in rot.
D. Sie mag am liebsten sportwagen in Rot.
E. Keine Antwort ist richtig.

78.
A. Die Bezahlung ist im Voraus zu leisten.
B. Die Bezahlung ist im voraus zu leisten.
C. Die bezahlung ist im Voraus zuleisten.
D. Die bezahlung ist im voraus zuleisten.
E. Keine Antwort ist richtig.

79.
A. in bezug auf das schreiben
B. in bezug auf das Schreiben
C. in Bezug auf das schreiben
D. in Bezug auf das Schreiben
E. Keine Antwort ist richtig.

80.
A. Sie ist Aufs äußerste gereizt.
B. Sie ist aufs Äußerste gereizt.
C. Sie ist aufs Äußerste Gereizt.
D. Sie ist aufs äußerste Gereizt.
E. Keine Antwort ist richtig.

81.
A. Sie ist es einfach nur Leid.
B. Sie ist es einfach nur leid.
C. Sie ist es Einfach nur leid.
D. Sie ist es Einfach nur Leid.
E. Keine Antwort ist richtig.

82.

    A. Der vierte im Bunde ist erkrankt.

    B. Der Vierte im Bunde ist erkrankt.

    C. Der Vierte im bunde ist erkrankt.

    D. Der vierte im bunde ist erkrankt.

    E. Keine Antwort ist richtig.

83.

    A. Meine Tasche bietet so viel Platz, dass ich oft viel Unnötiges durch die Gegend schleppe.

    B. Meine Tasche bietet so viel platz, dass ich oft viel Unnötiges durch die Gegend schleppe.

    C. Meine Tasche bietet so viel Platz, dass ich oft viel unnötiges durch die Gegend schleppe.

    D. Meine Tasche bietet so viel Platz, dass ich oft viel Unnötiges durch die gegend schleppe.

    E. Keine Antwort ist richtig.

84.

    A. Er mag gerne Rad fahren.

    B. Er mag gerne radfahren.

    C. Er mag gerne rad fahren.

    D. Er mag gerne Radfahren.

    E. Keine Antwort ist richtig.

85.

    A. Ich habe ein Paar schöne Blusen gekauft und zwei Paar Schuhe.

    B. Ich habe ein paar schöne Blusen gekauft und zwei paar Schuhe.

    C. Ich habe ein Paar schöne Blusen gekauft und zwei paar Schuhe.

    D. Ich habe ein paar schöne Blusen gekauft und zwei Paar Schuhe.

    E. Keine Antwort ist richtig.

Sprachbeherrschung

Zusammen oder getrennt?   *Bearbeitungszeit 5 Minuten*

Wie wird der einzusetzende Ausdruck richtig geschrieben?

Bearbeiten Sie bitte die folgenden Aufgaben, indem Sie jeweils den richtigen Buchstaben markieren.

86. **Um Platz zu schaffen, schob Sie den Bücherstapel _____.**
    - A. beiseite
    - B. bei Seite
    - C. Beiseite
    - D. bei seite
    - E. Keine Antwort ist richtig.

87. **Der Kontrolleur musste ihm erklären, dass man nicht _____ darf.**
    - A. Schwarzfahren
    - B. schwarz fahren
    - C. Schwarz fahren
    - D. schwarzfahren
    - E. Keine Antwort ist richtig.

88. **Sie hat sich das Bein gebrochen und kann die nächsten Wochen nicht _____.**
    - A. Arbeitengehen
    - B. arbeitengehen
    - C. arbeiten gehen
    - D. Arbeiten gehen
    - E. Keine Antwort ist richtig.

89. **Nach dem Fahrverbot darf er nun endlich wieder _____.**
    - A. auto fahren
    - B. autofahren
    - C. Auto fahren
    - D. Autofahren
    - E. Keine Antwort ist richtig.

90. **Bei so einem Sonnenschein könnte ich jeden Tag _____.**
    - A. Schwimmen gehen
    - B. Schwimmengehen
    - C. schwimmengehen
    - D. schwimmen gehen
    - E. Keine Antwort ist richtig.

91. **Vor dem Umzug müssen wir noch die Decke _____.**
    - A. weißstreichen
    - B. Weiß streichen
    - C. Weißstreichen
    - D. weiß streichen
    - E. Keine Antwort ist richtig.

92. **In der Deutschprüfung musste ich den Inhalt eines Romans _____.**
    - A. wieder-geben
    - B. wieder geben
    - C. wiedergeben
    - D. wieder Geben
    - E. Keine Antwort ist richtig.

93. **Heute war das Training früher _____ als sonst.**
    - A. zu Ende
    - B. Zuende
    - C. zuende
    - D. zu ende
    - E. Keine Antwort ist richtig.

94. **Der Lehrer braucht für das _____ der Hausaufgaben ganz schön lange.**

   A. Korrektur lesen
   B. Korrekturlesen
   C. korrektur lesen
   D. korrektur-lesen
   E. Keine Antwort ist richtig.

95. **Seit Jahren ist das _____ ihr Glücksbringer.**

   A. 2 Eurostück
   B. 2-Euro-Stück
   C. 2-Euro Stück
   D. 2 Euro Stück
   E. Keine Antwort ist richtig.

Sprachbeherrschung

Fehler korrigieren *Bearbeitungszeit 5 Minuten*

Finden Sie heraus, welche Ausdrücke Rechtschreibfehler enthalten.

Schreiben Sie die korrekte Form in das nebenstehende Feld. Richtig geschriebene Wörter müssen Sie nicht korrigieren.

96. Operazion	_____	104. Emmotion	_____
97. defeckt	_____	105. Höhr-Nerv	_____
98. Democratie	_____	106. seid Stunden	_____
99. Lokomotieve	_____	107. Sympatie	_____
100. efektiv	_____	108. Thymian	_____
101. ungläubig	_____	109. Rhytmus	_____
102. Sehharfen	_____	110. Angagement	_____
103. exklusif	_____		

Sprachbeherrschung

Kommas setzen   *Bearbeitungszeit 10 Minuten*

Bei dieser Aufgabe geht es darum, an den richtigen Stellen Kommas zu setzen.

Bearbeiten Sie bitte die folgenden Aufgaben, indem Sie die fehlenden Kommas ergänzen.

111. Die Tatsache␣ dass sich die Erde um die Sonne dreht␣ galt vor wenigen Jahrhunderten noch als Irrglaube und Gotteslästerung.

112. Nachdem ich gesehen hatte␣ was sie mir hatte zeigen wollen␣ war ich so überwältigt␣ dass ich zuerst gar nicht sprechen konnte.

113. Er konnte sich nicht erklären␣ wie es sein konnte␣ dass er auf einmal mitten in einem Park stand␣ obwohl es seines Wissens in seiner Stadt␣ doch gar keine Grünflächen gab.

114. Bereits wenige Minuten␣ nachdem ein Passant die Polizei gerufen hatte␣ erschienen die Beamten␣ und nahmen die Randalierer fest.

115. Meist erzielt man bei Prüfungen ein besseres Ergebnis␣ wenn man nicht bis zur letzten Sekunde lernt␣ sondern sich stattdessen gezielt entspannt.

116. Wenn Sie einen Beruf␣ der Ihnen nicht gefällt␣ wegen guter Verdienstmöglichkeiten trotzdem ergreifen␣ werden Sie darin langfristig nicht glücklich werden.

117. Die meisten Menschen␣ die ein Haustier haben␣ sind der Meinung␣ dass ihr Tier das allerbeste auf der ganzen Welt ist.

118. Wenn ein Aktenvernichter␣ Akten vernichtet und ein Schornsteinfeger␣ den Schornstein fegt␣ was macht dann ein Zitronenfalter?

119. Trotz der vielen Arbeit␣ und der unzähligen Überstunden␣ mag sie ihren Job gern␣ da sie mit den Kollegen sehr gut zurechtkommt.

120. Wenn sich Hunde und Katzen begegnen␣ gibt es meistens Ärger␣ da sie sich aufgrund ihrer unterschiedlichen Körpersprache␣ nicht verstehen können.

121. Hättest du␣ als ich dich damals gefragt habe␣ die Wahrheit gesagt␣ so wäre uns viel Ärger erspart geblieben.

122. Kennst du die Serie␣ in der ein alter Kapitän␣ seinen drei Enkeln␣ und dem dummen Matrosen␣ immer unglaubliche Geschichten erzählt?

123. Im Urlaub an der Sonne␣ bedenken viele Menschen nicht␣ dass ein Sonnenbrand medizinisch gesehen eine Entzündung ist␣ und die Haut langfristig schädigt.

124. Angesichts des unbeständigen Wetters␣ empfehle ich dir dringend␣ einen Regenschirm mitzunehmen␣ damit du nicht nass wirst.

125. Wenn ich mir so ansehe␣ was du hier machst␣ dann frage ich mich␣ ob das wirklich zum gewünschten Ergebnis führen kann.

Sprachbeherrschung

Kommasetzung erkennen   *Bearbeitungszeit 15 Minuten*

Bei diesen Aufgaben geht es darum, die richtige Kommasetzung zu erkennen.

Bearbeiten Sie bitte die folgenden Aufgaben, indem Sie jeweils den Lösungsbuchstaben des korrekt interpunktierten Satzes markieren.

126.

- A. Obwohl sich der Bewerber gut vorbereitet hatte konnte er eine Frage nicht beantworten.
- B. Obwohl sich der Bewerber gut vorbereitet hatte, konnte er eine Frage nicht beantworten.
- C. Obwohl, sich der Bewerber gut vorbereitet hatte konnte er eine Frage nicht beantworten.
- D. Obwohl sich, der Bewerber, gut vorbereitet hatte, konnte er eine Frage nicht beantworten.
- E. Keine Antwort ist richtig.

127.

- A. Am Montag, den 28. Juli, habe ich einen Arzttermin.
- B. Am Montag den 28. Juli habe ich einen Arzttermin.
- C. Am Montag den 28. Juli, habe ich einen Arzttermin.
- D. Am Montag den, 28. Juli, habe ich einen Arzttermin.
- E. Keine Antwort ist richtig.

128.

- A. Man kann davon ausgehen, dass das Bild, das man von sich selbst hat oft ein Wunschbild ist.
- B. Man kann davon ausgehen, dass das Bild, das man von sich selbst hat, oft ein Wunschbild ist.
- C. Man kann davon ausgehen dass das Bild, das man von sich selbst hat, oft ein Wunschbild ist.
- D. Man kann davon ausgehen, dass das Bild das man von sich selbst hat, oft ein Wunschbild ist.
- E. Keine Antwort ist richtig.

129.

    A. Wer nur Sport treibt weil andere ihn dazu gedrängt haben, wird keine wirkliche Freude daran haben.

    B. Wer nur Sport treibt, weil andere ihn dazu gedrängt haben, wird keine wirkliche Freude daran haben.

    C. Wer nur Sport treibt weil andere, ihn dazu gedrängt haben, wird keine wirkliche Freude daran haben.

    D. Wer nur Sport treibt weil andere, ihn dazu gedrängt haben wird keine, wirkliche Freude daran haben.

    E. Keine Antwort ist richtig.

130.

    A. Sicherlich können nicht alle Bedingungen eingehalten werden weil sehr oft der Verlauf von anderen Faktoren beeinflusst wird die von uns als gegeben betrachtet werden müssen.

    B. Sicherlich können nicht alle Bedingungen eingehalten werden, weil sehr oft der Verlauf von anderen Faktoren beeinflusst wird die von uns als gegeben betrachtet werden müssen.

    C. Sicherlich können nicht alle Bedingungen eingehalten werden weil sehr oft der Verlauf von anderen Faktoren beeinflusst wird, die von uns als gegeben betrachtet werden müssen.

    D. Sicherlich können nicht alle Bedingungen eingehalten werden, weil sehr oft der Verlauf von anderen Faktoren beeinflusst wird, die von uns als gegeben betrachtet werden müssen.

    E. Keine Antwort ist richtig.

131.

    A. Der Wal, der Igel, der Affe und die Fledermaus gehören gemeinsam in die Gruppe der Säugetiere worüber, sich viele Menschen wundern.

    B. Der Wal, der Igel, der Affe und die Fledermaus gehören gemeinsam in die Gruppe der Säugetiere worüber sich viele Menschen wundern.

    C. Der Wal, der Igel, der Affe und die Fledermaus gehören gemeinsam in die Gruppe der Säugetiere, worüber sich viele Menschen wundern.

    D. Der Wal der Igel der Affe und die Fledermaus gehören gemeinsam in die Gruppe der Säugetiere, worüber sich viele Menschen wundern.

    E. Keine Antwort ist richtig.

132.

    A. Es ist nicht leicht, einen Neuanfang in einem fremden Land zu wagen, aber viele Menschen, entscheiden sich trotzdem dafür.

    B. Es ist nicht leicht einen Neuanfang in einem fremden Land zu wagen, aber viele Menschen entscheiden sich trotzdem dafür.

    C. Es ist nicht leicht, einen Neuanfang in einem fremden Land zu wagen, aber viele Menschen entscheiden sich trotzdem dafür.

    D. Es ist nicht leicht, einen Neuanfang in einem fremden Land zu wagen aber viele Menschen entscheiden sich trotzdem dafür.

    E. Keine Antwort ist richtig.

133.

    A. Jeder der etwas von Kommasetzung versteht, sollte diese Aufgabe, lösen können.

    B. Jeder der etwas von Kommasetzung versteht, sollte diese Aufgabe lösen können.

    C. Jeder, der etwas von Kommasetzung versteht, sollte diese Aufgabe, lösen können.

    D. Jeder, der etwas von Kommasetzung versteht, sollte diese Aufgabe lösen können.

    E. Keine Antwort ist richtig.

134.

    A. Man schätzt dass das menschliche Gehirn in der Lage ist das Wissen einer umfangreichen Bibliothek mit tausenden von Büchern zu speichern.

    B. Man schätzt, dass das menschliche Gehirn in der Lage ist das Wissen einer umfangreichen Bibliothek mit tausenden von Büchern zu speichern.

    C. Man schätzt dass das menschliche Gehirn in der Lage ist, das Wissen einer umfangreichen Bibliothek mit tausenden von Büchern zu speichern.

    D. Man schätzt, dass das menschliche Gehirn in der Lage ist, das Wissen einer umfangreichen Bibliothek mit tausenden von Büchern zu speichern.

    E. Keine Antwort ist richtig.

135.

    A. Es gibt eine Umleitung weil eine Baustelle eingerichtet wird die es zu umfahren gilt.

    B. Es gibt, eine Umleitung, weil eine Baustelle eingerichtet wird, die es zu umfahren gilt.

    C. Es gibt eine Umleitung, weil eine Baustelle eingerichtet wird die es zu umfahren gilt.

    D. Es gibt eine Umleitung, weil eine Baustelle eingerichtet wird, die es zu umfahren gilt.

    E. Keine Antwort ist richtig.

136.

    A. Müllers wollen dieses Jahr über Weihnachten in die Berge fahren, weil die Kinder davon träumen, endlich mal einen riesigen Schneemann, bauen zu können.

    B. Müllers wollen dieses Jahr über Weihnachten in die Berge fahren, weil die Kinder davon träumen, endlich mal einen riesigen Schneemann bauen zu können.

    C. Müllers wollen dieses Jahr über Weihnachten in die Berge fahren, weil die Kinder davon träumen endlich mal einen riesigen Schneemann bauen zu können.

    D. Müllers wollen dieses Jahr, über Weihnachten in die Berge, fahren weil die Kinder davon träumen, endlich mal einen riesigen Schneemann bauen zu können.

    E. Keine Antwort ist richtig.

137.

    A. Menschen, die Vorurteile haben diese aber aufgrund objektiver Tatsachen ablegen, sind nicht länger voreingenommen.

    B. Menschen die Vorurteile haben diese aber aufgrund objektiver Tatsachen ablegen, sind nicht länger voreingenommen.

    C. Menschen die Vorurteile haben, diese aber aufgrund objektiver Tatsachen ablegen, sind nicht länger voreingenommen.

    D. Menschen, die Vorurteile haben, diese aber aufgrund objektiver Tatsachen ablegen, sind nicht länger voreingenommen.

    E. Keine Antwort ist richtig.

138.

    A. Er ist nach der Arbeit zu müde als dass er noch joggen könnte, obwohl er sich vorgenommen hat, regelmäßig zu trainieren.

    B. Er ist nach der Arbeit zu müde, als dass er noch joggen könnte obwohl er sich vorgenommen hat, regelmäßig zu trainieren.

    C. Er ist nach der Arbeit zu müde als dass er noch joggen könnte, obwohl er sich vorgenommen hat regelmäßig zu trainieren.

    D. Er ist nach der Arbeit zu müde, als dass er noch joggen könnte, obwohl er sich vorgenommen hat, regelmäßig zu trainieren.

    E. Keine Antwort ist richtig.

139.

    A. Wir meinen, dass wir mit diesem Buch, einer Kombination zwischen theoretischem Wissen und umfassendem Praxisbezug eine neue Art von Übungsbuch entwickelt haben.

    B. Wir meinen, dass wir mit diesem Buch einer Kombination zwischen theoretischem Wissen und umfassendem Praxisbezug, eine neue Art von Übungsbuch entwickelt haben.

    C. Wir meinen dass wir mit diesem Buch, einer Kombination zwischen theoretischem Wissen und umfassendem Praxisbezug, eine neue Art von Übungsbuch entwickelt haben.

    D. Wir meinen, dass wir mit diesem Buch, einer Kombination zwischen theoretischem Wissen und umfassendem Praxisbezug, eine neue Art von Übungsbuch entwickelt haben.

    E. Keine Antwort ist richtig.

140.

    A. Es gibt ein Sprichwort, das besagt Medizin müsse bitter schmecken, wenn sie wirken solle.

    B. Es gibt ein Sprichwort das besagt, Medizin müsse bitter schmecken, wenn sie wirken solle.

    C. Es gibt ein Sprichwort, das besagt, Medizin müsse bitter schmecken wenn sie wirken solle.

    D. Es gibt ein Sprichwort, das besagt, Medizin müsse bitter schmecken, wenn sie wirken solle.

    E. Keine Antwort ist richtig.

Sprachbeherrschung

Konjugieren und deklinieren   *Aufgabenerklärung*

Bei dieser Aufgabe müssen Sie konjugieren und deklinieren.

Setzen Sie die vorgegebenen Ausdrücke in der korrekten Form in den Text ein.

Hierzu ein Beispiel

Aufgabe

1. ein langer Weg

   Er hat _____ hinter sich.

Antwort

   Er hat *einen langen Weg* hinter sich.

Der Ausdruck „ein langer Weg" ist in den Akkusativ zu setzen, damit sich ein grammatisch korrekter Satz ergibt.

Konjugieren und deklinieren

Tragen Sie die vorgegebenen Ausdrücke in der grammatikalisch korrekten Form in die Felder ein.

141. stören

Ich möchte dich bitten, mich eine halbe

Stunde lang nicht _____.

142. mein neuer Nachbar

Ich kann _____

_____ nicht leiden!

143. die meisten Menschen

_____

fällt es schwer, auf Süßigkeiten zu

verzichten.

144. diese ganzen Vorfälle

Nach _____

_____ möchte er nicht länger

in der Firma arbeiten.

145. ein derartiger Fehler

Ich verstehe nicht, wie _____

_____ so lange

unbemerkt bleiben konnte!

146. das schlechte Wetter

Aufgrund _____

_____ fällt heute die Schule aus.

147. unser umtriebiger Cousin

Ohne _____

_____ hätte

der Zirkusbesuch nicht stattgefunden.

148. die Kollegen

Er hat sich gegenüber _____

_____ immer einwandfrei

verhalten.

149. ihre beschwichtigenden Worte

Trotz _____

_____

_____ war er zutiefst empört.

150. diese Umstände

Unter _____

sollten wir möglichst schnell handeln.

151. sich

Wir haben _____ schon gefragt, wo du

steckst!

152. gehen

Wenn du nicht so früh nach Hause

_____, hättest du das

Feuerwerk auch gesehen.

153. sehen

Nachdem er die Wohnung

_____, unterschrieb er

begeistert den Mietvertrag.

154. sein

Wenn er sich jetzt sehen könnte, _____

er peinlich berührt.

155. geeignetes Werkzeug

Mangels _____

_____ konnte er die Reparatur

nicht durchführen.

Sprachbeherrschung

Ein Wort fällt aus der Reihe

In diesem Abschnitt steht Ihr Sprachgefühl auf dem Prüfstand.

Pro Aufgabe erhalten Sie fünf Wörter, wovon vier sich in einer gewissen Weise entsprechen. Ein Begriff passt nicht in die Reihe – bitte markieren Sie den zugehörigen Lösungsbuchstaben.

Hierzu ein Beispiel

Aufgabe

1.

    A. Motorrad
    B. Personenkraftwagen
    C. Lastkraftwagen
    D. Traktor
    E. Rose

Antwort

    (E.) Rose

Bei den ersten vier Antworten handelt es sich um Kraftfahrzeuge. Bei der fünften Antwort handelt es sich um eine Pflanze. „Rose" passt nicht – Lösungsbuchstabe ist daher das E.

Ein Wort fällt aus der Reihe

Bearbeitungszeit 7½ Minuten

Bearbeiten Sie bitte die folgenden Aufgaben, indem Sie den Lösungsbuchstaben des aus der Reihe fallenden Wortes markieren.

156.

A. bitter
B. giftig
C. süß
D. sauer
E. salzig

157.

A. bald
B. demnächst
C. danach
D. später
E. jetzt

158.

A. Rechteck
B. Dreieck
C. Sechseck
D. Viereck
E. Kreis

159.

A. springen
B. schwimmen
C. fliegen
D. rennen
E. sitzen

160.

A. unentschlossen
B. zurückhaltend
C. zaudernd
D. dumm
E. abwartend

161.

A. eindrucksvoll
B. ungeschickt
C. beeindruckend
D. ungewöhnlich
E. imposant

162.

A. identisch
B. ideell
C. gleich
D. übereinstimmend
E. kongruent

163.

A. Flugzeug
B. Pilot
C. Kerosin
D. Motor
E. fliegen

164.

A. Komitee
B. Ausschuss
C. Empfang
D. Gremium
E. Kommission

165.

A. erklecklich
B. beträchtlich
C. außerordentlich
D. unerheblich
E. immens

166.

   A. Barhocker

   B. Lehne

   C. Bank

   D. Klappstuhl

   E. Sofa

167.

   A. beobachten

   B. zuschauen

   C. gucken

   D. erblicken

   E. erfahren

168.

   A. Wochentag

   B. Monat

   C. Februar

   D. Jahr

   E. Stunde

169.

   A. bald

   B. beinahe

   C. kaum

   D. fast

   E. nahezu

170.

   A. Treppe

   B. Eingangstür

   C. Fenster

   D. Boden

   E. Büro

Sprachbeherrschung

Textverständnis: Inhalte wiedergeben *Lesezeit 5 Minuten*

Bitte lesen Sie sich den folgenden Text in den nächsten 5 Minuten aufmerksam durch und prägen Sie sich alle wichtigen Aussagen ein. Anschließend sind einige Fragen zum Inhalt schriftlich zu beantworten.

Anatomie des Menschen: Knochen und Gelenke

Menschliche Knochen sind enorm belastungsfähig und dabei erstaunlich leicht. Vom drei Millimeter langen Innenohr- bis zum halbmetergroßen Oberschenkelknochen machen die mehr als 200 „Einzelteile" des menschlichen Skeletts zusammen nur rund 12 Prozent des Körpergewichts aus. Wo zwei oder mehr Knochen aufeinandertreffen, befinden sich Gelenke. Sie übernehmen eine schwierige Doppelaufgabe: Einerseits müssen sie die Knochen stabil aneinander koppeln, andererseits sollen sie genügend Bewegungsfreiheit bieten. Beides zugleich gelingt nur durch eine ausgefeilte Konstruktion aus verschiedenen Gewebearten: Bänder knüpfen die Gelenkknochen aneinander, Knorpel und Gelenkflüssigkeit dienen als elastische Puffer dazwischen, Muskeln initiieren Bewegungen und geben zusätzlichen Halt.

Im Lauf der Evolution hat sich für jede Belastungsform und -richtung ein geeigneter Gelenktyp herausgebildet. Scharniergelenke wie Ellenbogen und Knie kann man z. B. nur um eine Achse, Kugelgelenke wie Hüfte oder Schulter um alle drei Raumachsen drehen. Ihr komplexer Aufbau macht die Gelenke leider relativ anfällig. Nicht „konstruktionsgemäße" Drehungen oder Beugungen in die falsche Richtung können zu Knorpelschäden, Bänderdehnungen und -rissen führen.

Bearbeitungshinweis

Versuchen Sie besser nicht, den vorliegenden Text komplett auswendig zu lernen: Es geht hier nicht um Ihr „fotografisches Gedächtnis". Konzentrieren Sie sich stattdessen auf die Kernaussagen, die Sie ohne weiteres in eigenen Worten wiedergeben können, solange der Sinn gewahrt bleibt. Achten Sie bei Ihrer Antwort auf einen logischen Satzbau und eine korrekte Rechtschreibung.

Textverständnis: Inhalte wiedergeben

Beantworten Sie nun bitte die folgenden Fragen schriftlich.

171. Wodurch zeichnen sich menschliche Knochen dem Text zufolge aus?

_____

_____

_____

_____

_____

_____

_____

172. Welche Aufgaben übernehmen die Gelenke im menschlichen Körper?

_____

_____

_____

_____

_____

_____

173. Wie ist ein Gelenk aufgebaut, welche Funktionen haben die einzelnen „Bauteile"?

_____

_____

_____

_____

174. Was wird über die unterschiedlichen Gelenktypen gesagt?

175. Wie wird die Verletzungsanfälligkeit von Gelenken eingeschätzt?

Fremdsprachenkenntnisse

Englisch: Wortbedeutungen

Bearbeitungszeit 10 Minuten

In diesem Abschnitt werden Ihre Englischkenntnisse geprüft.

Geben Sie die korrekte Bedeutung des englischen Wortes wieder, indem Sie den richtigen Lösungsbuchstaben markieren.

176. fast

A. beinahe
B. schnell
C. kaum
D. ungefähr
E. sicher

177. responsible

A. aufnahmefähig
B. verantwortlich
C. fleißig
D. entschlossen
E. umstritten

178. to hide

A. verzögern
B. aufsteigen
C. abschwächen
D. verbergen
E. bemängeln

179. attention

A. Anbindung
B. Aufmerksamkeit
C. Unterbrechung
D. Einstellung
E. Absicht

180. relation

A. Beziehung
B. Entsprechung
C. Auswahl
D. Vertrauen
E. Verspätung

181. deal

A. Schwarzmarkt
B. Versicherung
C. Wahl
D. Verbrechen
E. Abkommen

182. intention

A. Beachtung
B. Absicherung
C. Klarheit
D. Verhandlung
E. Absicht

183. to brake

A. stören
B. beugen
C. biegen
D. bremsen
E. brechen

184. law

   A. Gesetz

   B. Erniedrigung

   C. Lüge

   D. Liege

   E. Rasen

185. ridiculous

   A. ritterlich

   B. extrem

   C. lächerlich

   D. herausragend

   E. unsicher

186. contract

   A. Zusammenfassung

   B. Berührung

   C. Abteilung

   D. Vertrag

   E. Belohnung

187. bean

   A. Aufenthalt

   B. Fliege

   C. Exil

   D. Knochen

   E. Bohne

188. eventually

   A. möglicherweise

   B. schließlich

   C. festlich

   D. gelegentlich

   E. unabhängig

189. conscience

   A. Gewissen

   B. Bewusstsein

   C. Übereinstimmung

   D. Selbstsicherheit

   E. Wachsamkeit

190. incident

   A. Entscheidung

   B. Entzündung

   C. Unentschlossenheit

   D. Vorfall

   E. Auffälligkeit

191. to harm

   A. vergnügen

   B. übereinstimmen

   C. verehren

   D. schaden

   E. vermeiden

192. unable

   A. unnahbar

   B. unvollständig

   C. unfähig

   D. unklar

   E. unbeschwert

193. to carry something

   A. etwas sammeln

   B. etwas tragen

   C. etwas vermeiden

   D. etwas kaufen

   E. sich an etwas erinnern

194. obvious

   A. verdächtig

   B. abwegig

   C. offensichtlich

   D. unentschlossen

   E. absurd

195. brief

   A. entfernt

   B. kurz

   C. schriftlich

   D. persönlich

   E. geschickt

Fremdsprachenkenntnisse

Englisch: Sätze vervollständigen

Aufgabenerklärung

Finden Sie heraus, welche Wörter in die Leerstellen eingesetzt werden müssen, damit sich ein sinnvoller Satz ergibt.

Hierzu ein Beispiel

Aufgabe

1. His _____ car is new. How much _____ it cost?

   A. fathers | is
   B. father's | did
   C. feather's | have
   D. furthers | has been
   E. father's | had been

Antwort

   (B.) father's | did

His father's car is new. How much did it cost?

Da Genitiven im Englischen ein „s" mit Apostroph angehängt wird, kommen nur die Möglichkeiten B, C und E in Frage. „Feather" bedeutet jedoch „Feder" und nicht etwa „Vater": Somit scheidet Satz C aus. Für die zweite Leerstelle gibt es überhaupt nur einen korrekten Vorschlag, nämlich „did": „How much is it cost?" (Antwort A) ist keine korrekte Frage, und auch „have" (Antwort C) liegt grammatikalisch falsch, da es nicht zum Subjekt „it" in der 3. Person passt. Setzt man „has been" oder „had been" ein, ist zum einen der Satzbau falsch („How much has/have been it cost?"), zum anderen stimmen die Zeitformen – present perfect progressive und past perfect progressive, beides Verlaufsformen – nicht mit „cost" überein, das nicht in einer Verlaufsform steht.

Englisch: Sätze vervollständigen

Bearbeitungszeit 10 Minuten

Bearbeiten Sie bitte die folgenden Aufgaben, indem Sie den Lösungsbuchstaben des in die Lücke einzusetzenden Ausdrucks markieren.

196. _____, the better he feels.

 A. If he earns more money
 B. When he earns more money
 C. More money he earns
 D. The more money he earns
 E. He makes more money

197. Yesterday he read _____.

 A. a first ten pages
 B. the first ten pages
 C. ten pages the first
 D. the ten pages first
 E. first ten the pages

198. Are you on this market to _____?

 A. sell or to buy
 B. buy or to fly
 C. black or white
 D. cell or to by
 E. sink or to cry

199. She can't understand how Tom could have made _____.

 A. such a big mistake
 B. such big the mistake
 C. so big mistake
 D. so a big mistake
 E. Keine Antwort ist richtig.

200. While I _____ outside I saw a bird.

 A. looking
 B. watched
 C. was looking
 D. were watching
 E. am seeing

201. Your sister used to visit Lionel quite often, _____?

 A. didn't she
 B. wouldn't she
 C. doesn't she
 D. haven't she
 E. Keine Antwort ist richtig.

202. _____ must David stay at home? – The next three days.

 A. Why
 B. Who
 C. How long
 D. Where
 E. Might

203. Mark says it's _____ to find a new apartment.

 A. easy enough
 B. enough easy
 C. enough as easy
 D. easy as enough
 E. as easy as enough

204. They have a _____ daughter.

A. three years old

B. three-years-old

C. three year olds

D. three-year-old

E. three year old

205. Here is your shirt. Put _____!

A. it on

B. on it

C. off it

D. it down

E. Keine Antwort ist richtig.

206. David said the concert was very _____.

A. of excitement

B. exercised

C. excited

D. exciting

E. Keine Antwort ist richtig.

207. _____ this book cost? Is it _____?

A. What | cheap

B. How expensive | sheep

C. How many does | cheap

D. How much does | cheap

E. How cheap does | much

208. Yesterday, I _____ a book _____ sports.

A. read | with

B. wrote | over

C. bought | about

D. carry | in

E. saw | by

209. _____ rain, we'll go inside.

A. If it

B. When it is

C. In case of

D. On appear by

E. At this

210. Mandy and Tom _____ out every day.

A. are using to go

B. were using to go

C. were used to go

D. used to go

E. Keine Antwort ist richtig.

211. Sara told her mother that she didn't have _____ today.

A. many homeworks

B. much homeworks

C. much homework

D. many homework

E. Keine Antwort ist richtig.

212. A few of _____ are going to the club.

A. mens

B. us men

C. we mans

D. ours men

E. we men

213. _____ you like to visit us, since your husband isn't at home this weekend?

A. Will

B. Won't

C. Wouldn't

D. Want

E. Does

214. She would have paid _____ for her new dress.

A. as much twice

B. times two

C. much twice

D. twice as much

E. Keine Antwort ist richtig.

215. _____ a cat on the chair.

A. He's

B. They're

C. Theirs

D. There's

E. Keine Antwort ist richtig.

Fremdsprachenkenntnisse

Englisch: Sätze übersetzen   *Bearbeitungszeit 10 Minuten*

Wie lautet der vorgegebene deutsche Satz auf Englisch? Bearbeiten Sie bitte die folgenden Aufgaben, indem Sie den Lösungsbuchstaben der korrekten Übersetzung markieren.

216. Entschuldigen Sie bitte, wie viel Uhr ist es?

A. I'm sorry, what is the watch?

B. Excuse me, please, what time is it?

C. Excuse me, please, how much time is it?

D. Execute me, please, how many watches are there?

E. Excuse me, please, what is your name?

217. Was kostet das Buch?

A. Where did the book cost?

B. How does the book cost?

C. Where is the library?

D. Why did you get this book?

E. What does the book cost?

218. Es ist mir egal.

A. I care not.

B. For me its equal.

C. I dont mind.

D. I don't care.

E. Keine Antwort ist richtig.

219. Wo ist die nächste Bushaltestelle für den Bus zum Flughafen?

A. Who is the next bus station for the bus to the fly harbour?

B. How I get the bus stand for the airport?

C. Which line bus guides to the airport?

D. Where is the next bus stop for the bus line to the airport?

E. What bus goes to the central station?

220. Es tut mir leid, aber die Ware ist bereits ausverkauft.

A. It makes me sorry, but the ware is ready out selled.

B. I'm sorry, but the goods were sold.

C. I'm sorry, but the goods are already sold out.

D. Are you sorry, you have sold out the goods?

E. I'm glad, you haven't sold out the goods.

221. Du solltest einen Regenschirm mitnehmen, weil es regnen wird.

A. You should take an umbrella, because it is going to rain.

B. You must take an umbrella, while it is going to rain.

C. Because you take an umbrella, it will rain.

D. You must not take an umbrella, because it will rain.

E. We took the umbrella, not to get wet, if it rains.

222. Fahren Sie bitte an der nächsten Kreuzung rechts.

A. Please turn right at the next crossway.

B. The next turn crossways at right please.

C. Next crossways please right at the turn.

D. At the turn please crossways right next.

E. Next crossways right please turn at the.

223. **Wir haben bereits gestern darüber geredet.**

   A. Already yesterday talked about it we have.
   B. Talked about it yesterday have we already.
   C. Have we talked it about already yesterday?
   D. We already talked about it yesterday.
   E. We have already yesterday about talked.

224. **Bei gutem Wetter sind der Himmel und das Meer blau.**

   A. Blue are the sky and the lake in good weather.
   B. The sea and the sky are blue in weather good.
   C. The blue and the sea sky are weather in good.
   D. And blue the sea sky are in weather the good.
   E. In good weather, the sky and the sea are blue.

225. **Während Thomas schlief, hat jemand sein Gepäck geklaut.**

   A. When Thomas is sleeping, somebody stole his package.
   B. While Thomas was sleeping, somebody stealed his baggage.
   C. While Thomas was sleeping, somebody stole his baggage.
   D. Thomas lost his baggage during the flight.
   E. Thomas was stealing somebody's baggage, when he sleeps.

226. **Wo ein Wille ist, ist auch ein Weg.**

   A. Where there's a Will, there's a way.
   B. Where's a will, there's away.
   C. Where there's a will, there's a way.
   D. Where a want is, is a way.
   E. Keine Antwort ist richtig.

227. **Besser spät als nie.**

   A. Better late than never.
   B. Better late as never.
   C. Better late then never.
   D. Batter late as never.
   E. Keine Antwort ist richtig.

228. **Ich bekomme eine gute Note.**

   A. I become a good note.
   B. I get a good note.
   C. I get a good grade.
   D. I become a good grade.
   E. Keine Antwort ist richtig.

229. **Was können Sie mir auf der Speisenkarte empfehlen?**

   A. What recommend you from the menu?
   B. What can you me recommend on the menu?
   C. What can you recommend me from the menu?
   D. What do you recommend from the menu?
   E. What especially be can on the recommended menu?

230. Man sollte für Prüfungen immer gut vorbereitet sein.

A. You have to prepare yourself good for Testings.

B. Man should him check better for Tests.

C. You should always be well prepared for an exam.

D. You should always be good prepared for an exam.

E. Never prepare for an exam.

231. Das hängt vom Wetter ab.

A. That hangs apart from the weather.

B. That deepens from the weather.

C. That depends on the weather.

D. That departs from the wether.

E. Keine Antwort ist richtig.

232. Nehmen Sie Platz!

A. Take a place!

B. Take a seat!

C. Get a seed!

D. Accept a seat!

E. Keine Antwort ist richtig.

233. Wie kommst du denn auf so etwas?

A. How you get this idea?

B. Whatever gave you that idea?

C. How you come on this idea?

D. Where do you find that idea?

E. Do you have a big fantasy?

234. Hatten Sie eine gute Reise?

A. A journey good have had you?

B. Have you had a good journey?

C. Have had you a journey good?

D. You had have a good journey?

E. Had have a journey good you?

235. Entschuldigen Sie bitte, kann ich auch mit Kreditkarte zahlen?

A. Excuse me, can I pay with credit card?

B. Excuse me, can I pay by credit card?

C. Excuse me, but you have to pay by credit card!

D. Excuse me, do you have a credit card?

E. Excuse me, can I pay by creditcard?

Geschafft – Sie haben die Prüfung abgeschlossen!

Alle Lösungen finden Sie im mitgelieferten Lösungsbuch.

Einstellungstest
Bundeswehr

Prüfung 3

Mathematik

Bearbeitungszeit: **210 Minuten**

Hilfsmittel: Bleistift, Radiergummi, Schmierpapier

Alle Lösungen mit Bearbeitungstipps und Kommentaren
finden Sie im mitgelieferten Lösungsbuch.

Bearbeitungshinweise

Die Bearbeitungszeit der vorliegenden Prüfung beträgt insgesamt ca. 3½ Stunden.

Zu jeder Aufgabengruppe erhalten Sie die jeweils vorgesehene Bearbeitungszeit und Erklärungen zur Aufgabenstellung. Lesen Sie sich diese Hinweise gründlich durch, damit Sie die Aufgaben richtig bearbeiten und lösen können.

Markieren Sie bitte bei jeder Multiple-Choice-Aufgabe einen Lösungsbuchstaben (in der Regel A, B, C, D oder E) mit Bleistift. Bei allen Multiple-Choice-Aufgaben stimmt nur jeweils ein Lösungsvorschlag, Mehrfach-Antworten werden als falsch gewertet.

Hierzu ein Beispiel:

Aufgabe

1. **Wie viel ergibt 4 × 3?**
    - A. 12
    - B. 17
    - C. 19
    - D. 10
    - E. Keine Antwort ist richtig.

Antwort

 12

Um eine Antwort nachträglich zu korrigieren, dürfen Sie die entsprechende Markierung innerhalb der Bearbeitungszeit vorsichtig ausradieren und einen neuen Lösungsvorschlag markieren.

Wenn Sie die Aufgaben einer Aufgabengruppe vor Ablauf der Bearbeitungszeit gelöst haben, dürfen Sie innerhalb dieser Aufgabengruppe zurückblättern, um Ihre Antworten noch einmal zu überprüfen. Das Umblättern zu anderen Aufgabengruppen ist jedoch nicht erlaubt!

Innerhalb eines Aufgabenbereichs stehen in der Regel die einfachen Fragen am Anfang und die schwereren am Ende. Bearbeiten Sie die Fragen schnell und sorgfältig – aber behalten Sie die Ruhe, wenn Sie die eine oder andere Aufgabe aus zeitlichen Gründen nicht lösen können. Berücksichtigen Sie, dass dieser Test so zusammengestellt ist, dass kaum jemand in der angesetzten Bearbeitungszeit alle Aufgaben richtig lösen kann. Halten Sie sich nicht übermäßig lange mit Aufgaben auf, die Ihnen schwerfallen.

Bitte nutzen Sie außer Bleistift, Radiergummi und Notizpapier keine weiteren Hilfsmittel.

Mathematik

Grundrechenarten

Die Aufgaben sind **unter Zeitdruck** und **ohne Taschenrechner** zu lösen, **unter Berücksichtigung der Punkt-vor-Strich-Regel**.

Bearbeiten Sie bitte die folgenden Aufgaben, indem Sie jeweils das richtige Ergebnis in das Lösungsfeld eintragen.

1. $0,01 + 0,03 + 4,31 - 0,2 =$ _____

2. $314 + 17,2 - 7,4 =$ _____

3. $243,5 - 14 \times 3 =$ _____

4. $(2 \div 2) \times 2 \times 2 + 8 =$ _____

5. $(25 + 7) \times (0,7 \times (2 - 2)) =$ _____

6. $4,32 \times 5 \div 3 =$ _____

7. $5,6 \div (4,5 + 3,5) \times 9 =$ _____

8. $6,1 + 4,9 \div 7 - 5,4 =$ _____

9. $57,6 \div 2 \div 4 \div 9 =$ _____

10. $8,7 \div 30 + 0,71 + 27,5 =$ _____

11. $65,5 \div 5 - 3,9 + 4,4 =$ _____

12. $52,5 - 13,6 + 16,8 \times 2 =$ _____

13. $(12,6 - 237 + 349) \div 2 =$ _____

14. $9,99 \div ((6,7 - 2,2) \div 1,5) =$ _____

15. $8,85 - (1,35 + 2,75) \times 2 =$ _____

16. $((64 + 5 \times 3) + 3) \div 5 =$ _____

17. $(2,75 + (139 - 13) \div 2) \div 5 =$ _____

18. $7,65 + 3 \div 5 + 0,45 =$ _____

19. $72 \div 8 \times 1,5 + 1,5 =$ _____

20. $(3,1 + 1,72 - 0,5) \div 2 =$ _____

Mathematik

Bruchrechnen *Bearbeitungszeit 20 Minuten*

In diesem Abschnitt werden die wesentlichen Zusammenhänge der Bruchrechnung überprüft, wobei der Bruchstrich nichts anderes als ein Teilungszeichen darstellt.

Beantworten Sie bitte die folgenden Aufgaben, indem Sie jeweils den richtigen Buchstaben markieren.

21. $4\dfrac{8}{4} = ?$

    A. 4
    B. 6
    C. 8
    D. 10
    E. Keine Antwort ist richtig.

22. $\dfrac{4}{2} + \dfrac{1}{3} = ?$

    A. 2
    B. $2\dfrac{1}{3}$
    C. 2,5
    D. $2\dfrac{2}{3}$
    E. Keine Antwort ist richtig.

23. $\dfrac{3}{5} \div 5 = ?$

    A. $\dfrac{3}{25}$
    B. 3
    C. $\dfrac{3}{1}$
    D. $\dfrac{15}{25}$
    E. Keine Antwort ist richtig.

24. $\dfrac{3}{4} - \dfrac{1}{3} = ?$

    A. $\dfrac{5}{12}$
    B. $\dfrac{2}{1}$
    C. $\dfrac{2}{4}$
    D. $\dfrac{4}{4}$
    E. Keine Antwort ist richtig.

25. $\dfrac{1}{4} \div \dfrac{1}{2} = ?$

    A. $\dfrac{1}{4}$
    B. $\dfrac{1}{2}$
    C. $\dfrac{3}{4}$
    D. $\dfrac{4}{4}$
    E. Keine Antwort ist richtig.

26. $\dfrac{3}{5} = ?$

    A. 0,3

    B. 0,50

    C. 0,6

    D. 1,3

    E. Keine Antwort ist richtig.

27. $\dfrac{3}{5} \times \dfrac{3}{8} = ?$

    A. $\dfrac{3}{40}$

    B. $\dfrac{3}{20}$

    C. $\dfrac{3}{4}$

    D. $\dfrac{9}{40}$

    E. Keine Antwort ist richtig.

28. $\dfrac{1}{4} + \dfrac{1}{2} = ?$

    A. $\dfrac{1}{4}$

    B. $\dfrac{2}{4}$

    C. $\dfrac{3}{4}$

    D. $\dfrac{4}{4}$

    E. Keine Antwort ist richtig.

29. $\dfrac{8}{4} \times \dfrac{3}{2} = ?$

    A. 1

    B. 2

    C. 3

    D. 4

    E. Keine Antwort ist richtig.

30. $2\dfrac{1}{4} + 3\dfrac{6}{8} = ?$

    A. $5\dfrac{1}{2}$

    B. $4\dfrac{1}{4}$

    C. 6

    D. 6,8

    E. 5,7

31. $\dfrac{3}{6} \div \dfrac{7}{4} = ?$

    A. $\dfrac{10}{21}$

    B. $\dfrac{7}{24}$

    C. $\dfrac{21}{1,5}$

    D. $\dfrac{2}{7}$

    E. Keine Antwort ist richtig.

32. $\dfrac{7}{2} - \dfrac{3}{3} = ?$

    A. $\dfrac{2}{3}$

    B. 3

    C. $\dfrac{5}{2}$

    D. $\dfrac{3}{2}$

    E. Keine Antwort ist richtig.

33. $\dfrac{24}{7} - \dfrac{2}{5} = ?$

    A. $3\dfrac{1}{35}$

    B. $2\dfrac{3}{4}$

    C. $\dfrac{96}{35}$

    D. $4\dfrac{1}{7}$

    E. Keine Antwort ist richtig.

34. $3\dfrac{3}{4} \times 2\dfrac{1}{3} = ?$

    A. 9,75

    B. 9,5

    C. 10,5

    D. 8,75

    E. Keine Antwort ist richtig.

35. $3\dfrac{3}{4} \div 2\dfrac{1}{3} = ?$

    A. 1,51

    B. 1,61

    C. 2,61

    D. 8,75

    E. Keine Antwort ist richtig.

36. $3\dfrac{3}{4} + 2\dfrac{1}{3} = ?$

    A. Rund 6,75

    B. Rund 6,08

    C. Rund 8,95

    D. Rund 8,75

    E. Keine Antwort ist richtig.

37. $3\dfrac{4}{5} + 4,5 = ?$

    A. $8\dfrac{3}{10}$

    B. $5\dfrac{4}{5}$

    C. 8,25

    D. $7\dfrac{4}{9}$

    E. Keine Antwort ist richtig.

38. $4\dfrac{1}{3} \times \dfrac{1}{4} = ?$

    A. $4\dfrac{1}{4}$

    B. $4\dfrac{1}{3}$

    C. $1\dfrac{1}{12}$

    D. $4\dfrac{1}{12}$

    E. Keine Antwort ist richtig.

39. $4\frac{2}{4}-\frac{1}{3}=?$

   A. $4\frac{4}{7}$

   B. $4\frac{1}{6}$

   C. $\frac{4}{7}$

   D. $4\frac{2}{1}$

   E. Keine Antwort ist richtig.

40. $\left(2\frac{1}{2}+2\frac{2}{4}\right)\div\left(8-1\frac{4}{2}\right)=?$

   A. 0,5

   B. $4\frac{3}{6}$

   C. $\frac{6}{6}$

   D. $4\frac{1}{4}$

   E. Keine Antwort ist richtig.

Mathematik

Kopfrechnen   *Bearbeitungszeit 20 Minuten*

Bei dieser Aufgabe geht es darum, einfache Rechnungen im Kopf zu lösen.

Bitte benutzen Sie **keinen Taschenrechner** und machen Sie **keine schriftlichen Nebenrechnungen**!

Beantworten Sie bitte die folgenden Aufgaben, indem Sie jeweils den richtigen Buchstaben markieren.

41. $5.400 - 8 + 608 = ?$

    A. 5.992
    B. 5.999
    C. 6.000
    D. 6.012
    E. 6.100

42. $38.420 \times \dfrac{1}{10} = ?$

    A. 3.844
    B. 3.842
    C. 3.840
    D. 8.420
    E. 3.420

43. $33 \div \dfrac{1}{3} = ?$

    A. 10
    B. 11
    C. 999
    D. 99
    E. 9

44. $8 - 4 + 3 \times 4 = ?$

    A. 4
    B. 16
    C. 18
    D. 28
    E. Keine Antwort ist richtig.

45. $20 \div 0,5 + 20 = ?$

    A. 30
    B. 40
    C. 50
    D. 60
    E. Keine Antwort ist richtig.

46. $567.616 - 564.854 = ?$

    A. 2.662
    B. 2.762
    C. 2.862
    D. 3.762
    E. Keine Antwort ist richtig.

47. $-4^2 = ?$

    A. −8
    B. 16
    C. 8
    D. −16
    E. Keine Antwort ist richtig.

48. $20 \times 0,5 + 20 = ?$

    A. 30
    B. 40
    C. 50
    D. 60
    E. Keine Antwort ist richtig.

49. $6 - (3 + 2) \times 3 = ?$

   A. 3
   B. 15
   C. -9
   D. -15
   E. Keine Antwort ist richtig.

50. **Wie lautet die Quadratzahl von 16?**

   A. 32
   B. 225
   C. 196
   D. 256
   E. Keine Antwort ist richtig.

51. $12 - 6 \div 2 \times 4 = ?$

   A. 0
   B. 6
   C. 12
   D. -10
   E. Keine Antwort ist richtig.

52. $(-4) \times 2 - (-3) \times 4 = ?$

   A. 4
   B. 20
   C. -20
   D. -56
   E. Keine Antwort ist richtig.

53. $(-8) \times 3 + (-5) \times 7 = ?$

   A. 59
   B. 11
   C. -11
   D. -59
   E. Keine Antwort ist richtig.

54. $8.648 + 9.576 + 978 = ?$

   A. 18.304
   B. 18.302
   C. 19.202
   D. 20.202
   E. Keine Antwort ist richtig.

55. $827.614 - 794.852 = ?$

   A. 31.762
   B. 32.262
   C. 32.762
   D. 32.862
   E. Keine Antwort ist richtig.

56. $12.082 + 2.376 + 156 = ?$

   A. 14.304
   B. 14.614
   C. 15.202
   D. 16.614
   E. Keine Antwort ist richtig.

57. $9 - (2 + 4) \times 4 = ?$

   A. -15
   B. -9
   C. 12
   D. 44
   E. Keine Antwort ist richtig.

58. $(7 - (4 + 2)) \times 4 = ?$

   A. -9
   B. 4
   C. 9
   D. 15
   E. Keine Antwort ist richtig.

59. $-4^3 = ?$

   A. −64

   B. −12

   C. 12

   D. 64

   E. Keine Antwort ist richtig.

60. $(-6) \times 3 + 4 \times (-4) - 3 = ?$

   A. −59

   B. −53

   C. 37

   D. −37

   E. Keine Antwort ist richtig.

Mathematik

Maßeinheiten umrechnen

Beantworten Sie bitte die folgenden Aufgaben, indem Sie jeweils den richtigen Buchstaben markieren.

61. Der Abstand zwischen zwei Schienenkör-
pern wird als „Spurweite" bezeichnet und
beträgt 1.435 mm. Wie viele Dezimeter
sind das?

   A. 1,435 dm

   B. 14,35 dm

   C. 0,1435 dm

   D. 143,5 dm

   E. Keine Antwort ist richtig.

62. Herr Müller möchte ein neues Logistikzent-
rum bauen lassen und benötigt dafür eine
Grundfläche von 100 m × 80 m. Wie vielen
Quadratmetern entspricht das?

   A. 800 m²

   B. 8.000 m²

   C. 80.000 cm²

   D. 800.000 cm²

   E. Keine Antwort ist richtig.

63. Wie viele Milligramm sind 0,078 Gramm?

   A. 78

   B. 7,8

   C. 780

   D. 0,78

   E. Keine Antwort ist richtig.

64. Die Entfernung zwischen zwei Orten beträgt 41,5 km. Wie viele Meter sind das?

   A. 4.150 m

   B. 41.500 m

   C. 415.000 m

   D. 4.150.000 m

   E. Keine Antwort ist richtig.

65. Die Tragkraft einer Hebebühne beträgt
1,05 Tonnen. Wie vielen Kilogramm entspricht das?

   A. 105 kg

   B. 1.050 kg

   C. 1.500 kg

   D. 15.000 kg

   E. Keine Antwort ist richtig.

66. Wie viele Gramm sind 79,8 Kilogramm?

   A. 798

   B. 7.980

   C. 15.960

   D. 79.800

   E. Keine Antwort ist richtig.

67. Wie viele Hektoliter sind 416 Liter?

   A. 4.160

   B. 41.600

   C. 8,32

   D. 4,16

   E. Keine Antwort ist richtig.

68. Herr Mayer hat noch einen Rest an Dollars
aus seinem letzten Urlaub. Nun möchte er
die 2.600 Dollar in Euro tauschen. Die Bank
bietet ihm einen Rückkaufkurs von 1 € =
1,60 $ an. Wie viel Euro bekommt Herr
Mayer von der Bank?

   A. 1.400 €

   B. 1.600 €

   C. 1.625 €

   D. 1.700 €

   E. Keine Antwort ist richtig.

69. Wie viele Deziliter sind 0,25 Liter?

    A. 250

    B. 25

    C. 2,5

    D. 5

    E. Keine Antwort ist richtig.

70. Im Nachbarort wird ein 1,7 Hektar großes Gewerbegrundstück angeboten. Wie vielen Quadratmetern entspricht das?

    A. 1.700 m²

    B. 11.700 m²

    C. 17.000 m²

    D. 117.000 m²

    E. Keine Antwort ist richtig.

71. Wie viele Zentner sind 425 Kilogramm?

    A. 8,5

    B. 85

    C. 42,5

    D. 4,25

    E. Keine Antwort ist richtig.

72. Wie viele Quadratmeter sind 3,5 Quadratkilometer?

    A. 3.500

    B. 3.500.000

    C. 35.000

    D. 35.000.000

    E. Keine Antwort ist richtig.

73. Wie viele Tonnen sind 82 Zentner?

    A. 0,82

    B. 41

    C. 4,1

    D. 8,2

    E. Keine Antwort ist richtig.

74. Wie viele Stunden sind 32 Minuten und 240 Sekunden?

    A. 0,75

    B. 0,66

    C. 0,6

    D. 0,8

    E. Keine Antwort ist richtig.

75. Eine Hebebühne ist 1,80 m lang und 2,40 m breit. Wie groß ist die Bühnenfläche?

    A. 43,2 cm²

    B. 432 cm²

    C. 4.320 cm²

    D. 43.200 cm²

    E. Keine Antwort ist richtig.

76. Wie viele Kubikdezimeter sind 3,45 Liter?

    A. 0,0345

    B. 3,45

    C. 0,345

    D. 34,5

    E. Keine Antwort ist richtig.

77. Wie viele Quadratkilometer sind 45,6 Hektar?

    A. 0,0456

    B. 456

    C. 0,456

    D. 4,56

    E. Keine Antwort ist richtig.

78. Wie viele Meter pro Sekunde sind 75 Kilometer pro Stunde?

    A. 20,83

    B. 7,5

    C. 22,5

    D. 18

    E. Keine Antwort ist richtig.

79. Bei einem Gewitter wurde laut Wetteramt eine Niederschlagshöhe von 41,5 mm pro Stunde erreicht. Wie viele Liter Wasser gingen demnach stündlich auf einen Quadratmeter nieder?

A. 0,415

B. 4,15

C. 41,5

D. 415

E. Keine Antwort ist richtig.

80. Ein Floh ist 2 Millimeter groß und springt 40 Zentimeter weit. Wie weit könnte ein 1,80 Meter großer Mensch springen, wenn das Verhältnis von Körpergröße zu Sprungkraft dasselbe wäre?

A. 360 m

B. 72 m

C. 3,6 km

D. 720 dm

E. Keine Antwort ist richtig.

Mathematik

Dreisatz

Beantworten Sie bitte die folgenden Aufgaben, indem Sie jeweils den richtigen Buchstaben markieren.

81. Für die Kundschaft liegen Überweisungs-vordrucke aus. Bei einem täglichen Ver-brauch von 200 Vordrucken reicht der Vor-rat für 20 Tage. Wie lange würde der Vorrat reichen, wenn der tägliche Verbrauch auf 400 steigen würde?

    A. 5 Tage

    B. 10 Tage

    C. 15 Tage

    D. 20 Tage

    E. Keine Antwort ist richtig.

82. In einer Goldmine werden aus einer Tonne Erz sechs Gramm Gold gewonnen. Wie viel Tonnen Erz werden für drei kg Gold benötigt?

    A. 500 t

    B. 550 t

    C. 600 t

    D. 625 t

    E. Keine Antwort ist richtig.

83. Die alte Produktionshalle soll einen neuen Industrieboden bekommen. Die Halle ist 8 m breit und 12 m lang. Der ausgewählte Spezialboden kostet insgesamt 11.520 €. Was kostet der Quadratmeter?

    A. 80 €

    B. 90 €

    C. 110 €

    D. 120 €

    E. Keine Antwort ist richtig.

84. Herr Mayer benötigt für die Produktion von Ersatzteilen ein bestimmtes Blech. 100 Ersatzteile erfordern 1,5 Tonnen dieses Blechs. Wie viel Blech benötigt er für einen Kundenauftrag von 140 Ersatzteilen?

    A. 1.600 kg

    B. 1.700 kg

    C. 2.100 kg

    D. 2.600 kg

    E. Keine Antwort ist richtig.

85. Drei Maler brauchen 1,5 Stunden, um eine Fläche von 63 Quadratmetern zu streichen. Wie lange brauchen fünf Maler dafür?

    A. 60 Minuten

    B. 54 Minuten

    C. 48 Minuten

    D. 36 Minuten

    E. Keine Antwort ist richtig.

86. Ein Schiff ist im Packeis eingeschlossen. Die Lebensmittelvorräte reichen den 72 Besatzungsmitgliedern noch für 15 Tage. Wie lange würden die Vorräte für 90 Mit-glieder reichen?

    A. 12 Tage

    B. 18 Tage

    C. 11,5 Tage

    D. 10 Tage

    E. Keine Antwort ist richtig.

87. Vor seinem Flug nach London kauft Herr Möller für 230 € 195,50 Britische Pfund. Wie viele Pfund erhielte er für 500 €?

A. 425,00 Pfund

B. 421,20 Pfund

C. 418,50 Pfund

D. 415,90 Pfund

E. Keine Antwort ist richtig.

88. In einer Kantine wird von 120 Mitarbeitern in 5 Tagen 216 kg Obst verzehrt. Wie viel Kilogramm Obst würden im gleichen Zeitraum verbraucht, wenn die Belegschaft um 10 Personen größer wäre?

A. 222 kg

B. 230 kg

C. 234 kg

D. 242 kg

E. Keine Antwort ist richtig.

89. Um eine Fläche zu dekorieren, werden 12 Meter eines Stoffes von 1,50 m Breite gebraucht. Wie viel Meter werden benötigt, wenn dieser Stoff nur in einer Breite von 1,20 m verfügbar ist?

A. 10 m

B. 12 m

C. 15 m

D. 20 m

E. Keine Antwort ist richtig.

90. Zur Herstellung von Ersatzteilen wird ein spezielles Blech in der Produktion verwendet. Für 200 Ersatzteile werden 1,5 Tonnen dieses Bleches verbraucht. Wie viel Blech wird für einen Kundenauftrag von 120 Ersatzteilen benötigt?

A. 900 kg

B. 1.100 kg

C. 1.200 kg

D. 1.500 kg

E. Keine Antwort ist richtig.

91. Für einen Kundenauftrag benötigen sechs Mitarbeiter 50 Stunden. Wie viele Mitarbeiter müssten eingesetzt werden, um nach 20 Stunden fertig zu werden?

A. 12 Mitarbeiter

B. 13 Mitarbeiter

C. 14 Mitarbeiter

D. 15 Mitarbeiter

E. Keine Antwort ist richtig.

92. Herrn Mayers Lieferwagen verbraucht im Durchschnitt 10 l Benzin auf 100 km. Wie viel Benzin verbraucht Herr Mayer pro Monat, wenn er monatlich an 22 Werktagen jeweils 60 km unterwegs ist?

A. 85 l

B. 128 l

C. 132 l

D. 156 l

E. Keine Antwort ist richtig.

93. Zum Abladen eines Sattelzuges setzt Herr Mayer gewöhnlich zehn Arbeiter gleichzeitig ein, die sechs Stunden benötigen. Wegen eines Engpasses kann Herr Mayer dieses Mal nur sechs Arbeiter zum Abladen einsetzen. Wie viel Stunden benötigen sechs Arbeiter für die gleiche Arbeit?

A. 8

B. 10

C. 12

D. 14

E. Keine Antwort ist richtig.

94. 12 Pferde fressen pro Woche 504 kg Heu. Wie viel Heu frisst ein Pferd in 30 Tagen?

A. 160 kg

B. 1.400 kg

C. 140 kg

D. 180 kg

E. Keine Antwort ist richtig.

95. Für die Fertigstellung eines Auftrages werden gewöhnlich neun Mitarbeiter jeweils acht Stunden eingesetzt. Wie viele Überstunden muss jeder Mitarbeiter leisten, wenn krankheitsbedingt nur acht Mitarbeiter zu Verfügung stehen?

    A. 1
    B. 2
    C. 3
    D. 4
    E. Keine Antwort ist richtig.

96. In einer Lagerhalle werden 500 Glühbirnen mit 50 Watt Stundenleistung je Glühbirne täglich 8 Stunden eingesetzt. Um den Energieverbrauch zu senken, möchte Firmenchef Müller in Zukunft die gleiche Anzahl an Energiesparlampen mit einer Leistung von 10 Watt pro Stück nur sechs Stunden täglich einsetzen. Wie viel Kilowattstunden spart Herr Müller durch die Umstellung täglich?

    A. 170.000 kWh
    B. 170 kWh
    C. 160 kWh
    D. 150 kWh
    E. Keine Antwort ist richtig.

97. In einer Kantine wird von der Belegschaft, bestehend aus 140 Personen, in 5 Tagen 266 kg Obst verzehrt. Wie viel Kilogramm Obst würden im gleichen Zeitraum verbraucht, wenn die Belegschaft um 10 Personen aufgestockt würde?

    A. 192 kg
    B. 195 kg
    C. 285 kg
    D. 290 kg
    E. Keine Antwort ist richtig.

98. Für eine Veranstaltung werden an zwei Tagen sechs Popcornmaschinen aufgestellt. Insgesamt kommen die Maschinen dabei auf einen Stromverbrauch von 420 kWh. Wie hoch wäre der Stromverbrauch, wenn man drei Tage lang acht Maschinen betreiben würde?

    A. 800 kWh
    B. 820 kWh
    C. 840 kWh
    D. 900 kWh
    E. Keine Antwort ist richtig.

99. 3 Fliesenleger verlegen die Fliesen in einem Badezimmer in 3,5 Stunden. Wie lange benötigen 7 Fliesenleger für dieselbe Arbeit?

    A. 54 Minuten
    B. 30 Minuten
    C. 1,4 Stunden
    D. 1,5 Stunden
    E. Keine Antwort ist richtig.

100. Zum Bearbeiten von 500 Paletten werden 10 Mitarbeiter eingesetzt. Jeder Mitarbeiter schafft pro Stunde 5 Paletten. Nach fünf Stunden wird die Hälfte der Mitarbeiter für einen anderen Auftrag benötigt. Wie lange dauert die Bearbeitung der 500 Paletten insgesamt?

    A. 10 h
    B. 15 h
    C. 20 h
    D. 5 h
    E. Keine Antwort ist richtig.

Mathematik

Prozentrechnen

Bei der Prozentrechnung sind drei Größen zu beachten: der Prozentsatz, der Prozentwert und der Grundwert. Zwei dieser Größen müssen gegeben sein, um die dritte Größe berechnen zu können.

Beantworten Sie bitte die folgenden Aufgaben, indem Sie jeweils den richtigen Buchstaben markieren.

101. Herr Mayer möchte eine Maschine für 16.000 € erwerben. Wie viel Euro würde Herr Mayer bei einem Rabatt von 15 Prozent sparen?

   A. 2.440 €
   B. 2.250 €
   C. 2.400 €
   D. 2.450 €
   E. Keine Antwort ist richtig.

102. Bei der letzten Betriebsratswahl lag die Wahlbeteiligung bei 90 % und es haben 81 Beschäftigte gewählt. Wie viele wahlberechtigte Beschäftigte hatte die Firma damals?

   A. 80 wahlberechtigte Beschäftigte
   B. 82 wahlberechtigte Beschäftigte
   C. 88 wahlberechtigte Beschäftigte
   D. 90 wahlberechtigte Beschäftigte
   E. Keine Antwort ist richtig.

103. Am Betriebsausflug haben vier Mitarbeiter nicht teilgenommen. Das sind fünf Prozent der Belegschaft. Wie viele Beschäftigte hat der Betrieb?

   A. 70 Beschäftigte
   B. 75 Beschäftigte
   C. 80 Beschäftigte
   D. 85 Beschäftigte
   E. Keine Antwort ist richtig.

104. Herr Mayer möchte einen neuen Pkw für 42.000 € erwerben. Da er ein guter Kunde ist, bekommt er einen Rabatt von 15 Prozent. Wie viel spart er durch den Rabatt?

   A. 5.500 €
   B. 5.800 €
   C. 6.200 €
   D. 6.300 €
   E. Keine Antwort ist richtig.

105. Herr Mayer hat die im Lager eingesetzten Maschinen angemietet. Nach einer fünfprozentigen Mietpreiserhöhung erhöht sich der Betrag an Mietaufwand für Maschinen um 80 €. Wie hoch ist der neue Mietpreis für die Maschinen?

   A. 1.200 €
   B. 1.400 €
   C. 1.680 €
   D. 1.600 €
   E. Keine Antwort ist richtig.

106. Herr Mayer möchte sich einen neuen Pkw kaufen. Nach Abzug von 12 % Rabatt würde ihn das Fahrzeug nur noch 35.200 € kosten. Wie hoch war der ursprüngliche Preis des Fahrzeuges?

   A. 38.000 €
   B. 40.000 €
   C. 42.000 €
   D. 45.000 €
   E. Keine Antwort ist richtig.

107. Herr Mayer hat für eine 52.000 € teure Werbekampagne 25 Prozent des Jahres-Werbebudgets seiner Firma ausgegeben. Wie hoch ist dieses Budget?

    A. 200.000 €
    B. 212.000 €
    C. 208.000 €
    D. 214.000 €
    E. Keine Antwort ist richtig.

108. Das Bruttogewicht einer Lieferung beträgt inklusive Verpackung 52,5 kg. Der Gewichtsanteil der Verpackung liegt bei fünf Prozent des Nettogewichts der Ware. Wie viel wiegt die Ware netto (ohne Verpackung)?

    A. 45 kg
    B. 50 kg
    C. 55 kg
    D. 60 kg
    E. Keine Antwort ist richtig.

109. Für eine Warenlieferung werden inklusive 19 Prozent Mehrwertsteuer 28.560 € gezahlt. Wie hoch ist der Anteil der Mehrwertsteuer?

    A. 4.318 €
    B. 4.497 €
    C. 4.518 €
    D. 4.560 €
    E. Keine Antwort ist richtig.

110. Herr Mayer erhält 6.000 € Gehalt. Hiervon muss er ca. 19 % an Sozialversicherungsbeiträgen abführen – wie viele Euro sind das?

    A. 1.050 €
    B. 1.070 €
    C. 1.100 €
    D. 1.140 €
    E. Keine Antwort ist richtig.

111. Das Gehalt von Herrn Mayer besteht aus einem festen und einem flexiblen Bestandteil. Das Fixgehalt beläuft sich auf 3.500 € pro Monat, daneben erhält er eine Umsatzbeteiligung von 4 % als variablen Anteil. Welchen Umsatz muss Herr Mayer im Monat erwirtschaften, um ein Gesamtgehalt von 5.000 € zu erzielen?

    A. 35.500 €
    B. 36.500 €
    C. 37.000 €
    D. 37.500 €
    E. Keine Antwort ist richtig.

112. Herr Mayer erhält monatlich ein Fixgehalt von 5.000 € und eine Umsatzprovision von 4 %. Welchen Umsatz muss er erzielen, um ein Gesamteinkommen von 7.000 € zu erzielen?

    A. 48.000 €
    B. 50.000 €
    C. 50.800 €
    D. 51.000 €
    E. Keine Antwort ist richtig.

113. Wie viel Benzin spart Herr Mayer, wenn sein Auto statt 9 l nur 6,6 l pro 100 km verbraucht?

    A. Rund 25,3 %
    B. Rund 26,7 %
    C. Rund 27,6 %
    D. Rund 27,8 %
    E. Keine Antwort ist richtig.

114. **Herr Mayer möchte eine Halle für 350.000 € erwerben. Wenn er sie erst nächstes Jahr erwirbt, muss er mit einer Preiserhöhung von 2,5 % rechnen. Wie hoch wäre der Kaufpreis dann?**

    A. 350.100 €

    B. 350.500 €

    C. 358.500 €

    D. 358.750 €

    E. Keine Antwort ist richtig.

115. **In einer Firma fahren 70 % der Männer und 40 % der Frauen mit dem Pkw zur Arbeit. Wie viel Prozent der Belegschaft kommen mit dem Pkw zur Arbeit, wenn die Belegschaft zu 60 % aus Männern besteht?**

    A. 40 %

    B. 60 %

    C. 58 %

    D. 70 %

    E. Keine Antwort ist richtig.

Mathematik

Zinsrechnen

Bei der kaufmännischen Zinsrechnung werden dem Monat 30 Tage und dem Jahr 360 Tage zugrunde gelegt. Der Zinseszins kann unberücksichtigt bleiben, sofern die Aufgabenstellung nicht ausdrücklich etwas anderes verlangt.

Beantworten Sie bitte die folgenden Aufgaben, indem Sie jeweils den richtigen Buchstaben markieren.

116. Wie viel Zinsen erhält Herr Mayer nach einem Jahr von der Bank, wenn er 30.000 € zu sechs Prozent fest anlegt?

   A. 1.200 €
   B. 1.400 €
   C. 1.600 €
   D. 1.800 €
   E. Keine Antwort ist richtig.

117. Für eine Geldanlage von 60.000 € hat Herr Mayer nach acht Monaten einen Zins von 2.400 € erhalten. Wie hoch ist der Zinssatz?

   A. 3,50 %
   B. 4,00 %
   C. 5,00 %
   D. 6,00 %
   E. Keine Antwort ist richtig.

118. Herr Mayer erhält auf sein Tagesgeldkonto 5 % Zinsen pro Jahr. Wie hoch ist der Betrag, den Herr Mayer pro Monat an Zinsen erhält, wenn er 24.000 € angelegt hat?

   A. 900 €
   B. 999 €
   C. 100 €
   D. 1.200 €
   E. Keine Antwort ist richtig.

119. Herr Mayer hat einen Betrag von 40.000 € zu sechs Prozent Zinsen fest angelegt. Er möchte wissen, wie viel Zinsen er nach vier Monaten erhalten würde.

   A. 500 €
   B. 700 €
   C. 800 €
   D. 900 €
   E. Keine Antwort ist richtig.

120. Für eine Geldanlage von 42.000 € hat Herr Mayer nach vier Monaten Zinsen in Höhe von 1.120 € bekommen. Welchen Zinssatz hat Herr Mayer erhalten?

   A. 6 %
   B. 8 %
   C. 10 %
   D. 12 %
   E. Keine Antwort ist richtig.

121. Herr Mayer möchte kurzfristig seine Geldanlage auflösen. Für einen Geldbetrag von 60.000 € erhält er bei einem Zinssatz von sechs Prozent 1.500 € Zinsen. Wie lange war das Geld angelegt?

   A. 80 Tage
   B. 90 Tage
   C. 100 Tage
   D. 110 Tage
   E. Keine Antwort ist richtig.

122. **Herr Mayer möchte einen Betrag von 50.000 € zu acht Prozent Zinsen fest anlegen. Welchen Betrag erhält er nach einem halben Jahr inklusive Zinsen zurück?**

   A. 52.000 €

   B. 54.200 €

   C. 55.000 €

   D. 56.000 €

   E. Keine Antwort ist richtig.

123. **Welchen Betrag muss Herr Mayer zu einem Zinssatz von fünf Prozent anlegen, um monatlich einen Zins von 500 € zu erhalten?**

   A. 60.000 €

   B. 80.000 €

   C. 100.000 €

   D. 120.000 €

   E. Keine Antwort ist richtig.

124. **Herr Mayer muss für einen 30.000-€-Kredit vierteljährlich Zinsen zahlen. Der Kreditzins beträgt sieben Prozent. Wie viel Zinsen muss Herr Mayer nach drei Monaten zahlen?**

   A. 525 €

   B. 540 €

   C. 565 €

   D. 580 €

   E. Keine Antwort ist richtig.

125. **Herr Mayer erhält auf sein Sparbuch bei einer Verzinsung von sechs Prozent nach sechs Monaten einen Zins von 3.600 €. Welcher Betrag befindet sich auf seinem Sparbuch inklusive Zinsen?**

   A. 100.000 €

   B. 120.000 €

   C. 123.600 €

   D. 133.600 €

   E. Keine Antwort ist richtig.

126. **Welchen Zinssatz hat Herr Mayer für einen Kredit erhalten, wenn er monatlich bei einem Kreditbetrag von 120.000 € genau 900 € Zinsen zahlen muss?**

   A. 6 %

   B. 8 %

   C. 10 %

   D. 9 %

   E. Keine Antwort ist richtig.

127. **Herr Mayer möchte einen Sparvertrag mit 50.000 € auflösen. Bei einem Jahreszins von sechs Prozent hat er 750 € Zinsen erhalten. Wie lange hatte Herr Mayer das Geld angelegt?**

   A. 150 Tage

   B. 170 Tage

   C. 190 Tage

   D. 210 Tage

   E. Keine Antwort ist richtig.

128. **Ein Geldbetrag in Höhe von 150.000 € soll zu einem Zinssatz von vier Prozent drei Monate angelegt werden. Welchen Betrag erhält man nach drei Monaten inklusive Zinsen?**

   A. 1.500 €

   B. 1.800 €

   C. 151.500 €

   D. 161.500 €

   E. Keine Antwort ist richtig.

129. **Um eine größere Anschaffung zu finanzieren, leiht Herr Mayer sich 15.000 € von der Bank. Wie viel Geld zahlt er nach 1,5 Jahren insgesamt zurück, bei einem Zinssatz von 6 %?**

   A. 15.750 €

   B. 16.350 €

   C. 16.750 €

   D. 17.000 €

   E. Keine Antwort ist richtig.

130. **Herr Mayer möchte wissen, wie viel ihm eine Festgeldanlage von 24.000 € bei einem Zinssatz von fünf Prozent nach 90 Tagen bringt.**

   A. 240 €

   B. 280 €

   C. 300 €

   D. 340 €

   E. Keine Antwort ist richtig.

Mathematik

Gemischte Textaufgaben

Beantworten Sie bitte die folgenden Aufgaben, indem Sie jeweils den richtigen Buchstaben markieren.

131. Für 3¼ Liter Frischmilch hat Familie Mayer 5,85 € bei Bauer Schulze bezahlt. Wie viel kostet der Liter?

   A. 1,25 €
   B. 1,45 €
   C. 1,58 €
   D. 1,80 €
   E. Keine Antwort ist richtig.

132. Eine Wohngemeinschaft von drei Personen möchte einen neuen Fernseher kaufen. Der Preis von 1.110 € soll durch drei Personen geteilt werden. Person A zahlt doppelt so viel wie Person C, Person C zahlt 300 €, der Anteil von Person B beträgt 30 % weniger als der von Person C. Wie hoch ist der Anteil von Person A?

   A. 500 €
   B. 1.110 €
   C. 600 €
   D. 400 €
   E. Keine Antwort ist richtig.

133. Wenn Herr Mayer mit einer Durchschnittsgeschwindigkeit von 160 km/h fährt, kann er mit einem vollen 80-Liter-Tank 800 km weit fahren. Wie viel Liter verbraucht das Fahrzeug auf 100 km bei einer Durchschnittsgeschwindigkeit von 160 km/h?

   A. 8,25 Liter
   B. 7,25 Liter
   C. 10,00 Liter
   D. 9,00 Liter
   E. Keine Antwort ist richtig.

134. Herr Mayer benötigt mit dem Auto von zu Hause bis zur Arbeit bei einer Durchschnittsgeschwindigkeit von 80 km/h genau 30 Minuten. Wie groß ist die Distanz?

   A. 20 km
   B. 30 km
   C. 40 km
   D. 50 km
   E. Keine Antwort ist richtig.

135. Herr Mayer fährt täglich eine Strecke von 40 km zur Arbeit. Seine Durchschnittsgeschwindigkeit mit dem Pkw beträgt 80 km/h. Wie lange dauert die Fahrt zur Arbeit?

   A. 20 min
   B. 25 min
   C. 30 min
   D. 35 min
   E. Keine Antwort ist richtig.

136. Eine Straße wird von beiden Enden gleichzeitig gebaut. Vom einen Ende werden täglich fünf Meter und vom anderen Ende sieben Meter fertiggestellt. Wie lange dauert der Straßenbau, wenn insgesamt 1.200 Meter zu fertigen sind?

   A. 70 Tage
   B. 90 Tage
   C. 100 Tage
   D. 120 Tage
   E. Keine Antwort ist richtig.

137. Herr Müller verbraucht mit seinem Pkw auf 100 km genau 9 Liter. Wie viel Liter würde das Fahrzeug bei gleichem Fahrverhalten auf einer Strecke von 340 km verbrauchen?

A. 24,6 l

B. 26,6 l

C. 28,6 l

D. 30,6 l

E. Keine Antwort ist richtig.

138. In einer Kleinstadt gibt es 9.000 Haushalte. In drei Vierteln der Haushalte leben Kinder. In drei Fünfteln der Haushalte mit Kindern leben Jungen. In wie vielen Haushalten leben Jungen?

A. 4.100

B. 4.700

C. 3.500

D. 4.050

E. Keine Antwort ist richtig.

139. Der Triebwagen eines Güterzugs ist 98 t schwer und kann insgesamt höchstens 850 t Gewicht bewegen. Ein voll beladener Waggon wiegt 27,5 t. Wie viele voll beladene Waggons darf der Güterzug maximal haben?

A. 35

B. 24

C. 27

D. 30

E. Keine Antwort ist richtig.

140. Herr Mayer erhält eine Lieferung von 120 Ersatzteilen. Davon sind ⅕ beschädigt und ¼ haben die falsche Größe. Wie viele Ersatzteile müssen zurückgeschickt werden?

A. 22 Stück

B. 42 Stück

C. 54 Stück

D. 62 Stück

E. Keine Antwort ist richtig.

141. Zwei Züge begegnen sich an einer Haltestelle um 10:00 Uhr und fahren in entgegengesetzte Richtungen weiter. Wie weit sind sie um 11:30 Uhr voneinander entfernt, wenn der eine Zug mit 100 km/h und der andere Zug mit 120 km/h fährt?

A. 260 km

B. 280 km

C. 320 km

D. 330 km

E. Keine Antwort ist richtig.

142. Herr Mayer möchte in einem Teil der Produktionshalle einen neuen Boden verlegen. Der Teil der Halle ist 25 Meter breit und 30 Meter lang. Für die Fläche werden 750 Platten benötigt. Welche Fläche hat eine Bodenplatte?

A. ½ m^2

B. ⅔ m^2

C. ³⁄₃ m^2

D. ⁴⁄₃ m^2

E. Keine Antwort ist richtig.

143. Die Stadt Maxdorf hat Grundstücke als Bauland ausgewiesen. Dadurch können in einem Gebiet 24 gleich große Bauplätze zu je 500 m^2 erschlossen werden. Wie viele Bauplätze könnten erschlossen werden, wenn jeder Bauplatz um 20 % kleiner ausfallen würde?

A. 20

B. 25

C. 30

D. 35

E. Keine Antwort ist richtig.

144. In einem Käfig befinden sich Gänse und Ziegen. Die Tiere haben zusammen 53 Köpfe und 166 Beine. Wie viele Ziegen befinden sich in dem Käfig?

A. 30

B. 53

C. 40

D. 36

E. Keine Antwort ist richtig.

145. Zwei alkoholhaltige Getränke werden zu gleichen Teilen zu einem Cocktail vermengt. Der Alkoholgehalt des einen Getränks liegt bei 17,5 %, der des anderen Getränks bei 30 %. Wie viel Prozent Alkohol enthalten 100 ml des Cocktails?

A. 25 %

B. 47,5 %

C. 23,75 %

D. 21,25 %

E. Keine Antwort ist richtig.

Mathematik

Fläche und Volumen   *Bearbeitungszeit 15 Minuten*

Beantworten Sie bitte die folgenden Aufgaben, indem Sie jeweils den richtigen Buchstaben markieren.

146. Wie groß ist das Volumen (V) eines Würfels mit einer Kantenlänge von 7 Metern?

   A. $4.900 \, m^3$

   B. $212 \, m^3$

   C. $646 \, m^3$

   D. $343 \, m^3$

   E. $767 \, m^3$

147. Ein Kreis hat einen Durchmesser von 20 Metern. Wie groß ist sein Flächeninhalt? Der Flächeninhalt eines Kreises berechnet sich nach der Formel: $A = \pi \times r^2$.

   A. $400 \, m^2$

   B. $314 \, m^2$

   C. $3.256 \, m^2$

   D. $3.640 \, m^2$

   E. $269 \, m^2$

148. Ein Versandkarton ist 12 Zentimeter lang, 6 Zentimeter breit und 5 Zentimeter hoch. Wie groß ist die Oberfläche (A) des Kartons?

   A. $280 \, cm^2$

   B. $246 \, cm^2$

   C. $162 \, cm^2$

   D. $418 \, cm^2$

   E. $324 \, cm^2$

149. Ein Kreis hat einen Radius von 3 Metern. Wie groß ist sein Umfang? Der Umfang eines Kreises berechnet sich nach der Formel: $U = \pi \times d$.

   A. Rund 18,84 Meter

   B. Rund 16,06 Meter

   C. Rund 15,28 Meter

   D. Rund 11,14 Meter

   E. Rund 9,42 Meter

150. Ein Konferenzraum ist 6 Meter breit, 7 Meter lang und hat ein Volumen von 126 Kubikmetern. Wie hoch ist der Raum?

   A. 1,5 m

   B. 2 m

   C. 2,5 m

   D. 300 cm

   E. Keine Antwort ist richtig.

151. Eine Kugel hat einen Durchmesser (d) von 12 Zentimetern. Wie groß ist ihr Volumen? Das Kugelvolumen berechnet sich nach der Formel:

   $$V = \frac{4}{3} \pi \times r^3$$

   A. Rund $1.609,02 \, cm^2$

   B. Rund $1.309,18 \, cm^3$

   C. Rund $210,34 \, cm^2$

   D. Rund $486,46 \, cm^3$

   E. Rund $904,32 \, cm^3$

152. Welches Volumen hat eine zylindrische Dose mit einem Durchmesser von 5 Zentimetern und einer Höhe von 10 Zentimetern? Der Rauminhalt von Zylindern berechnet sich nach der Formel:
$V = \pi \times r^2 \times h$.

- A. Rund 158 cm³
- B. Rund 253 cm³
- C. Rund 196 cm³
- D. Rund 250 cm³
- E. Rund 50 cm³

153. Das Volumen (V) eines Würfels beträgt 512 cm³. Welchen Flächeninhalt (A) haben seine Seitenflächen?

- A. 32 cm²
- B. 206 cm²
- C. Rund 171 cm²
- D. Rund 164,3 cm²
- E. 64 cm²

154. Die Oberfläche eines Würfels beträgt 96 cm². Wie groß ist seine Kantenlänge (a)?

- A. 32 cm
- B. 8 cm
- C. 16 cm
- D. 4 cm
- E. 6,5 cm

155. In einem Dreieck beträgt ein Innenwinkel 32°, ein zweiter 46°. Wie groß ist der dritte Winkel?

- A. 56°
- B. 45°
- C. 90°
- D. 102°
- E. Das lässt sich aus den vorhandenen Angaben nicht eindeutig schließen.

156. Ein Lkw-Laderaum ist 6,05 m lang, 2,43 m breit und 2,35 m hoch. Welches Ladevolumen hat der Lastkraftwagen? Runden Sie das Ergebnis auf zwei Nachkommastellen.

- A. 34,55 m³
- B. 345,5 m³
- C. 3.454,85 m³
- D. 34.548,53 cm³
- E. Keine Antwort ist richtig.

157. In einem rechtwinkligen Dreieck ist die Ankathete (a) 3 Zentimeter und die Gegenkathete (b) 0,8 Dezimeter lang. Wie lang ist die Hypotenuse (c)?

- A. Rund 8,54 cm
- B. Rund 11 dm
- C. Rund 7,45 cm
- D. Rund 9 cm
- E. Rund 0,08 dm

158. Ein quaderförmiges Zimmer ist 6 Meter lang, 3,50 Meter breit und 3 Meter hoch. Wie viele Kubikmeter Sauerstoff befinden sich im Zimmer, wenn der Sauerstoffanteil der Luft bei 21 Prozent liegt?

- A. 13,23 m³
- B. 16,76 m³
- C. 19,87 m³
- D. 21,63 m³
- E. 23,67 m³

159. Herr Kerner legt seinen Garten neu an und lässt sich 4,5 Kubikmeter Erde liefern, die auf die Gartenfläche verteilt eine Schicht von 15 Zentimetern Dicke ergeben. Wie groß ist die Fläche seines Gartens?

- A. 56 m²
- B. 42 m²
- C. 30 m²
- D. 67,5 m²
- E. 45 m²

160. Frau Fleischer möchte ihren Swimming-
     pool auffüllen. Das quaderförmige Becken
     ist 3,3 Meter breit, 6,5 Meter lang, 2 Meter
     hoch und bereits zu einem Wasserstand
     von 20 Zentimetern Höhe gefüllt. Wie viele
     Liter Wasser muss Frau Fleischer einfüllen,
     damit das Becken komplett gefüllt ist?

   A. 38.610 Liter
   B. 3.630 Liter
   C. 43,420 Liter
   D. 43.800 Liter
   E. 390.000 Liter

Mathematik

Geometrische Skizzen

Bearbeitungszeit 10 Minuten

In diesem Abschnitt werden Ihre Geometriekenntnisse auf die Probe gestellt.

Beantworten Sie bitte die folgenden Aufgaben, indem Sie jeweils den richtigen Buchstaben markieren.

161. Wie groß ist das Volumen des abgebildeten Quaders?

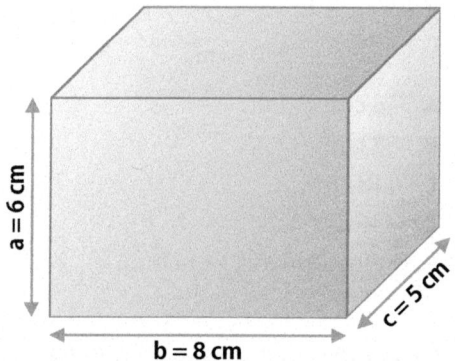

A. 48 cm^3

B. 88 cm^3

C. 216 cm^3

D. 240 cm^3

E. Keine Antwort ist richtig.

162. Welchen Umfang hat das abgebildete Parallelogramm?

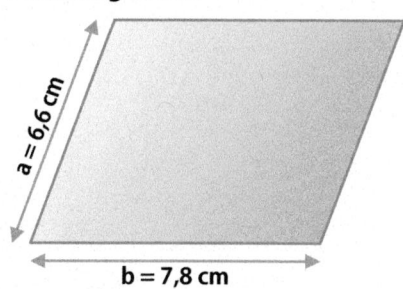

A. Rund 30,4 cm

B. 28,8 cm

C. Rund 29,6 cm

D. 24,5 cm

E. 14,4 cm

163. Wie groß ist die Oberfläche des abgebildeten Würfels?

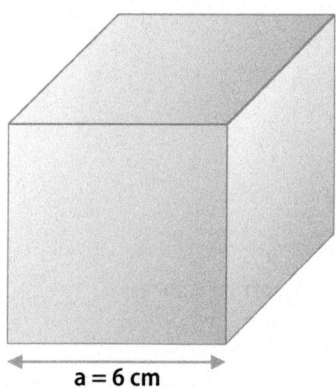

A. 12 cm^2

B. 36 cm^2

C. 72 cm^2

D. 216 cm^2

E. Keine Antwort ist richtig.

164. Welche Länge hat die Seite c im abgebildeten Dreieck?

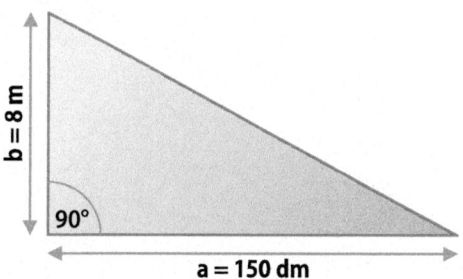

A. 166 dm

B. Rund 18 m

C. 195 dm

D. 17 m

E. Rund 184 dm

**165. Wie groß ist das Volumen des abgebilde-
ten Würfels?**

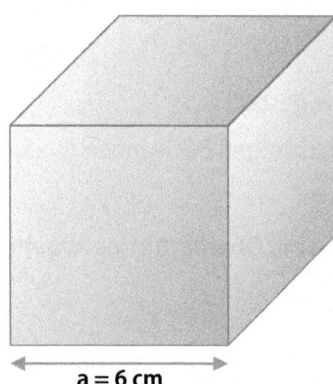

a = 6 cm

A. 12 cm³

B. 36 cm³

C. 72 cm³

D. 216 cm³

E. Keine Antwort ist richtig.

**166. Wie groß ist das Volumen (V) des abgebil-
deten Quaders?**

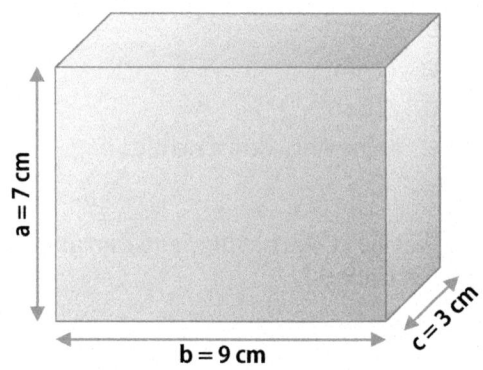

a = 7 cm

b = 9 cm

c = 3 cm

A. 127 cm³

B. 198 cm³

C. 256 cm³

D. 156 cm³

E. 189 cm³

**167. Wie groß ist die Oberfläche des abgebilde-
ten Quaders?**

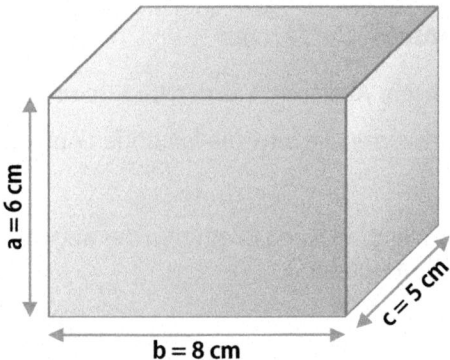

a = 6 cm

b = 8 cm

c = 5 cm

A. 48 cm²

B. 88 cm²

C. 118 cm²

D. 236 cm²

E. Keine Antwort ist richtig.

**168. Wie groß sind die Winkel α und β im abge-
bildeten gleichschenkligen Dreieck?**

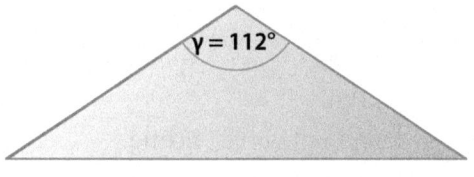

γ = 112°

A. 25°

B. 40°

C. 30°

D. 60°

E. 34°

169. **Welchen Durchmesser hat der abgebildete Kreis?**

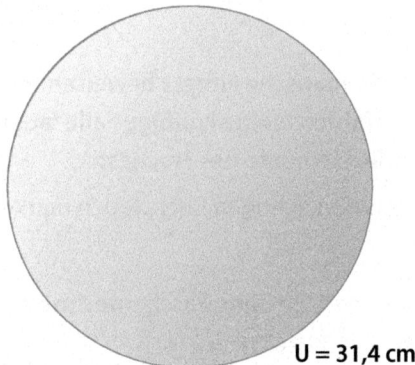

U = 31,4 cm

A. Rund 10 cm
B. Rund 12 cm
C. Rund 9 cm
D. Rund 13 cm
E. Rund 8 cm

170. **Welches Volumen hat der abgebildete Zylinder?**

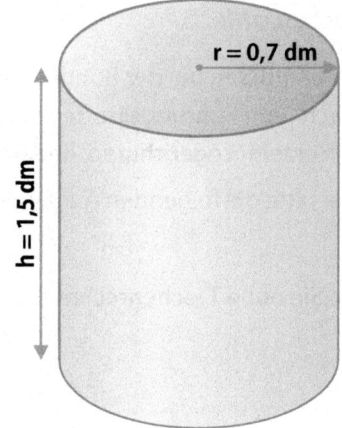

r = 0,7 dm

h = 1,5 dm

A. Rund 2,58 dm^3
B. Rund 2,50 dm^3
C. Rund 2,31 dm^3
D. Rund 1,94 dm^3
E. Rund 3,63 dm^3

Mathematik

Gehobene Mathematik   *Bearbeitungszeit 45 Minuten*

Offiziersbewerber müssen bei der Bundeswehr besondere mathematische Fitness beweisen. Auf die angehenden Fach- und Führungskräfte können im Auswahlverfahren einige knifflige Fälle lauern: Potenzen und Wurzeln, Logarithmen, lineare Algebra, Integrale, Elemente der Stochastik.

Beantworten Sie bitte die folgenden Aufgaben, indem Sie jeweils den richtigen Buchstaben markieren.

171. Berechnen Sie ohne Taschenrechner:
$-2^4 \times 2^{-2} = ?$

A. 4

B. 16

C. −4

D. −16

E. Keine Antwort ist richtig.

172. Berechnen Sie ohne Taschenrechner:
$(3^9 \div 3^5) - 3^3 = ?$

A. 3

B. 9

C. 27

D. 54

E. Keine Antwort ist richtig.

173. Berechnen Sie ohne Taschenrechner:
$\sqrt{75} \div \sqrt{3} = ?$

A. 5

B. 6,35

C. 5,86

D. 6,071585

E. Keine Antwort ist richtig.

174. Berechnen Sie ohne Taschenrechner:
$\sqrt[4]{81} + \sqrt{121} \times (-2)^2 = ?$

A. 80

B. 47

C. 56

D. 6,071585

E. Keine Antwort ist richtig.

175. Berechnen Sie ohne Taschenrechner:
$\log_2 (\tfrac{1}{16}) = ?$

A. 32

B. 4

C. 8

D. −4

E. Keine Antwort ist richtig.

176. Berechnen Sie ohne Taschenrechner:
$\log_7 \sqrt{343} = ?$

A. 4

B. 5,2

C. 1,5

D. 49

E. Keine Antwort ist richtig.

177. Welche Lösungen für x hat die quadratische Gleichung:
$-3x^2 - 30x + 43 = 10$?

A. $x_1 = 1; x_2 = -11$

B. $x_1 = 2; x_2 = -12{,}5$

C. $x_1 = 1{,}5; x_2 = 16$

D. $x_1 = 3; x_2 = -10$

E. Keine Antwort ist richtig.

178. In einer Lostrommel liegen 10 Gewinnlose und 15 Nieten. Wie groß ist die Gesamtwahrscheinlichkeit, dass fünfmal nacheinander nur Gewinne oder nur Nieten gezogen werden?

A. Ca. 6,1 %

B. Ca. 3,5 %

C. Ca. 18,4 %

D. Ca. 24,3 %

E. Keine Antwort ist richtig.

179. Berechnen Sie die Ableitung der Exponentialfunktion:
$f(x) = (2x - 3) \times e^x$

A. $f'(x) = (x - 3) \times e^x$

B. $f'(x) = 2 - (3x \times e^x)$

C. $f'(x) = e^2 \times (x - 1)$

D. $f'(x) = e^x \times (2x - 1)$

E. Keine Antwort ist richtig.

180. Welchen Grenzwert hat diese Reihe:
$$\frac{1}{2} + \frac{1}{4} + \frac{1}{8} + \ldots + \frac{1}{2^n}?$$

A. 0

B. ½

C. 1

D. 2

E. Keine Antwort ist richtig.

181. In welchem Punkt P eines Koordinatensystems schneiden sich die beiden Geraden, die durch folgende Funktionsgleichungen beschrieben werden?
Gerade I: $y = 3x - 3$
Gerade II: $y = -4x + 25$

A. P (4 | 9)

B. P (3 | 8)

C. P (7 | 2)

D. P (2 | 7)

E. Keine Antwort ist richtig.

182. Als Nullstellen bezeichnet man die Schnittpunkte eines Funktionsgraphen mit der x-Achse eines Koordinatensystems. Bitte berechnen Sie die x-Koordinate(n) der Nullstelle(n) der Funktion $y = 7x^2 - 63$.

A. $x = 1$

B. $x_1 = 2$ und $x_2 = -2$

C. $x_1 = 3$ und $x_2 = -3$

D. $x = 4$

E. Keine Antwort ist richtig.

183. Energie lässt sich physikalisch verstehen als Fähigkeit, Arbeit zu verrichten. Die Hubarbeit beispielsweise ist definiert als die Arbeit, die an einem ruhenden Körper der Masse m verrichtet werden muss, um ihn in einem Schwerefeld mit der Fallbeschleunigung g um die Hubhöhe h zu bewegen.

Die Formel für Hubarbeit lautet:

$W_{Hub} = m \times g \times h$

Die Einheit der Arbeit ist das Newtonmeter:

$1 Nm = 1 \dfrac{m^2 kg}{s^2}$

Wie wird demnach der Faktor g angegeben?

A. In $\dfrac{m}{s}$

B. In $\dfrac{m}{s^2}$

C. In $\dfrac{s^2 kg}{m}$

D. In $\dfrac{kg}{s^2}$

E. In $m^2 kg$

184. Der Hersteller eines Schwangerschaftstests gibt eine Fehlerquote von 5 Prozent an. Bei 100 Frauen, die den Test durchführen, wird 20-mal ein positives Ergebnis angezeigt. Wie hoch ist – angenommen, die 5 Prozent Fehlerquote stimmen exakt – der Prozentanteil der tatsächlich Schwangeren an allen Frauen, die den Test durchgeführt haben?

A. 15 Prozent

B. 19 Prozent

C. 20 Prozent

D. 23 Prozent

E. 35 Prozent

185. Kondensatoren sind elektrische Bauelemente, die elektrische Ladungen (Q) – und damit zu-sammenhängend: elektrische Energie (W) – speichern können. Es gelten folgende Formeln:

$$Q = C \times U \qquad W = \frac{1}{2} C \times U^2$$

Hierbei steht C für die Kapazität des Kondensators und U für die Spannung. Außerdem kann die elektrische Feldstärke E eines Kugelkondensators in Abhängigkeit von der La-dung, dem Kugelradius r und den Konstanten ε_0 und ε_r wie folgt berechnet werden:

$$E = \frac{Q}{4\pi r^2 \varepsilon_0 \varepsilon_r}$$

Wie lässt sich mithilfe der angegebenen Gleichungen die Kapazität C des Kondensators be-rechnen, wenn weder Q noch U bekannt ist?

A. $C = 4\pi r^2 \varepsilon_0 \varepsilon_r \times W$

B. $C = \dfrac{E}{W \times \pi r^2 \varepsilon_0 \varepsilon_r}$

C. $C = W \times E \times 4\pi r^2 \varepsilon_0 \varepsilon_r$

D. $C = \dfrac{E^2 \times 8\pi^2 r^4 \varepsilon_0^2 \varepsilon_r^2}{W}$

E. $C = \dfrac{E \times 8\pi r \varepsilon_0 \varepsilon_r}{U \times W}$

Mathematik

Tempo-Rechnen

Im Folgenden geht es darum, pro Aufgabe zwei einfache Rechnungen zu lösen und anschließend je nach Ergebnis eine bestimmte Rechenoperation durchzuführen.

Ist das Ergebnis der oberen Rechenzeile größer als das Ergebnis der unteren Rechenzeile, so muss das untere Teilergebnis vom oberen abgezogen werden.

Ist aber das Ergebnis der unteren Rechenzeile größer oder gleich dem Ergebnis der oberen Rechenzeile, so müssen beide Teilergebnisse addiert werden.

Hierzu ein Beispiel

Fall 1: Das Ergebnis der oberen Zeile ist größer als das der unteren

1. $5 + 5 - 1$
$2 + 2 - 3$
$=$

Antwort

$= 8$

$5 + 5 - 1 = 9$ (größeres Ergebnis)

$2 + 2 - 3 = 1$ (kleineres Ergebnis)

$9 - 1 = 8$ (größeres Ergebnis – kleineres Ergebnis)

Fall 2: Das Ergebnis der unteren Zeile ist größer als das der oberen

2. $2 + 2 - 3$
$5 + 5 - 1$
$=$

Antwort

$= 10$

$2 + 2 - 3 = 1$ (kleineres Ergebnis)

$5 + 5 - 1 = 9$ (größeres Ergebnis)

$9 + 1 = 10$ (größeres Ergebnis + kleineres Ergebnis)

Die Herausforderung liegt hier nicht im mathematischen Anspruch, sondern in der Bewältigung des enormen Zeitdrucks: Gefragt ist weniger Ihre Rechenkompetenz als die Fähigkeit, sich auf den Punkt zu konzentrieren. Behalten Sie die Ruhe, wenn Sie die eine oder andere Aufgabe nicht mehr lösen können – kaum jemand schafft es, in der vorgesehenen Bearbeitungszeit alle Endergebnisse korrekt zu berechnen.

Tempo-Rechnen

Beginnen Sie bitte jetzt mit den Aufgaben: Tragen Sie Ihre Ergebnisse in die Kästchen ein.

186.	$15 + 18 - 3$ $12 + 8 - 5$ =	**187.**	$12 + 17 - 7$ $11 + 14 - 5$ =	**188.**	$16 + 13 - 9$ $14 + 3 - 2$ =	**189.**	$22 + 17 - 19$ $15 + 19 - 14$ =
190.	$24 + 17 - 21$ $17 + 21 - 28$ =	**191.**	$23 + 19 - 12$ $14 + 17 - 9$ =	**192.**	$18 + 16 + 8$ $14 + 13 - 7$ =	**193.**	$16 + 26 - 12$ $11 + 4 + 7$ =
194.	$21 + 14 - 3$ $16 + 15 - 9$ =	**195.**	$14 + 16 - 6$ $11 + 6 - 3$ =	**196.**	$28 + 19 - 7$ $14 + 13 + 8$ =	**197.**	$24 + 18 - 8$ $12 + 11 + 8$ =
198.	$17 + 13 + 9$ $12 + 2 + 8$ =	**199.**	$22 + 3 + 15$ $14 + 7 - 5$ =	**200.**	$18 + 9 + 6$ $14 + 12 + 3$ =	**201.**	$21 + 8 + 6$ $15 + 6 + 3$ =
202.	$17 - 18 + 19$ $6 - 17 + 12$ =	**203.**	$14 - 19 + 16$ $12 - 16 + 9$ =	**204.**	$16 - 29 + 27$ $24 + 6 - 22$ =	**205.**	$25 - 17 + 8$ $21 - 29 + 14$ =
206.	$7 + 4 - 3$ $14 + 8 - 2$ =	**207.**	$9 + 11 - 7$ $18 + 7 - 4$ =	**208.**	$17 + 9 - 12$ $11 - 4 + 21$ =	**209.**	$14 + 17 - 20$ $18 + 14 - 17$ =
210.	$4 + 18 + 7$ $15 + 12 + 7$ =	**211.**	$11 + 14 - 9$ $18 - 16 + 9$ =	**212.**	$12 - 18 + 6$ $14 + 9 - 14$ =	**213.**	$18 - 23 + 19$ $16 + 12 + 3$ =
214.	$17 + 13 - 16$ $14 + 17 - 9$ =	**215.**	$14 + 18 + 17$ $15 + 14 + 7$ =	**216.**	$18 + 17 - 6$ $8 + 19 - 9$ =	**217.**	$15 + 7 - 11$ $6 + 9 - 19$ =
218.	$16 - 19 - 6$ $14 - 18 + 11$ =	**219.**	$14 - 8 - 7$ $15 - 18 + 2$ =	**220.**	$14 + 6 - 28$ $18 + 14 - 9$ =	**221.**	$1 - 17 + 4$ $3 - 21 + 3$ =

222.

$22 + 17 + 15$

$24 + 9 - 17$

$=$ _____

223.

$15 - 22 - 3$

$19 - 24 - 16$

$=$ _____

224.

$21 + 15 - 19$

$18 + 11 - 6$

$=$ _____

225.

$15 + 19 + 12$

$18 + 21 + 19$

$=$ _____

Geschafft – Sie haben die Prüfung abgeschlossen!

Alle Lösungen finden Sie im mitgelieferten Lösungsbuch.

Einstellungstest
Bundeswehr

Prüfung 4

Logisches und visuelles Denken

Bearbeitungszeit: **170 Minuten**

Hilfsmittel: Bleistift, Radiergummi, Schmierpapier

Alle Lösungen mit Bearbeitungstipps und Kommentaren
finden Sie im mitgelieferten Lösungsbuch.

Bearbeitungshinweise

Die Bearbeitungszeit der vorliegenden Prüfung beträgt insgesamt ca. 2⅚ Stunden.

Zu jeder Aufgabengruppe erhalten Sie die jeweils vorgesehene Bearbeitungszeit und Erklärungen zur Aufgabenstellung. Lesen Sie sich diese Hinweise gründlich durch, damit Sie die Aufgaben richtig bearbeiten und lösen können.

Markieren Sie bitte bei jeder Multiple-Choice-Aufgabe einen Lösungsbuchstaben (in der Regel A, B, C, D oder E) mit Bleistift. Bei allen Multiple-Choice-Aufgaben stimmt nur jeweils ein Lösungsvorschlag, Mehrfach-Antworten werden als falsch gewertet.

Hierzu ein Beispiel:

Aufgabe

1.   **Wie viel ergibt 4 × 3?**

    A. 12

    B. 17

    C. 19

    D. 10

    E. Keine Antwort ist richtig.

Antwort

     12

Um eine Antwort nachträglich zu korrigieren, dürfen Sie die entsprechende Markierung innerhalb der Bearbeitungszeit vorsichtig ausradieren und einen neuen Lösungsvorschlag markieren.

Wenn Sie die Aufgaben einer Aufgabengruppe vor Ablauf der Bearbeitungszeit gelöst haben, dürfen Sie innerhalb dieser Aufgabengruppe zurückblättern, um Ihre Antworten noch einmal zu überprüfen. Das Umblättern zu anderen Aufgabengruppen ist jedoch nicht erlaubt!

Innerhalb eines Aufgabenbereichs stehen in der Regel die einfachen Fragen am Anfang und die schwereren am Ende. Bearbeiten Sie die Fragen schnell und sorgfältig – aber behalten Sie die Ruhe, wenn Sie die eine oder andere Aufgabe aus zeitlichen Gründen nicht lösen können. Berücksichtigen Sie, dass dieser Test so zusammengestellt ist, dass kaum jemand in der angesetzten Bearbeitungszeit alle Aufgaben richtig lösen kann. Halten Sie sich nicht übermäßig lange mit Aufgaben auf, die Ihnen schwerfallen.

Bitte nutzen Sie außer Bleistift, Radiergummi und Notizpapier keine weiteren Hilfsmittel.

Logisches und visuelles Denken

Wortanalogien   *Aufgabenerklärung*

In diesem Abschnitt wird Ihre Fähigkeit zu logischem Denken im sprachlichen Bereich geprüft.

Pro Aufgabe erhalten Sie zwei Wörter, die in einer bestimmten Beziehung zueinander stehen. Eine ähnliche Beziehung besteht zwischen einem dritten und vierten Wort. Das dritte Wort wird Ihnen vorgegeben, das vierte sollen Sie in den Antworten A bis E selbst ermitteln.

Hierzu ein Beispiel

Aufgabe

1. **dick : dünn   wie**
   lang : ?

   A. hell
   B. dunkel
   C. schmal
   D. kurz
   E. schlank

Antwort

   (D.) kurz

Gesucht wird ein Begriff, zu dem sich „lang" genauso verhält wie „dick" zu „dünn". Da „dick" das Gegenteil von „dünn" ist, muss nun ein Gegenbegriff zu „lang" gefunden werden. Von den Wahlwörtern kommt dafür nur „kurz" infrage; Lösungsbuchstabe ist daher das D.

Wortanalogien

Beantworten Sie bitte die folgenden Aufgaben, indem Sie jeweils den richtigen Buchstaben markieren.

1. **Auto : Straße wie Zug : ?**

   A. Schaffner
   B. Fahrkarte
   C. Gleis
   D. Rad
   E. Ampel

2. **Hund : Fell wie Vogel : ?**

   A. Schnabel
   B. Schuppen
   C. Federn
   D. Fliegen
   E. Krallen

3. **Skala : Thermometer wie Ziffernblatt : ?**

   A. Bild
   B. Skizze
   C. Uhr
   D. Bildschirm
   E. Tableau

4. **Brücke : Fluss wie Tunnel : ?**

   A. Zugspitze
   B. Alpen
   C. Tal
   D. Berg
   E. Eisenbahn

5. **Panzer : Schildkröte wie Stachel : ?**

   A. Krebs
   B. Fisch
   C. Baum
   D. Igel
   E. Krokodil

6. **erinnern : vergessen wie finden : ?**

   A. schweigen
   B. vergessen
   C. behalten
   D. entdecken
   E. verlieren

7. **Kugel : Würfel wie Kreis : ?**

   A. Quadrat
   B. Rechteck
   C. Zylinder
   D. Viereck
   E. Raute

8. **Nebel : Leben wie Lager : ?**

   A. Halle
   B. Tod
   C. Schrank
   D. Regal
   E. Dunst

9. **addieren : subtrahieren wie multiplizieren : ?**

   A. reduzieren
   B. tangieren
   C. quadrieren
   D. lavieren
   E. dividieren

10. **Holz : Wald wie Kohle : ?**

    A. Bergmann
    B. Verbrennung
    C. Ofen
    D. Bergwerk
    E. Bagger

11. **Wein : Traube wie Brot : ?**

    A. Ofen
    B. Teig
    C. Mehl
    D. Getreide
    E. Butter

12. **viel : wenig wie alles : ?**

    A. nichts
    B. etwas
    C. ein wenig
    D. ausreichend
    E. kaum

13. **Omelett : Eier wie Butter : ?**

    A. Schinken
    B. Zucker
    C. Marmelade
    D. Milch
    E. Öl

14. **Getreide : Roggen wie Gemüse : ?**

    A. Apfel
    B. Blumenkohl
    C. Dattel
    D. Gerste
    E. Traube

15. **Motor : Verbrennung wie Pflanze : ?**

    A. Energie
    B. Fotosynthese
    C. Licht
    D. Sauerstoff
    E. Stickstoff

16. **Erde : Mond wie Sonne : ?**

    A. Galaxie
    B. Universum
    C. Mond
    D. Planet
    E. Stern

17. **Kegel : Raum wie Rechteck : ?**

    A. Dimension
    B. Fläche
    C. Linie
    D. Punkt
    E. Gerade

18. **Entfernung : Meter wie Stromstärke : ?**

    A. Watt
    B. Ampere
    C. Ohm
    D. Widerstand
    E. Kabel

19. **Afrika : Sahara wie Asien : ?**

    A. Karakum

    B. Antarktis

    C. Kalahari

    D. Sonora

    E. Gobi

20. **Äquator : Breitengrad wie Nullmeridian : ?**

    A. Querstreifen

    B. Längengrad

    C. Höhengrad

    D. Koordinate

    E. Datumsgrenze

Logisches und visuelles Denken

Zahlenreihen   *Aufgabenerklärung*

Die Zahlenfolgen in diesem Abschnitt sind nach festen Regeln aufgestellt.

Bitte markieren Sie den Lösungsbuchstaben derjenigen Zahl, von der Sie denken, dass sie die Reihe am sinnvollsten ergänzt.

Hierzu ein Beispiel

Aufgabe

1.

- A. 6
- B. 7
- C. 8
- D. 9
- E. Keine Antwort ist richtig.

Antwort

Ⓐ 6

Bei dieser Zahlenreihe wird von Schritt zu Schritt um eins erhöht. Die gesuchte Zahl lautet somit $5 + 1 = 6$, also stimmt Antwort A.

Zahlenreihen

Beantworten Sie bitte die folgenden Aufgaben, indem Sie jeweils den richtigen Buchstaben markieren.

21.

16   22   27   31   34   ?

A. 17
B. 36
C. 32
D. 13
E. Keine Antwort ist richtig.

22.

98   89   76   67   54   ?

A. 98
B. 32
C. 45
D. 54
E. Keine Antwort ist richtig.

23.

3   4   6   9   13   ?

A. 6
B. 18
C. 9
D. 8
E. Keine Antwort ist richtig.

24.

| 300 | 200 | 300 | 220 | 300 | 240 | 300 | ? |

A. 260
B. 280
C. 300
D. 320
E. Keine Antwort ist richtig.

25.

| 2 | 4 | 6 | 9 | 12 | 16 | ? |

A. 20
B. 24
C. 27
D. 17
E. Keine Antwort ist richtig.

26.

| 44 | 40 | 43 | 39 | 42 | ? |

A. 38
B. 34
C. 44
D. 42
E. Keine Antwort ist richtig.

27.

| 40 | 6 | 30 | 8 | 20 | 10 | ? |

A. 10
B. 12
C. 44
D. 46
E. Keine Antwort ist richtig.

28.

| 2 | 12 | 7 | 28 | 25 | ? |

A. 22
B. 40
C. 35
D. 50
E. Keine Antwort ist richtig.

29.

| 8 | 6 | 18 | 16 | 48 | ? |

A. 46
B. 138
C. 148
D. 32
E. Keine Antwort ist richtig.

30.

| 226 | 200 | 246 | 200 | 266 | 200 | ? |

A. 268
B. 286
C. 266
D. 256
E. Keine Antwort ist richtig.

31.

| 6 | 18 | 36 | 5 | 15 | 30 | 4 | ? |

A. 12
B. 20
C. 3
D. 34
E. Keine Antwort ist richtig.

32.

24	30	33	39	51	?

A. 63

B. 57

C. 58

D. 49

E. Keine Antwort ist richtig.

33.

A. $\dfrac{48}{6}$

B. $\dfrac{32}{3}$

C. $\dfrac{24}{6}$

D. 5

E. Keine Antwort ist richtig.

34.

1	1	2	3	5	?

A. 8

B. 9

C. 10

D. 14

E. Keine Antwort ist richtig.

35.

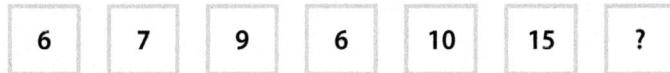

A. 20

B. 9

C. 19

D. 11

E. Keine Antwort ist richtig.

36.

| 99 | 67 | 51 | 43 | 39 | ? |

- A. 39
- B. 35
- C. 33
- D. 37
- E. Keine Antwort ist richtig.

37.

| 2 | 3 | 5 | 7 | ? |

- A. 10
- B. 11
- C. 12
- D. 13
- E. Keine Antwort ist richtig.

38.

| 20 | 10 | 7 | 28 | 14 | 11 | ? |

- A. 22
- B. 176
- C. 44
- D. 180
- E. Keine Antwort ist richtig.

39.

| 47 | 40 | 240 | 235 | 940 | ? |

- A. 937
- B. 823
- C. 62
- D. 1.500
- E. Keine Antwort ist richtig.

40.

| 223 | 216 | 207 | 198 | ? |

A. 188
B. 189
C. 178
D. 180
E. Keine Antwort ist richtig.

Logisches und visuelles Denken

Zahlenmatrizen   *Aufgabenerklärung*

Die folgenden Matrizen sind nach festen Regeln aufgebaut.

Ihre Aufgabe besteht darin, eine Zahl zu finden, die im sinnvollen Verhältnis zu den übrigen Zahlen steht.

Hierzu ein Beispiel

Aufgabe

1. **Welche Zahl fehlt?**

1	2	2
3	2	?
3	4	12

   A. 4
   B. 2
   C. 8
   D. 6
   E. Keine Antwort ist richtig.

Antwort

 6

Die beiden linken Zahlen jeder Reihe ergeben multipliziert die jeweils rechte Zahl. Die beiden oberen Zahlen jeder Spalte ergeben multipliziert die jeweils untere Zahl.

Zahlenmatrizen

Beantworten Sie bitte die folgenden Aufgaben, indem Sie jeweils den richtigen Buchstaben markieren.

41. Die weißen Zahlen in den dunkelgrauen Feldern müssen addiert jeweils von oben nach unten, diagonal und von links nach rechts die schwarzen Zahlen in den hellgrauen Feldern ergeben.

38	54	92
42	24	66
80	88	62

Welche Zahl im Quadrat ist falsch?

A. 80
B. 88
C. 66
D. 92
E. 62

42. In jeder Reihe und Spalte ergeben zwei Zahlen, durch eine bestimmte Rechenoperation verknüpft, jeweils die dritte Zahl.

24	57	81
37	18	65
61	75	136

Welche Zahl im Quadrat ist falsch?

A. 61
B. 75
C. 65
D. 81
E. 136

43. Welche Zahl fehlt?

143	145	147	149
23	21	19	17
64	32	16	8
6	12	?	48

A. 16
B. 18
C. 24
D. 32
E. Keine Antwort ist richtig.

44. Welche Zahl fehlt?

24	30	36
18	?	30
12	18	24

A. 12
B. 14
C. 20
D. 24
E. Keine Antwort ist richtig.

45. In jeder Reihe und Spalte sind Zahlen durch bestimmte Rechenoperationen verknüpft. Prüfen Sie bitte alle Werte und kreuzen Sie den Antwortbuchstaben der falschen Zahl an.

64	32	16
16	8	4
5	2	1

Welche Zahl im Quadrat ist falsch?

A. 16

B. 4

C. 1

D. 2

E. 5

46. Welche Zahl fehlt?

12	14	16	18
112	109	106	103
13	17	21	25
?	42	37	32

A. 143

B. 37

C. 24

D. 47

E. Keine Antwort ist richtig.

47. Welche Zahl fehlt?

5	45	15	21
7	63	21	27
?	72	24	30
11	99	33	39

A. 9

B. 8

C. 13

D. 6

E. Keine Antwort ist richtig.

48. Welche Zahl fehlt?

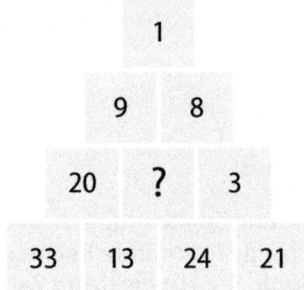

A. 9

B. 7

C. 13

D. 8

E. 11

49. Welche Zahl fehlt?

98	87	76
?	54	43
32	21	10

A. 65
B. 56
C. 64
D. 48
E. Keine Antwort ist richtig.

50. Welche Zahl fehlt?

2	3	4	5
7	5	7	9
16	12	12	16
32	?	24	28

A. 24
B. 28
C. 30
D. 32
E. Keine Antwort ist richtig.

51. Welche Zahl fehlt?

36	6	3
64	8	4
?	10	5

A. 7
B. 12
C. 15
D. 100
E. Keine Antwort ist richtig.

52. Welche Zahl fehlt (in beiden Lücken)?

2	4	8
4	8	?
8	?	256

A. 4
B. 8
C. 16
D. 32
E. Keine Antwort ist richtig.

53. Welche Zahl fehlt?

15	4	3	11
3	11	12	7
10	?	5	13
5	13	13	2

A. 12
B. 8
C. 5
D. 4
E. Keine Antwort ist richtig.

54. Welche Zahl fehlt? Hinweis: Berücksichtigen Sie die Quersummen der einzelnen Zahlen.

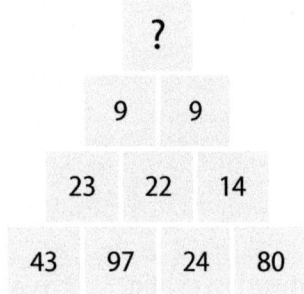

A. 9
B. 21
C. 18
D. 27
E. Keine Antwort ist richtig.

55. Welche Zahl fehlt?

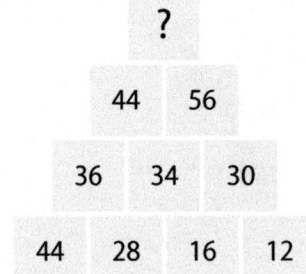

A. 42
B. 48
C. 86
D. 100
E. Keine Antwort ist richtig.

56. Welche Zahl fehlt?

7	2	13	12
9	16	3	6
4	5	?	15
14	11	8	1

A. 7
B. 12
C. 15
D. 10
E. Keine Antwort ist richtig.

57. Welche Zahl fehlt?

?	11	4	16
14	6	12	5
14	6	13	4
3	14	8	12

A. 3
B. 6
C. 9
D. 12
E. Keine Antwort ist richtig.

59. Welche Zahl fehlt?

72	69	23	26
66	63	21	24
60	57	?	22
54	51	17	20

A. 24
B. 15
C. 19
D. 32
E. Keine Antwort ist richtig.

58. Welche Zahl fehlt?

14	2	9	4
3	10	4	12
2	11	?	12
10	6	12	1

A. 5
B. 12
C. 4
D. 11
E. Keine Antwort ist richtig.

60. Welche Zahl fehlt?

2	5	2	5
1	5	10	?
5	4	1	5
10	1	5	2

A. 2
B. 4
C. 5
D. 10
E. Keine Antwort ist richtig.

Logisches und visuelles Denken

Figurenreihen

Dieser Abschnitt prüft Ihre Fähigkeit zu logischem Denken im visuellen Bereich.

Pro Aufgabe wird Ihnen eine Figurenreihe vorgestellt. Die einzelnen Elemente sind darin logisch so angeordnet, dass sich ein systematischer Zusammenhang zwischen den Abbildungen ergibt. Welche der zur Auswahl gestellten Figuren führt die abgebildete Reihe logisch fort?

Hierzu ein Beispiel

Aufgabe

1. Gegeben ist diese Figurenreihe:

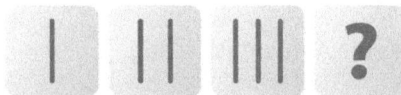

Welche Figur setzt die Reihe logisch fort?

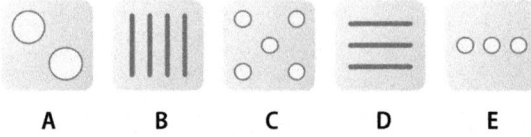

Antwort

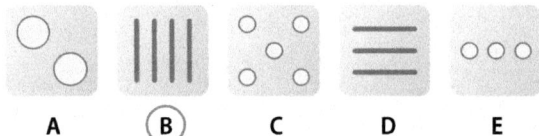

Die Abbildungen zeigen eine steigende Anzahl senkrechter Striche – Figur B setzt diese Reihe logisch fort.

Figurenreihen

Beantworten Sie bitte die folgenden Aufgaben, indem Sie jeweils den richtigen Buchstaben markieren.

61. **Gegeben ist diese Figurenreihe:**

Welche Figur setzt die Reihe logisch fort?

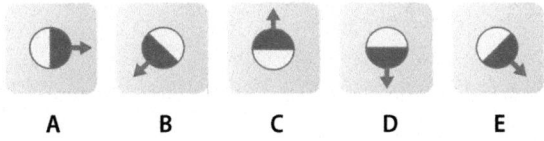

    A   B   C   D   E

62. **Gegeben ist diese Figurenreihe:**

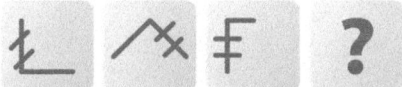

Welche Figur setzt die Reihe logisch fort?

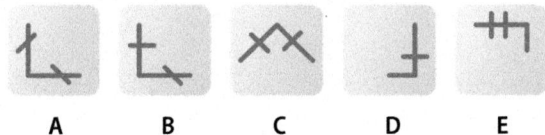

    A   B   C   D   E

63. **Gegeben ist diese Figurenreihe:**

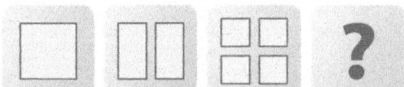

Welche Figur setzt die Reihe logisch fort?

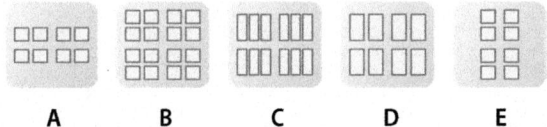

    A   B   C   D   E

64. **Gegeben ist diese Figurenreihe:**

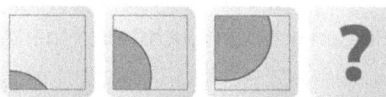

Welche Figur setzt die Reihe logisch fort?

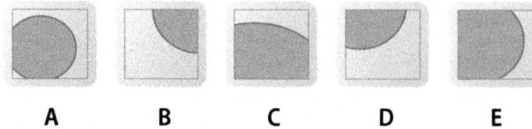

A   B   C   D   E

65. **Gegeben ist diese Figurenreihe:**

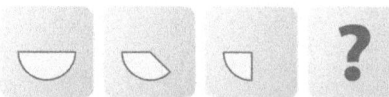

Welche Figur setzt die Reihe logisch fort?

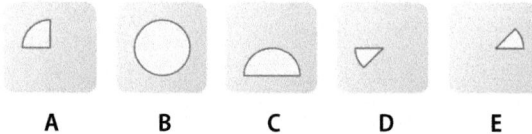

A   B   C   D   E

66. **Gegeben ist diese Figurenreihe:**

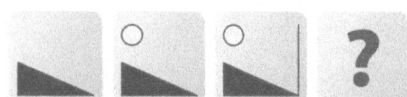

Welche Figur setzt die Reihe logisch fort?

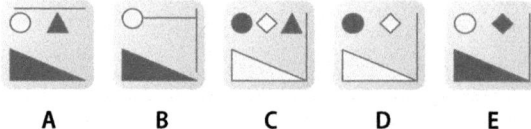

A   B   C   D   E

67. **Gegeben ist diese Figurenreihe:**

Welche Figur setzt die Reihe logisch fort?

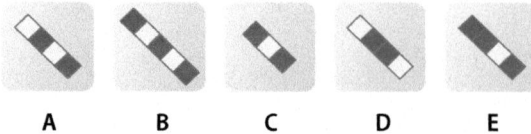

A   B   C   D   E

68. Gegeben ist diese Figurenreihe:

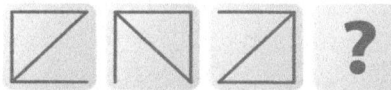

Welche Figur setzt die Reihe logisch fort?

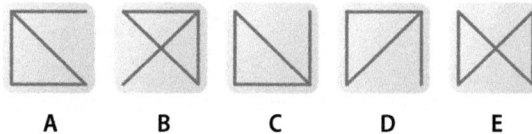

    A   B   C   D   E

69. Gegeben ist diese Figurenreihe:

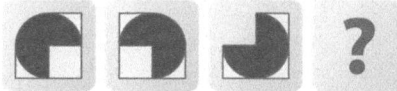

Welche Figur setzt die Reihe logisch fort?

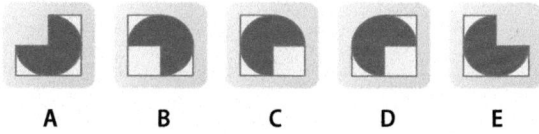

    A   B   C   D   E

70. Gegeben ist diese Figurenreihe:

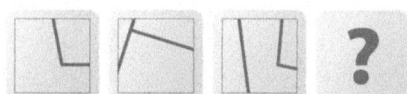

Welche Figur setzt die Reihe logisch fort?

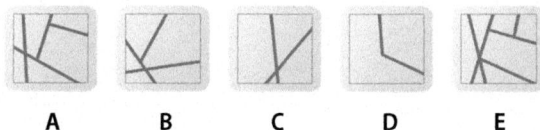

    A   B   C   D   E

71. Gegeben ist diese Figurenreihe:

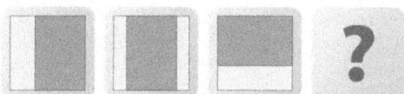

Welche Figur setzt die Reihe logisch fort?

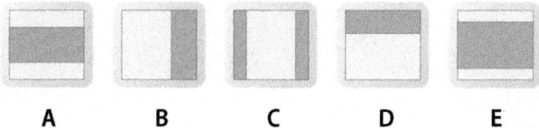

    A   B   C   D   E

72. **Gegeben ist diese Figurenreihe:**

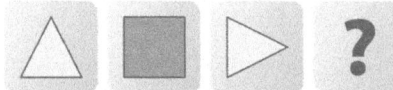

Welche Figur setzt die Reihe logisch fort?

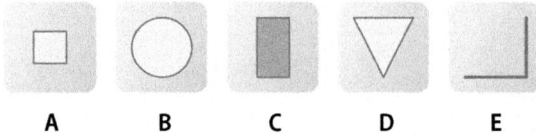

A B C D E

73. **Gegeben ist diese Figurenreihe:**

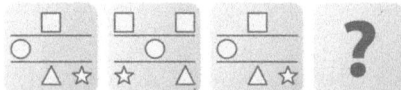

Welche Figur setzt die Reihe logisch fort?

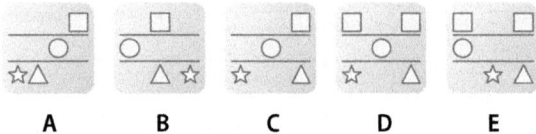

A B C D E

74. **Gegeben ist diese Figurenreihe:**

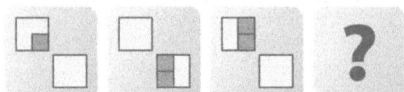

Welche Figur setzt die Reihe logisch fort?

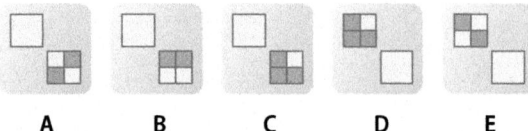

A B C D E

75. **Gegeben ist diese Figurenreihe:**

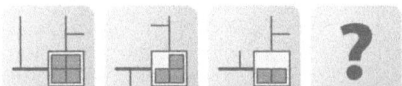

Welche Figur setzt die Reihe logisch fort?

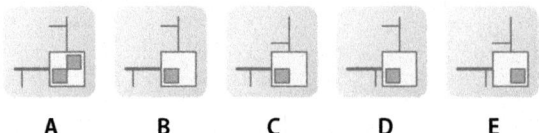

A B C D E

76. **Gegeben ist diese Figurenreihe:**

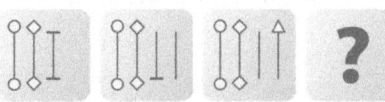

Welche Figur setzt die Reihe logisch fort?

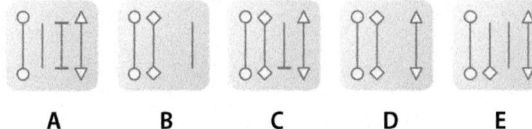

A	B	C	D	E

77. **Gegeben ist diese Figurenreihe:**

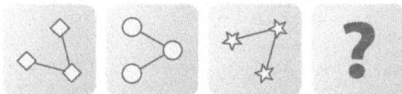

Welche Figur setzt die Reihe logisch fort?

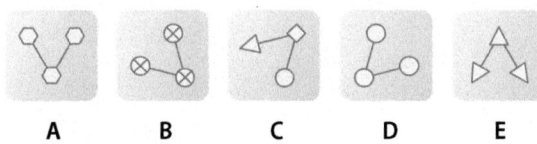

A	B	C	D	E

78. **Gegeben ist diese Figurenreihe:**

Welche Figur setzt die Reihe logisch fort?

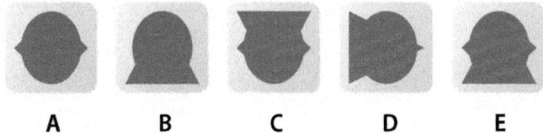

A	B	C	D	E

79. **Gegeben ist diese Figurenreihe:**

Welche Figur setzt die Reihe logisch fort?

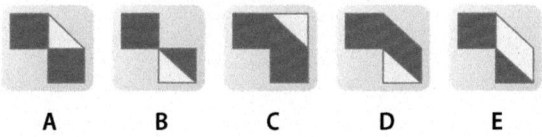

A	B	C	D	E

80. **Gegeben ist diese Figurenreihe:**

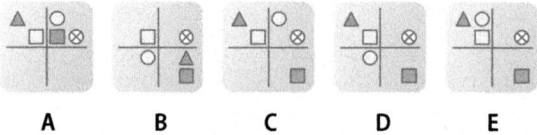

Welche Figur setzt die Reihe logisch fort?

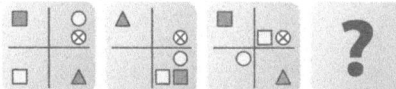

A   B   C   D   E

Logisches und visuelles Denken

Figurenmatrizen

Jede Matrix besteht aus neun Figuren – doch eine davon fehlt.

Erkennen Sie, nach welcher logischen Regel die Figurenmatrix aufgebaut ist, und ergänzen Sie die fehlende Figur.

Hierzu ein Beispiel

Aufgabe

1. Sie sehen eine Matrix mit acht Figuren.

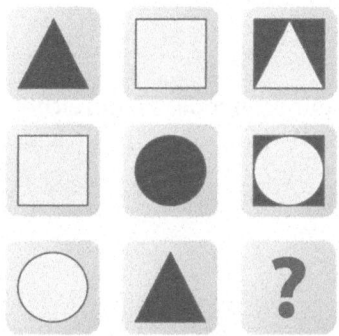

Welche Figur ersetzt das Fragezeichen logisch?

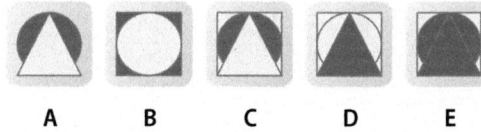

    A   B   C   D   E

Antwort

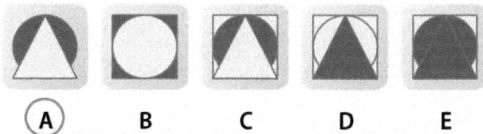

   (A)   B   C   D   E

Die beiden linken Figuren einer Reihe werden rechts überlagert, wobei sie ihre Farben tauschen.

Figurenmatrizen

Beantworten Sie bitte die folgenden Aufgaben, indem Sie jeweils den richtigen Buchstaben markieren.

81. **Sie sehen eine Matrix mit acht Figuren.**

Welche Figur ersetzt das Fragezeichen logisch?

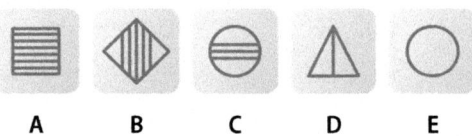

A   B   C   D   E

83. **Sie sehen eine Matrix mit acht Figuren.**

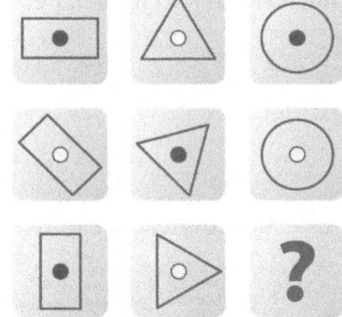

Welche Figur ersetzt das Fragezeichen logisch?

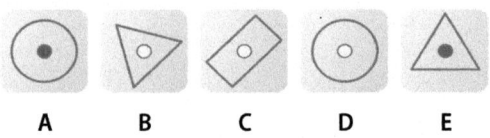

A   B   C   D   E

82. **Sie sehen eine Matrix mit acht Figuren.**

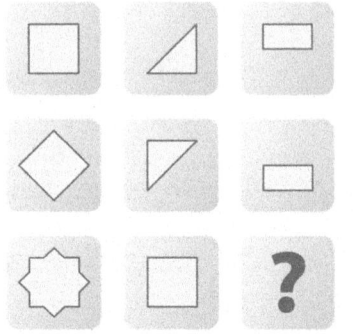

Welche Figur ersetzt das Fragezeichen logisch?

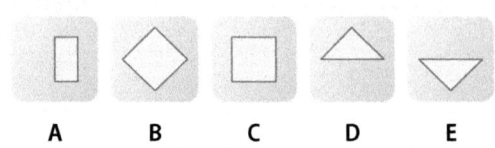

A   B   C   D   E

84. **Sie sehen eine Matrix mit acht Figuren.**

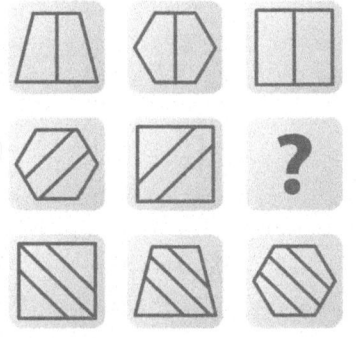

Welche Figur ersetzt das Fragezeichen logisch?

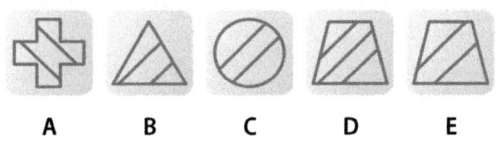

A   B   C   D   E

85. Sie sehen eine Matrix mit acht Figuren.

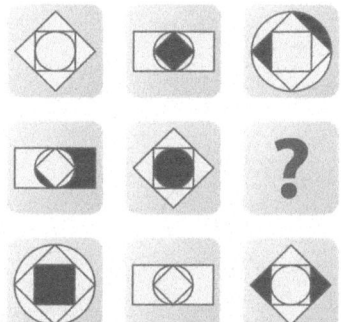

Welche Figur ersetzt das Fragezeichen logisch?

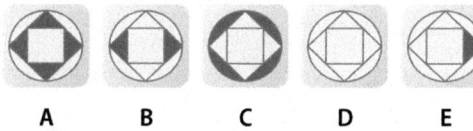

A   B   C   D   E

87. Sie sehen eine Matrix mit acht Figuren.

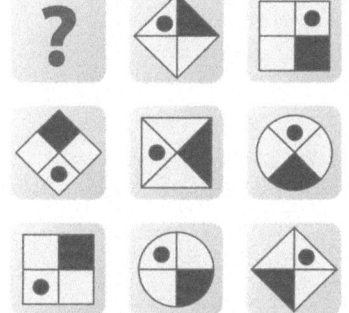

Welche Figur ersetzt das Fragezeichen logisch?

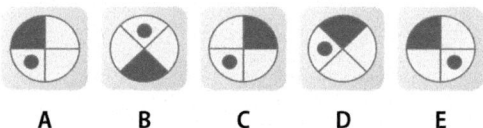

A   B   C   D   E

86. Sie sehen eine Matrix mit acht Figuren.

Welche Figur ersetzt das Fragezeichen logisch?

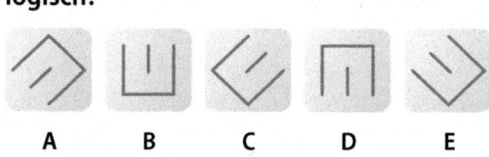

A   B   C   D   E

88. Sie sehen eine Matrix mit acht Figuren.

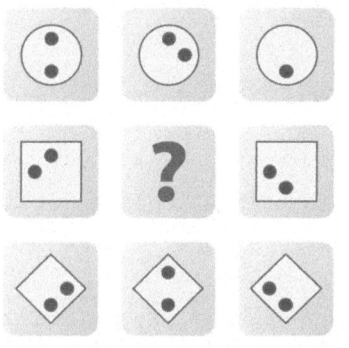

Welche Figur ersetzt das Fragezeichen logisch?

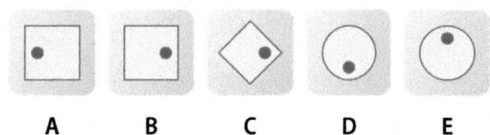

A   B   C   D   E

89. **Sie sehen eine Matrix mit acht Figuren.**

Welche Figur ersetzt das Fragezeichen logisch?

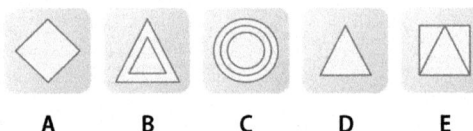

| A | B | C | D | E |

91. **Sie sehen eine Matrix mit acht Figuren.**

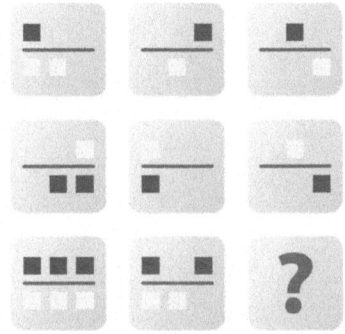

Welche Figur ersetzt das Fragezeichen logisch?

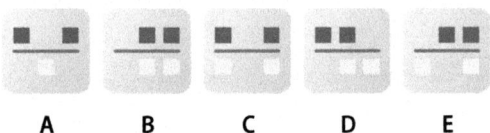

| A | B | C | D | E |

90. **Sie sehen eine Matrix mit acht Figuren.**

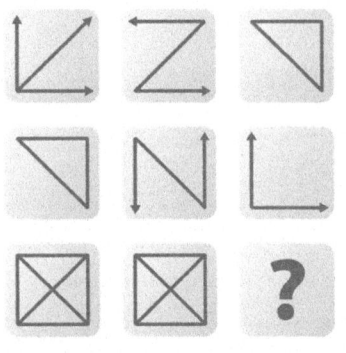

Welche Figur ersetzt das Fragezeichen logisch?

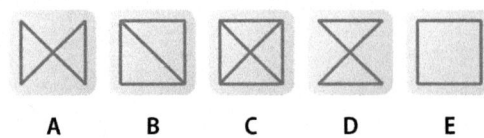

| A | B | C | D | E |

92. **Sie sehen eine Matrix mit acht Figuren.**

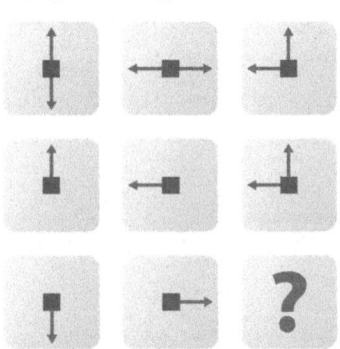

Welche Figur ersetzt das Fragezeichen logisch?

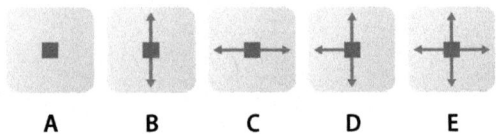

| A | B | C | D | E |

93. Sie sehen eine Matrix mit acht Figuren.

Welche Figur ersetzt das Fragezeichen logisch?

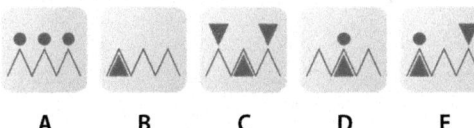

    A   B   C   D   E

95. Sie sehen eine Matrix mit acht Figuren.

Welche Figur ersetzt das Fragezeichen logisch?

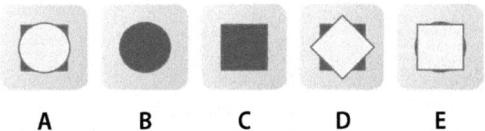

    A   B   C   D   E

94. Sie sehen eine Matrix mit acht Figuren.

Welche Figur ersetzt das Fragezeichen logisch?

    A   B   C   D   E

96. Sie sehen eine Matrix mit acht Figuren.

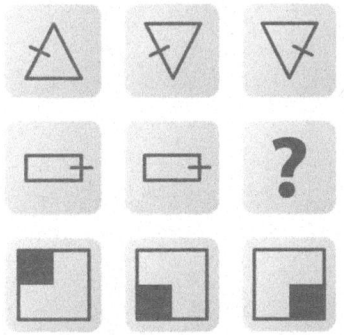

Welche Figur ersetzt das Fragezeichen logisch?

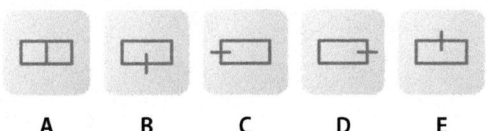

    A   B   C   D   E

97. Sie sehen eine Matrix mit acht Figuren.

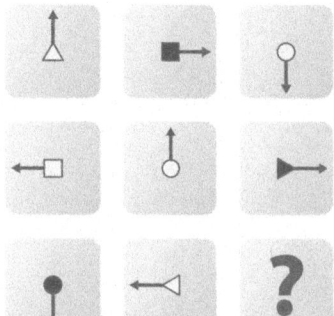

Welche Figur ersetzt das Fragezeichen logisch?

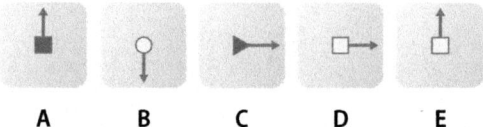

A   B   C   D   E

99. Sie sehen eine Matrix mit acht Figuren.

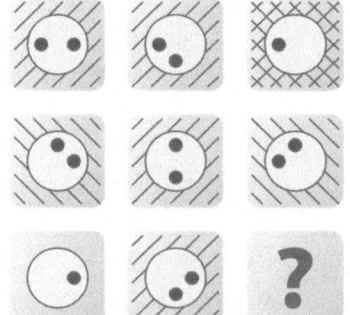

Welche Figur ersetzt das Fragezeichen logisch?

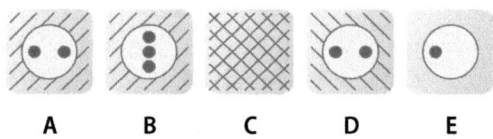

A   B   C   D   E

98. Sie sehen eine Matrix mit acht Figuren.

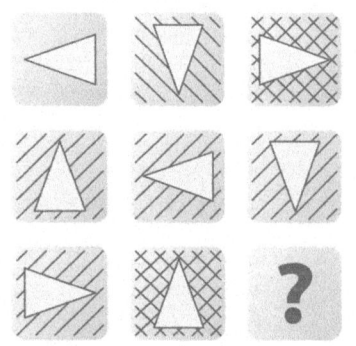

Welche Figur ersetzt das Fragezeichen logisch?

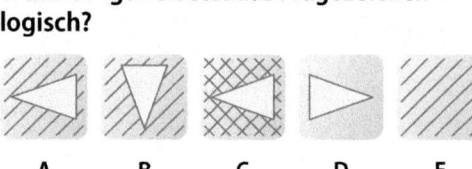

A   B   C   D   E

100. Sie sehen eine Matrix mit acht Figuren.

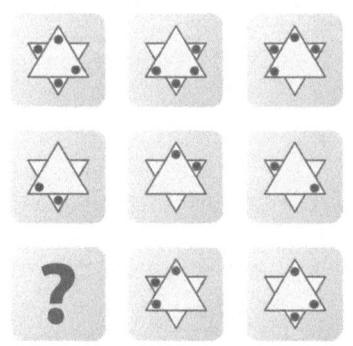

Welche Figur ersetzt das Fragezeichen logisch?

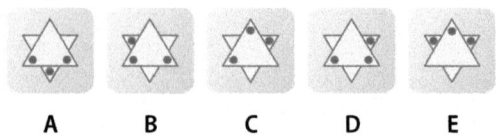

A   B   C   D   E

Logisches und visuelles Denken

Musterwürfel zuordnen   *Aufgabenerklärung*

Zu jeder Aufgabe erhalten Sie einen Würfel, dessen Seiten unterschiedlich gemustert sind. Entscheiden Sie, welcher der abgebildeten Musterwürfel dem Aufgabenwürfel entspricht – dieser kann beliebig nach links oder rechts, nach vorne oder hinten, im oder gegen den Uhrzeigersinn gedreht bzw. gekippt werden.

Hierzu ein Beispiel

Aufgabe

1. Ihnen wird ein Aufgabenwürfel vorgegeben.

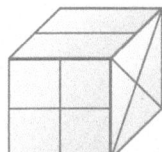

    Welcher der Musterwürfel A bis E ist identisch mit dem Aufgabenwürfel?

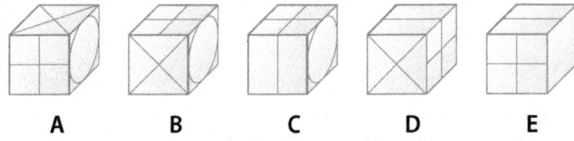

     A   B   C   D   E

Antwort

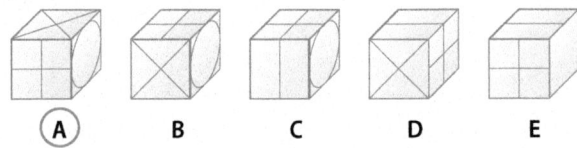

     (A)   B   C   D   E

Kippen Sie den Aufgabenwürfel nach links.

Musterwürfel zuordnen   *Bearbeitungszeit 20 Minuten*

Beantworten Sie bitte die folgenden Aufgaben, indem Sie jeweils den richtigen Buchstaben markieren.

101. Ihnen wird ein Aufgabenwürfel vorgegeben.

Welcher der Musterwürfel A bis E ist identisch mit dem Aufgabenwürfel?

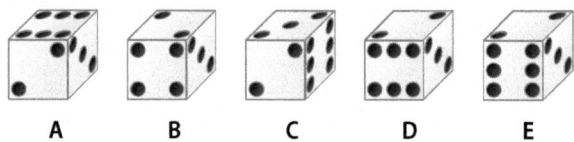

    A   B   C   D   E

102. Ihnen wird ein Aufgabenwürfel vorgegeben.

Welcher der Musterwürfel A bis E ist identisch mit dem Aufgabenwürfel?

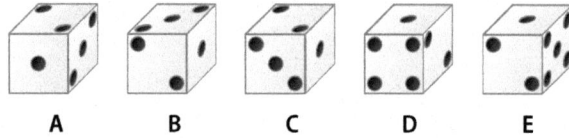

    A   B   C   D   E

103. Ihnen wird ein Aufgabenwürfel vorgegeben.

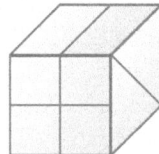

Welcher der Musterwürfel A bis E ist identisch mit dem Aufgabenwürfel?

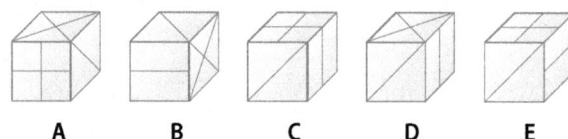

    A   B   C   D   E

104. Ihnen wird ein Aufgabenwürfel vorgegeben.

Welcher der Musterwürfel A bis E ist identisch mit dem Aufgabenwürfel?

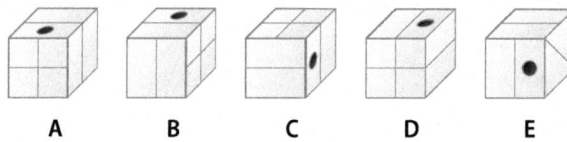

A   B   C   D   E

105. Ihnen wird ein Aufgabenwürfel vorgegeben.

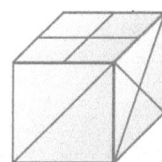

Welcher der Musterwürfel A bis E ist identisch mit dem Aufgabenwürfel?

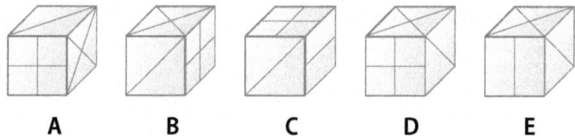

A   B   C   D   E

106. Ihnen wird ein Aufgabenwürfel vorgegeben.

Welcher der Musterwürfel A bis E ist identisch mit dem Aufgabenwürfel?

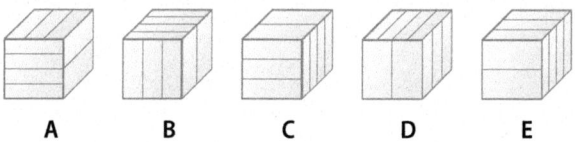

A   B   C   D   E

107. Ihnen wird ein Aufgabenwürfel vorgegeben.

Welcher der Musterwürfel A bis E ist identisch mit dem Aufgabenwürfel?

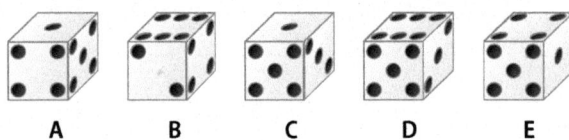

A   B   C   D   E

108. Ihnen wird ein Aufgabenwürfel vorgegeben.

Welcher der Musterwürfel A bis E ist identisch mit dem Aufgabenwürfel?

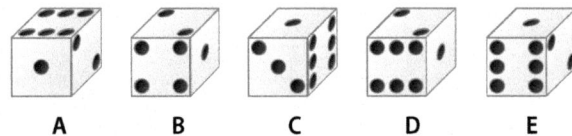

A   B   C   D   E

109. Ihnen wird ein Aufgabenwürfel vorgegeben.

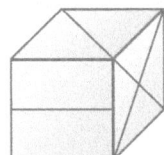

Welcher der Musterwürfel A bis E ist identisch mit dem Aufgabenwürfel?

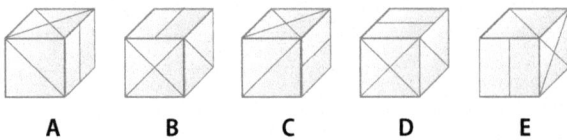

A   B   C   D   E

110. Ihnen wird ein Aufgabenwürfel vorgegeben.

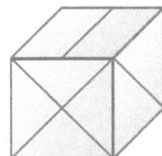

Welcher der Musterwürfel A bis E ist identisch mit dem Aufgabenwürfel?

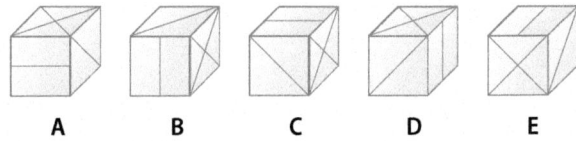

A   B   C   D   E

111. Ihnen wird ein Aufgabenwürfel vorgegeben.

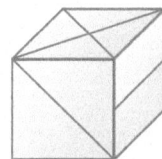

Welcher der Musterwürfel A bis E ist identisch mit dem Aufgabenwürfel?

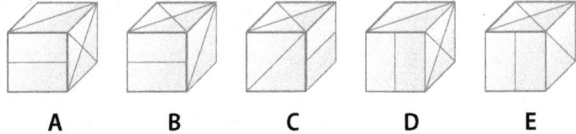

A   B   C   D   E

112. Ihnen wird ein Aufgabenwürfel vorgegeben.

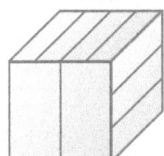

Welcher der Musterwürfel A bis E ist identisch mit dem Aufgabenwürfel?

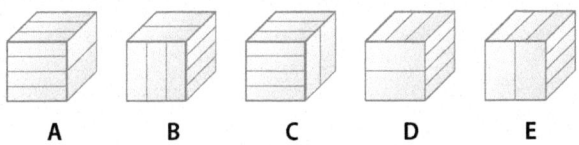

A   B   C   D   E

113. Ihnen wird ein Aufgabenwürfel vorgegeben.

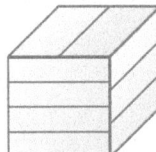

Welcher der Musterwürfel A bis E ist identisch mit dem Aufgabenwürfel?

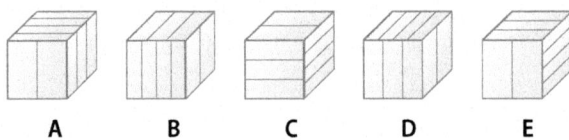

    A   B   C   D   E

114. Ihnen wird ein Aufgabenwürfel vorgegeben.

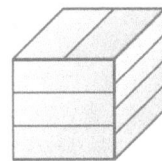

Welcher der Musterwürfel A bis E ist identisch mit dem Aufgabenwürfel?

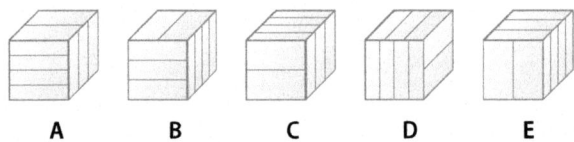

    A   B   C   D   E

115. Ihnen wird ein Aufgabenwürfel vorgegeben.

Welcher der Musterwürfel A bis E ist identisch mit dem Aufgabenwürfel?

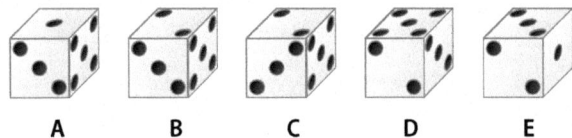

    A   B   C   D   E

116. Ihnen wird ein Aufgabenwürfel vorgegeben.

Welcher der Musterwürfel A bis E ist identisch mit dem Aufgabenwürfel?

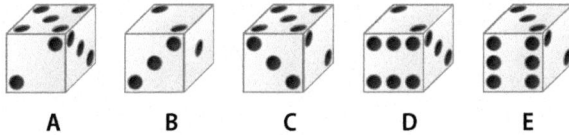

A   B   C   D   E

117. Ihnen wird ein Aufgabenwürfel vorgegeben.

Welcher der Musterwürfel A bis E ist identisch mit dem Aufgabenwürfel?

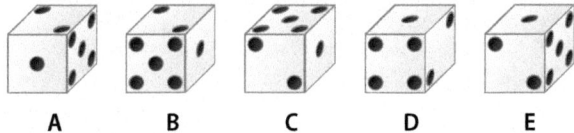

A   B   C   D   E

118. Ihnen wird ein Aufgabenwürfel vorgegeben.

Welcher der Musterwürfel A bis E ist identisch mit dem Aufgabenwürfel?

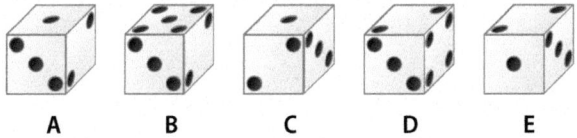

A   B   C   D   E

119. Ihnen wird ein Aufgabenwürfel vorgegeben.

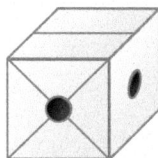

Welcher der Musterwürfel A bis E ist identisch mit dem Aufgabenwürfel?

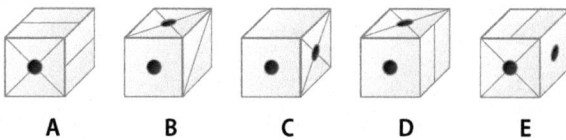

A   B   C   D   E

120. Ihnen wird ein Aufgabenwürfel vorgegeben.

Welcher der Musterwürfel A bis E ist identisch mit dem Aufgabenwürfel?

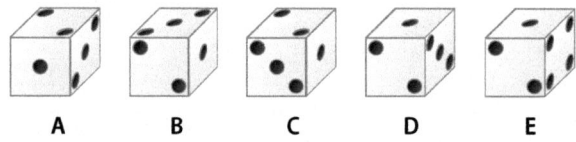

A   B   C   D   E

Logisches und visuelles Denken

Spielwürfel drehen   *Aufgabenerklärung*

Die gegenüberliegenden Seiten eines Spielwürfels ergeben in der Summe immer die Augenzahl Sieben: Zeigt beispielsweise die Vorderseite eine „6", muss auf der Rückseite die „1" stehen. Daher können Sie von drei sichtbaren Würfelflächen auf die Lage aller anderen Flächen schließen.

Bitte führen Sie bei jeder Aufgabe die vorgegebenen Operationen durch und markieren Sie den Antwortbuchstaben der korrekten Lösung.

Hierzu ein Beispiel

Aufgabe

1. Der abgebildete Spielwürfel wird 90 Grad im Uhrzeigersinn gedreht.

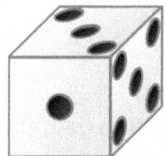

    Welche Vorderansicht zeigt der Würfel nun?

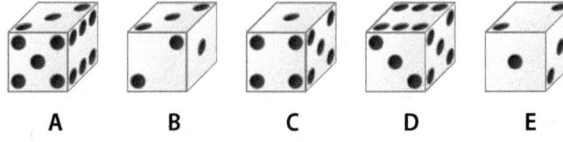

    A   B   C   D   E

Antwort

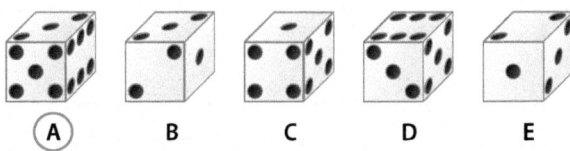

    (A)   B   C   D   E

Gegenprobe: Drehen Sie Lösungswürfel A 90 Grad gegen den Uhrzeigersinn.

Spielwürfel drehen

Beantworten Sie bitte die folgenden Aufgaben, indem Sie jeweils den richtigen Buchstaben markieren.

121. Der abgebildete Spielwürfel wird nach rechts gekippt und 90 Grad gegen den Uhrzeigersinn gedreht.

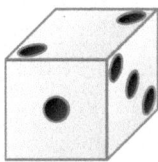

Welche Vorderansicht zeigt der Würfel nun?

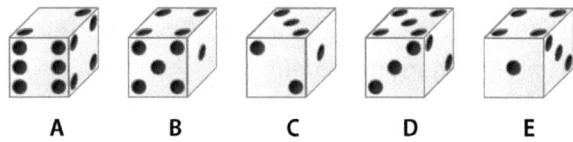

    A   B   C   D   E

122. Der abgebildete Spielwürfel wird nach links gekippt und 90 Grad im Uhrzeigersinn gedreht.

Welche Vorderansicht zeigt der Würfel nun?

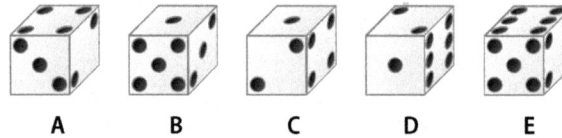

    A   B   C   D   E

123. Der abgebildete Spielwürfel wird nach links gekippt und 90 Grad gegen den Uhrzeigersinn gedreht.

Welche Vorderansicht zeigt der Würfel nun?

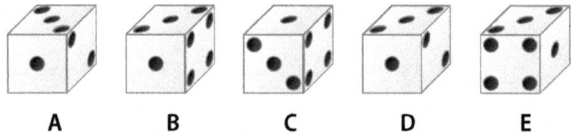

    A   B   C   D   E

124. Der abgebildete Spielwürfel wird nach links gekippt und 90 Grad gegen den Uhrzeigersinn gedreht.

Welche Vorderansicht zeigt der Würfel nun?

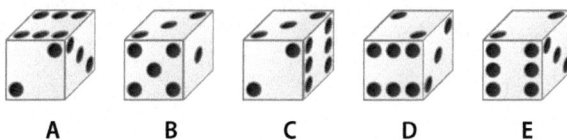

    A   B   C   D   E

125. Der abgebildete Spielwürfel wird nach links gekippt und 90 Grad im Uhrzeigersinn gedreht.

Welche Vorderansicht zeigt der Würfel nun?

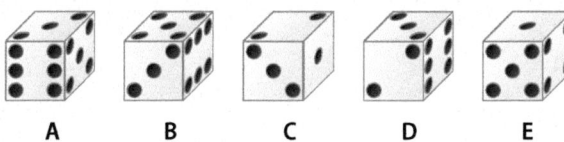

    A   B   C   D   E

126. Der abgebildete Spielwürfel wird nach rechts gekippt und 90 Grad gegen den Uhrzeigersinn gedreht.

Welche Vorderansicht zeigt der Würfel nun?

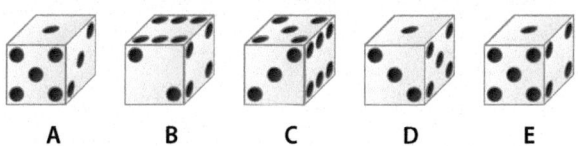

    A   B   C   D   E

127. Der abgebildete Spielwürfel wird nach hinten gekippt und 90 Grad im Uhrzeigersinn gedreht.

Welche Vorderansicht zeigt der Würfel nun?

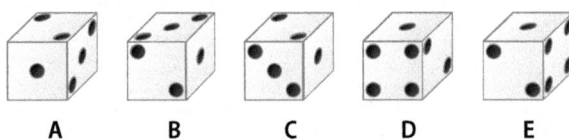

A   B   C   D   E

128. Der abgebildete Spielwürfel wird nach hinten gekippt und 90 Grad im Uhrzeigersinn gedreht.

Welche Vorderansicht zeigt der Würfel nun?

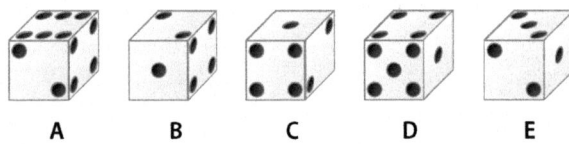

A   B   C   D   E

129. Der abgebildete Spielwürfel wird nach rechts gekippt und 90 Grad im Uhrzeigersinn gedreht.

Welche Vorderansicht zeigt der Würfel nun?

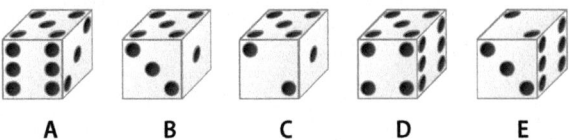

A   B   C   D   E

130. Der abgebildete Spielwürfel wird nach links gekippt und um 180 Grad gedreht.

Welche Vorderansicht zeigt der Würfel nun?

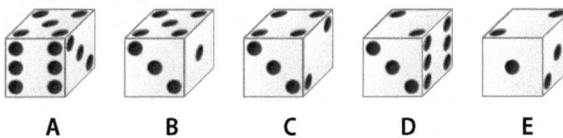

A   B   C   D   E

131. Der abgebildete Spielwürfel wird nach vorne gekippt und 90 Grad gegen den Uhrzeigersinn gedreht.

Welche Vorderansicht zeigt der Würfel nun?

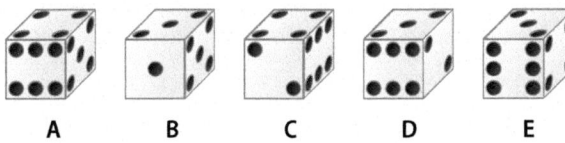

A   B   C   D   E

132. Der abgebildete Spielwürfel wird nach hinten gekippt und 90 Grad gegen den Uhrzeigersinn gedreht.

Welche Vorderansicht zeigt der Würfel nun?

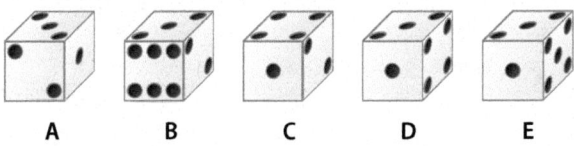

A   B   C   D   E

133. Der abgebildete Spielwürfel wird nach links gekippt und 90 Grad im Uhrzeigersinn gedreht.

Welche Vorderansicht zeigt der Würfel nun?

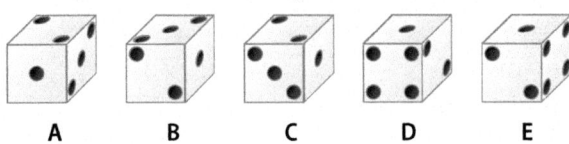

A   B   C   D   E

134. Der abgebildete Spielwürfel wird nach links gekippt, danach 90 Grad im Uhrzeigersinn gedreht und nach rechts gekippt.

Welche Vorderansicht zeigt der Würfel nun?

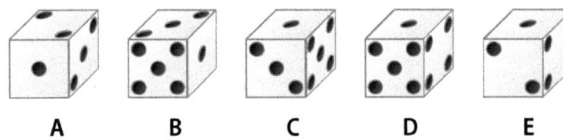

A   B   C   D   E

135. Der abgebildete Spielwürfel wird zweimal nach hinten gekippt, danach nach links gekippt und 90 Grad im Uhrzeigersinn gedreht.

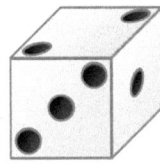

Welche Vorderansicht zeigt der Würfel nun?

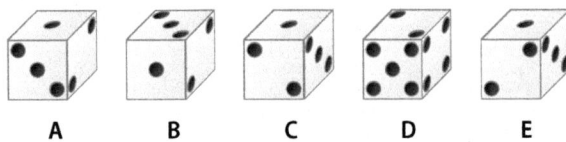

A   B   C   D   E

136. Der abgebildete Spielwürfel wird zweimal nach rechts gekippt und 90 Grad im Uhrzeigersinn gedreht.

Welche Vorderansicht zeigt der Würfel nun?

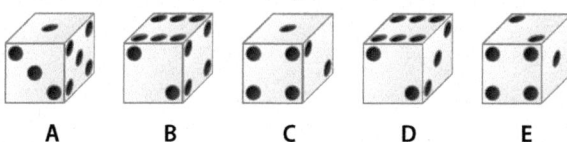

A   B   C   D   E

137. Der abgebildete Spielwürfel wird zweimal nach rechts gekippt und 90 Grad im Uhrzeigersinn gedreht.

Welche Vorderansicht zeigt der Würfel nun?

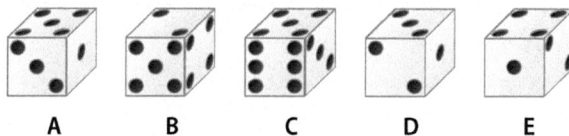

A   B   C   D   E

138. Der abgebildete Spielwürfel wird zweimal nach vorne gekippt und 90 Grad gegen den Uhrzeigersinn gedreht.

Welche Vorderansicht zeigt der Würfel nun?

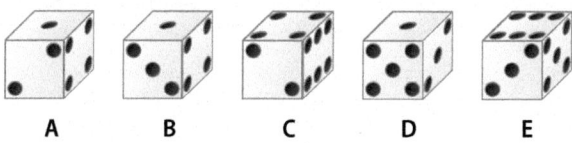

A   B   C   D   E

139. Der abgebildete Spielwürfel wird nach rechts gekippt und 90 Grad im Uhrzeigersinn gedreht.

Welche Vorderansicht zeigt der Würfel nun?

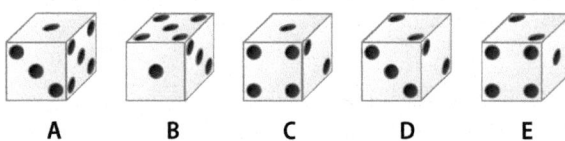

A B C D E

140. Der abgebildete Spielwürfel wird zweimal nach vorne gekippt, danach um 180 Grad gedreht und zweimal nach links gekippt.

Welche Vorderansicht zeigt der Würfel nun?

A B C D E

Logisches und visuelles Denken

Räumliches Grundverständnis

In diesem Abschnitt wird Ihr visuelles Denkvermögen getestet.

Sie sehen einen Körper mit mehreren Flächen. Ihre Aufgabe besteht darin, die Anzahl der Flächen zu bestimmen.

Hierzu ein Beispiel

Aufgabe

1. **Aus wie vielen Flächen setzt sich dieser Körper zusammen?**

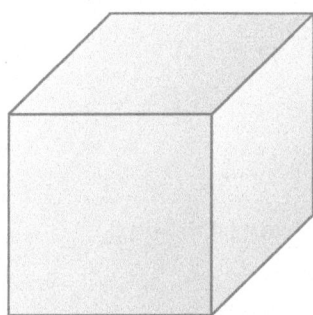

   A. 6
   B. 7
   C. 8
   D. 9
   E. Keine Antwort ist richtig.

Antwort

(A.) 6

Der Körper besteht aus 6 Flächen.

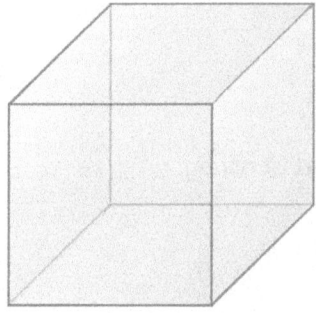

Räumliches Grundverständnis

Bearbeitungszeit 20 Minuten

Beantworten Sie bitte die folgenden Aufgaben, indem Sie jeweils den richtigen Buchstaben markieren.

141. Aus wie vielen Flächen setzt sich dieser Körper zusammen?

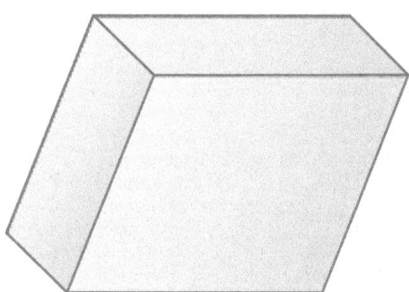

A. 3
B. 4
C. 5
D. 6
E. Keine Antwort ist richtig.

143. Aus wie vielen Flächen setzt sich dieser Körper zusammen?

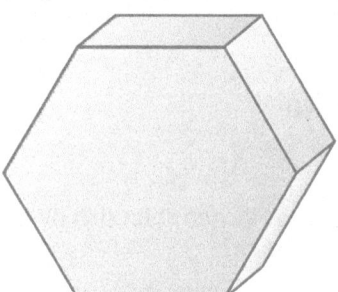

A. 6
B. 7
C. 8
D. 9
E. Keine Antwort ist richtig.

142. Aus wie vielen Flächen setzt sich dieser Körper zusammen?

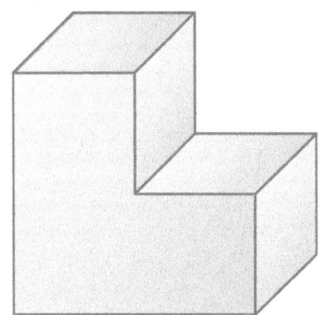

A. 6
B. 7
C. 8
D. 9
E. Keine Antwort ist richtig.

144. Aus wie vielen Flächen setzt sich dieser Körper zusammen?

A. 8
B. 10
C. 11
D. 9
E. Keine Antwort ist richtig.

145. Aus wie vielen Flächen setzt sich dieser Körper zusammen?

A. 8

B. 12

C. 10

D. 6

E. Keine Antwort ist richtig.

147. Aus wie vielen Flächen setzt sich dieser Körper zusammen?

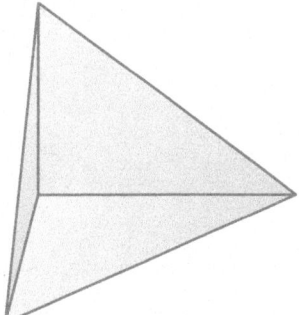

A. 1

B. 2

C. 3

D. 4

E. Keine Antwort ist richtig.

146. Aus wie vielen Flächen setzt sich dieser Körper zusammen?

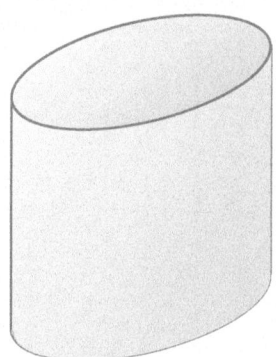

A. 1

B. 2

C. 3

D. 4

E. Keine Antwort ist richtig.

148. Aus wie vielen Flächen setzt sich dieser Körper zusammen?

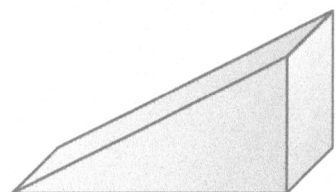

A. 4

B. 6

C. 5

D. 3

E. Keine Antwort ist richtig.

149. Aus wie vielen Flächen setzt sich dieser Körper zusammen?

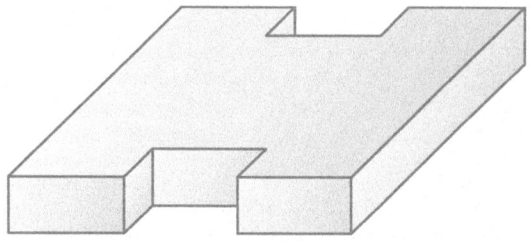

- A. 16
- B. 14
- C. 12
- D. 15
- E. Keine Antwort ist richtig.

150. Aus wie vielen Flächen setzt sich dieser Körper zusammen?

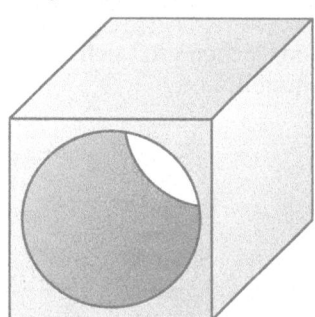

- A. 5
- B. 6
- C. 7
- D. 8
- E. Keine Antwort ist richtig.

151. Aus wie vielen Flächen setzt sich dieser Körper zusammen?

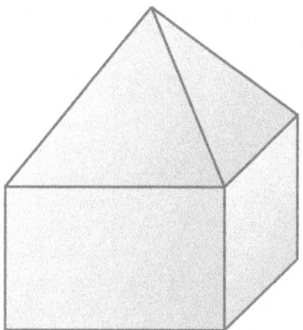

- A. 7
- B. 8
- C. 9
- D. 10
- E. Keine Antwort ist richtig.

152. Aus wie vielen Flächen setzt sich dieser Körper zusammen?

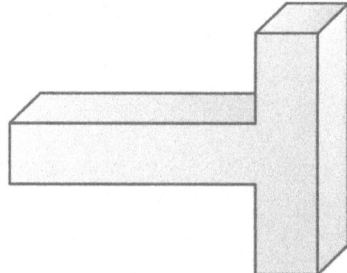

- A. 9
- B. 10
- C. 11
- D. 12
- E. Keine Antwort ist richtig.

153. Aus wie vielen Flächen setzt sich dieser Körper zusammen?

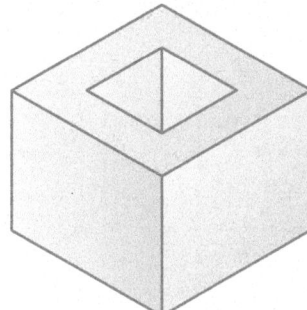

A. 9
B. 10
C. 12
D. 13
E. Keine Antwort ist richtig.

154. Aus wie vielen Flächen setzt sich dieser Körper zusammen?

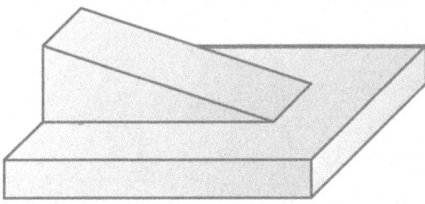

A. 11
B. 8
C. 12
D. 9
E. Keine Antwort ist richtig.

155. Aus wie vielen Flächen setzt sich dieser Körper zusammen?

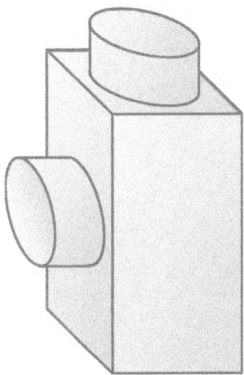

A. 6
B. 7
C. 8
D. 10
E. Keine Antwort ist richtig.

156. Aus wie vielen Flächen setzt sich dieser Körper zusammen?

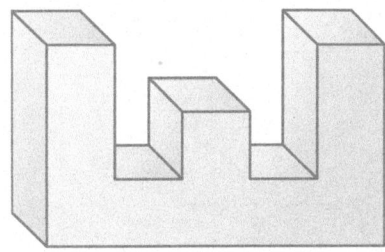

A. 8
B. 10
C. 12
D. 14
E. Keine Antwort ist richtig.

157. Aus wie vielen Flächen setzt sich dieser Körper zusammen?

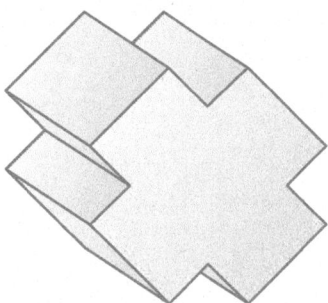

A. 10
B. 12
C. 14
D. 16
E. Keine Antwort ist richtig.

158. Aus wie vielen Flächen setzt sich dieser Körper zusammen?

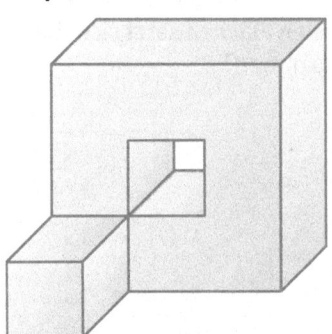

A. 13
B. 15
C. 18
D. 14
E. Keine Antwort ist richtig.

159. Aus wie vielen Flächen setzt sich dieser Körper zusammen?

A. 20
B. 9
C. 18
D. 16
E. Keine Antwort ist richtig.

160. Aus wie vielen Flächen setzt sich dieser Körper zusammen?

A. 30
B. 26
C. 34
D. 16
E. Keine Antwort ist richtig.

Logisches und visuelles Denken

Perspektive wechseln

Die folgenden Aufgaben prüfen Ihre räumliche Vorstellungskraft.

Nun müssen Sie die Perspektive wechseln: Wie sieht das vorgestellte Gebilde aus, wenn man es in Pfeilrichtung betrachtet?

Hierzu ein Beispiel

Aufgabe

1. **Gegeben ist folgendes Gebilde:**

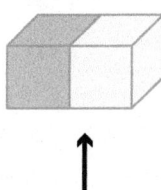

Welche der Abbildungen A bis E entspricht der Sicht in Pfeilrichtung?

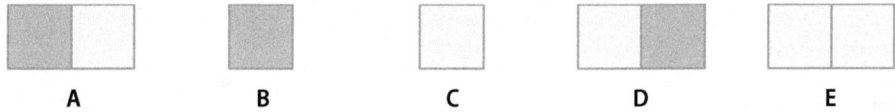

| A | B | C | D | E |

Antwort

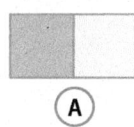

(A)

Perspektive wechseln *Bearbeitungszeit 20 Minuten*

Beantworten Sie bitte die folgenden Aufgaben, indem Sie jeweils den richtigen Buchstaben markieren.

161. **Gegeben ist folgendes Gebilde:**

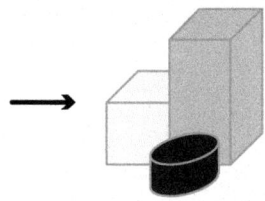

Welche der Abbildungen A bis E entspricht der Sicht in Pfeilrichtung?

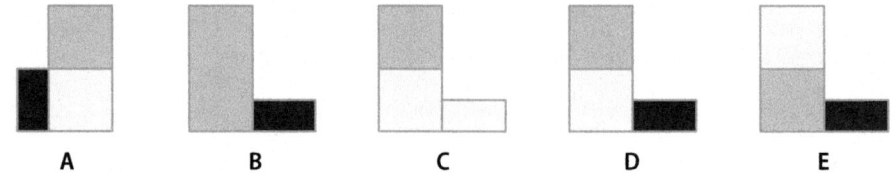

| A | B | C | D | E |

162. **Gegeben ist folgendes Gebilde:**

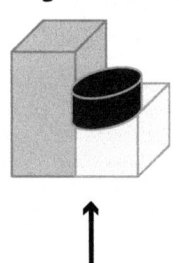

Welche der Abbildungen A bis E entspricht der Sicht in Pfeilrichtung?

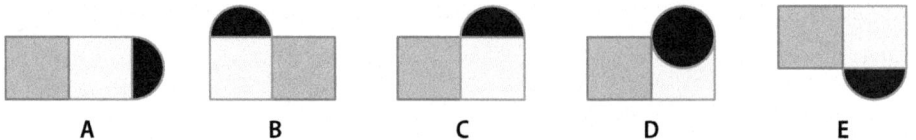

| A | B | C | D | E |

163. Gegeben ist folgendes Gebilde:

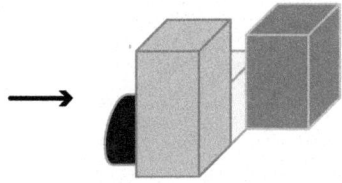

Welche der Abbildungen A bis E entspricht der Sicht in Pfeilrichtung?

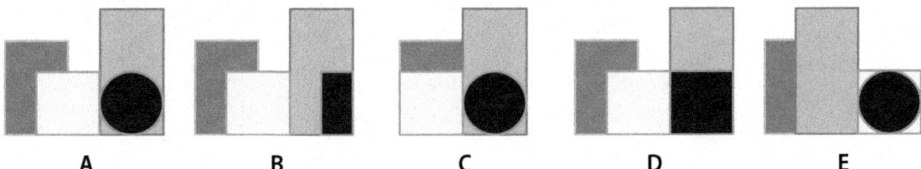

A	B	C	D	E

164. Gegeben ist folgendes Gebilde:

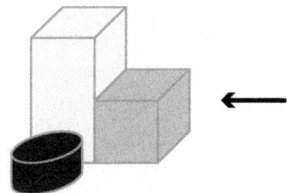

Welche der Abbildungen A bis E entspricht der Sicht in Pfeilrichtung?

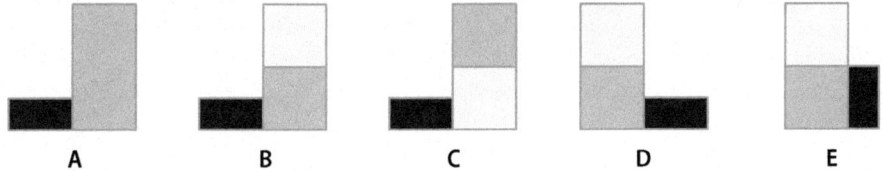

A	B	C	D	E

165. Gegeben ist folgendes Gebilde:

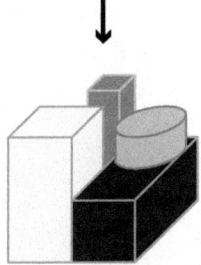

Welche der Abbildungen A bis E entspricht der Sicht in Pfeilrichtung?

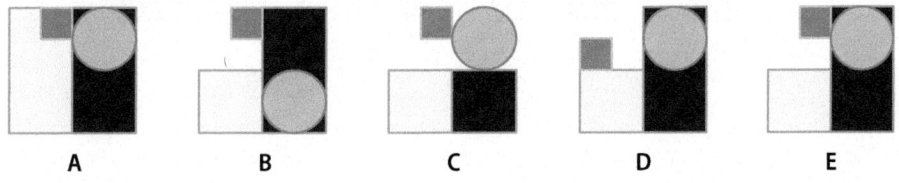

A	B	C	D	E

166. Gegeben ist folgendes Gebilde:

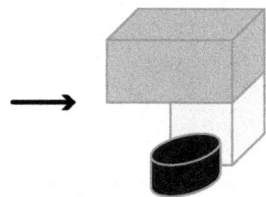

Welche der Abbildungen A bis E entspricht der Sicht in Pfeilrichtung?

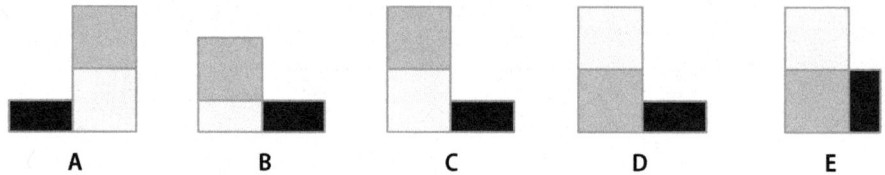

| A | B | C | D | E |

167. Gegeben ist folgendes Gebilde:

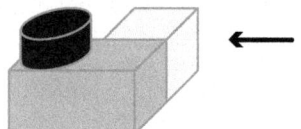

Welche der Abbildungen A bis E entspricht der Sicht in Pfeilrichtung?

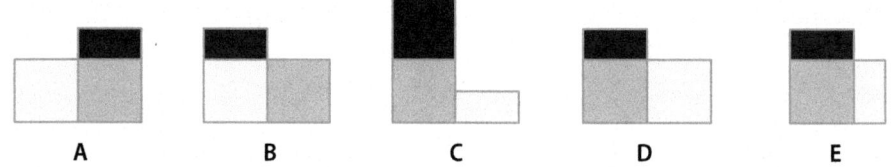

| A | B | C | D | E |

168. Gegeben ist folgendes Gebilde:

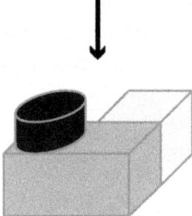

Welche der Abbildungen A bis E entspricht der Sicht in Pfeilrichtung?

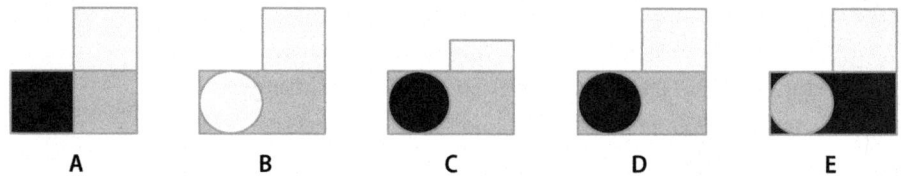

| A | B | C | D | E |

169. Gegeben ist folgendes Gebilde:

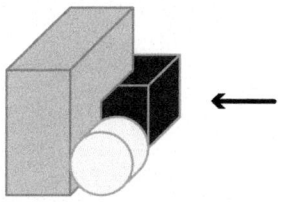

Welche der Abbildungen A bis E entspricht der Sicht in Pfeilrichtung?

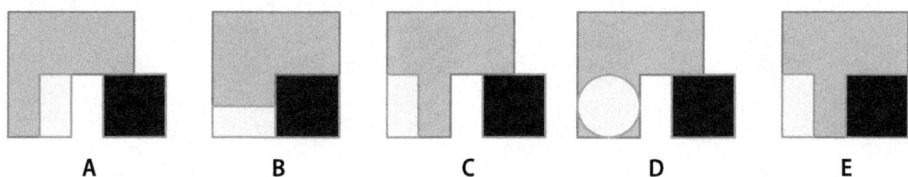

| A | B | C | D | E |

170. Gegeben ist folgendes Gebilde:

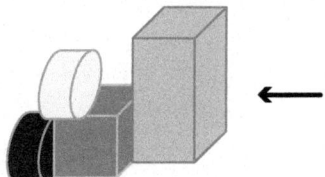

Welche der Abbildungen A bis E entspricht der Sicht in Pfeilrichtung?

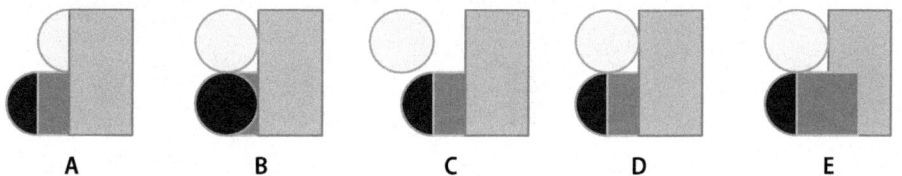

| A | B | C | D | E |

171. Gegeben ist folgendes Gebilde:

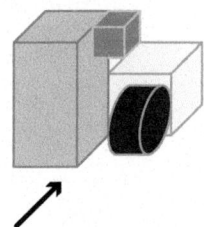

Welche der Abbildungen A bis E entspricht der Sicht in Pfeilrichtung?

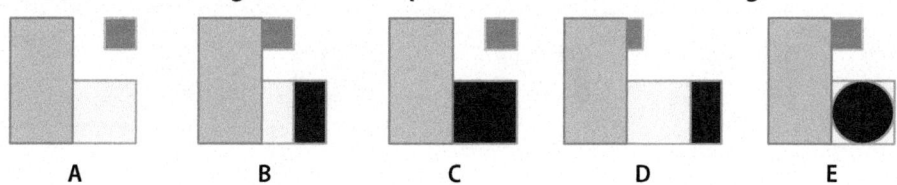

| A | B | C | D | E |

172. Gegeben ist folgendes Gebilde:

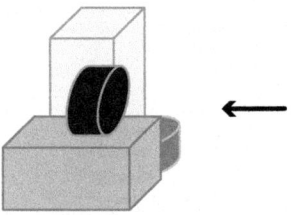

Welche der Abbildungen A bis E entspricht der Sicht in Pfeilrichtung?

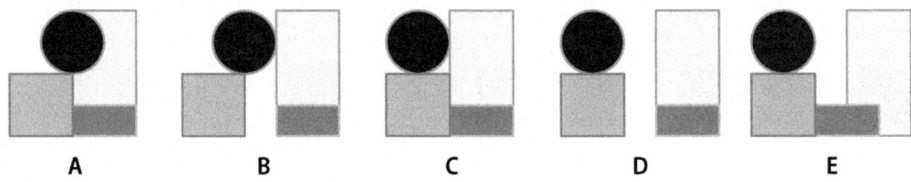

173. Gegeben ist folgendes Gebilde:

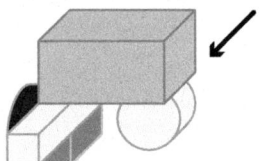

Welche der Abbildungen A bis E entspricht der Sicht in Pfeilrichtung?

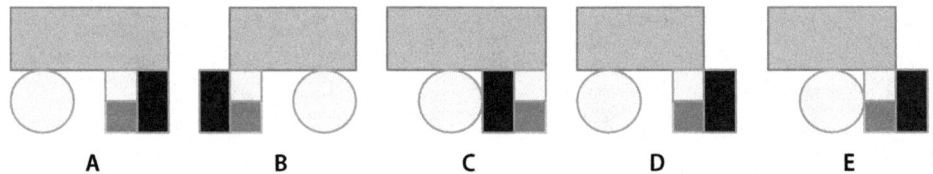

174. Gegeben ist folgendes Gebilde:

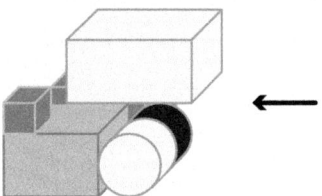

Welche der Abbildungen A bis E entspricht der Sicht in Pfeilrichtung?

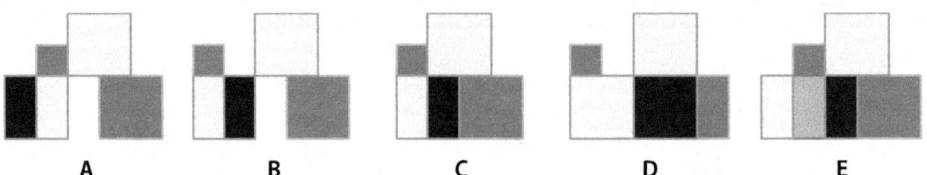

175. Gegeben ist folgendes Gebilde:

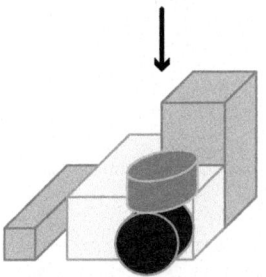

Welche der Abbildungen A bis E entspricht der Sicht in Pfeilrichtung?

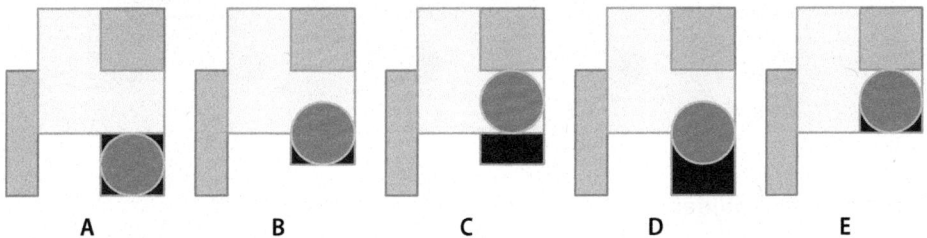

A   B   C   D   E

176. Gegeben ist folgendes Gebilde:

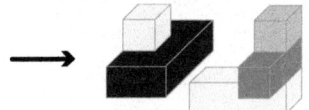

Welche der Abbildungen A bis E entspricht der Sicht in Pfeilrichtung?

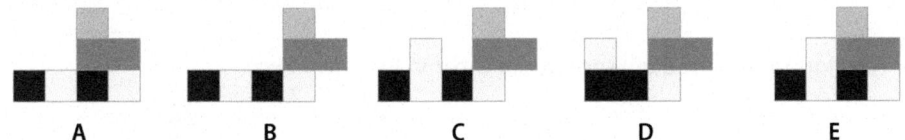

A   B   C   D   E

177. Gegeben ist folgendes Gebilde:

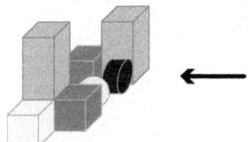

Welche der Abbildungen A bis E entspricht der Sicht in Pfeilrichtung?

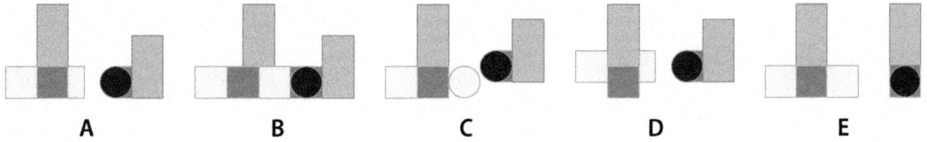

A   B   C   D   E

178. Gegeben ist folgendes Gebilde:

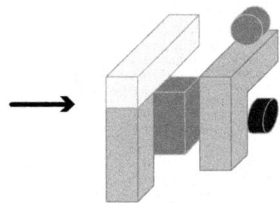

Welche der Abbildungen A bis E entspricht der Sicht in Pfeilrichtung?

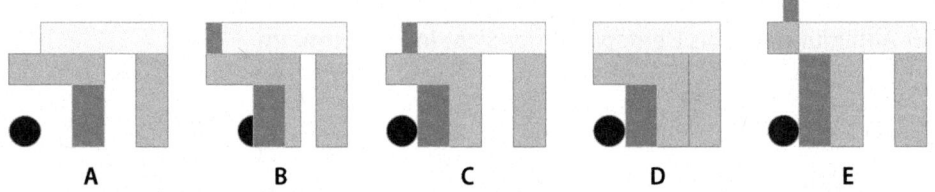

| A | B | C | D | E |

179. Gegeben ist folgendes Gebilde:

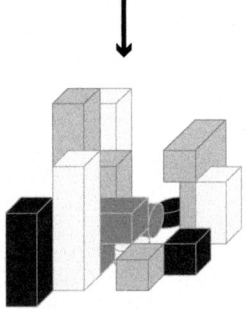

Welche der Abbildungen A bis E entspricht der Sicht in Pfeilrichtung?

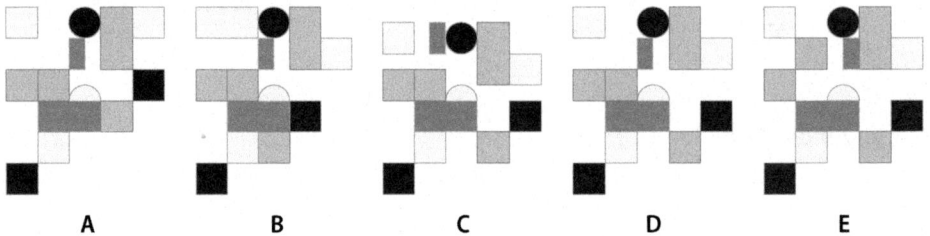

| A | B | C | D | E |

180. Gegeben ist folgendes Gebilde:

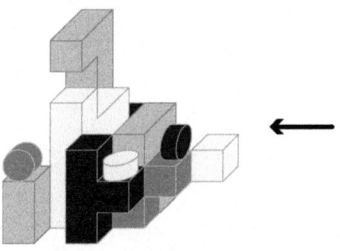

Welche der Abbildungen A bis E entspricht der Sicht in Pfeilrichtung?

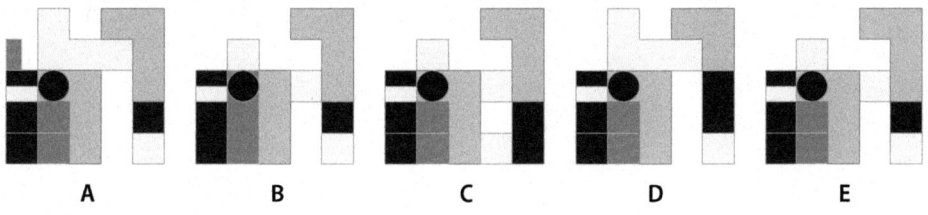

A   B   C   D   E

Geschafft – Sie haben die Prüfung abgeschlossen!

Alle Lösungen finden Sie im mitgelieferten Lösungsbuch.

Prüfung 5

Konzentration, Reaktion und Merkfähigkeit

Bearbeitungszeit: **49 Minuten**

Hilfsmittel: Bleistift, Radiergummi, Schmierpapier

Alle Lösungen mit Bearbeitungstipps und Kommentaren
finden Sie im mitgelieferten Lösungsbuch.

Bearbeitungshinweise

Die Bearbeitungszeit der vorliegenden Prüfung beträgt insgesamt ca. 50 Minuten.

Zu jeder Aufgabengruppe erhalten Sie die jeweils vorgesehene Bearbeitungszeit und Erklärungen zur Aufgabenstellung. Lesen Sie sich diese Hinweise gründlich durch, damit Sie die Aufgaben richtig bearbeiten und lösen können.

Markieren Sie bitte bei jeder Multiple-Choice-Aufgabe einen Lösungsbuchstaben (in der Regel A, B, C, D oder E) mit Bleistift. Bei allen Multiple-Choice-Aufgaben stimmt nur jeweils ein Lösungsvorschlag, Mehrfach-Antworten werden als falsch gewertet.

Hierzu ein Beispiel:

Aufgabe

1. **Wie viel ergibt 4 × 3?**

   A. 12
   B. 17
   C. 19
   D. 10
   E. Keine Antwort ist richtig.

Antwort

 12

Um eine Antwort nachträglich zu korrigieren, dürfen Sie die entsprechende Markierung innerhalb der Bearbeitungszeit vorsichtig ausradieren und einen neuen Lösungsvorschlag markieren.

Wenn Sie die Aufgaben einer Aufgabengruppe vor Ablauf der Bearbeitungszeit gelöst haben, dürfen Sie innerhalb dieser Aufgabengruppe zurückblättern, um Ihre Antworten noch einmal zu überprüfen. Das Umblättern zu anderen Aufgabengruppen ist jedoch nicht erlaubt!

Innerhalb eines Aufgabenbereichs stehen in der Regel die einfachen Fragen am Anfang und die schwereren am Ende. Bearbeiten Sie die Fragen schnell und sorgfältig – aber behalten Sie die Ruhe, wenn Sie die eine oder andere Aufgabe aus zeitlichen Gründen nicht lösen können. Berücksichtigen Sie, dass dieser Test so zusammengestellt ist, dass kaum jemand in der angesetzten Bearbeitungszeit alle Aufgaben richtig lösen kann. Halten Sie sich nicht übermäßig lange mit Aufgaben auf, die Ihnen schwerfallen.

Bitte nutzen Sie außer Bleistift, Radiergummi und Notizpapier keine weiteren Hilfsmittel.

Konzentration, Reaktion und Merkfähigkeit

Reaktionstest (Pfeiltest)   *Aufgabenerklärung*

Eine Raute ist in vier Felder unterteilt: Norden (oben), Osten (rechts), Süden (unten) und Westen (links). In zwei Feldern befindet sich jeweils ein Pfeil.

Bestimmen Sie zuerst die Position des gestrichelten Pfeils – in welchem Feld liegt er? Danach ermitteln Sie die Pfeilrichtung des durchgehenden Pfeils – in welche Himmelsrichtung zeigt er?

Die Antworten schreiben Sie – in der richtigen Reihenfolge – in das Feld unter der Aufgabe. Die Himmelsrichtungen kürzen Sie mit „N", „O", „S" und „W" ab.

Hierzu ein Beispiel

Aufgabe   *Antwort*

1.   1.

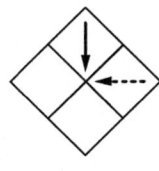   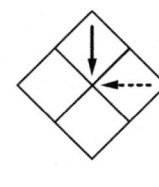

                                          OS
_____   _____

Der gestrichelte Pfeil liegt im östlichen Feld („O"). Der durchgehende Pfeil zeigt nach Süden („S"). Die richtige Lösung lautet also „OS".

Reaktionstest (Pfeiltest)

Bitte beginnen Sie nun mit den Aufgaben: Notieren Sie die Position des gestrichelten Pfeils und die Richtung des durchgehenden Pfeils.

1.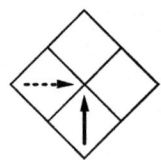

2.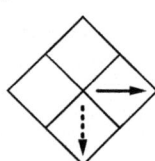

3.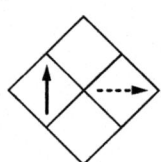

4.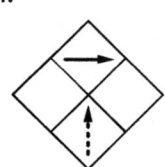

5.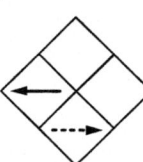

6.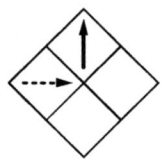

7.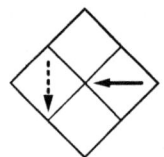

8.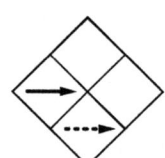

9.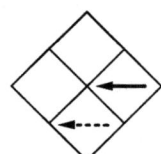

10.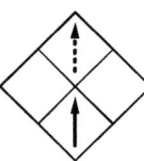

11.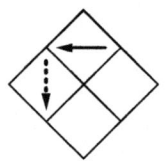

12.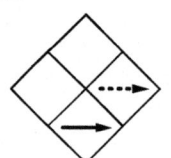

13.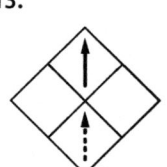

14.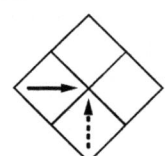

15.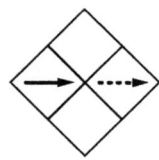

16.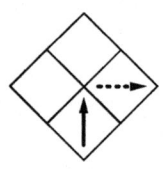

17.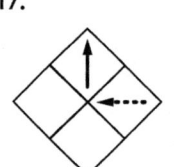

18.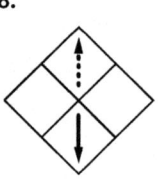

19.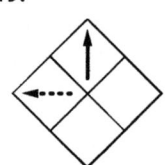

20.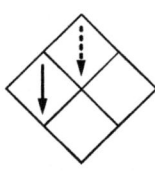

21.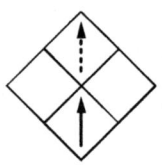

22.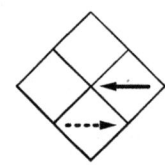

23.

24.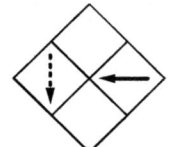

25.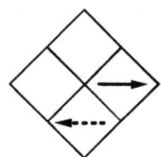

26.
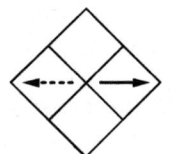

_____

27.

_____

28.

_____

29.
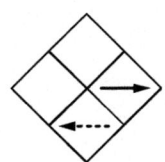

_____

30.

_____

31.
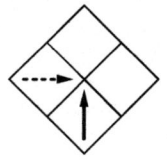

_____

32.
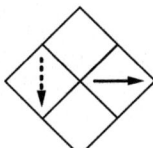

_____

33.
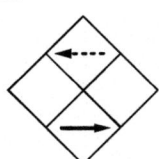

_____

34.
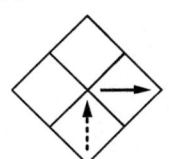

_____

35.
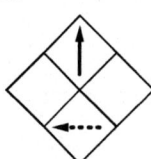

_____

36.

_____

37.
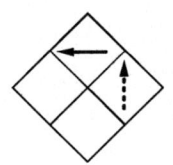

_____

38.
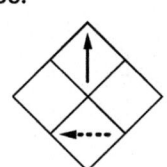

_____

39.
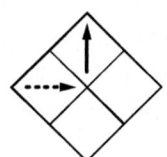

_____

40.
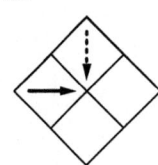

_____

41.

_____

42.
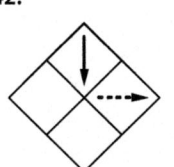

_____

43.
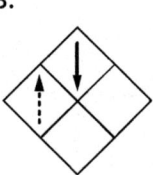

_____

44.
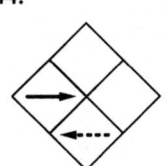

_____

45.
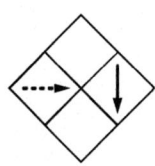

_____

46.

_____

47.
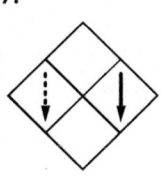

_____

48.
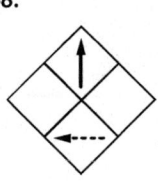

_____

49.

_____

50.
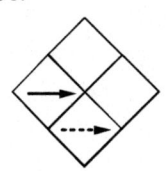

_____

51.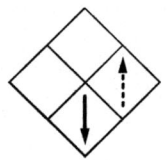

52.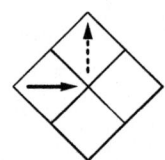

53.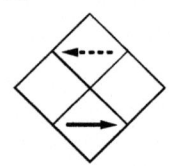

54.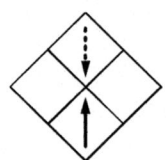

55.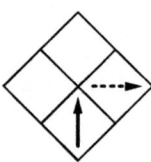

56.

57.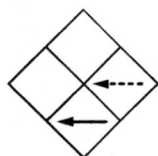

58.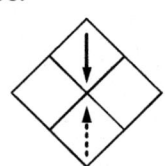

59.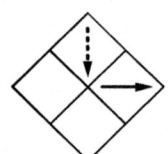

60.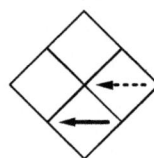

61.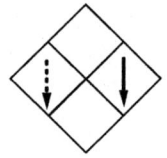

62.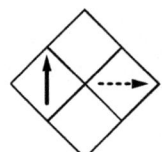

63.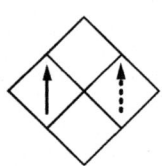

64.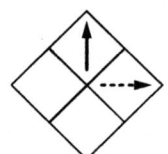

65.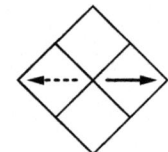

66.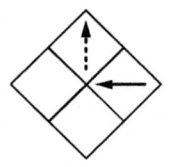

67.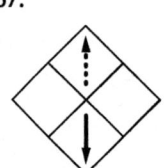

68.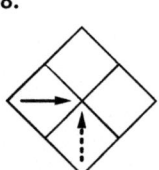

69.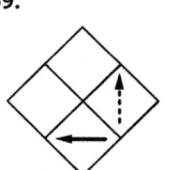

70.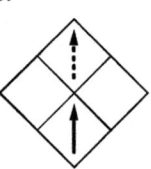

71.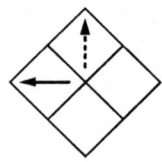

72.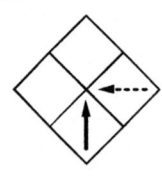

73.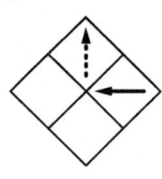

74.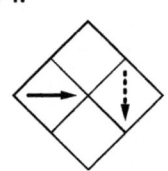

75.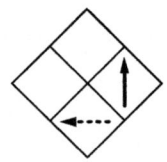

76.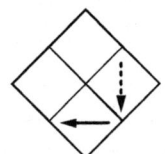

77.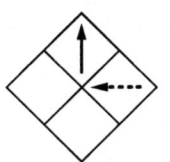

78.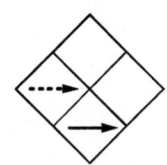

79.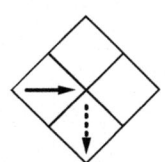

80.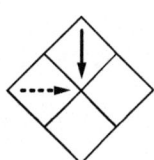

81.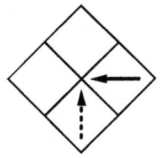

82.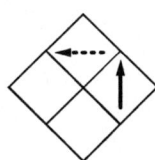

83.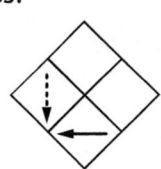

84.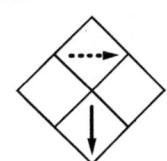

85.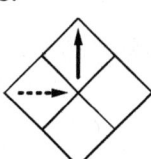

86.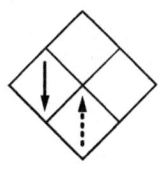

87.

88.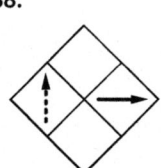

89.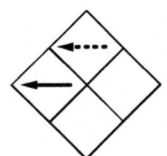

90.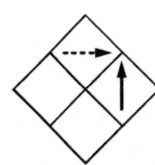

91.

92.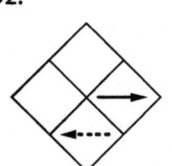

93.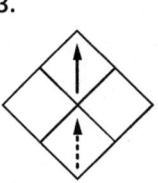

94.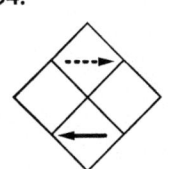

95.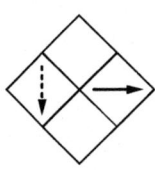

96.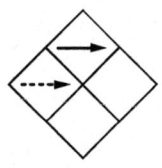

97.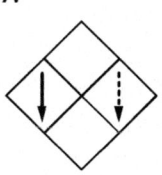

98.

99.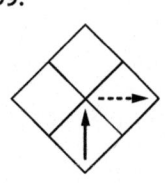

100.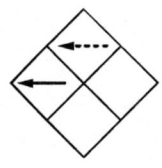

Konzentration, Reaktion und Merkfähigkeit

Geknickte Linien *Aufgabenerklärung*

In diesem Abschnitt wird Ihre Genauigkeit unter Zeitdruck geprüft.

Folgen Sie dem Pfeilverlauf und zählen Sie sämtliche Linksknicke (Block „Linksknicke") bzw. Rechtsknicke (Block „Rechtsknicke"). Die ermittelte Anzahl schreiben Sie ins Feld darunter.

Hierzu ein Beispiel

Aufgabe (Block „Linksknicke")   *Antwort (Block „Linksknicke")*

1.   1.

   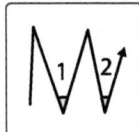

Aufgabe (Block „Rechtsknicke")   *Antwort (Block „Rechtsknicke")*

2.   2.

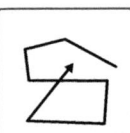   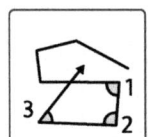

Geknickte Linien

Beginnen Sie bitte jetzt mit den Aufgaben: Zählen Sie alle Linksknicke bzw. Rechtsknicke.

Block Linksknicke

101.   102.   103.   104.   105.

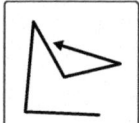 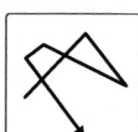 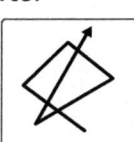 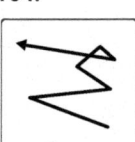 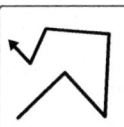

106.   107.   108.   109.   110.

 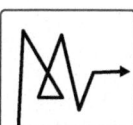 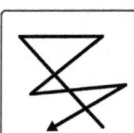  

111.   112.   113.   114.   115.

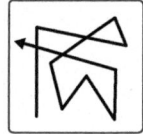 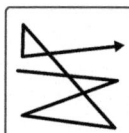  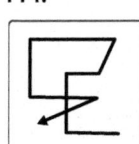 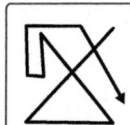

116.   117.   118.   119.   120.

 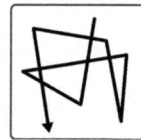  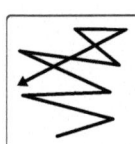 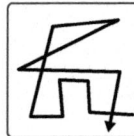

121.   122.   123.   124.   125.

   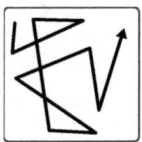 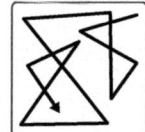

Block Rechtsknicke

126. 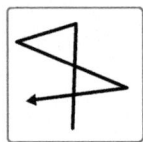   **127.** 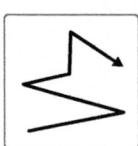   **128.** 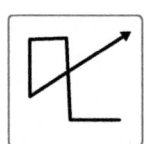   **129.** 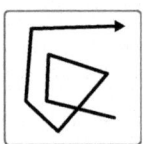   **130.**

131.    **132.**    **133.** 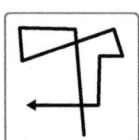   **134.** 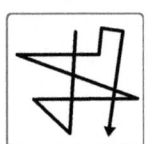   **135.**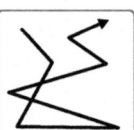

136. 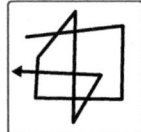   **137.** 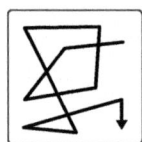   **138.**    **139.** 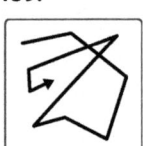   **140.**

141.    **142.** 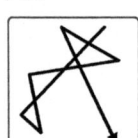   **143.** 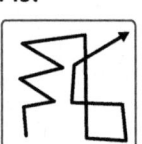   **144.** 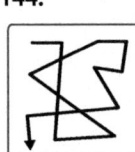   **145.**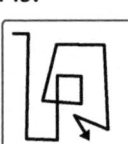

146. 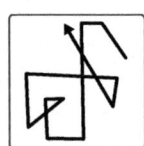   **147.**    **148.** 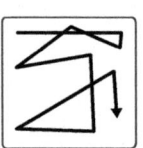   **149.**    **150.**

Konzentration, Reaktion und Merkfähigkeit

Original und Abschrift   *Bearbeitungszeit 3 Minuten*

Bei dieser Aufgabe geht es darum, Zeichenfolgen zu vergleichen.

Sie erhalten pro Aufgabe jeweils eine Originalreihe und eine Abschrift.

Überprüfen Sie die Abschriften bitte – Stelle für Stelle – auf Tippfehler und notieren Sie die Anzahl der in einer Zeile gefundenen Fehler im rechten Feld.

	Original	*Abschrift*	*Fehler*		*Original*	*Abschrift*	*Fehler*
151.	2158318	2156316	_____	**171.**	HGRFLED	HGRFLEB	_____
152.	6458482	6258284	_____	**172.**	RAGSEFA	RAGBEEA	_____
153.	1859782	1869762	_____	**173.**	JAHWERS	JAHVERS	_____
154.	3587197	3287187	_____	**174.**	HATWRSD	HATWBSD	_____
155.	5784986	5789486	_____	**175.**	ÖAJRSFAJ	OAJRSEAJ	_____
156.	2258791	2258797	_____	**176.**	JAHWNMN	JAHVMNN	_____
157.	5478615	5478916	_____	**177.**	MNMNNMM	MNNNMMM	_____
158.	7945874	7943874	_____	**178.**	kjhdHJGG	kjhbHJgG	_____
159.	6487459	6481456	_____	**179.**	lkjdsURT	lkjDsuRT	_____
160.	3124587	8124531	_____	**180.**	ncHgsTG	ncHgStg	_____
161.	5487951	5487851	_____	**181.**	jbdEF>E=	jdbEE>E=	_____
162.	6547894	6541894	_____	**182.**	QoOqbpBD	QOOqdpbD	_____
163.	3249782	3248788	_____	**183.**	JA54zR7CD	JJA54zR7C	_____
164.	3597874	3597824	_____	**184.**	JY23BDQO	JYY23BDO	_____
165.	3549872	3649612	_____	**185.**	GA+32BBD>	GA+82BDD>	_____
166.	0054862	0005486	_____	**186.**	&%G?ARV	&%$%§RV	_____
167.	0010124	0010012	_____	**187.**	FIE§§!5 668	FIE§$!5 868	_____
168.	1115482	1154822	_____	**188.**	ÜüÖöOoUu	ÜüöÖoOUu	_____
169.	2211223	2221113	_____	**189.**	ÖöÜüQqOo	ÖöÜüObOo	_____
170.	3344556	3344456	_____	**190.**	bddbdbdb	bdbbdddb	_____

Konzentration, Reaktion und Merkfähigkeit

Symbolrechnen (japanische Zeichen)   *Aufgabenerklärung*

Nun müssen Sie Ihre Rechenkünste unter Zeitdruck unter Beweis stellen.

Auf der nächsten Seite finden Sie eine Aufgabentabelle: Addieren Sie dort jeweils die Zahlenwerte zweier Symbole, die in einer Spalte übereinanderstehen. Die Summe notieren Sie im Kästchen zwischen beiden Symbolen. Doch aufgepasst: Hat eine Lösung zwei Stellen, notieren Sie nur die Einerstelle.

Hierzu ein Beispiel

Zuordnungstabelle

0	1	2	3	4	5	6	7	8	9
の	ん	ワ	シ	ミ	カ	ヨ	ル	ヘ	ヌ

Aufgabe   **Antwort**

Wandeln Sie zuerst die Symbole in Zahlenwerte um:

ミ = 4   ル = 7   ん = 1   ヨ = 6

Nun bilden Sie die Summen:

4 + 7 = 11 (hier wird nur die Einerstelle 1 berücksichtigt)

7 + 1 = 8

1 + 6 = 7

Die erhaltenen Zahlen schreiben Sie zwischen die betreffenden Symbole in das weiße Kästchen.

Symbolrechnen (japanische Zeichen)

Bearbeitungszeit 7 Minuten

191. Bitte beginnen Sie nun mit der Aufgabe.

Zuordnungstabelle:

0	1	2	3	4	5	6	7	8	9
の	ん	ワ	シ	ミ	カ	ヨ	ル	ヘ	ヌ

ワ	の	ん	ヨ	ヘ	ん	ワ	ん	カ	ヨ	ル	ミ	シ	ヨ	シ	シ	ヌ
ル	カ	カ	ミ	ミ	シ	ヌ	ヨ	カ	ミ	ワ	シ	ん	シ	シ	ル	ミ
ミ	ん	ヘ	ヨ	カ	カ	の	ル	カ	ヘ	ん	ヨ	ん	ワ	ル	ワ	ん
ん	ミ	シ	カ	ん	ワ	ミ	ワ	ミ	ん	の	ル	の	ワ	ミ	シ	ル
ミ	シ	ミ	ワ	シ	ル	ル	ヨ	シ	シ	の	カ	ヌ	ル	ん	ヘ	ヨ
ヨ	ワ	の	ヘ	シ	ヘ	ん	カ	ヘ	カ	ヌ	ん	シ	ん	ヌ	ヨ	シ
ヌ	ん	ワ	ル	の	の	ヘ	シ	ん	ル	ヌ	ミ	ミ	ミ	カ	の	ワ
カ	ヨ	ヘ	カ	カ	ミ	シ	ヌ	の	ヌ	ヘ	の	ル	ワ	ヨ	ん	の
ル	ル	ミ	シ	ヨ	ワ	ヌ	の	ヨ	ん	ミ	ヌ	ん	ル	ル	ミ	の
ん	カ	カ	の	ル	ヨ	ワ	ん	カ	ワ	シ	シ	ミ	ヨ	シ	カ	ヘ
カ	の	カ	ん	ヘ	ル	ミ	カ	ミ	ミ	ル	ミ	ん	ん	カ	ル	シ
ヘ	ヨ	シ	シ	ヌ	カ	ヨ	ル	シ	ヨ	ん	ヘ	ヘ	ワ	ミ	シ	ワ
シ	シ	ル	ミ	ん	カ	ル	シ	ヘ	ヘ	ミ	ヘ	ミ	シ	ん	ん	ワ

Konzentration, Reaktion und Merkfähigkeit

Route einprägen   *Einprägezeit 1 Minute*

Im vorliegenden Stadtplan ist eine Route eingezeichnet.

Bitte prägen Sie sich den Wegverlauf (gestrichelte Linie) gut ein. Die Route beginnt am Hotel und endet nach einer kleinen Stadtbesichtigung im Restaurant.

Zum Einprägen des Streckenverlaufs haben Sie **1 Minute** Zeit. Hierbei dürfen Sie sich keine Notizen machen.

(!) *Hinweis*

Bei dieser Aufgabe ist keine Unterbrechung notwendig, beginnen Sie direkt mit der Bearbeitung! Bitte decken Sie dafür diese Seite ab.

Route einprägen

Soeben lag Ihnen ein Stadtplan vor, in den eine Route eingezeichnet war.

Bitte zeichnen Sie die Wegstrecke nun im unten abgebildeten Stadtplan nach.

192.

Zum Lösen der Aufgabe haben Sie **1 Minute** Zeit.

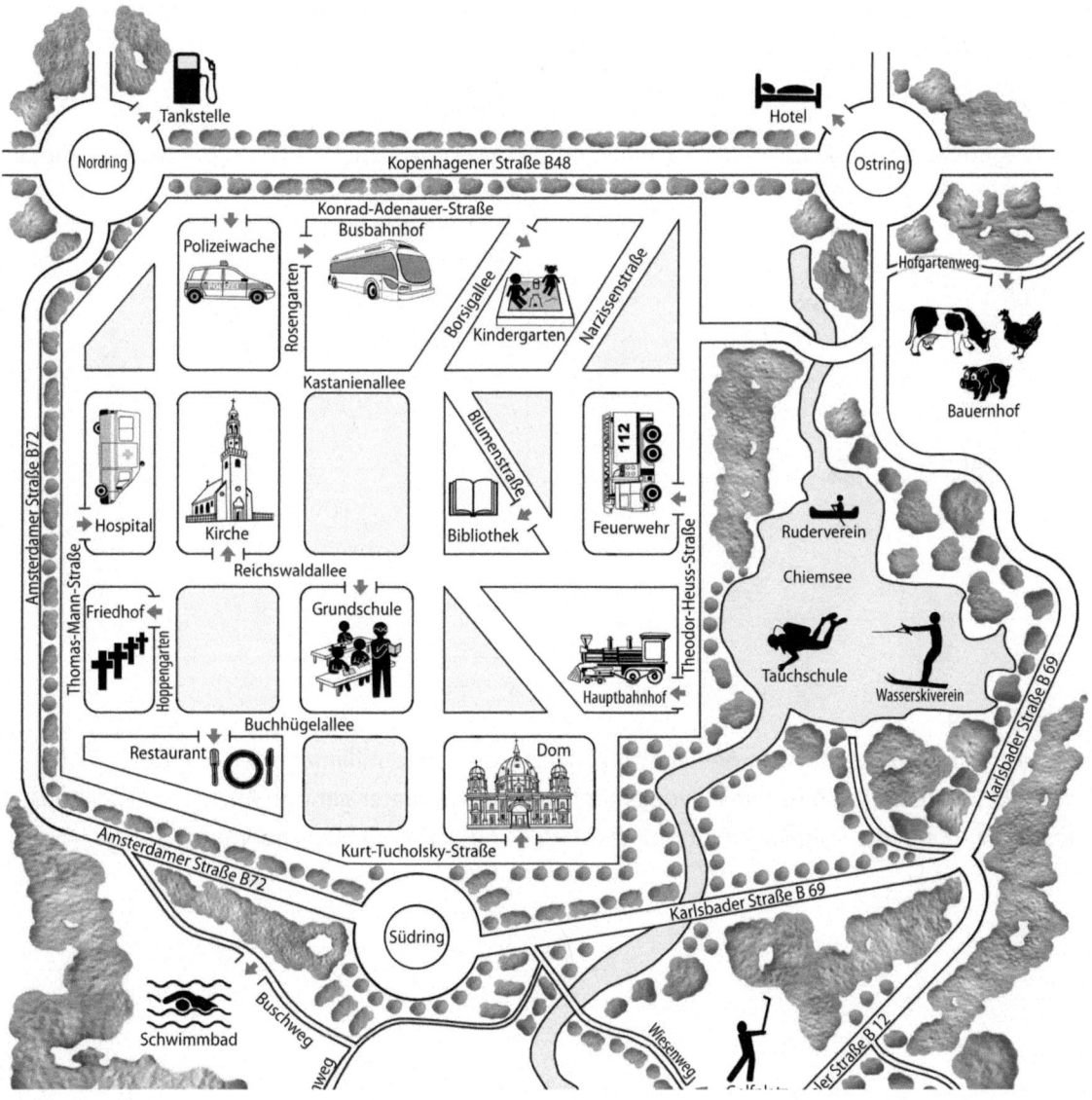

Konzentration, Reaktion und Merkfähigkeit

Geländekarte merken

Dieser Aufgabenblock prüft Ihre Merkfähigkeit im visuellen Bereich.

In den folgenden Geländekarten markieren grafische Symbole den Standort verschiedener Einrichtungen. Bitte merken Sie sich die genaue Lage dieser Symbole, um anschließend möglichst viele davon in einer Blanko-Geländekarte einzeichnen zu können.

Hierzu ein Beispiel

Aufgabe

Bitte prägen Sie sich diese Geländekarte ein.

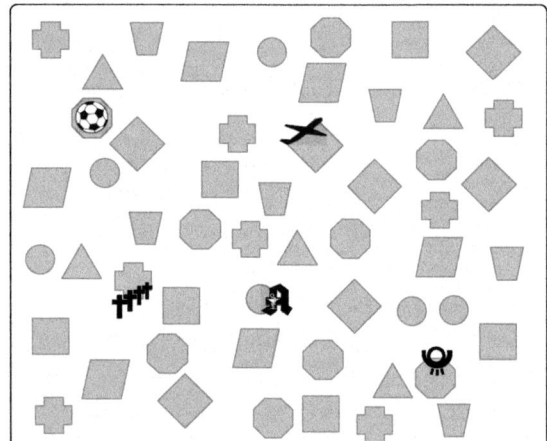

Antwort

Wo liegt welche Einrichtung? Skizzieren Sie die Symbole an der richtigen Stelle.

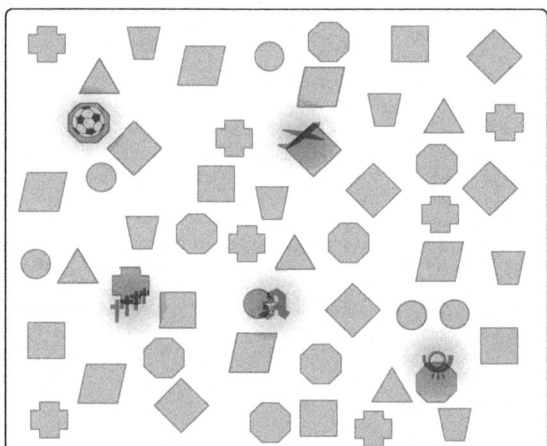

Erläuterung

Sie müssen die Symbole nicht detailgetreu nachzeichnen und millimetergenau platzieren: Eine schnelle Skizze im Toleranzbereich von einem halben Zentimeter genügt. Auch im Einstellungstest – hier findet die Aufgabe am Computer statt – sind geringe Abweichungen erlaubt.

Geländekarte merken

Bitte prägen Sie sich diese Geländekarte ein. Sie haben dafür **2 Minuten** Zeit. Hierbei dürfen Sie sich keine Notizen machen.

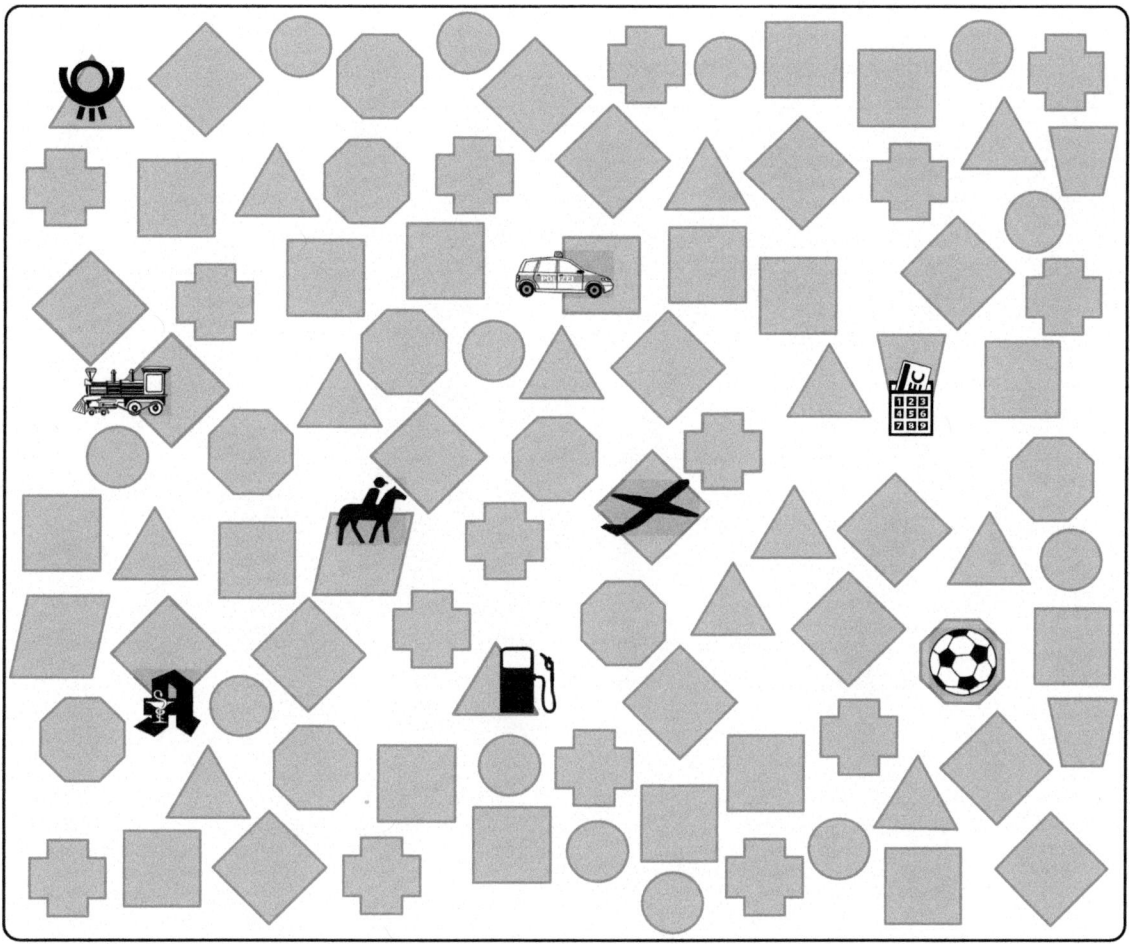

(!) *Hinweis*

Bei dieser Aufgabe ist keine Unterbrechung notwendig, beginnen Sie direkt mit der Bearbeitung!

Geländekarte merken

Wo liegt welche Einrichtung? Skizzieren Sie die Symbole an der richtigen Stelle.

193.

Zum Lösen der Aufgabe haben Sie **2 Minuten** Zeit.

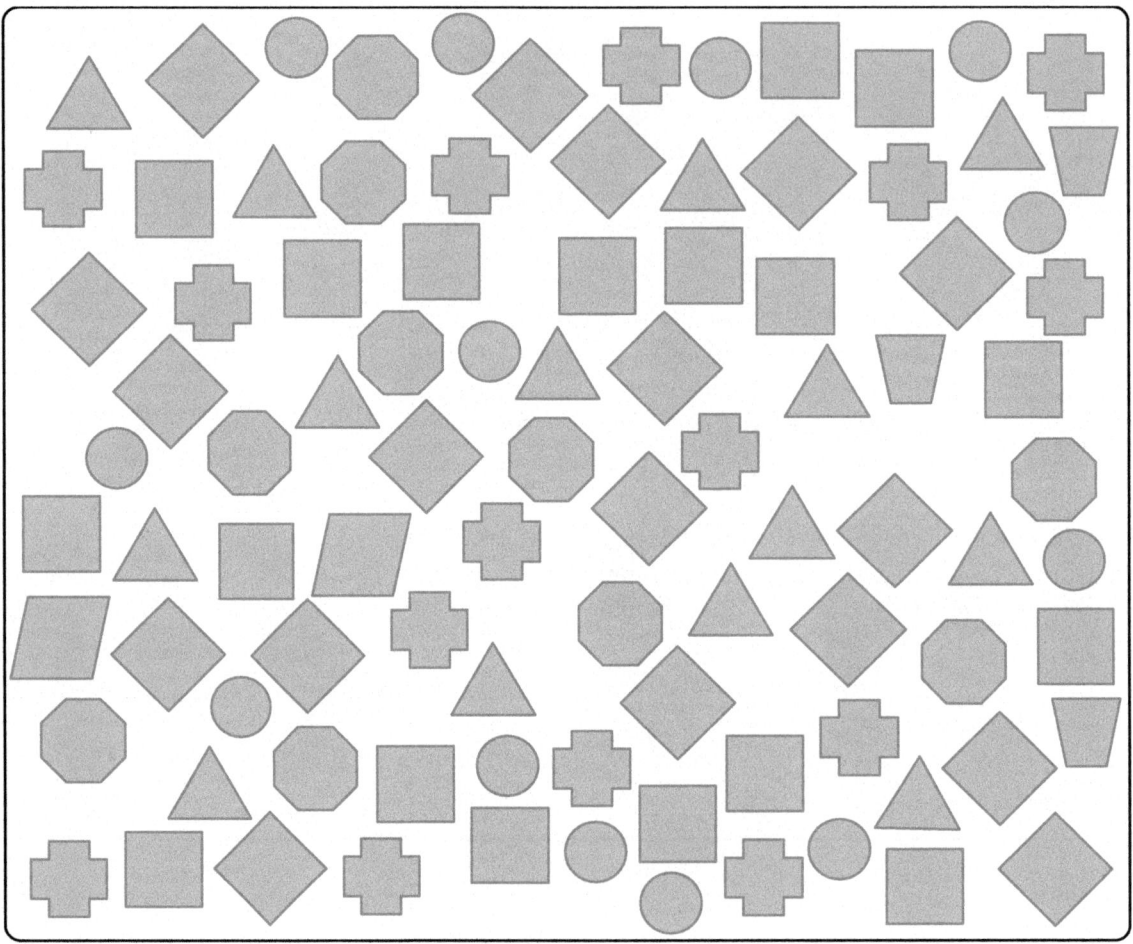

Konzentration, Reaktion und Merkfähigkeit

Textinhalte einprägen   *Einprägezeit 5 Minuten*

Diese Aufgabe prüft, wie gut Sie sich Textinhalte merken können.

Prägen Sie sich dazu die vorliegende Pressemeldung möglichst detailliert ein. Sie haben dafür **5 Minuten** Zeit. Hierbei dürfen Sie sich keine Notizen machen.

Frankfurt am Main – 19.11.2020

Verkehrsunfall mit Sachschaden, Personenschaden und Unfallflucht
Frankfurt am Main, Ferdinand-Happ-Str. 12, Parkplatz Ramba-Supermarkt

Donnerstag, den 19.11.2020, 13:45 Uhr

Heute Morgen gegen 9:15 Uhr befuhr ein 78-jähriger Kleinwagenfahrer den Parkplatz des Ramba-Supermarkts im Frankfurter Ostend. Dort schrammte er die vordere Stoßstange und den linken Kotflügel einer geparkten blauen Limousine, wodurch ein Sachschaden in Höhe von 4.600 Euro entstand. Ohne sich darum zu kümmern, verließ der Fahrer den Unfallort. Dabei kollidierte er mit einem 34-jährigen Fahrradfahrer, der infolgedessen stürzte und schwere Verletzungen erlitt. Der Radfahrer zog sich eine schwere Gehirnerschütterung, zwei Rippenbrüche und eine große Platzwunde am Hinterkopf zu, er musste mit dem Rettungsdienst in das Klinikum der Johannes-Gutenberg-Universität in Mainz gebracht werden. Der Kleinwagenfahrer beging auch diesmal Unfallflucht. Dank der Aufmerksamkeit von drei Zeugen, allesamt Schüler einer nahegelegenen Realschule, konnte er jedoch inzwischen ermittelt werden. Den Aussagen der Zeugen zufolge erhöhte der Kleinwagenfahrer sein Tempo nach dem Zusammenprall mit der Limousine deutlich. Beim Verlassen des Parkplatzes rammte er den Radfahrer, sodass dieser zu Boden fiel und mit dem Kopf auf den Asphalt stieß. Die sofort eingeleiteten polizeilichen Untersuchungen haben ergeben, dass es sich bei dem Unfallverursacher um einen Rentner aus Wiesbaden handelt.

Dieser Text ist frei erfunden.

(!) *Hinweis*

Nachdem Sie sich den Text eingeprägt haben, sollten Sie sich 5 Minuten mit etwas anderem beschäftigen, bevor Sie die dazugehörigen Fragen aus dem Gedächtnis beantworten.

Textinhalte einprägen

Soeben lag Ihnen eine Pressemeldung vor, die Sie sich einprägen sollten.

Beantworten Sie bitte die folgenden Aufgaben, indem Sie jeweils die richtige Antwort ankreuzen.

194. Am Donnerstag, dem 19.11.2020, verur-
sachte ein Kleinwagenfahrer einen Unfall.

☐ stimmt ☐ stimmt nicht

195. Der Unfall ereignete sich auf dem Parkplatz des Lambo-Supermarkts in Frankfurt
am Main.

☐ stimmt ☐ stimmt nicht

196. Bei dem beschädigten Pkw handelt es sich
um eine schwarze Limousine.

☐ stimmt ☐ stimmt nicht

197. Bei dem Unfall wurden der linke Kotflügel
und der linke Außenspiegel der Limousine
beschädigt.

☐ stimmt ☐ stimmt nicht

198. Es gab zwei Unfallzeugen, nämlich zwei
Schüler einer nahegelegenen Realschule.

☐ stimmt ☐ stimmt nicht

199. Laut den Zeugenaussagen hat der Kleinwagenfahrer nach der Kollision mit der Limousine kurz angehalten, bevor er langsam weiterfuhr.

☐ stimmt ☐ stimmt nicht

200. Bei dem Täter handelt es sich um einen 78-
jährigen Rentner aus Frankfurt.

☐ stimmt ☐ stimmt nicht

201. Auf der Flucht verletzte der Rentner einen
34-jährigen Radfahrer schwer.

☐ stimmt ☐ stimmt nicht

202. Der Radfahrer wurde schwer verletzt in das
Klinikum der Mainzer Johann-Wolfgang-
Goethe-Universität gebracht.

☐ stimmt ☐ stimmt nicht

203. Der Radfahrer zog sich eine schwere Gehirnerschütterung, zwei Rippenbrüche und
eine große Platzwunde an der Stirn zu.

☐ stimmt ☐ stimmt nicht

Geschafft – Sie haben die Prüfung abgeschlossen!

Alle Lösungen finden Sie im mitgelieferten Lösungsbuch.

Prüfung 6

Psychologischer Test

Bearbeitungszeit: **40 Minuten**

Hilfsmittel: Bleistift, Radiergummi, Schmierpapier

**Alle Lösungen mit Bearbeitungstipps und Kommentaren
finden Sie im mitgelieferten Lösungsbuch.**

Psychologischer Test

Der Persönlichkeitstest

Aufgabenerklärung

Offizierbewerber erwartet noch ein zusätzliches, psychologisches Testverfahren, das Aufschluss über ihre Persönlichkeit geben soll. Natürlich gibt es bei der Truppe auch dafür einen besonderen Namen, nämlich PMO („Persönlichkeitsmerkmal Offizier"). Anhand der Ergebnisse wollen die Prüfer ein unverwechselbares Bewerberprofil erstellen, das heißt eine Art individuellen charakterlichen Fingerabdruck.

Dass viele Experten derartige Verfahren für fragwürdig halten, steht auf einem anderen Blatt. Wie soll es möglich sein, vielschichtige menschliche Charakterzüge mithilfe standardisierter Fragenkataloge abzubilden? Intime Details zum Privatbereich muss dabei jedoch keiner verraten: Es dürfen nur Eigenschaften getestet werden, die für die fragliche Stelle wirklich von Belang sind.

Die Bundeswehr sucht Bewerber, die …

¬ leistungsbereit und verantwortungsbewusst sind.

¬ gern und gut im Team arbeiten.

¬ pragmatisch und flexibel sind.

¬ Entscheidungen treffen und durchsetzen können.

¬ körperlich und geistig belastbar sind.

¬ Probleme erkennen und zielgerichtet lösen.

¬ gewissenhaft und zuverlässig sind.

Die Vorbereitung

Da der PMO auf individuelle Eigenschaften abzielt, gibt es keine eindeutig guten oder schlechten Lösungen. Zwar liegt die „richtige" Antwort bisweilen ziemlich nahe, etwa wenn es ums Teamverhalten geht: Wer möchte schon gern Kameraden haben, die die Arbeit ständig auf andere abwälzen und bei Kritik gleich eingeschnappt sind? Doch oft muss man sich zwischen zwei positiv besetzten Merkmalen entscheiden, beispielsweise Gründlichkeit und Flexibilität.

Manche raten, völlig unvorbereitet in den Test zu gehen und sich ganz auf die eigene Spontaneität zu verlassen – eine riskante Empfehlung: Erst die bewusste Auseinandersetzung mit dem Testverfahren ermöglicht differenzierte Antworten, und gerade an die ausgefallenen Fragetechniken sollte man sich erst einmal gewöhnen. Zudem setzt ein überzeugender Auftritt voraus, souverän mit den eigenen Stärken und Schwächen umgehen zu können.

Manche Fragen wiederholen sich an verschiedenen Stellen in abgewandelter Formulierung: Auf diese Weise möchten die Prüfer herausfinden, ob man ehrlich antwortet oder das Testverfahren mit strategischem Kalkül zu manipulieren versucht. Wenn Sie eine Frage nicht richtig einschätzen können, antworten Sie am besten gemäßigt.

Worauf kommt es im Persönlichkeitstest an?

¬ Machen Sie sich vorher klar, worin die berufsrelevanten Schlüsselqualifikationen bestehen: Warum sind gerade Sie für die Offizierslaufbahn geeignet?

¬ Zeichnen Sie kein maßlos positives Bild von sich: Auf die Fähigkeit zur Selbstkritik legen die Personalverantwortlichen großen Wert.

¬ Schärfen Sie Ihre Sinne für die Untertöne einer Frage: Nicht immer ist auf den ersten Blick klar, welche Eigenschaften gerade im Fokus stehen.

¬ Betonen Sie Ihr Profil mit Bedacht: Wer stets den Mittelweg wählt, verrät zu wenig von sich, zu viele „extreme" Antworten wirken übertrieben und unreflektiert.

Denken Sie daran, dass man Sie im späteren Prüfgespräch eventuell mit Ihren Angaben im Persönlichkeitstest konfrontiert. Außerdem werden Kompetenzen wie Kommunikationsvermögen, Konfliktfähigkeit oder Teamfähigkeit noch einmal im Gruppensituationsverfahren (Assessment Center) geprüft. Die Personaler achten dann genau darauf, ob sich Ihr Auftritt mit den Resultaten des Persönlichkeitstests deckt.

Die Testsimulation

Auf den nächsten Seiten können Sie sich mit einem typischen psychologischen Testverfahren vertraut machen. Dabei bewerten Sie anhand einer Punkteskala, wie sehr Sie sich mit verschiedenen Aussagen identifizieren können.

Die Skala reicht von:

☹ = stimme überhaupt nicht zu (hier Punktwert „1") bis

☺ = stimme voll und ganz zu (hier Punktwert „5")

| ☹ | 1 | 2 | 3 | 4 | 5 | ☺ | Ihr Wert: | |

Achtung: Es gibt Aufgaben mit umgekehrter Punkteskala, bei denen „stimme überhaupt nicht zu" ☹ mit 5 Punkten und „stimme voll und ganz zu" ☺ mit einem Punkt bewertet wird.

Kreuzen Sie an, an welcher Stelle der Skala Sie sich am ehesten wiederfinden. Tragen Sie die entsprechende Punktzahl rechts unter „Ihr Wert" ein. Wir empfehlen, die Aufgaben der Reihe nach zu bearbeiten – Sie können jedoch auch anders vorgehen, wenn Sie möchten.

Zählen Sie zum Schluss die Punkte jeder Aufgabengruppe zusammen und lesen Sie in der Auswertung nach, was das Ergebnis über Sie offenbaren soll. Nehmen Sie dies bitte nur bedingt ernst. Nicht vergessen: Die Aussagekraft solcher Tests ist beschränkt.

Der Persönlichkeitstest   *Bearbeitungszeit 40 Minuten*

Kontaktfähigkeit

Fällt es Ihnen leicht, mit fremden Menschen ins Gespräch zu kommen? Oder halten Sie sich lieber zurück? Können Sie sich einbringen, sich verständlich machen? Auf gute Beziehungen zu Ihren Kameraden sind Sie bei der Bundeswehr immer angewiesen. In manchen Situationen müssen Sie außerdem in der Lage sein, sicher und souverän auf völlig Unbekannte zuzugehen.

1. **Ich sitze im Zug mit einem Unbekannten. Da ich neugierig bin, fange ich ein Gespräch an, um mehr über ihn zu erfahren.**

   ☹   1   2   3   4   5   ☺   Ihr Wert: ☐

2. **Manchmal sagen Leute, dass ich arrogant und unnahbar wirke.**

   ☹   5   4   3   2   1   ☺   Ihr Wert: ☐

3. **Ich treffe mich lieber mit Freunden, anstatt nur Chat-Nachrichten und Mails zu schreiben.**

   ☹   1   2   3   4   5   ☺   Ihr Wert: ☐

4. **Mein bester Freund unterstellt mir, dass ich seine Freunde meide und nicht akzeptiere.**

   ☹   5   4   3   2   1   ☺   Ihr Wert: ☐

5. **Ich habe ein großes Netzwerk an Bekannten und bin daher über alles informiert.**

   ☹   1   2   3   4   5   ☺   Ihr Wert: ☐

6. **Wenn viele unbekannte Leute um mich sind, fühle ich mich schnell unwohl.**

   ☹   5   4   3   2   1   ☺   Ihr Wert: ☐

7. **Ich verbringe meine Abende gern gemütlich vor dem Fernseher oder dem PC.**

   ☹   5   4   3   2   1   ☺   Ihr Wert: ☐

8. **Auf Partys lerne ich innerhalb kurzer Zeit viele neue Leute kennen, da ich auf andere Menschen zugehe.**

   ☹   1   2   3   4   5   ☺   Ihr Wert: ☐

9. **In einer großen Runde halte ich mich eher zurück.**

   ☹   5   4   3   2   1   ☺   Ihr Wert: ☐

10. **Ich fühle mich nie einsam.**

    ☹   1   2   3   4   5   ☺   Ihr Wert: ☐

Gesamtwert Kontaktfähigkeit: ☐

Teamfähigkeit

Teamfähigkeit heißt, produktiv mit anderen Menschen zusammenarbeiten zu können. Eine Gruppe ist mehr als nur die Summe ihrer Mitglieder – wenn alle an einem Strang ziehen. Die verschiedenen Temperamente und Fähigkeiten unter einen Hut zu bringen und sie sinnvoll einzubinden, ist die wichtigste Grundlage erfolgreicher Zusammenarbeit. Gelingt das nicht, hat man anstelle von Teamplayern am Ende nur einen versprengten Haufen von Einzelgängern.

1. **Teamarbeit ist nur dann sinnvoll, wenn man mit guten Leuten zusammenarbeitet.**

   ☹   5   4   3   2   1   ☺   Ihr Wert: [____]

2. **Die Kooperation mit anderen Menschen motiviert mich.**

   ☹   1   2   3   4   5   ☺   Ihr Wert: [____]

3. **Ich arbeite gern alleine, so habe ich die beste Kontrolle über das Ergebnis.**

   ☹   5   4   3   2   1   ☺   Ihr Wert: [____]

4. **Teamarbeit setzt voraus, Kompromisse eingehen zu können.**

   ☹   1   2   3   4   5   ☺   Ihr Wert: [____]

5. **Viele meiner Freunde und Bekannten fragen mich nach Unterstützung. Ich helfe oft und gern.**

   ☹   1   2   3   4   5   ☺   Ihr Wert: [____]

6. **Meistens sind meine Vorschläge die besten, da ich gut organisiert bin.**

   ☹   5   4   3   2   1   ☺   Ihr Wert: [____]

7. **Ich ärgere mich nicht, wenn sich andere mit ihren Vorschlägen durchsetzen.**

   ☹   1   2   3   4   5   ☺   Ihr Wert: [____]

8. **In Gruppendiskussionen bringe ich mich besonders stark ein und stehe meist im Mittelpunkt.**

   ☹   5   4   3   2   1   ☺   Ihr Wert: [____]

9. **Die Zusammenarbeit mit anderen ist meist anstrengend.**

   ☹   5   4   3   2   1   ☺   Ihr Wert: [____]

10. **Ich habe keine Angst davor, dass andere mich nicht mögen.**

    ☹   1   2   3   4   5   ☺   Ihr Wert: [____]

Gesamtwert Teamfähigkeit: [____]

Konfliktfähigkeit

Meinungsverschiedenheiten sind im Berufsleben nichts Seltenes. Und auch nichts besonders Schlimmes: Denn nur wenn existierende Probleme offen auf den Tisch kommen, lassen sich tragfähige Lösungen finden. Es geht also nicht um Rechthaberei, sondern um ein gemeinsames Ziel, dem sich letztendlich alle unterordnen müssen. Das erfordert Sachlichkeit, Vernunft und Kompromissbereitschaft.

1. **Wenn ein Team gut funktioniert, gibt es keine Konflikte.**

☹ 5 4 3 2 1 ☺   Ihr Wert:

2. **Wenn jemand mich kritisiert, dann kritisiere ich ihn auch.**

☹ 5 4 3 2 1 ☺   Ihr Wert:

3. **Ich gerate selten in Konfliktsituationen.**

☹ 5 4 3 2 1 ☺   Ihr Wert:

4. **Wenn Bekannte sich in Angelegenheiten einmischen, die sie nichts angehen, ziehe ich mich zurück und meide den Kontakt mit ihnen.**

☹ 5 4 3 2 1 ☺   Ihr Wert:

5. **Probleme löst man nie dadurch, dass man sie unter den Teppich kehrt.**

☹ 1 2 3 4 5 ☺   Ihr Wert:

6. **Wenn ich kritisiert werde, überlege ich zuerst, ob das stimmt.**

☹ 1 2 3 4 5 ☺   Ihr Wert:

7. **Mein Nachbar ist gereizt und schreit mich lautstark an. Ich gehe ruhig in meine Wohnung und denke mir meinen Teil.**

☹ 5 4 3 2 1 ☺   Ihr Wert:

8. **Wenn mir zu Hause etwas nicht passt, dann mache ich keinen Hehl daraus.**

☹ 1 2 3 4 5 ☺   Ihr Wert:

9. **„Der Klügere gibt nach" – diesen Spruch habe ich noch nie verstanden.**

☹ 1 2 3 4 5 ☺   Ihr Wert:

10. **Meinungsverschiedenheiten können produktiv sein.**

☹ 1 2 3 4 5 ☺   Ihr Wert:

Gesamtwert Konfliktfähigkeit:

Durchsetzungsfähigkeit

Sturheit, Rücksichtslosigkeit, Ellenbogenmentalität – im Extremfall wird aus Durchsetzungsvermögen blanker Egoismus. Ohne die Fähigkeit, sich zu behaupten, käme man andererseits auch nicht weit; das Resultat wären ziellose Debatten, die niemanden weiterbringen. Für leitende Positionen braucht man erst recht Entscheidungsstärke und Führungsqualitäten.

1. Wenn ich mir ein Ziel in den Kopf gesetzt habe, versuche ich es mit allen Mitteln zu erreichen.

    ☹   1   2   3   4   5   ☺   Ihr Wert: _____

2. Wenn mir das Essen im Restaurant nicht schmeckt, reklamiere ich das sofort und frage nach Alternativen.

    ☹   1   2   3   4   5   ☺   Ihr Wert: _____

3. Von gelegentlichen Misserfolgen lasse ich mich nicht entmutigen.

    ☹   1   2   3   4   5   ☺   Ihr Wert: _____

4. Ich habe mir schon oft Ziele gesetzt und sie nicht erreicht.

    ☹   5   4   3   2   1   ☺   Ihr Wert: _____

5. Ich entschuldige mich häufig für Sachen, die gar nicht mein Fehler sind.

    ☹   5   4   3   2   1   ☺   Ihr Wert: _____

6. Mir egal, wie viele Gegenmeinungen es gibt – ich werde die Kritiker überzeugen.

    ☹   1   2   3   4   5   ☺   Ihr Wert: _____

7. Wenn man mit höhergestellten Personen spricht, sollte man Meinungsverschiedenheiten lieber unter den Teppich kehren.

    ☹   5   4   3   2   1   ☺   Ihr Wert: _____

8. Viele behaupten, ich sei ein sturer Dickkopf. Mir macht das nichts aus.

    ☹   1   2   3   4   5   ☺   Ihr Wert: _____

9. Durch Kompromisse kommt man eher ans Ziel als mit der „Kopf durch die Wand"-Methode.

    ☹   5   4   3   2   1   ☺   Ihr Wert: _____

10. Eine gute, harmonische Arbeitsatmosphäre ist sehr wichtig.

    ☹   5   4   3   2   1   ☺   Ihr Wert: _____

Gesamtwert Durchsetzungsfähigkeit: _____

Gewissenhaftigkeit

Gewissenhaftigkeit hat viele Namen: zum Beispiel Ordnung, Disziplin, Pünktlichkeit und Pflichtbewusstsein. Mit zuverlässigen, aufrechten Menschen arbeitet man gern zusammen. Aber auch die Gewissenhaftigkeit hat ihre Schattenseiten: Manchmal ist eben Spontaneität gefragt, das schnelle Umschalten auf andere Methoden, das Ausweichen zu alternativen Lösungswegen. Penible Perfektionisten, die jeden Schritt im Voraus planen, haben es dann schwer.

1. **Es kommt oft vor, dass ich eine Sache nicht zu Ende bringe, weil ständig etwas dazwischenkommt.**

   ☹   5   4   3   2   1   ☺   Ihr Wert: ⬜

2. **Dinge zu planen und zu organisieren ist die Voraussetzung dafür, dass alles richtig funktioniert.**

   ☹   1   2   3   4   5   ☺   Ihr Wert: ⬜

3. **Ich halte meine Termine immer ein, egal was passiert.**

   ☹   1   2   3   4   5   ☺   Ihr Wert: ⬜

4. **Wenn ich an einem Problem festhänge, nehme ich eine andere Aufgabe in Angriff.**

   ☹   5   4   3   2   1   ☺   Ihr Wert: ⬜

5. **Ich versuche immer, Aufgaben perfekt zu lösen – selbst wenn es etwas länger dauert.**

   ☹   1   2   3   4   5   ☺   Ihr Wert: ⬜

6. **Ich denke auch in der Freizeit oft an die Arbeit, kann nur schwer abschalten.**

   ☹   1   2   3   4   5   ☺   Ihr Wert: ⬜

7. **In kreativem Durcheinander kann ich gut arbeiten.**

   ☹   5   4   3   2   1   ☺   Ihr Wert: ⬜

8. **Meine Freunde schätzen an mir, dass ich so zuverlässig bin.**

   ☹   1   2   3   4   5   ☺   Ihr Wert: ⬜

9. **Es kommt öfter vor, dass ich Sachen verlege und dann vergesse, wo sie sind.**

   ☹   5   4   3   2   1   ☺   Ihr Wert: ⬜

10. **Es macht mir gar nichts aus, von einem Plan abzuweichen.**

    ☹   5   4   3   2   1   ☺   Ihr Wert: ⬜

    Gesamtwert Gewissenhaftigkeit: ⬜

Belastbarkeit

Ohne physische und psychische Robustheit lässt sich der Soldatendienst kaum auf Dauer bewältigen. Körperliche und geistige Stabilität sind Grundvoraussetzungen, um den hohen Anforderungen standzuhalten und angespannte Situationen mit kühlem Kopf zu meistern. Nur wer belastbar ist, bleibt langfristig leistungsfähig – ansonsten drohen Ärger und Frustration.

1. **Wenn auf der Arbeit viel los ist, schlafe ich immer schlecht ein.**

    ☹ 5 4 3 2 1 ☺   Ihr Wert: _____

2. **Ich treibe regelmäßig Sport.**

    ☹ 1 2 3 4 5 ☺   Ihr Wert: _____

3. **Prüfungssituationen sind mir unangenehm, auch wenn ich das nötige Wissen habe.**

    ☹ 5 4 3 2 1 ☺   Ihr Wert: _____

4. **Wenn es sein musste, habe ich für Klassenarbeiten auch bis spät in die Nacht gelernt.**

    ☹ 1 2 3 4 5 ☺   Ihr Wert: _____

5. **Der Mensch ist nur dann glücklich, wenn er genügend Freizeit hat.**

    ☹ 5 4 3 2 1 ☺   Ihr Wert: _____

6. **Es dauert, so lange es dauert: Für wichtige Dinge muss man seinen persönlichen Kalender entsprechend anpassen.**

    ☹ 1 2 3 4 5 ☺   Ihr Wert: _____

7. **Ich arbeite Aufgaben konzentriert nacheinander ab. Wenn etwas dazwischenkommt, schiebe ich das erst mal auf die lange Bank.**

    ☹ 5 4 3 2 1 ☺   Ihr Wert: _____

8. **Von der Gereiztheit anderer lasse ich mich schnell anstecken.**

    ☹ 5 4 3 2 1 ☺   Ihr Wert: _____

9. **Um meine Zukunft mache ich mir keine Sorgen.**

    ☹ 1 2 3 4 5 ☺   Ihr Wert: _____

10. **Körperliche Anstrengungen stecke ich problemlos weg.**

    ☹ 1 2 3 4 5 ☺   Ihr Wert: _____

Gesamtwert Belastbarkeit: _____

Flexibilität

Im Laufe einer Militärkarriere lauern die unterschiedlichsten Herausforderungen. Jeder Auftrag bringt neue Umstände mit sich, viele Vorgänge laufen parallel ab – und das erfordert Flexibilität. Gedankliche Beweglichkeit ist unentbehrlich, um sich schnell an verschiedene Gegebenheiten anpassen und angemessen handeln zu können.

1. Ich mag es, wenn Arbeitsabläufe sich wiederholen.

☹   5   4   3   2   1   ☺   Ihr Wert:

2. Mein Büro wird zu klein. Ich rücke meinen Schreibtisch einfach von der Wand in die Mitte des Raums, um dadurch Platz zu gewinnen.

☹   1   2   3   4   5   ☺   Ihr Wert:

3. Beständigkeit ist wichtiger, als immer mit dem Trend zu gehen.

☹   5   4   3   2   1   ☺   Ihr Wert:

4. Ich überlege häufig, wie ich eine Aufgabe mit neuen Methoden und Techniken besser bewältigen kann.

☹   1   2   3   4   5   ☺   Ihr Wert:

5. Auf Veränderungen muss man so schnell wie möglich reagieren.

☹   1   2   3   4   5   ☺   Ihr Wert:

6. Besser eine Sache gut machen statt viele Dinge so lala erledigen.

☹   5   4   3   2   1   ☺   Ihr Wert:

7. Wenn alles so läuft wie immer, wird mir schnell langweilig.

☹   1   2   3   4   5   ☺   Ihr Wert:

8. Wer viele unterschiedliche Felder beackert, weiß nicht, was er will.

☹   5   4   3   2   1   ☺   Ihr Wert:

9. Um böse Überraschungen zu vermeiden, plane ich gern alles bis ins Detail.

☹   5   4   3   2   1   ☺   Ihr Wert:

10. Mehrere Wege führen zum Ziel. Man muss sich nicht auf einen festlegen.

☹   1   2   3   4   5   ☺   Ihr Wert:

Gesamtwert Flexibilität:

Motivation

Desinteresse, Trägheit, Bequemlichkeit – wo sich der Schlendrian einschleicht, ist an Professionalität nicht zu denken. Das Gegenmittel heißt Motivation: Wer leistungswillig ist, entwickelt neue Ideen, übernimmt Verantwortung, reißt andere mit und bringt sich ein, ohne dass es jemand ausdrücklich verlangen muss. Das sieht jeder Vorgesetzte gern, solange es nicht in hektischen Aktionismus mündet.

1. **Bei der Wahl meines Arbeitsplatzes achte ich vor allem auf Sicherheit und eine gute Bezahlung.**

   ☹   5   4   3   2   1   ☺   Ihr Wert: _____

2. **Ich arbeite nicht gern an Projekten, deren Früchte ich erst im Nachhinein ernte.**

   ☹   5   4   3   2   1   ☺   Ihr Wert: _____

3. **Durch Fleiß und Einsatzbereitschaft habe ich schon oft andere hinter mir gelassen, die es eigentlich leichter hatten als ich.**

   ☹   1   2   3   4   5   ☺   Ihr Wert: _____

4. **Ich denke nicht gern über Dinge nach, für die keine Notwendigkeit besteht.**

   ☹   5   4   3   2   1   ☺   Ihr Wert: _____

5. **In meinem Freundeskreis bin meist ich es, der Treffen organisiert und Partys veranstaltet.**

   ☹   1   2   3   4   5   ☺   Ihr Wert: _____

6. **Es kommt auf jeden Einzelnen an, wenn eine Gesellschaft funktionieren soll.**

   ☹   1   2   3   4   5   ☺   Ihr Wert: _____

7. **Ich warte lieber ab, wie sich etwas entwickelt, bevor ich überhastet eingreife.**

   ☹   5   4   3   2   1   ☺   Ihr Wert: _____

8. **Andere Menschen von etwas zu überzeugen, liegt mir nicht so.**

   ☹   5   4   3   2   1   ☺   Ihr Wert: _____

9. **Ich übernehme gern Verantwortung, auch bei schwierigen Entscheidungen.**

   ☹   1   2   3   4   5   ☺   Ihr Wert: _____

10. **Ich bin bekannt dafür, dass ich immer den ersten Schritt mache.**

    ☹   1   2   3   4   5   ☺   Ihr Wert: _____

Gesamtwert Motivation: _____

Einfühlungsvermögen

Ein wichtiger Aspekt der sozialen Intelligenz: nachvollziehen zu können, was andere gerade fühlen oder meinen. Denn die gleiche Sprache zu sprechen, heißt noch nicht, einander wirklich zu verstehen. Nur wer sich in die Lage seines Gegenübers hineinversetzen und dessen Stimmung richtig einschätzen kann, ist dazu fähig, situationsgemäß und zielgerichtet zu handeln.

1. **Wenn es Freunden schlecht geht, merke ich das sofort, auch wenn sie es nicht sagen.**

   ☹ 1   2   3   4   5 ☺   Ihr Wert: [ ]

2. **In schwierigen Situationen tappe ich nie in Fettnäpfchen.**

   ☹ 1   2   3   4   5 ☺   Ihr Wert: [ ]

3. **Man muss nicht das Privatleben seiner Kollegen kennen, um mit ihnen gut arbeiten zu können.**

   ☹ 5   4   3   2   1 ☺   Ihr Wert: [ ]

4. **Professionalität heißt, auf Emotionen keine Rücksicht zu nehmen.**

   ☹ 5   4   3   2   1 ☺   Ihr Wert: [ ]

5. **Ich nehme die Dinge, wie sie kommen. Wieso sollte ich lange darüber nachdenken, wer warum wie entschieden hat?**

   ☹ 5   4   3   2   1 ☺   Ihr Wert: [ ]

6. **Ich ärgere mich oft über Leute, die mich einfach nicht verstehen.**

   ☹ 5   4   3   2   1 ☺   Ihr Wert: [ ]

7. **Die Sorgen und Probleme anderer gehen mir oft ziemlich nahe.**

   ☹ 1   2   3   4   5 ☺   Ihr Wert: [ ]

8. **Bevor man sich ein Urteil bildet, sollte man sich immer fragen, was man selbst in so einer Lage getan hätte.**

   ☹ 1   2   3   4   5 ☺   Ihr Wert: [ ]

9. **Wenn jemand etwas Peinliches sagt, gelingt es mir oft, die Situation zu retten.**

   ☹ 1   2   3   4   5 ☺   Ihr Wert: [ ]

10. **Häufig weiß ich nicht, welche Erwartungen andere an mich haben.**

    ☹ 5   4   3   2   1 ☺   Ihr Wert: [ ]

Gesamtwert Einfühlungsvermögen: [ ]

Geschafft – Sie haben die Prüfung abgeschlossen!

Die Auswertung finden Sie im mitgelieferten Lösungsbuch.

Ausbildungspark Verlag GmbH

Bettinastraße 69 • 63067 Offenbach am Main
Tel. (069) 40 56 49 73 • Fax (069) 43 05 86 02
E-Mail: kontakt@ausbildungspark.com
Internet: www.ausbildungspark.com

Testtrainer spezial

Prinzip verstanden, Aufgabe gelöst!

Optimal vorbereitet – für alle Prüfungsthemen: Die „Testtrainer spezial"
zeigen kompakt und verständlich, wie du jede Aufgabe „knackst".

Zahlreiche Aufgaben: mit Erklärungen, Beispielen und Bearbeitungstipps.

Kommentierte Lösungen: Hintergründe und Zusammenhänge auf dem aktuellen Stand.

Originale Musterprüfungen: Bist du fit für deinen Test?

Testtrainer
Allgemeinwissen
364 Seiten
ISBN 978-3-95624-047-8

Testtrainer
Konzentration und
Merkfähigkeit
306 Seiten
ISBN 978-3-95624-045-4

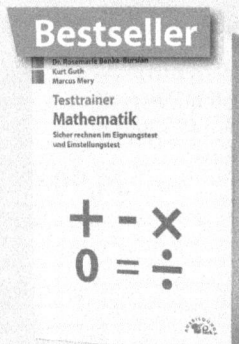

Testtrainer
Mathematik
308 Seiten
ISBN 978-3-95624-027-0

Testtrainer
Deutsch
230 Seiten
ISBN 978-3-95624-042-3

Testtrainer
Logisches Denken
304 Seiten
ISBN 978-3-95624-050-8

Testtrainer
Technisches Verständnis
und Visuelles Denken
324 Seiten
ISBN 978-3-95624-090-4

je 18,90 €

Die Bewerbung zur Ausbildung

**Anschreiben, Lebenslauf, Online-Bewerbung –
die besten Bewerbungsmuster für über 40 Berufe**

Der Türöffner zum Ausbildungsplatz: Erfahre, wie du aussagekräftige
Bewerbungen verfasst, die deine Stärken wirksam transportieren! Maßge-
schneiderte Musterbeispiele mit Tipps aus der aktuellen Bewerbungspra-
xis zeigen, wie du überzeugst – egal ob per Online- oder Post-Bewerbung.

378 Seiten

ISBN 978-3-95624-017-1

24,95 €

Das Vorstellungsgespräch zur Ausbildung

Die Pflichtlektüre fürs Bewerbungsgespräch: Praxisnah und verständlich
zeigt dieses Handbuch, wie du dich in deinem Auswahlinterview sicher
in Szene setzt. Ohne Standardfloskeln – denn nur individuelle Antworten
überzeugen den Personaler!

378 Seiten

ISBN 978-3-95624-000-3

24,95 €

Der Testtrainer

Testerfolg ist keine Glückssache!

… sondern eine Frage der Übung
– mit dem Testtrainer.

Das unverzichtbare Handbuch für Ausbildung,
Studium und Beruf zeigt, wie du deine
Prüfung souverän meisterst. Geeignet für alle
Arten von Eignungs- und Einstellungstests,
Fähigkeits- und Intelligenztests.

548 Seiten

ISBN 978-3-941356-03-0

24,95 €

**alle Bücher
und Berufe**

YouBot –
Der smarte Bewerbungsassistent

Gestalte deinen **kostenlosen Lebenslauf** und dein **persönliches Anschreiben** für die Berufsausbildung: Der YouBot führt dich schnell und einfach zur perfekten Bewerbung.

Clever, schnell, individuell!

1 Starte deine Bewerbung

2 Folge dem Assistenten

3 Versende deine PDFS

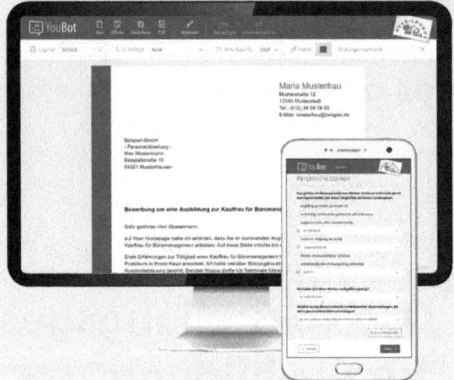

- **Individueller Text** mit deinen Zielen, Stärken und Erfahrungen
- **Anschreiben und Lebenslauf** im passenden Design
- **Fachwissen** in über 350 Ausbildungsberufen
- **Intelligenter Dolmetscher** in 28 Sprachen
- **Bewerbung speichern,** bearbeiten und als PDF herunterladen

ab 1,99€ pro Anschreiben

YouBot

www.ausbildungspark.com/youbot